COLLECTION
FOLIO / ESSAIS

Jean-Paul Sartre

Un théâtre de situations

*Textes rassemblés,
établis, présentés et annotés
par Michel Contat
et Michel Rybalka*

*Nouvelle édition,
augmentée et mise à jour*

Gallimard

Dans la même collection

BAUDELAIRE, *n° 105*.
CRITIQUES LITTÉRAIRES (Situations, I), *n° 223*.
L'EXISTENTIALISME EST UN HUMANISME, *n° 284*.
QU'EST-CE QUE LA LITTÉRATURE ?, *n° 19*.
RÉFLEXIONS SUR LA QUESTION JUIVE, *n° 10*.
L'IMAGINAIRE, *n° 47*.

© *Éditions Gallimard, 1973 et 1992*
pour cette nouvelle édition.

Né le 21 juin 1905 à Paris, Jean-Paul Sartre, avec ses condisciples de l'École normale supérieure, critique très jeune les valeurs et les traditions de sa classe sociale, la bourgeoisie. Il enseigne quelque temps au lycée du Havre, puis poursuit sa formation philosophique à l'Institut français de Berlin. Dès ses premiers textes philosophiques, *L'Imagination* (1936), *Esquisse d'une théorie des émotions* (1939), *L'Imaginaire* (1940), apparaît l'originalité d'une pensée qui le conduit à l'existentialisme, dont les thèses sont développées dans *L'Être et le Néant* (1943) et dans *L'Existentialisme est un humanisme* (1946).

Sartre s'est surtout fait connaître du grand public par ses récits, nouvelles et romans — *La Nausée* (1938), *Le Mur* (1939), *Les Chemins de la liberté* (1943-1949) — et ses textes de critique littéraire et politique – *Réflexions sur la question juive* (1946), *Baudelaire* (1947), *Saint Genet, comédien et martyr* (1952), *Situations* (1947-1976), *L'Idiot de la famille* (1972). Son théâtre a un plus vaste public encore : *Les Mouches* (1943), *Huis clos* (1945), *La Putain respectueuse* (1946), *Les Mains sales* (1948), *Le Diable et le Bon Dieu* (1951) : il a pu y développer ses idées en imprégnant ses personnages.

Soucieux d'abord les problèmes de son temps, Sartre a mené jusqu'à la fin de sa vie une intense activité politique (participation au Tribunal Russell, refus du prix Nobel de littérature en 1964, direction de *La Cause du peuple* puis de *Libération*). Il est mort à Paris le 15 avril 1980.

On pourra se reporter à la biographie d'Annie Cohen-Solal, *Sartre 1905-1980* (Folio Essais, n° 116).

INTRODUCTION

Ce volume rassemble à peu près tout ce que Sartre a écrit ou dit sur le théâtre et sur ses propres pièces. C'est le seul de ses livres, publié de son vivant, qu'il n'ait pas conçu comme tel. En effet, à la différence des Situations, *composés de textes, de conférences ou d'entretiens qui n'étaient pas non plus, à l'origine, destinés à être réunis, le livre que nous présentons ici n'est pas dû à l'initiative de Sartre. Nous le lui avions proposé parce que, avant même la parution de notre bio-bibliographie commentée,* Les Écrits de Sartre *(Gallimard, 1970), il nous était apparu qu'un tel livre répondait à un besoin et qu'il constituerait un instrument de travail utile, autant sur le plan historique et documentaire que sur celui de l'actualité.*

L'importance de l'œuvre dramatique de Sartre, la place prééminente qu'elle occupe dans l'histoire du théâtre contemporain ne sont pas à démontrer. En France, son théâtre a largement dominé la scène pendant les années d'après-guerre, au moins jusqu'en 1951 (date de création du Diable et le Bon Dieu, *qui coïncide approximativement avec l'apparition de ce qu'on a appelé le « théâtre de l'absurde »). C'est à son théâtre, on le sait, plus qu'à ses romans, ses essais ou ses ouvrages philosophiques, que Sartre, dès la fin de la guerre, a dû sa célébrité internationale. Bon nombre de gens pour qui Sartre est sans conteste l'un des trois ou quatre grands écrivains de notre époque n'ont lu de lui que l'une ou l'autre de ses pièces. Le succès constant de celles-ci auprès de larges couches de lecteurs est attesté par l'importance de leur tirage en édition de poche. Ce théâtre appartient à l'histoire littéraire de notre temps : il y fait figure de classique. On l'étudie dans les lycées, dans les universités. Il était donc nécessaire de fournir au public des lecteurs et des étudiants un livre maniable, qui contienne les documents essentiels à sa compréhension.*

On a pu dire avec quelque apparence de raison, vers la fin des années soixante, que ce théâtre était devenu davantage un théâtre à lire qu'un théâtre à voir ou à jouer. Il semble que ce jugement doive être corrigé, ou tout au moins nuancé. Il est vrai que les pièces de Sartre, par la complexité, la profondeur, la portée de leurs thèmes, appellent une lecture attentive, qui puisse ménager le temps de la réflexion. Il est vrai aussi qu'elles ont été conçues par leur auteur moins en vue d'expériences scéniques propres à renouveler le théâtre qu'en fonction d'un projet philosophique et politique qui apparaît sans doute mieux à la lecture qu'à la représentation. On sait à quels malentendus Sartre s'est exposé pour avoir fait trop peu de cas des conditions de représentation de ses pièces. Peut-être a-t-il toujours considéré celles-ci plus comme des écrits que comme la matière d'un spectacle. Serge Reggiani nous racontait une anecdote significative à cet égard. Un jour, alors que Les Séquestrés d'Altona *se jouaient déjà depuis plusieurs semaines devant des salles combles, Sartre était venu, comme il le faisait souvent, prendre un verre avec ses comédiens à la sortie du théâtre. Il avait en main l'édition de la pièce, sortie le jour même. Mon-*

trant le volume tout neuf avec satisfaction, il avait lancé en souriant : « C'est ça qui compte : le livre. »

Nul doute que Sartre ait eu ainsi une part de responsabilité dans la désaffection qu'ont connue ses pièces auprès des hommes de théâtre novateurs, pendant la période où prédominaient les recherches de mise en scène inspirées des leçons brechtiennes. Par ailleurs, les thèmes de son théâtre paraissaient appartenir à une époque révolue : les interrogations métaphysiques angoissées ou ludiques de l'avant-garde semblaient avoir rendu caduques les exigences de l'engagement. C'est par des reprises et non des textes originaux que Sartre a participé à la renaissance du théâtre politique qui a suivi Mai 68. La représentation du Diable et le Bon Dieu par le T.N.P. en septembre 1968 et celle de Nekrassov, la même année, au Théâtre National de Strasbourg, ont eu un retentissement certain. Si Sartre, à l'époque, avait renoncé à écrire de nouvelles pièces, c'est parce qu'il était convaincu que le temps de la création individuelle était passé et que le rôle nouveau d'un écrivain de théâtre était de participer continûment au travail collectif d'une troupe. L'urgence des tâches politiques qu'il s'était assignées et la décision de mener à bien son étude sur Flaubert excluaient qu'il se consacrât à une pratique du théâtre aussi absorbante et qui remettait si radicalement en question ses propres habitudes de création. Il lui arrivait cependant de rêver à un retour sur scène par un texte original sur le thème de la liberté et de la révolution, pour lequel il avait envisagé le titre « Le Pari », et il pensait à une forme qui aurait renoué avec une tradition du théâtre médiéval.

A la fin des années 70 et dans les années 80, les pièces de Sartre ont été reprises ici et là, en France et à l'étranger, non plus comme des œuvres à dominante politique, mais comme des textes du répertoire, des textes d'un grand écrivain philosophe et dramaturge. Parmi

*les pièces de Sartre, ce sont d'ailleurs les œuvres les plus
« scéniques » qui ont été proposées au public : Nekrassov, Kean, Les Mouches et surtout Huis clos*[1]. *Cette
dernière pièce est entrée au répertoire de la Comédie-
Française, avec sa création, le 5 mai 1991, dans une
mise en scène de Claude Régy, discutable, peu fidèle au
ton et au rythme voulus à l'origine par l'auteur, mais
frappante et de haute tenue.*

*Sans prétendre formuler la moindre prédiction, on
remarquera simplement que Sartre est le seul auteur
dramatique français à s'être posé dès 1943 la question
du théâtre politique, et que par conséquent la réflexion
sur les conditions d'un tel théâtre passe nécessairement
par lui. Les documents rassemblés ici ont donc un intérêt qui n'est pas exclusivement historique ; ils se proposent comme éléments d'un débat qui tient à la double
fonction du théâtre : fonction imaginaire, fonction
sociale, qui ne sont pas étroitement liées à des conjonctures politiques et esthétiques. Si le théâtre de Sartre
reste plus lu que joué, ses textes réflexifs forment un
nécessaire complément à la lecture de ses pièces, qui
devraient être bientôt rassemblées, avec les scénarios de
films, dans la Bibliothèque de la Pléiade*[2]. *Quant à la
fortune scénique de ces pièces, elle est bien sûr imprévisible. Mais nous pensons qu'elles sont suffisamment
fortes, cohérentes, serrées dans leur écriture même,
pour tenter comédiens et metteurs en scène à la
recherche de textes qui interrogent le rapport des
hommes entre eux dans des situations extrêmes.*

*La vocation théâtrale de Sartre remonte à son
enfance. Elle est indissociable de la vocation d'écrivain
dont il a élucidé l'origine dans* Les Mots. *Pour Sartre
enfant, un écrivain était d'abord un romancier, mais il
se devait aussi de faire carrière au théâtre*[3]. *Ses premières pièces, il se souvenait les avoir écrites à La
Rochelle, en 1917-1920, à l'époque où, lycéen, il avait*

un goût très vif pour les opérettes que sa mère l'emmenait voir régulièrement au Théâtre municipal[4]. Un peu plus tard, aux alentours de ses dix-sept ans, il aurait écrit, selon le témoignage d'un de ses condisciples du lycée Henri-IV, une pièce inspirée de Jarry, « Vaticiner sans pouvoir », description ubuesque du Penseur de Rodin. Rue d'Ulm, à l'École normale supérieure, il se signale dans des revues de fin d'année autant par ses dispositions de satiriste que par ses dons de chanteur et de comédien. Après l'agrégation, alors qu'il accomplit son service militaire, il écrit deux pièces courtes. L'une, Épiméthée, était allégorique et mettait en scène un mythe platonicien. Sartre y opposait Prométhée, l'artiste, l'homme seul, à Épiméthée, l'ingénieur, l'homme-moyen, et développait ainsi un thème que l'on retrouve dans un essai philosophico-littéraire de la même époque, La Légende de la vérité. L'autre pièce avait pour titre J'aurai un bel enterrement, s'inspirait de Pirandello, nous avait dit Sartre, et mettait en scène un homme qui prépare minutieusement son propre enterrement. Aucune de ces pièces de jeunesse ne semble avoir été conservée.

C'est en 1932 que Sartre, par l'intermédiaire de Simone Jollivet (que Simone de Beauvoir, dans ses Mémoires, appelle « Camille »), a rencontré celui qui devait jouer un rôle si décisif dans l'éclosion de sa vocation théâtrale : Charles Dullin. Sartre et Simone de Beauvoir eurent ainsi la chance de pénétrer fréquemment dans les coulisses de l'Atelier et de voir travailler le plus inventif, le plus rigoureux et le plus exigeant des metteurs en scène du Cartel. Pendant les années trente et sous l'occupation, ils ont fréquenté Dullin sur un pied d'intimité et Sartre a formé à son contact la plupart de ses idées sur les techniques du théâtre. On en lira le témoignage répété dans plusieurs textes recueillis ici.

Ainsi Sartre auteur dramatique est-il sans nul doute l'héritier de l'importante aventure théâtrale française de l'entre-deux-guerres. Il n'a pas cherché à en renouveler les formes mais à en épurer le contenu par un retour au tragique. C'est Dullin encore qui lui a donné l'occasion d'étendre sa culture théâtrale en lui confiant, en 1942-1943, le cours d'histoire du théâtre de son École d'art dramatique. Ce cours portait principalement sur la dramaturgie grecque et Sartre forgea alors, à la lecture de l'Esthétique de Hegel, sa propre conception du théâtre comme représentation d'un conflit de droits. Nous n'avons pu retrouver de notes de cours datant de cette époque, mais plusieurs conférences ultérieures dont nous donnons le texte montrent Sartre professeur de théâtre.

Sartre a, sans doute, une attitude plus pragmatique que théorique à l'égard du théâtre. Il ne s'est jamais soucié d'élaborer et de systématiser ses idées sur les techniques dramatiques comme il l'a fait pour les techniques romanesques. Nous n'avons pas de sa plume l'équivalent pour le théâtre de Situations I ou de Qu'est-ce que la littérature[5] ? Les textes que nous présentons plus loin sont pour la plupart des textes parlés (conférences, entretiens) et leur réunion laisse apparaître d'assez nombreuses redites. Mais ce qui en fait l'intérêt est précisément leur spontanéité, fondée sur une longue pratique de la scène. Reconnaissons, toutefois, qu'ils ont une valeur moindre que les textes dits littéraires de Sartre.

Bien que la nature de son apport reste à approfondir et à préciser, Sartre, on s'en convaincra en lisant ce livre, a beaucoup à dire sur le théâtre et il est aussi un excellent commentateur de ses propres œuvres. Ces deux constatations nous ont conduits à diviser le présent ouvrage en deux parties.

La première est constituée d'un certain nombre de

textes généraux sur le théâtre dans leur version intégrale, textes souvent peu connus, difficilement accessibles et quelquefois même inédits, comme la longue conférence intitulée « Théâtre épique et théâtre dramatique » et donnée à la Sorbonne en 1960. Nous avons intégré à cette première partie deux importants extraits de L'Idiot de la famille *qui développent les idées de Sartre sur l'acteur.*

La deuxième tente d'éclairer l'œuvre dramatique de Sartre dans un groupement par pièces et au moyen d'une sélection opérée dans divers textes et interviews de circonstance. L'ensemble s'efforce de mettre l'accent sur les significations essentielles des différentes pièces et propose les déclarations les plus éclairantes à leur sujet. Notre ambition était, à l'origine, de consacrer à chaque pièce un dossier détaillé qui aurait tenu compte de la critique, mais nous avons dû, faute de place, remettre ce projet à plus tard.

On trouvera en fin de volume, avant la table des matières, la liste des textes de Sartre sur le théâtre et le cinéma que nous n'avons pas repris ici, une bibliographie des ouvrages consacrés au théâtre de Sartre et des principales études suscitées par chacune de ses pièces. Pour des renseignements plus détaillés, on se référera à notre volume Les Écrits de Sartre *(Gallimard, 1970) dont une deuxième édition, révisée et augmentée, est prévue dans un proche avenir, à ses deux suppléments parus dans le* Magazine littéraire *(n° 55-56, septembre 1971) et dans* Obliques *(n° 18-19, 1979), à sa traduction par Richard C. McCleary,* The Writings of Jean-Paul Sartre *(Northwestern University Press, 1974), au* Bulletin du Groupe d'Études Sartriennes, *$n^{os}1$ à 5, 1987 à 1991 et à la* Bibliographie de Sartre *(1980-1991) à paraître en volume en 1992.*

Précisons pour finir que nos notices introductives et nos annotations ont été rédigées surtout dans la pers-

pective d'une contribution à l'histoire du théâtre français contemporain.

Nous tenons à remercier pour leur aide ou leur collaboration Arlette Elkaïm-Sartre, Lena Zonina, Philip Berk, Gilbert Guisan, Maya Rybalka, Sylvère Lotringer, Jean-Luc Seylaz, Ingrid Galster et Dennis A. Gilbert.

M. C. et M. R.
1973-1991

NOTES

1. En l'espace d'une seule année, vers 1982, l'un de nous a pu voir dans une ville américaine, Saint Louis, cinq productions différentes de *Huis clos*, deux en français et trois en traduction anglaise (note de M.R.).
En France, *Huis clos* est continûment à l'affiche d'un théâtre, que ce soit à Paris ou en province, depuis la mort de Sartre.
2. Le décès de Jean-Jacques Roubine, qui avait été chargé d'établir l'édition des pièces de Sartre en Pléiade, a différé cette publication.
3. Lui-même s'était essayé au théâtre de marionnettes, en montant des tréteaux de fortune au Jardin du Luxembourg, vers sa neuvième année. Ainsi, la séduction par le théâtre et le jeu fut-elle en réalité première chez lui.
4. Il composa, au moins dans sa tête, des couplets pour des opérettes qu'il rêvait d'écrire sur des héros légendaires romains : Mucius Scaevola, Horatius Coclès.
5. Insistons, cependant, sur le fait – généralement peu reconnu – que les pages qui traitent du théâtre dans *L'Idiot de la famille* (plus particulièrement dans le volume I) constituent une contribution originale et importante à la théorie du théâtre et qu'elles pourraient à elles seules fournir la matière d'un volume qui serait du plus haut intérêt.

I

*Textes, conférences
et entretiens sur le théâtre*

POUR UN THÉÂTRE DE SITUATIONS

La grande tragédie, celle d'Eschyle et de Sophocle, celle de Corneille, a pour ressort principal la liberté humaine. Œdipe est libre, libres Antigone et Prométhée. La fatalité que l'on croit constater dans les drames antiques n'est que l'envers de la liberté. Les passions elles-mêmes sont des libertés prises à leur propre piège.

Le théâtre psychologique, celui d'Euripide, celui de Voltaire et de Crébillon fils, annonce le déclin des formes tragiques. Un conflit de caractères, quels que soient les retournements qu'on y mette, n'est jamais qu'une composition de forces dont les résultats sont prévisibles : tout est décidé d'avance. L'homme qu'un concours de circonstances conduit sûrement à sa perte n'émeut guère. Il n'y a de grandeur dans sa chute que s'il tombe par sa faute. Si la psychologie gêne, au théâtre, ce n'est point qu'il y ait trop en elle : c'est qu'il n'y a pas assez ; il est dommage que les auteurs modernes aient découvert cette connaissance bâtarde et l'aient appliquée hors de portée. Ils ont manqué la volonté, le serment, la folie d'orgueil qui sont les vertus et les vices de la tragédie.

Dès lors, l'aliment central d'une pièce, ce n'est pas le caractère qu'on exprime avec de savants « mots de théâtre » et qui n'est rien d'autre que l'ensemble de nos serments (serment de se montrer irritable, intransigeant, fidèle, etc.), c'est la situation. Non pas cet imbroglio superficiel que Scribe et Sardou savaient si bien monter et qui n'avait pas de valeur humaine. Mais s'il est vrai que l'homme est libre dans une situation donnée et qu'il se choisit lui-même dans et par cette situation, alors il faut montrer au théâtre des situations simples et humaines et des libertés qui se choisissent dans ces situations. Le caractère vient après, quand le rideau est tombé. Il n'est que le durcissement du choix, sa sclérose ; il est ce que Kierkegaard nomme la *répétition*. Ce que le théâtre peut montrer de plus émouvant est un caractère en train de se faire, le moment du choix, de la libre décision qui engage une morale et toute une vie. La situation est un appel ; elle nous cerne ; elle nous propose des solutions, à nous de décider. Et pour que la décision soit profondément humaine, pour qu'elle mette en jeu la totalité de l'homme, à chaque fois il faut porter sur la scène des situations-limites, c'est-à-dire qui présentent des alternatives dont la mort est l'un des termes. Ainsi, la liberté se découvre à son plus haut degré puisqu'elle accepte de se perdre pour pouvoir s'affirmer. Et comme il n'y a de théâtre que si l'on réalise l'unité de tous les spectateurs, il faut trouver des situations si générales qu'elles soient communes à tous. Plongez des hommes dans ces situations universelles et extrêmes qui ne leur laissent qu'un couple d'issues, faites qu'en choisissant l'issue ils se choisissent eux-mêmes : vous avez gagné, la pièce est bonne. Chaque époque saisit la condition humaine et les énigmes qui sont proposées à sa liberté à travers des situations particulières. Antigone, dans la tragédie de Sophocle, doit choisir entre la morale de la cité et la morale de la famille. Ce dilemme n'a plus guère de sens aujourd'hui. Mais nous avons nos problèmes : celui de la fin et des moyens, de la légitimité de la violence, celui des conséquences de l'action, celui des rapports de la personne avec la collectivité, de l'entreprise individuelle avec les constantes historiques, cent autres encore. Il me semble que la tâche du dramaturge est de choisir parmi ces situations-limites celle qui exprime le mieux ses soucis et de la présenter au public comme la question qui se pose à certaines libertés. C'est seulement ainsi que le théâtre retrouvera la résonance qu'il a perdue, seulement ainsi qu'il pourra *unifier* le public divers qui le fréquente aujourd'hui.

(Texte paru dans *La Rue*,
n° 12, novembre 1947.
Repris dans *Les Écrits de Sartre*, p. 683-684).

LE STYLE DRAMATIQUE

> Ce texte inédit est celui d'un exposé fait par Sartre le 10 juin 1944 à la demande de Jean Vilar, qui avait organisé un cycle de conférences-débats sur le théâtre. Sartre inaugura la série. Il devait être suivi, le 1er juillet, par Albert Camus, comme l'annonçait Jean Vilar en présentant Sartre, mais nous ignorons si les événements permirent la poursuite du cycle projeté. Nous donnons ici *in extenso* la sténotypie, non revue par lui, de l'exposé de Sartre et, à titre de document, la discussion assez superficielle à laquelle il a donné lieu. Nous devons ce texte à l'obligeance de Simone de Beauvoir qui précise dans *La Force des choses* (p. 599) que cette conférence fut prononcée quelques jours après la générale de *Huis clos* et ajoute : « La réunion eut lieu dans une suite de salons qui donnaient sur les quais de la Seine ; il y avait beaucoup de monde. Barrault, Camus discutèrent avec Sartre, et aussi Cocteau que je vis de près pour la première fois. » Armand Salacrou, que Sartre fréquentait beaucoup à cette époque, participait aussi au débat. D'autres interventions sont restées anonymes.

Je suis obligé, avant d'en arriver au style dramatique, d'essayer de vous dire comment je vois le théâtre et pourquoi le problème du style se pose à son sujet.

Dans un très bon livre sur « L'essence du théâtre », l'auteur, M. Gouhier[1], parle d'une présence de chair

Le style dramatique 23

et d'os qu'aurait l'acteur au théâtre et qu'il n'aurait pas au cinéma ; et, en effet, on parle volontiers d'un acteur qui a de la présence, c'est même presque un terme d'argot théâtral et le public est assez tenté de voir les acteurs sous cet angle : par exemple, lorsqu'on annonçait à La Rochelle, un peu avant la guerre de 14, « Rigadin en chair et en os », le public courait à la représentation, précisément pour voir celui qu'il avait vu au cinéma dans l'absence.

Peut-être cette proposition n'est-elle pas très juste car, au fond, nous avons affaire dans les deux cas à des imaginaires, à des absents : évidemment si vous regardez Hamlet, vous ne voyez pas Hamlet et si vous voyez Hamlet, Hamlet n'est pas là, c'est-à-dire qu'il n'est pas sur la scène, il est au Danemark, il est par conséquent très loin de la Comédie-Française et, par conséquent, vous ne pouvez parler ici de sa présence de chair et d'os.

C'est donc plutôt par l'inverse que je distinguerai le cinéma et le roman d'une part, le théâtre de l'autre, par ce que j'appellerai la distance qui se trouve entre les personnages et le public au théâtre, distance de bon ton qui ne se trouve pas au cinéma ni dans le roman. Dans le roman classique, la plupart du temps, je choisis un héros — on me fait choisir, c'est la carte forcée — et je m'identifie à lui dans une certaine mesure, je vois par ses yeux, sa conscience est ma conscience ; et de cette solidarité, de cette complicité même, on peut tirer des effets assez intéressants, en particulier en rendant, malgré lui, le lecteur, l'auteur solidaires d'une conscience assez lourde, assez déplaisante, de sorte qu'on ne sait pas dans quelle mesure, en lisant, on est soi-même ou on ne l'est pas. En tout cas, comme les yeux du héros sont mes yeux — un arbre dans un roman n'est pas un arbre, c'est toujours un arbre vu par Julien Sorel, par exemple, et par conséquent, puisque je suis identifié à lui, c'est un arbre vu par moi ; je le vois avec un peu du passé du héros qui est resté en moi au moment où je lis, un peu de son futur aussi, c'est un arbre individualisé.

Au cinéma, il y a un phénomène assez ambigu qui vient de ce que nous ne voyons pas directement les choses mais qu'il y a l'œil de la caméra, c'est-à-dire un témoin impersonnel qui s'est intercalé entre le spectateur et l'objet vu : je vois les choses comme quelqu'un les voit qui n'est pas moi ; par exemple, je suis très loin du personnage et cependant je le vois en gros plan. Il y a donc ici une sorte de recul mais, c'est là le caractère ambigu, d'autre part cet œil devient fréquemment l'œil d'un des personnages, du héros par exemple. Si le héros entend un bruit, nous voyons d'abord la tête du personnage qui se retourne, puis nous voyons, l'appareil se déplaçant, l'objet qui a fait ce bruit tel que justement le héros peut le voir. Il y a donc ici un glissement qui se fait et, pendant un moment, je m'identifie à la personne qui voit.

Cette identification peut être poussée plus loin, elle pourrait même et devrait, par expérience, être poussée jusqu'au point où on identifierait complètement l'œil de la caméra avec l'œil du héros. Nous avions essayé — le metteur en scène et moi-même — de construire un scénario dans lequel précisément il y aurait un personnage qu'on ne verrait jamais et qui serait identifié à l'œil de la caméra et on ne verrait jamais les choses se produire que dans la mesure où ce personnage les voit[2].

Cela présente beaucoup de difficultés et le projet a été abandonné en cours de route mais pas pour son impossibilité[3]. Si nous regardons l'état d'esprit du spectateur de cinéma, très fréquemment il s'identifie au personnage qu'il a choisi, c'est le plus fort ou le plus sympathique, celui qui lui permet de se sentir le plus fier de lui-même. Au théâtre, tout cela est remplacé par une distance absolue : d'abord, je vois de mes yeux et je reste toujours sur le même plan, à la même place, donc il n'y a ni la complicité du roman, ni cette complicité ambiguë du cinéma et le personnage est donc définitivement pour moi l'autre, celui que je ne suis pas et dans la peau duquel je ne peux, par définition, me glisser.

Il en résulte, dans une certaine mesure, que l'émotion du théâtre n'est pas de la même qualité ou de la même intensité, assez souvent, que celle du cinéma ; c'est une émotion qui comporte toujours un peu plus de recul car tous les personnages du théâtre sont, par rapport à moi, dehors ; mais d'autre part, celui que je vois n'est pas exactement pour moi l'autre car dans la vie, l'autre n'est pas seulement celui que je regarde, il est aussi celui qui me regarde : quand j'observe, par exemple dans un lieu public, un couple qui se dispute, si tout d'un coup il fait attention à moi quand je tourne la tête vers lui, je me sens brusquement observé et je rentre dans ma peau, à ce moment, je me rapetisse et je suis brusquement sur le plan de celui qu'on regarde.

Au théâtre, « l'autre » ne me regarde jamais ou si par hasard il me regarde, c'est qu'alors l'acteur, l'imaginaire disparaît, Hamlet ou Volpone disparaît, c'est Barrault ou c'est Dullin[4] qui est en train de me regarder et c'est l'erreur des interpellations au public de faire disparaître le personnage imaginaire pour mettre en présence l'homme réel. Cela peut être amusant au music-hall où il y a un papillotement entre le moment où l'acteur est simplement l'autre et le moment où il interpelle le public en lui demandant de reprendre le refrain, par exemple, mais ce papillotement est exclu au théâtre, de sorte que le spectateur est mis hors jeu. Il peut regarder mais il ne sera jamais regardé et on peut considérer que les trois coups qui sont frappés après cette espèce de cérémonie initiale qu'est la prise de places dans la salle représentent une cérémonie magique d'anéantissement : le spectateur perd son moi, s'il s'en souvient au cours du spectacle, c'est qu'il y a des longueurs ; par exemple, les acteurs peuvent proposer une coupure parce que les strapontins du théâtre où l'on joue ont un peu trop crié à un moment donné : cela signifie que le spectateur se souvient qu'il a des jambes et qu'il est mal à l'aise.

Normalement, le spectateur doit être regard pur au moment où la pièce commence et, en même temps, il mesure son impuissance. Dans beaucoup de pièces représentées dans les théâtres populaires, on entend les spectateurs crier « ne bois pas », lorsqu'il s'agit de boire un poison, ou « dépêche-toi » s'il s'agit de sauver l'héroïne, mais le spectateur crie avec un sentiment d'impuissance car il sait très bien qu'il ne se passera rien et ceci est au fond à l'origine de la nécessité de distance. Cette nécessité, absolument indispensable dans le théâtre, n'est nullement exclusive de la liberté du héros ; elle ne signifie pas, comme on l'a cru, qu'il est la proie d'une fatalité ou qu'il est l'objet d'un déterminisme, mais simplement que, quoi qu'il arrive, l'événement, même si je puis un peu le prévoir, ne pourra en aucune façon être arrêté par moi ; si je criais, j'arrêterais l'acteur mais non pas Hamlet et c'est ce sentiment de nécessité — qui est la projection de l'impuissance du spectateur — qui est à l'origine du tragique et du comique, et il faut le considérer comme analogue à l'impuissance de l'homme qui rêve et qui sait qu'il ne peut rien faire.

Cette impuissance est d'ailleurs manifestée assez bien par le chœur antique qui commente, qui objurgue, mais dont on ne tient absolument pas compte. Le résultat de cette première distance est que les décors restent conceptuels. Ce qui individualisait le décor dans le roman, c'était la relation du personnage que j'avais adopté, dans lequel je m'étais incarné, à l'arbre ou à la table qu'il était en train de regarder. Ce qui individualise dans la vie réelle l'objet, c'est que je me place avec mes souvenirs, dans ma situation, en face de cet objet, que je le touche et que j'agis sur lui. De même au cinéma, pour me faire regarder les branches du tilleul au moment précis où il faut que je les regarde et comme je dois les regarder, par conséquent, je suis porté là encore vers l'individualité.

Mais au théâtre je ne vois pas l'objet, car le voir ce serait le lier à mon univers où il serait un arbre de carton puisqu'en fait, le voir, ce serait le voir comme quelque chose de peint sur un portant ou un objet désigné. Mes seules liaisons avec le décor, ce sont les gestes des personnages, la seule manière que j'aie d'être en liaison avec l'arbre, c'est de voir un personnage s'asseoir à son ombre. Par conséquent, ce n'est pas la vision du personnage qui fait naître les décors, ce sont les gestes ; et les gestes créent du général et non du particulier. Il n'y a pas dix manières de s'asseoir sur une chaise, la chaise qui apparaîtra sera une chaise quelconque et non particulière. Il n'y a pas dix manières de se servir d'une fourchette qui apparaîtra entre mes doigts, c'est une fourchette absolument générale.

Dès lors, quand on a pris son parti de cet aspect général de tous les accessoires du décor, on peut prendre des décisions à son égard, on peut aller jusqu'au bout, comme par exemple ce que fera souvent Barrault, c'est-à-dire considérer qu'il n'est pas nécessaire que l'objet lui-même soit présent puisque l'objet naît en quelque sorte du geste qui l'utilise : ainsi c'est la nage d'un personnage qui fera naître la rivière et il sera inutile de représenter une rivière de carton dans laquelle il semblera se plonger.

On peut aussi — et c'est cela le sens du « théâtre pauvre[5] » — faire des objets stylisés, schématisés parce que, en effet, il suffit amplement qu'ils soient indiqués, étant donné que l'indication sera générale, et ce que nous voyons de l'objet est toujours général. C'est là, je crois, le vrai sens de l'appel à l'artificiel, c'est-à-dire le décor véritablement schématisé marquant la présence humaine, c'est toujours un décor général : un arbre seulement stylisé, voilà en somme ce dont nous avons besoin.

Mais le décor, les acteurs et les indications du dialogue constituent cependant un monde entièrement clos puisque nous ne pouvons y pénétrer, puisque nous le voyons seulement, un monde unique et un monde qui en même temps est le type même du monde humain ; c'est en somme le monde où je vis mais tout d'un coup j'en suis chassé ; autrement dit, je suis dehors. Normalement, un homme est à la fois dans le monde, au milieu et dehors puisqu'il peut le regarder. Dans le cas du théâtre, il y a la négation : je suis entièrement dehors et je ne puis que contempler ; il y a là en somme uniquement une application immédiate du désir de l'homme qui est de sortir de soi pour se voir mieux, non pas comme un autre homme le voit, mais comme il est. Ces efforts ont donné dans le roman des ouvrages fantastiques comme les œuvres de Kafka ou comme *Aminadab*[6] : là, c'est tout de suite réalisé, immédiatement ; je n'existe plus que comme pure vision et le monde comme présence est un monde fermé sur soi dont je suis témoin pur : je n'ai plus de mains puisque je ne peux prendre l'acteur par la manche pour l'empêcher de se donner un coup de poignard.

Ainsi l'origine même, le sens même du théâtre me paraît être de présenter le monde humain avec une distance absolue, une distance infranchissable, la distance qui me sépare de la scène ; et l'acteur est à une distance telle qu'à la fois je puis le voir mais je ne pourrai jamais ni le toucher ni agir sur lui.

Si c'est bien là un des principes du théâtre, il me semble que cette distance ne doit pas être sous-estimée ; nous ne devons pas chercher à la réduire si nous faisons du théâtre, soit comme auteur, acteur ou metteur en scène : il faut en prendre son parti et la présenter dans sa pureté, en jouer même. Par exemple, il me semble que la mise en scène de Gémier qui tendait à réduire la distance entre les personnages et les spectateurs en faisant passer les personnages entre les rangs d'orchestre comme dans *La Mégère apprivoisée* représente une erreur dramatique[7] : dans la mesure où l'on voit passer un personnage entre les rangs d'orchestre, nous avons affaire à l'acteur.

Le spectacle — il faut s'y résigner — doit se faire sur la scène et il est à remarquer que c'est ce qui explique ce désir de distance que nous trouvons chez le spectateur lui-même, c'est là ce qui explique le plaisir qu'on a toujours eu à avoir un théâtre dans le théâtre, un théâtre sur la scène comme dans la comédie italienne où très fréquemment une comédie se jouait au fond de la scène et les personnages étaient censés y assister, parce que cela devenait une distance au second degré, particulièrement flatteuse pour celui qui regardait ; c'est alors du théâtre pur, à la seconde puissance.

Mais dans ces conditions, si nous, nous prenons notre parti de cette distance, toute idée de naturalisme doit être écartée du théâtre : en effet, comment raconter dans un décor nécessairement conceptuel, même si on a entassé les signes, même si on a essayé de rendre avec réalisme le décor lui-même, comment donc raconter dans un décor conceptuel une histoire quotidienne et individuelle ? Cela paraît impossible.

D'autre part, si nous sommes à distance des décors, nous sommes aussi à distance de l'homme, c'est-à-dire que l'homme qui est devant nous et qui joue est quelqu'un que nous n'apprenons jamais que par ses actes ; nous n'avons pas d'autre manière de connaître un personnage que par ses actes : or, précisément, d'une part, cela nous entraîne vers l'idée de l'importance du mime au théâtre et, d'autre part, le fait même que nous considérions l'acte nous débarrasse de la psychologie.

L'acte, en effet, est ce qui, par définition, échappe à la psychologie ; c'est une entreprise libre d'abord, c'est-à-dire que nous n'avons pas à discuter ici sur la nature et l'étendue de la liberté, mais si la liberté existe, elle doit au moins être dans la composition même d'un acte qui est une entreprise, qui a une fin, qui est projetée, qui est concertée ; c'est donc là ce qui d'abord nous apparaît dans le théâtre : des gens poursuivant une entreprise et faisant des actes pour la réaliser. D'autre part, ces actes nous transportent toujours ailleurs que sur le plan psychologique parce qu'il y a une vie morale : chaque acte comprend ses propres fins et son système d'unification ; quelqu'un qui fait un acte est persuadé qu'il a raison de le faire ; par conséquent, nous nous trouvons en fait non pas sur le terrain du fait mais sur le terrain du droit puisque chaque individu qui agit, dans une pièce, du fait qu'il a une entreprise et que cette entreprise doit être menée à bien, la justifie par des raisons, se donne des raisons de l'entreprendre.

De ce seul fait, nous sommes maintenant sur le terrain réel du théâtre, où il ne s'agit pas de savoir ce qu'il y a dans les consciences mais de considérer les droits qui se heurtent. Prenez par exemple dans *La Vie est un songe*[8] la scène la plus émouvante ; ce n'est pas une scène psychologique, c'est la scène où le père, le roi, qui a fait déposer son fils parce que des présages auxquels il croyait lui avaient annoncé que le fils serait violent et barbare, se trouve en présence de ce fils qui a été rendu barbare précisément par cette déposition et les deux hommes s'affrontent vingt ans après et chacun déclare avoir raison. En effet, chacun a le droit pour lui : le fils dit : cette violence, c'est toi qui me l'as donnée, cependant que le père réplique : par ta violence, tu justifies l'action que j'ai faite. Et c'est l'opposition même de ces droits qui justifie en fait le moment pathétique de la pièce.

Quant à la psychologie, il n'y en a pas : les personnages sont trop occupés à se déclarer ce qu'ils ont à dire pour que nous soyons à connaître les goûts du père ou du fils pour ceci ou pour cela, cependant que le spectateur, du même coup, en même temps qu'il était simple témoin, se voit conférer une nouvelle attitude de juge moral ; il juge les coups, il dit : celui-ci a raison, celui-là a tort ; la surprise au théâtre venant presque toujours du fait que celui à qui on donnait tort au début se révèle tout d'un coup avoir aussi, mais partiellement, bien entendu, raison. Par exemple, dans *La Vie est un songe*, nous avons tendance à donner tort, pendant les deux premières scènes du IIe acte, à Sigismond qui vient annoncer une nouvelle à l'honorable courtisan de son père mais tout d'un coup déclare : mais cette violence, c'est toi qui me l'as donnée parce que tu t'es débarrassé de moi, et brusquement nous donnons raison à Sigismond.

Ainsi le théâtre apparaît comme un champ clos dans lequel les hommes viennent contester leurs droits. Encore faut-il que ces droits nous intéressent et pour cela il faut que ce soient des droits actuels ; j'y reviendrai tout à l'heure.

Il me semble que s'il est toujours désirable de rejouer les pièces passées, encore est-il souhaitable que les pièces modernes — et je le dis avec d'autant plus d'humilité que je n'ai pas fait ce que je dis — ne concernent pas la vie passée, ne concernent pas des mythes qui soient anciens et dont il y ait une application difficile à faire sur le plan actuel. Je pense qu'il faut qu'immédiatement les conflits de droits qui intéressent et passionnent le spectateur soient des conflits de droits actuels, engagés dans une vie réelle.

Ainsi avons-nous ici un ensemble qui est tout entier gouverné, comme vous le voyez, par l'idée même de distance, mais, et c'est là mon sujet, c'est là que j'arrive au style, si nous avons pris notre parti de cette distance et si nous voulons précisément à la fois présenter les personnages au spectateur, des personnages qui le touchent le plus près, qui sont lui-même, finalement, c'est ceux-là qu'il veut voir mais à une distance absolue, où ils soient des intouchables, quels sont les procédés dont nous allons nous servir ?

Il y a des moyens timides : il y a celui dont parlait Racine lorsqu'il s'excusait dans *Bajazet* de n'avoir pas représenté des personnages fort éloignés dans le temps et qu'il disait qu'à défaut de cela, il les avait éloignés dans l'espace et que de toute façon, ils étaient loin et que par conséquent les choses étaient bien ainsi. C'est un procédé auquel Albert Camus d'une part et moi d'autre part, avons eu recours par une espèce de timidité, l'un en mettant *Le Malentendu*[9] en Tchécoslovaquie — c'est assez loin et particulièrement inaccessible aujourd'hui — et l'autre en le mettant en enfer, pays encore plus inaccessible ; mais à vrai dire, c'est un moyen de timidité, c'est une espèce de recul formel.

En réalité, je crois qu'il suffirait — et je crois que Camus est tout à fait de mon avis là-dessus — que le style lui-même, l'ensemble du style permît ce recul. Ce style, il faut l'entendre évidemment d'abord dans une sorte d'allure donnée aux personnages. Camus, dans *Le Malentendu*, a réalisé la chose avec une habileté admirable lorsqu'il a pris un personnage dont le rôle consiste essentiellement à tenir à distance, un personnage qui dit : ne me touchez pas, et qui dans tout le rôle tient à distance, par son attitude rigide, à la fois le public et les personnages de la pièce.

Mais en dehors de cela, un problème se pose en somme pour tous les auteurs dramatiques contemporains : comment trouver un langage dramatique en parlant aux spectateurs de leurs droits actuels, dans des milieux actuels, qui soit à la fois quotidien et qui réalise la distance ? En somme, comment arriver à ce but avec rien dans les mains et rien dans les poches : la scène se passe à Paris en 1944, les gens qui passent sur la scène sont tel garçon de café ou tel maraîcher et ces gens tiennent un discours qui en lui-même réalise une distance — cela ne veut pas dire qu'il soit noble mais qu'il réalise une distance.

L'erreur serait — il faut bien comprendre le problème — d'utiliser, pour faire parler ces personnages, des mots qui ne seraient pas les mots de tout le monde. Il y a dans une pièce de Salacrou, *La Vie en rose*, une scène charmante dont personne ne s'est aperçu, dit-il en note, qu'elle est d'Henry Bataille [10] ; il l'a introduite dans sa pièce et il l'a introduite précisément à cause du style et je crois qu'on ne peut faire de citation plus nette et c'est elle qui m'a retenu de l'erreur qui consisterait à ne pas prendre les mots de tout le monde pour une pièce contemporaine. Voici la scène :

Deux femmes élégantes arrivent :

ODETTE : C'est passionnant !

ISABELLE : Ma petite Odette, je suis au bord d'une grande chose qui me fait peur, je sais bien, allez, j'ai compris de quel mal je souffre.

ODETTE : Il a menti, ah prenez garde, Isabelle, ne ramassez pas le mouchoir d'Othello ; dites donc un peu que vous ne l'aimez pas...

ISABELLE : ... [*Lecture*]

Eh bien, au fond, ce qu'on peut remarquer dans un texte de ce genre, c'est ce qui est banal et quotidien ; ces phrases sont toutes faites comme les phrases que nous prononçons tous les jours ; il n'y a aucun rythme dramatique, aucun rythme spécial et ce qui au contraire est changé, ce sont les mots : « l'humiliation d'une caresse de chair », ou bien « une grande onde blessée », ce sont des mots recherchés et la distance a voulu être obtenue en somme par le moral. Je crois que c'est exactement le contraire qu'il faut faire, comme la suite de la pièce de Salacrou où il reprend le dialogue, c'est-à-dire prendre les mots de tout le monde : « propriétaire », « avant dix heures », « escaliers qui ne sont pas faits », etc., et donner un rythme tel à ces mots qu'on les élève précisément à cette dignité que doit avoir le langage du théâtre.

Alors ici, comment faire ? Je ne puis vous donner — et cela servira de thème à la discussion — que les suggestions que je voudrais être des règles à mon usage et que voici : d'abord, un mot est un acte, c'est une manière d'agir parmi d'autres manières d'agir, à la disposition du personnage, donc il ne renvoie jamais à aucun cas intérieur. Il y a, à mon avis, dans une pièce d'un grand auteur américain une grave erreur, je parle de *L'Étranger*[11] : les personnages viennent sur scène et échangent des dialogues comme dans toute pièce de théâtre, mais ce qu'il y a de particulier, c'est que de temps en temps ils s'immobilisent, prennent un visage un peu spécial et défilent comme pour eux-mêmes ce qu'ils ont dans la tête ; ils ont voulu faire un monologue au lieu de faire un monologue intérieur à la manière de Joyce, mais transporté au théâtre.

Ceci est une erreur très grave, je crois, parce que le spectateur ne demande nullement à savoir ce qui se passe dans la tête d'un personnage mais à le juger dans l'ensemble de ses actes, à ne pas être sur le plan lâché de la psychologie naturaliste ; il demande que le mot ne serve pas à peindre un état intérieur mais à engager. Un mot au théâtre doit être ou serment ou engagement ou refus ou jugement moral ou défense des droits ou contestation des droits des autres, donc éloquence, ou moyen de réaliser l'entreprise, c'est-à-dire menace, mensonge, etc., mais en aucun cas il ne doit sortir de ce rôle magique, primitif et sacré.

L'erreur du naturalisme est de peindre avec des mots les choses de tous les jours, c'est-à-dire de faire des mots sur les mots.

En deuxième lieu, ce langage doit être elliptique, c'est-à-dire que le langage étant acte ne peut pas se séparer du geste : le geste aboutit au mot comme le mot aboutit au geste, par conséquent il doit être elliptique si on le lit, s'il est pris tout seul ; c'est précisément cette ellipse qui doit constituer perpétuellement le rythme du langage et l'ellipse doit être rendue sensible par les ruptures de mouvement, c'est-à-dire que, précisément, il doit toujours manquer dans un texte une partie qui exprimerait complètement la pensée de l'acteur ; celle-ci doit être exprimée par les gestes.

Enfin, ce langage doit être irréversible, c'est-à-dire qu'il doit être nécessaire puisque précisément il y a engagement et puisqu'il y a nécessité dans le domaine, que nous avons vu tout à l'heure, de la prévision ; il doit à chaque instant être tel qu'on ne puisse pas mettre une phrase ailleurs qu'à l'endroit où elle est.

Si on utilise ces trois procédés, arrivera-t-on à donner un mouvement particulier au texte qui soit précisément un mouvement à distance ? C'est-à-dire pourra-t-on, en utilisant les mots les plus banals, les plus usés, rendre exactement cette dureté et cette nécessité qui doit être précisément l'intouchabilité de l'acteur ? Non, si le langage est seul, c'est-à-dire si l'acteur n'a pas également compris que c'est la façon dont il doit jouer ; un langage non naturaliste de cette espèce, joué d'une manière naturaliste, perdra certainement de ce fait son caractère de rythme, de sorte que, et c'est une chose sur laquelle on pourrait amorcer un débat, il me semble qu'il y a une éducation de l'acteur à faire, éducation qui est admirablement faite pour les pièces qui ne sont pas des pièces modernes mais qui n'est pas faite pour la pièce moderne. On joue du Molière, on joue du Shakespeare en donnant du rythme à la phrase, on ne joue pas des auteurs contemporains ainsi ; mais c'est un problème qui dépasse le style de l'auteur. Tout ceci n'est qu'une suite de suggestions et c'est à partir de là que je voudrais que le débat s'engageât.

Est-ce que quelqu'un veut me relayer à présent et prendre la parole pour contester ou approuver ce que je viens de dire ? Camus, je vous ai mis en cause tout à l'heure, êtes-vous d'accord avec moi ?

CAMUS : Il me semble cependant qu'il y a un point à éclairer : en somme, tout ce que vous dites me paraît pertinent en ce qui concerne le drame et la tragédie mais peut-être pourrait-on essayer de déplacer le raisonnement sur le plan de la comédie, cela deviendrait intéressant, c'est plus difficile, ne pensez-vous pas ?

Sartre : Il y a des problèmes particuliers à la comédie mais je pense que l'essentiel de ce que j'ai dit reste à peu près vrai, pour moi du moins, puisque la notion de distance reste la même, et ensuite, j'ai parlé de pièces en général et non de tragédies parce qu'il semble que justement — il y aurait lieu de réagir contre une tendance contemporaine — pour gonfler une pièce d'une certaine tenue, un peu serrée, on l'appelle tragédie. A mon avis, il n'y a pas eu de tragédie depuis les tragédies du XVIIIe siècle. Par exemple, je n'appellerai pas tragédie *La Reine morte*[12] ou toute autre pièce de ce genre : ce ne sont pas des tragédies, ce sont des pièces d'une certaine tenue et dans ces conditions, je ne vois pas en quoi elles sont distinctes au fond d'une pièce où le comique apparaîtra d'une façon plus considérable, surtout qu'à l'heure actuelle, le mélange des genres est une chose à peu près réalisée.

Vous concevez comme moi l'emploi du mot quotidien ?

Camus : Ce qui me semble frappant dans le théâtre contemporain depuis cinquante ans, c'est que tout le monde s'efforce de parler naturellement ; quand un mot ou un rythme sort de l'ordinaire, il y a une surprise à la fois de l'acteur et aussi du spectateur qui depuis cinquante ans écoute toujours un certain rythme de théâtre. Mais je crois profondément que c'est une chose sur laquelle vous avez des précisions à apporter ; il y a un contresens sur le mot « naturel » : quand on dit, ce texte n'est pas naturel, ou plutôt quand on essaye de préciser le naturel idéal, on a l'impression que c'est le naturel de quelqu'un qui parle naturellement comme sur le boulevard, mais le naturel, ce n'est pas ça.

En pratique, les héros de Kafka parlent naturellement, d'une certaine façon, mais ils ne le sont pas du tout. Je crois plutôt que le naturel, c'est une certaine façon de parler qui est en accord avec un personnage ou une atmosphère et immédiatement, cela transforme le problème. Est-il bien certain que Bérénice parle naturellement alors que Mme de Z.... ne parlait pas de cette façon à la cour de Louis XIV ?

SARTRE : Tout à fait d'accord. La conversation s'engage mal...

X. : Vous avez posé le problème uniquement du point de vue de l'auteur dramatique mais il n'est qu'un tout petit côté du théâtre, un côté secondaire ; le côté du metteur en scène, du décorateur, du spectacle en un mot, vous l'avez traité plus rapidement mais peut-être qu'en le prenant de cette façon-là, le problème apparaîtra mieux.

SARTRE : Je peux parler de ce que j'apprends à connaître ; il y a un style de la mise en scène mais il y a ici des personnes qui seraient mieux qualifiées que moi pour en parler. Vilar, qu'en pensez-vous ?

VILAR : Au départ, c'est un domaine qui est hors du mien, je parle de celui que vous avez traité ; il me semble que l'auteur nous apporte des choses toutes faites et que les moyens que nous devons employer pour le servir n'appartiennent pas au sujet de l'exposé que vous venez de faire. Parler du style dramatique du point de vue de l'auteur, c'est bien, mais on peut admettre qu'il y a un style dramatique du point de vue de l'interprète.

SARTRE : Est-ce que les deux peuvent se lier et dans quelle mesure le style dramatique de l'interprète... ?

VILAR : C'est plus une question de finesse et de disponibilité qu'une question d'intelligence et vous l'auteur apportez une matière à laquelle nous essayons de nous assimiler consciemment ou inconsciemment...

Sartre : Est-ce que vous croyez que beaucoup d'acteurs se préoccupent du rythme d'un texte ?

Vilar : Il leur est imposé.

Sartre : Je n'en suis pas sûr : j'ai vu des cas où d'excellents acteurs qui rendaient le personnage admirablement sur le plan précisément de l'action ne rendaient pas le rythme propre de la phrase ; je connais beaucoup de cas où des acteurs, pour avoir le texte mieux en bouche, ajoutent des « alors » et des « est-ce que » ; je pourrais même vous citer des cas précis.

Vilar : S'ils ne collent pas au rythme dramatique de l'auteur, ils ne peuvent être le personnage parce que c'est un des moyens que vous leur offrez d'être le personnage qui est de suivre le rythme, consciemment ou inconsciemment.

Sartre : Il y a en fait ainsi une espèce de complaisance réciproque des acteurs pour les auteurs ou des auteurs pour les acteurs où précisément, comme le disait Camus, on essaye de parler naturel, c'est-à-dire sans rythme et par conséquent l'acteur essaye de parler naturel, c'est-à-dire avec une espèce de rythme complaisant et lâché. Une pièce de Tristan Bernard présente le cas le plus typique ; un robinet d'eau tiède, une espèce de bonhomie, cette absence de rythme est presque un rythme chez Tristan Bernard et l'acteur qui s'y pliera n'aura aucune espèce de rythme tandis qu'il s'agit de prendre un texte et de lui donner son mouvement, ce qu'on fait pour Molière et pour Shakespeare ; encore Shakespeare étant traduit, le rythme est celui du traducteur et non le rythme réel.

Ce qui serait intéressant, ce serait d'essayer de transposer cela pour une pièce qui serait une pièce écrite aujourd'hui.

CAMUS : Il faudrait que la pièce fût écrite ; je prendrai volontiers la défense des acteurs sur ce plan ; le souci du rythme dans beaucoup de pièces n'est pas le premier, il y a d'autres soucis.

SARTRE : La faute initiale est aux auteurs, plus exactement au courant naturaliste qui a représenté l'ensemble de la pensée à un certain moment.

VILAR : C'est une des choses les plus difficiles pour un interprète que de coller justement à ce rythme ; il y a des acteurs dans la salle, j'aimerais assez qu'ils parlent de ce sujet.

X. : Parler exactement comme tout le monde : je prends un exemple qui est la pièce *Césaire* [13] que Vilar a interprétée ; c'était un marin qui parlait ; il est évident qu'aucun marin n'a jamais parlé de cette manière mais ceux qui assistaient à la représentation n'ont jamais imaginé qu'un marin ait pu parler autrement, ils étaient entièrement pris. C'est exactement le contraire du parler de tout le monde.

SARTRE : C'est qu'il y avait dans *Césaire* deux choses ; le théâtre de Schlumberger possède un rythme, à mon avis ; c'est un auteur qui écrit avec un rythme et qui s'en soucie ; par ailleurs, je trouve que les mots qu'il utilisait n'étaient pas ceux de tout le monde, autrement dit, nous nous trouvions avoir un intermédiaire entre cet idéal que je vous proposais il y a une seconde et le théâtre d'Henry Bataille : les mots n'étaient pas de tout le monde mais le rythme les faisait passer ; pour moi, j'ai trouvé que la pièce *Césaire* était assez forte en un sens. Ceci étant dit, je préfère cent fois *Orage* qui venait après et où précisément j'ai trouvé sur un autre plan qu'avec des mots absolument semblables à ceux de tout le monde, on arrivait à donner une atmosphère tout à fait particulière.

Vilar : Schlumberger, à quelques exceptions près, n'emploie pas un vocabulaire de marin, il s'en garderait bien, mais son parler est celui de tout le monde : un langage courant très clair.

Sartre : Oui, c'est peut-être un ensemble de comparaisons, d'allusions.

Vilar : Ce n'est pas au langage qu'on pourrait faire des reproches mais à certaines idées exposées qui ne sont pas celles d'un marin ; mais le langage est de tout le monde.

Sartre : Il y a précisément un rythme que vous rendiez très bien d'ailleurs : justement là, il y avait rythme de la parole de l'acteur.

Vilar : Je vous pose une question : pensez-vous qu'en style dramatique, il soit nécessaire de l'amener à une perfection telle qu'il devienne un langage prosodique ?

Sartre : Je ne crois pas qu'on doive arriver jusqu'au rythme à proprement parler, jusqu'à la prosodie à proprement parler ; il me semble que c'est un rythme théâtral qu'il faut ; par conséquent, un rythme dont nous ne chercherons pas les règles dans la prosodie même mais dans les nécessités de l'action.

Par exemple, la rupture de mouvement me paraît appartenir au rythme théâtral, c'est-à-dire qu'après avoir fait un développement de deux ou trois phrases assez longues sur un sujet, on passe brusquement à un autre par une phrase d'interrogation brusque de trois mots ; voilà par exemple ce qui peut donner un rythme, cela n'a rien à voir avec la prosodie, nous n'y trouverions pas une suite de longues ou de brèves ou une phrase avec des alternances, non, rien de tel.

VILAR : Ne croyez-vous pas justement que la palette prosodique nous offrirait bien plus de raisons de nous exprimer, bien plus de chances de nous exprimer que le simple langage de la prose ? Ce souci d'une forme prosodique, peut-on le désirer chez des auteurs contemporains ? Je ne parle ni de l'alexandrin, ni du verset de Claudel.

SARTRE : Cela me paraît une préoccupation extérieure au contenu même de la phrase ; il me semble que le rythme doit venir à la fois de la manière même d'écrire de l'auteur et, d'autre part, du sujet lui-même, de la situation elle-même et par conséquent, je ne crois pas qu'il faille utiliser des procédés qui sont en quelque sorte des procédés presque fixés.

VILAR : Racine a sa façon de s'exprimer...

SARTRE : Nous avons l'alexandrin, je ne crois pas que nous puissions y revenir sauf dans certains cas.

X. : Est-ce que le style d'André Gide dans *Saül*[14] pourrait être considéré comme un style rythmé ?

SARTRE : Certainement, nous avons affaire à une pièce qui précisément est du type de pièces qui prennent leur intérêt par l'éloignement.

X. : Les mots sont condition, le vocabulaire est condition.

SARTRE : Le vocabulaire est une manière de parler qui a cette espèce de distance par rapport au présent et au passé à la fois et qui est justement le propre des auteurs qui sentent le besoin du rythme qu'ils ne veulent pas donner dans la vie moderne et qui repoussent dans le passé leur pièce où en effet il y a un rythme.

X. : Pourquoi jugez-vous que le langage est nécessairement quotidien, pourquoi y tenez-vous tant ?

X. : Il y a cette phrase de Shakespeare : « Tous les parfums de l'Arabie ne suffiraient pas à purifier cette petite main[15]... » elle fait partie du rythme de Shakespeare, est-ce le langage quotidien ?

Sartre : Cela me paraît faire partie du langage quotidien, ce n'est pas une phrase que j'appellerai non quotidienne ; les parfums de l'Arabie, c'est comme si vous disiez les parfums de Chanel ; c'est une phrase fort belle, rare en un sens mais qui appartient exactement au quotidien tandis que la phrase dont je vous ai parlé tout à l'heure : « Je souffre d'une grande onde blessée... »

X. : « L'extase était divine dans nos sourcils arqués. »

Sartre : Vous m'avez dit vous-même que Shakespeare était un poète du théâtre, un auteur dramatique.

X. : Mais je dis maintenant : pourquoi voulez-vous à tout prix que l'on apporte le langage quotidien au théâtre ?

Sartre : Je n'ai pas dit cela ; j'ai dit que nous devions prendre un langage dans lequel les mots sont les mots de tout le monde, mais que nous devons utiliser ces mots avec un rythme, une signification et une distance tels qu'avec eux, nous constituions un ensemble qui n'est plus alors du tout le quotidien et le naturel.

X. : Ce sont les mots de tout le monde.

SARTRE : Pégase n'est pas le mot de tout le monde, c'est un mot que j'emploie rarement dans ma vie.

X. : Mais « parfums de l'Arabie », ce sont des mots qu'on n'emploie pas souvent...

X. : On peut avec des mots quotidiens faire des associations non quotidiennes.

SARTRE : Il faudrait plutôt dire des phrases ou si vous préférez des groupes de mots.

COCTEAU : Est-ce que vous croyez que le réflexe d'un écrivain de théâtre n'est pas justement de hausser pour être entendu ? Vous reconnaissez là l'homme de théâtre ; si vous prenez le langage de près, qui ne peut être dit à distance, alors ce n'est pas l'homme de théâtre ; nous avons été embrouillés par des hommes qui n'étaient pas des hommes de théâtre, nous avons eu du faux théâtre, cela fait un langage de théâtre qui triche ; il semble avoir du relief mais c'est un langage théâtral et non de théâtre ; c'est la même chose pour la poésie ; au théâtre, la poésie n'est pas un langage poétique, car elle est faite pour être entendue de loin. C'est toujours trop petit.

X. : Un petit exemple : dans *Antigone* : « Ah quelle cruauté à vous brasser du mal » ; l'adaptateur a cru bon probablement pour éviter des mots qui n'étaient pas employés par tout le monde de transcrire : « Ah quelle cruauté à vous faire du mal » ! Bannissez-vous : brasser du mal, qui est en effet un mot jamais employé ? C'est très intéressant de savoir ce qui est le mot d'aujourd'hui.

COCTEAU : Nous entrons dans une discussion linguistique : ici ce qui est intéressant, c'est l'optique du théâtre. C'est infini : il faut obtenir un relief spécial...

X. : « Effleureur » dans la pièce de Bataille paraît surprenant.

Le style dramatique

Cocteau : Ce sont des détails.

Sartre : Pour un auteur du XVIe siècle, oui, mais ce ne sont pas nos problèmes actuels ; de toute façon, si vous défendez « brasser », c'est-à-dire le mot ancien qui a son charme de mot ancien dans une pièce ancienne, vous ne pouvez me demander d'utiliser ce mot-là.

Barrault : Je ne crois pas que monsieur veuille le voir employer en tant que mot ancien mais en tant que projection plastique du mot ; j'aime le mot brasser parce qu'il me donne une idée plastique et justement, cela entame un paragraphe qui pourrait être aussi traité, sur le style : je suis tout à fait d'accord, il faut que le langage soit elliptique : or on doit l'entendre une seule fois et l'entendre très rapidement, donc il ne faut pas demander au spectateur de faire des associations d'idées ; il faut que le langage soit frappant au lieu d'être, mettons, intellectuel.

Le rythme de Stendhal est un rythme parfait pour les yeux mais impossible pour les oreilles, en tout cas il n'est pas fait pour toutes les oreilles, pas pour les dents, pour la bouche, pour la langue ; j'ai eu l'occasion de dire du Stendhal : l'évasion de Fabrice, toutes les consonnes restaient dans ma bouche comme les clous d'un tapissier. La difficulté pour Montherlant était aussi celle-ci que le style de Montherlant est une écriture d'homme de lettres et non d'homme de théâtre car je crois que l'homme de théâtre doit plutôt écrire avec son souffle qu'avec sa tête.

Est-ce que ce ne serait pas justement l'occasion d'ouvrir un paragraphe sur l'étude plastique des mots et, en allant jusqu'au bout, des consonnes, car le mot brasser — quand bien même je serais d'un pays étranger — me donne la sensation de malaxer, de baratter, mot qui me frappe physiquement alors que je n'ai pas besoin de faire cette association et c'est pour cela que je relève le mot de brasser. Ce paragraphe pourrait être intéressant à ouvrir : le style dramatique pourrait partir d'une inspiration respirée si je puis dire ; je n'ose pas parler de Claudel parce qu'on m'attend au tournant ! C'est pourtant ce qu'a cherché Claudel.

SARTRE : Moins le langage elliptique.

COCTEAU : Est-ce que tu crois que le grand auteur de théâtre n'est pas toujours un acteur ? Racine était un acteur.

BARRAULT : Il faut toujours que le mot soit respiré pour permettre le passage avec le geste et c'est ce qui a fait quelquefois ces heurts quand on faisait des spectacles où l'on donnait un sens important à la plastique, il y avait toujours cassure entre le verbe et la partie plastique ; il n'y avait jamais de passage et ce passage n'existait pas parce qu'il y avait tout d'un coup différence de points de vue ; il y avait une lampe qui s'allumait dans la tête alors que la lampe s'était allumée dans la poitrine pour l'expression plastique.

SARTRE : Je pense que l'auteur de théâtre devrait voir le mot accompagné, au moins schématiquement, de la plastique qui l'accompagne.

BARRAULT : Claudel me parlait un jour du mot voler dans le sens de planer ; l'anglais dit : *to fly*, voilà une action, l'action de voler ; le français a pris le mot de voler, il n'y a pas d'accent tonique ou plutôt dans l'action de voler, il a pris la phase de planer ; l'anglais a pris *to fly*, c'est-à-dire se déplacer vivement et l'allemand *fliegen*, l'action de travailler ; voilà pour une même action que se manifestent trois tempéraments différents et qui ont pris chacun une phase de l'action. Eh bien, ce sont trois mots qui ont une portée dramatique ; c'est donc intéressant d'envisager non pas le mot en tant qu'idée mais en tant qu'action, en tant que plastique et cela amènerait à étudier toutes les consonnes sur le plan plastique ainsi que les voyelles. Ce serait toute une alchimie à étudier ; une consonne c avec a, e, i, o, u, puis le d avec les autres voyelles.

C'est pourquoi, lorsque nous parlons de fatrasie, cela pourrait être un langage dramatique extraordinaire et en l'espèce actuellement militant puisqu'il explique justement la projection d'idées.

Sartre : Il faut ajouter quand même pour les gens qui vous entendent qu'il s'agit de l'utiliser de temps en temps.

Barrault : Évidemment, et dans certaines circonstances, la consonance.

Cocteau : Le mot est acte au théâtre et le mot est relief. Je crois que pour les pièces modernes, le vrai langage est un faux langage naturel, il doit avoir l'air d'un langage naturel.

X. : Je voulais parler de Claudel avant que Barrault n'en parle, je voulais savoir si à votre avis Claudel a cherché un rythme ; il n'a pas cherché forcément le naturel ; est-ce qu'à votre avis, il a un style proprement dramatique ?

Sartre : Je le crois ; seulement, nous sommes alors sur le plan poétique, c'est-à-dire que c'est un type de théâtre qui n'est d'ailleurs pas opposé au théâtre dont je parlais, mais je pensais à un théâtre non poétique. Il y a deux sens du mot poésie : tout théâtre peut être poétique, bien entendu, mais je voulais parler d'un théâtre qui ne se préoccupe plus précisément de versets, de rythme et d'un certain type de beauté qui appartient à ce qu'on appelle couramment la poésie.

X. : Claudel emploie assez volontiers des mots qui sortent du naturel et du quotidien ; est-ce que, dans cette mesure, il appartient quand même au style dramatique ?

SARTRE : Précisément dans la mesure où il est sur un plan qui n'est pas quotidien.

COCTEAU : Vous avez posé le problème de la pièce 1944 : l'homme courageux fera la pièce d'aujourd'hui et trouvera un langage en relief et dur qui l'exprimera.

SARTRE : Il y a une pièce de Claudel que j'aime moins que les autres, c'est *L'Échange*[16], précisément parce que les personnages sont contemporains.

COCTEAU : Le langage est en quelque sorte surnaturel, ce qui est le langage idéal pour le théâtre ; vous parlez de quelque chose de plus difficile et le public croyant entendre son langage de tous les jours en entend un autre.

SARTRE : On lui renvoie son langage de tous les jours mais avec une espèce de distance qui fait qu'il est témoin, de manière à l'intimider.

COCTEAU : Il s'agit aussi d'hypnose collective : quand un public se désindividualise ; mais quand il se réindividualise... Vous parliez du bruit du fauteuil, oui, ce qui est terrible c'est quand une dame commence à lire son programme, un monsieur bouge, c'est qu'il y a une longueur, cela ne marche plus, les gens se réindividualisent.

SALACROU : Ce n'est pas une preuve.

COCTEAU : C'est le danger de l'esprit de masse.

SALACROU : L'intérêt. Mais il y a des pièces fort mauvaises, très conventionnelles qui passionnent le public.

Sartre : C'est certain aussi.

Salacrou : Ce n'est pas une preuve par neuf.

Sartre : C'est tout de même une indication, c'est négatif ; si vous faites une pièce d'un ton très élevé mais qui embête le public !

Salacrou : C'est une raison nécessaire et non suffisante.

Cocteau : C'est s'habituer à ouvrir une porte sans raison, des fauteuils inutiles ; une porte qui s'ouvre, c'est capital !

Sartre : Avez-vous vu *L'Étoile de Séville*[17] ? Il y avait un décor réduit au minimum et constitué par un fauteuil à droite, une grille à gauche, à l'extrême gauche du théâtre et au fond, une espèce de petit mur ; suivant la scène, on éclairait ou le fauteuil, ou la grille, ou le mur et il suffisait que l'acteur commence à parler pour qu'on se croie à la salle du trône quand c'était à droite, en prison quand c'était à gauche et dans un jardin quand cela se passait derrière le mur ; il y avait uniquement ces accessoires et j'en parle parce que mon illusion était complète.

Cocteau : Puisqu'il faut de l'économie toujours, c'était économique.

Sartre : Il n'y a besoin de rien de plus que d'un fauteuil.

X. : C'est ce que Jean Cocteau a cherché à faire dans *Roméo et Juliette*.

Cocteau : Oui, on voyait l'essentiel, on construisait les rues autour d'eux.

Sartre : Dans ce sens on rejoint Barrault qui veut économiser même l'escalier[18].

COCTEAU : Ce qui est grave, c'est le théâtre où l'on met beaucoup de chaises et de fauteuils, beaucoup de fleurs inutiles ; on crée un désordre terrible et un faux naturel.

X. : Pourquoi avez-vous usé d'un bronze de Barbedienne[19] ?

SARTRE : Il est nommé dans le texte : le bronze de Barbedienne ; en ce qui concerne le bronze lui-même comme décor, je puis vous affirmer qu'il n'est pas de Barbedienne. Cela fait une masse quelconque au fond ; je crois qu'il représente une femme nue à cheval sur un nu ; je ne crois d'ailleurs pas que ce soit d'une utilité quelconque.

COCTEAU : C'est un bronze de Barbedienne parce qu'on ne peut pas le soulever ; c'est l'enfer, on voit un bronze de Barbedienne.

X. : Pensez-vous qu'il y ait un rythme dans l'*Antigone* d'Anouilh ?

SARTRE : Je ne l'ai pas vue. Considérez-vous la conversation comme close ?

COCTEAU : Oui, je vais voir votre pièce !

NOTES

1. Henri Gouhier : *L'Essence du théâtre*, précédé de quatre témoignages par Georges Pitoëff, Charles Dullin, Louis Jouvet, Gaston Baty. Plon, 1943.
2. Le projet auquel il est ici fait allusion est celui d'un film que devait réaliser Henri-Georges Clouzot et dont le scénario aurait été inspiré de *Huis clos* et se serait intitulé « Par les chemins obscurs ».
3. L'acteur américain Robert Montgomery a réalisé en 1946, sur un scénario de Steve Fisher inspiré d'un roman de Raymond Chan-

dler, le film *The Lady in the Lake* (*La Dame du lac*), qui est entièrement tourné selon ce procédé de la « caméra subjective ». Son application systématique, en l'occurrence, s'est révélée lassante et la tentative n'est pas convaincante.

4. *Volpone* de Ben Jonson, adaptation de Jules Romains, a été joué et mis en scène par Charles Dullin pour la première fois au Théâtre de l'Atelier en 1928. Jean-Louis Barrault a joué et mis en scène *Hamlet* à la Comédie-Française en 1942.

5. Illustré surtout par le travail de Jacques Copeau et celui des Pitoëff.

6. Sartre a consacré en 1943 une étude au récit de Maurice Blanchot, *Aminadab* (cf. « *Aminadab* ou du fantastique considéré comme un langage », in *Cahiers du Sud*, avril et mai 1943, repris dans *Situations I*). Il y compare Blanchot à Kafka et montre que ces deux auteurs se sont affrontés au même problème : « Comment faire voir [à l'homme] *du dehors* cette obligation d'être dedans [dans le monde] ? »

7. La mise en scène célèbre de *La Mégère apprivoisée* de Shakespeare par Firmin Gémier au Théâtre Antoine en 1918 marque une rupture historiquement importante avec la tradition naturaliste.

8. Dullin a monté pour la première fois *La Vie est un songe* de Calderón (adaptation d'A. Arnoux) au Théâtre du Vieux-Colombier en 1921, puis l'a repris à l'Atelier. Il a redonné la pièce dans une nouvelle mise en scène en 1944 au Théâtre de la Cité (ex-Sarah-Bernhardt).

9. La pièce de Camus était sur le point d'être créée au Théâtre des Mathurins (24 juin 1944) au moment où Sartre prononçait la présente conférence. Sartre et Beauvoir avaient lu le manuscrit.

10. Cf. Armand Salacrou : *La Vie en rose*, impromptu en un acte (1931), in *Théâtre II*, Gallimard, 1944. La scène d'Henry Bataille se trouve p. 250-251 ; elle est signalée en note mais sans indication d'origine.

11. Il s'agit ici de la pièce d'Eugène O'Neill, *Strange Interlude* (1928), traduite en français chez Gallimard en 1938 par Fanny Pereire et Pierre Minac sous le titre *L'Étrange Intermède* et reprise dans *Théâtre complet* d'Eugène O'Neill, vol. 6, L'Arche, 1965.

12. La pièce de Montherlant (1942).

13. *Césaire ou la Présence de l'esprit*, pièce en deux actes de Jean Schlumberger, représentée en 1922 par Firmin Gémier et le théâtre de la Chimère au Théâtre des Mathurins, parue dans *Théâtre* (N.R.F., 1923) et reprise en 1943, avec *Orage* de Strindberg, par Jean Vilar au Théâtre de Poche puis au Vieux-Colombier.

14. Drame en cinq actes (1898), représenté par Jacques Copeau au Vieux-Colombier en 1922.

15. *Macbeth*, Acte V, scène 1, v. 50.

16. *L'Échange* (1893) a été créé par Jacques Copeau au Vieux-Colombier en 1914.

17. Comédie de Lope de Vega, adaptée en prose par Albert Ollivier, que Sartre a vue en 1942 à la Comédie des Champs-Élysées, représentée par la Compagnie des « Quatre saisons provinciales ».

18. Allusion ici à la mise en scène par Jean-Louis Barrault de son adaptation théâtrale du roman de Knut Hamsun, *La Faim*, à l'Atelier en 1938, où il montait en pantomime un escalier imaginaire.

19. Dans *Huis clos*.

DULLIN ET L'ESPAGNE[1]

Les critiques ne sont pas tendres pour Dullin. Il inquiète et déplaît, ils l'admirent à contrecœur ; et comme ils n'osent pas tout à fait méconnaître la grandeur de son effort, ils ont décidé une fois pour toutes de lui manifester une admiration rétrospective : ils ne louent jamais la pièce qu'il leur présente, mais celle qui vient de quitter l'affiche ; et, s'il reprend un de ses anciens succès, on peut être sûr que tout était mieux à la création. Cette attitude les empêche de voir et de montrer les traits principaux de son art. Ils nous confient, ces critiques futiles et légers, que *La Vie est un songe* leur a plu ou déplu – ce dont le public n'a souci – mais ils ne s'avisent pas que la pièce trouve sa place dans une entreprise poursuivie depuis vingt ans et qui tend à révéler le vrai visage de l'Espagne. Dans l'œuvre de Calderón ou de Lope de Vega, Dullin pouvait choisir entre cent comédies d'intrigue, vingt drames de cape et d'épée qui eussent diverti les spectateurs à peu de frais. Il a préféré trois œuvres austères et pures : *Le Médecin de son honneur, Les Amants de Galice, La Vie est un songe*, parce qu'elles manifestent la même grandeur désolée, parce qu'elles ont toutes trois l'ardente sécheresse d'un flamenco. Don Guitire fait tuer sa femme innocente, pour cette unique raison qu'elle « pourrait » être soupçonnée, le vieux roi Basile fait enchaîner pour la vie son fils Sigismond, innocent, mais dont un horoscope lui a prédit les futures violences : dans les deux cas, aux yeux des personnages, l'innocence compte pour peu de chose, au prix d'une certaine solidarité sombre avec le trône, avec la famille. Dans les yeux de Don Guitire, dans ceux de Basile ou de Sigismond brille la même passion desséchée, sans repos, blanche de poussière et de soleil, dont la grandeur triste est qu'à tout moment elle médite sa perte et celle de son objet. Sentiment proche du désespoir et qui pourtant, à la différence des passions raciniennes, est fier de lui-même et pénétré de ses droits. Il n'est pas jusqu'au seigneur des *Amants de Galice* qui, jusque dans ses violences, ne soit assuré d'avoir raison : la femme qu'il a enlevée n'est-elle pas une villageoise qui vit sur « ses » terres ? N'exerce-t-il pas, en la violant, son droit seigneurial ? La critique a fort mal accueilli ces trois pièces, en particulier *Le Médecin de son honneur*. Dubech[2] traitait Calderōn de sauvage, il invoquait pour se rassurer Corneille, qui, au moins, était policé. Ce qui inquiétait n'était pas, comme ils l'ont cru, la violence barbare de la passion : c'est plutôt, au contraire, l'extrême lucidité de cette passion qui sait qu'elle court à la catastrophe et qui se veut telle qu'elle est. En bref, la passion de la tragédie racinienne – que nos critiques ont toujours préférée – met à l'aise parce qu'elle est mécanique ; elle s'ignore elle-même et l'on entrevoit qu'un peu de volonté pourrait l'arrêter. La passion espagnole que Dullin nous a révélée, ne fait qu'un avec le droit et la volonté. Elle est l'homme tout entier, engagé dans une entreprise qu'il sait désespérée et qui pourtant veut aller jusqu'au bout de son projet. Elle se rapproche par là de la tragédie grecque qui est, comme on sait, conflit de droits. Et c'est un conflit de droits qui oppose Sigismond et Basile dans l'admirable IIe acte de *La Vie est un songe*, celui-ci disant : « J'avais le droit de t'enchaîner puisque tu devais être violent », et celui-là : « J'ai le droit d'être violent, puisque tu m'as fait enchaîner. » Ces conflits ne peuvent s'apaiser d'eux-mêmes : ils en appellent à une justice supérieure. Dans les trois pièces que nous venons de citer, le roi joue le rôle des dieux antiques. Sa justice – qu'il pardonne ou qu'il punisse –, est impitoyable. Impitoyable pour le criminel, s'il punit ; s'il pardonne, impitoyable pour la victime. De toute façon, ce tribunal supérieur en appelle à l'honneur, à la famille, à la tribu, à une législation orale et primitive, que les plaignants reconnaissent tous. La boucle est bouclée, car le jugement royal est, lui aussi, une passion et une volonté.

Ce monde libre et fatal, sans repos, sans détente, dont l'impitoyable dureté s'exprime en phrases fleuries et même précieuses, c'est le grand mérite de Dullin de l'avoir transporté sur la scène française. La résistance des critiques prouve que nous le connaissons mal, et c'est la grandeur de Dullin d'avoir su le rendre tel quel, avec son autorité castillane, ses passions désertiques, sa préciosité parfois exaspérante. Si le génie, dans la mise en scène, consiste à rendre l'atmosphère et la saveur d'une œuvre dramatique, quel nom donnerons-nous au travail de Dullin, qui a su faire passer chez nous et nous faire sentir, au point de nous inquiéter, la saveur d'un pays étranger, fort éloigné dans le temps et dans l'espace ?

(Article paru dans *Combat*,
8 novembre 1944.)

NOTES

1. Article écrit à la suite du mauvais accueil réservé par une partie de la critique à la reprise par Dullin de *La Vie est un songe* de Calderōn au Théâtre de la Cité, le 1er avril 1944 (voir ci-dessus p. 51, note 8). Dullin avait créé *Le Médecin de son honneur* de Calderón (adaptation d'A. Arnoux) en 1935 à l'Atelier et *Les Amants de Galice* de Lope de Vega (adaptation de Jean Camp) en 1942 au Théâtre de la Cité.

2. Lucien Dubech, auteur d'une *Histoire générale illustrée du théâtre* (Librairie de France, 1931) et chroniqueur dramatique à *Candide*.

FORGER DES MYTHES

> Provenant d'une conférence donnée par Sartre à New York lors de son second séjour aux États-Unis, en 1946, ce texte est resté jusqu'à présent inédit en français. Il a paru, traduit par Rosamond Gilder, dans la revue américaine *Theatre Arts* (Vol. XXX, n° 6, juin 1946) sous le titre « Forgers of Myths : the young playwrights of France » et a été repris par la suite, aux États-Unis, dans divers recueils de textes sur le théâtre.
>
> Destiné à un public mal informé encore des développements de la culture française durant l'occupation et au lendemain de la Libération, ce texte reprend nombre d'idées exprimées par Sartre de façon moins didactique dans ceux qui le précèdent ici. Des éléments originaux justifiaient cependant qu'il soit retraduit pour le présent volume à l'intention des lecteurs de langue française (la retraduction est de Michel Contat).

En lisant dans les journaux les comptes rendus de l'*Antigone* d'Anouilh montée par Katharine Cornell[1], j'ai eu l'impression que la pièce suscitait un certain malaise dans l'esprit des critiques dramatiques new-yorkais. Beaucoup s'étonnent qu'un mythe si ancien ait été porté au théâtre. D'autres reprochent au personnage d'Antigone de n'être ni vivant ni vraisemblable, et de ne pas avoir ce qu'on appelle en jargon de théâtre un « caractère ». Le malentendu, je crois, vient du fait que les critiques n'étaient pas informés sur ce que beaucoup de jeunes auteurs, en France, — chacun dans des directions différentes et sans but concerté — tentent de faire.

On a beaucoup parlé en France d'un « retour à la tragédie », d'une « renaissance du théâtre philosophique ». Ces étiquettes prêtent à confusion et devraient toutes deux être rejetées. La tragédie, pour nous, est un phénomène historique qui triompha entre le XVIe et le XVIIIe siècle et nous n'avons aucun désir de le ressusciter. Pas plus que nous ne nous soucions de produire des pièces philosophiques, si l'on entend par là des œuvres délibérément conçues pour illustrer à la scène la philosophie de Marx, celle de saint Thomas ou l'existentialisme. Il y a cependant une part de vérité dans ces deux étiquettes : tout d'abord, c'est un fait que nous sommes moins préoccupés d'innover que de retourner à une tradition ; de même, il est vrai que les problèmes que nous voulons traiter au théâtre sont très différents de ceux dont nous nous occupions avant 1940.

Le théâtre, comme on le concevait dans la période de l'entre-deux-guerres, et comme on le conçoit peut-être aujourd'hui encore aux États-Unis, est un théâtre de caractères. L'analyse des caractères, et leur confrontation, étaient le souci principal du théâtre. Ce qu'on appelait une « situation » avait pour seul but de mettre davantage les caractères en relief. Les meilleures pièces de cette période étaient des études psychologiques d'un lâche, d'un menteur, d'un ambitieux ou d'un frustré. A l'occasion, un dramaturge s'efforçait d'éclairer les mécanismes d'une passion — l'amour, habituellement — ou d'analyser un complexe d'infériorité.

Jugée d'après de tels principes, l'Antigone d'Anouilh n'est pas du tout un caractère. Elle n'est pas non plus le simple support d'une passion qui devra se développer selon les règles admises d'une psychologie quelconque. Elle représente une volonté nue, un choix pur et libre ; on ne peut distinguer en elle la passion de l'action. Les jeunes auteurs dramatiques français ne croient pas que les hommes aient en commun une « nature humaine », donnée une fois pour toutes et qui peut s'altérer sous l'effet d'une situation donnée. Ils ne pensent pas que les individus puissent être la proie d'une passion ou d'une manie qui ne s'expliquerait qu'à partir de l'hérédité, du milieu et de la situation. Ce qui est universel, à leurs yeux, ce n'est pas une nature mais les situations dans lesquelles se trouve l'homme, c'est-à-dire non pas la somme de ses traits psychologiques mais les limites auxquelles il se heurte de toutes parts.

Pour eux, l'homme ne doit pas être défini comme un « animal raisonnable » ou « social », mais comme un être libre, entièrement indéterminé et qui doit choisir son propre être face à certaines nécessités, telles que le fait d'être déjà engagé dans un monde qui comporte à la fois des facteurs menaçants et favorables, parmi d'autres hommes qui ont fait leurs choix avant lui et qui ont décidé par avance du sens de ces facteurs. Il est confronté à la nécessité de travailler et de mourir, d'être jeté dans un monde qui est déjà là et qui est pourtant sa propre entreprise et dans lequel il ne peut jamais reprendre son coup : un monde où il lui faut jouer ses cartes et prendre ses risques, quoi qu'il puisse lui en coûter. C'est pourquoi nous ressentons le besoin de porter à la scène certaines situations qui éclairent les principaux aspects de la condition humaine et de faire participer le spectateur au libre choix que l'homme fait dans ces situations.

Ainsi l'*Antigone* d'Anouilh a pu paraître abstraite parce qu'elle était représentée moins comme une jeune princesse grecque, formée par certaines influences et par quelques souvenirs horribles, que comme une femme libre sans traits de caractère jusqu'à ce qu'elle les choisisse par elle-même au moment où elle affirme sa liberté dans la mort, malgré le tyran triomphant. De même, lorsque le bourgmestre de Vaucelles dans *Les Bouches inutiles* [2] de Simone de Beauvoir doit décider s'il va sauver sa ville assiégée en sacrifiant la moitié de ses habitants (femmes, enfants, vieillards) ou s'il va risquer de les faire périr en tentant de les sauver tous, nous ne nous préoccupons pas de savoir s'il est sensuel ou froid, s'il a un complexe d'Œdipe ou s'il a un tempérament irritable ou joyeux. Bien sûr, s'il est téméraire et imprévoyant, vaniteux ou pusillanime, il prendra une mauvaise décision. Mais nous ne voyons pas d'intérêt à arranger d'avance les motivations ou les raisons qui forceront inévitablement son choix. Bien plutôt, nous nous préoccupons de présenter l'angoisse d'un homme qui est à la fois libre et plein de bonne volonté, qui cherche en toute sincérité à découvrir le parti qu'il doit prendre, et qui sait qu'en décidant du sort des autres il choisit en même temps sa propre règle de conduite et décide une fois pour toutes s'il sera un tyran ou un démocrate.

S'il arrive à l'un de nous de présenter un caractère sur la scène, c'est uniquement dans le but de s'en débarrasser aussitôt. Par exemple, Caligula, au début de la pièce d'Albert Camus qui porte ce nom, a un caractère [3]. On est porté à croire qu'il est doux et bien élevé, et sans doute est-il vraiment tout cela. Mais cette douceur et cette modestie s'évanouissent soudain lorsque le prince fait l'effrayante découverte de l'absurdité du monde. A partir de là, il choisira d'être l'homme qui persuade les autres hommes de cette absurdité, et la pièce ne fait que raconter comment il accomplit son projet.

L'homme libre dans les limites de sa propre situation, l'homme qui choisit, qu'il le veuille ou non, pour tous les autres quand il choisit pour lui-même — voilà le sujet de nos pièces. Pour remplacer le théâtre de caractères nous voulons un théâtre de situations ; notre but est d'explorer toutes les situations qui sont les plus communes à l'expérience humaine, celles qui se présentent au moins une fois dans la plupart des vies. Les personnages de nos pièces différeront les uns des autres non pas comme un lâche diffère d'un avare ou un avare d'un homme courageux, mais plutôt comme les actes divergent ou se heurtent, comme le droit peut entrer en conflit avec le droit. En cela on dira à juste titre que nous nous rattachons à la tradition cornélienne.

On comprendra sans peine, par conséquent, pourquoi nous nous soucions peu de psychologie. Nous ne cherchons pas le mot « juste » qui révélera soudain tout le développement d'une passion, pas plus que « l'acte » qui paraîtra le plus vraisemblable et le plus inévitable aux spectateurs. Nous tenons la psychologie pour la plus abstraite des sciences parce qu'elle étudie les mécanismes de nos passions sans replonger celles-ci dans leur véritable contexte humain, sans tenir compte de leur arrière-plan de valeurs religieuses et morales, des tabous et des impératifs de la société, des conflits entre les nations et les classes, des conflits entre les droits, les volontés, les actions. Pour nous, l'homme est une entreprise totale en lui-même. Et la passion fait partie de cette entreprise.

En cela nous revenons à la conception qu'avaient les Grecs de la tragédie. Pour eux, comme Hegel l'a montré[4], la passion n'était jamais un simple orage affectif mais toujours, fondamentalement, l'affirmation d'un droit. La fascisme de Créon, l'obstination d'Antigone, pour Sophocle et Anouilh, la folie de Caligula pour Camus, sont *tout en même temps* des transports de sentiments qui ont leur origine au plus profond de nous et des expressions d'une volonté inébranlable qui sont l'affirmation de systèmes de valeurs et de droits, tels que les droits des citoyens, les droits de la famille, la morale individuelle, la morale collective, le droit de tuer, le droit de révéler à des êtres humains leur condition pitoyable, et ainsi de suite. Nous ne rejetons pas la psychologie, ce qui serait absurde : nous intégrons la vie.

Depuis cinquante ans l'un des sujets de dissertation les plus fameux en France est formulé ainsi : « Commentez cette phrase de La Bruyère : " Racine peint les hommes tels qu'ils sont, Corneille les peint tels qu'ils devraient être. " » Nous pensons que cette affirmation devrait être renversée. Racine peint l'homme psychologique, il étudie les mécanismes de l'amour, de la jalousie d'une manière abstraite, pure, c'est-à-dire sans jamais permettre à des considérations morales ou à la volonté humaine d'infléchir leur mouvement inévitable. Ses personnages ne sont que les créatures de son esprit, la fin résulte d'une analyse intellectuelle. Corneille, au contraire, en montrant la volonté au cœur même de la passion, nous restitue l'homme dans toute sa complexité, dans sa réalité totale.

Les jeunes auteurs dont je parle sont du côté de Corneille. Pour eux, le théâtre ne sera capable de présenter l'homme dans sa totalité que dans la mesure où il se voudra *moral*. Nous ne voulons pas dire par là que le théâtre doit fournir des exemples illustrant des règles de conduite ou la morale pratique qu'on enseigne aux enfants, mais plutôt qu'il faut remplacer l'étude des conflits de caractères par la représentation de conflits de droits. Il n'était pas question d'opposition de caractères entre un stalinien et un trotskyste ; ce n'était pas par leurs caractères que se heurtaient en 1933 un antinazi et un SS ; les difficultés de la politique internationale ne proviennent pas du caractère des hommes qui nous dirigent ; les grèves aux États-Unis ne révèlent pas de conflits de caractères entre les industriels et les ouvriers. Dans chacun de ces cas ce sont, en dernière analyse, et en dépit d'intérêts différents, les systèmes de valeurs, les systèmes moraux et conceptuels de l'homme qui se trouvent confrontés.

Pour cette raison, notre nouveau théâtre s'est délibérément éloigné du soi-disant « théâtre réaliste », car le « réalisme » a toujours produit des pièces fabriquées avec des histoires de défaite, de laisser-faire et d'abandon ; il a toujours préféré montrer comment des forces extérieures écrasent un homme, le mettent en pièces et finissent par faire de lui une girouette tournant au gré des vents. Mais nous revendiquons le *véritable* réalisme car nous savons qu'il est impossible, dans la vie de tous les jours, de distinguer le fait du droit, le réel de l'idéal, la psychologie de la morale.

Ce théâtre n'est le support d'aucune « thèse » et il n'est inspiré par aucune idée préconçue. Ce qu'il tente de faire c'est explorer la condition dans sa totalité et présenter à l'homme contemporain un portrait de lui-même, ses problèmes, ses espoirs et ses luttes. Nous pensons que notre théâtre trahirait sa mission s'il peignait des personnalités individuelles, même s'il s'agissait de types aussi universels qu'un avare, un misanthrope ou un mari trompé, car s'il doit s'adresser aux masses, le théâtre doit leur parler de leurs préoccupations les plus générales, exprimer leurs inquiétudes sous la forme de mythes que chacun puisse comprendre et ressentir profondément.

Ma première expérience théâtrale a été particulièrement heureuse. Lorsque j'étais prisonnier en Allemagne en 1940, j'ai écrit, mis en scène et joué une pièce de Noël qui, tout en trompant la vigilance du censeur allemand au moyen de symboles simples, s'adressait à mes compagnons de captivité. Ce drame, qui n'était biblique qu'en apparence, était écrit et monté par un prisonnier, joué par des prisonniers dans des décors peints par des prisonniers ; il était destiné exclusivement à des prisonniers (à tel point que je n'ai jamais permis depuis qu'il soit joué ou même imprimé[5]). Et il s'adressait à eux en leur parlant de leurs soucis de prisonniers. Sans doute la pièce n'était-elle ni bonne ni bien jouée : c'était un travail d'amateurs, diraient les critiques, le produit de circonstances particulières. Cependant, à cette occasion, comme je m'adressais à mes camarades par-dessus les feux de la rampe, leur parlant de leur condition de prisonniers, quand je les vis soudain si remarquablement silencieux et attentifs, je compris ce que le théâtre devrait être : un grand phénomène collectif et religieux.

Bien sûr, je profitais à cette occasion de circonstances exceptionnelles ; cela n'arrive pas tous les jours que votre public soit réuni par un grand intérêt commun, une grande perte ou un grand espoir. En règle générale, un public de théâtre est composé d'éléments très divers : un gros homme d'affaires se trouve assis à côté d'un voyageur de commerce ou d'un professeur, un homme près d'une femme, et chacun a ses préoccupations particulières. Cette situation est pourtant un défi pour le dramaturge : il lui faut créer son public, fondre tous ces éléments disparates en une seule unité en éveillant au fond des esprits les choses dont tous les hommes d'une époque et d'une communauté données se soucient.

Cela ne veut pas dire que nos auteurs veuillent utiliser des symboles, si l'on entend par symbole l'expression indirecte ou poétique d'une réalité qu'on ne peut ou qu'on ne veut pas saisir directement. Nous répugnerions profondément aujourd'hui à représenter le bonheur par un insaisissable oiseau bleu, comme le fit Maeterlinck. Nos pièces sont trop austères pour des enfantillages de ce genre. Pourtant, si nous rejetons le théâtre de symboles, nous voulons cependant que le nôtre soit un théâtre de mythes ; nous voulons tenter de montrer au public les grands mythes de la mort, de l'exil, de l'amour. Les personnages du *Malentendu* d'Albert Camus ne sont pas des symboles, ils sont de chair et de sang : *une* mère et *une* fille, *un* fils qui revient d'un long voyage ; leurs expériences tragiques se suffisent à elles-mêmes. Et pourtant ces personnages sont mythiques en ce sens que le malentendu qui les sépare peut servir d'incarnation à tous les malentendus qui séparent l'homme de lui-même, du monde, des autres hommes.

Le public français ne s'y est pas trompé, comme l'ont prouvé les discussions suscitées par certaines pièces. Avec *Les Bouches inutiles*, par exemple, la critique ne s'est pas bornée à discuter l'intrigue, qui s'inspirait d'événements réels fréquents au Moyen Age : elle a reconnu dans la pièce une condamnation de procédés fascistes. Les communistes, en revanche, y ont vu une condamnation de leurs propres procédés : « La conclusion, ont-ils dit dans leurs journaux, est exprimée en termes d'idéalisme petit-bourgeois. Toutes les bouches inutiles auraient dû être sacrifiées pour sauver la ville. » Anouilh provoqua aussi des discussions orageuses avec *Antigone* : il fut accusé d'une part d'être un nazi, de l'autre d'être un anarchiste. Des réactions aussi violentes prouvent que nos pièces touchent le public là où il importe qu'il soit touché.

Pourtant ces pièces sont austères. Pour commencer, puisque nous nous intéressons avant tout à la situation, notre théâtre la montre au point précis où elle va atteindre son paroxysme. Nous ne prenons pas le temps de recherches savantes, nous n'éprouvons pas le besoin de détailler l'évolution imperceptible d'un caractère ou d'une intrigue : on n'atteint pas la mort par degrés, on est soudainement confronté à elle — et si l'on approche la politique ou l'amour par lents degrés, alors surgissent brusquement des problèmes urgents qui ne permettent pas de progression. En projetant dès la première scène nos protagonistes au paroxysme de leurs conflits, nous recourons au procédé bien connu de la tragédie classique, qui s'empare de l'action au moment même où elle se dirige vers la catastrophe.

Nos pièces sont violentes et brèves, centrées sur un seul événement ; il y a peu d'acteurs et l'histoire est comprimée dans un court espace de temps, parfois seulement quelques heures. Il en résulte qu'elles obéissent à une sorte de « règle des trois unités » qui n'a été qu'un peu rajeunie et modifiée. Un décor unique, quelques entrées, quelques sorties, de vives disputes entre les personnages qui défendent leurs droits individuels avec passion — voilà ce qui situe nos pièces à une grande distance des fantaisies brillantes de Broadway. Pourtant certaines d'entre elles, avec leur austérité et leur intensité, n'ont pas manqué d'être appréciées à Paris. Reste à savoir si New York les accueillera bien.

Puisque le but de nos auteurs dramatiques est de créer des mythes, de projeter au public une image agrandie et enrichie de ses propres souffrances, ils refusent cette préoccupation constante des réalistes, qui est de réduire autant que possible la distance entre les spectateurs et le spectacle. En 1942, dans la mise en scène par Gaston Baty de *La Mégère apprivoisée*, il y avait un accès allant de la scène à la salle pour permettre à certains personnages de descendre entre les rangs d'orchestre. Nous sommes très loin de telles conceptions et de telles méthodes. Pour nous, une pièce ne devrait jamais paraître trop *familière*. Sa grandeur tient à ses fonctions sociales et, en un certain sens, religieuses : elle doit rester un rite ; même lorsqu'elle parle aux spectateurs d'eux-mêmes, elle doit le faire sur un ton et dans un style qui, loin de faire naître la familiarité, viennent augmenter la distance entre l'œuvre et le public.

C'est pourquoi l'un de nos problèmes a été de trouver un style de dialogue qui, tout en étant extrêmement simple et en n'utilisant que les mots de tous les jours, puisse préserver cependant quelque chose de la dignité ancienne de notre langue. Nous avons tous banni de nos pièces les digressions, les discours à effets et ce que l'on appelle volontiers en France « la poésie de réplique » ; tout ce bavardage dégrade un langage. Il nous semble que nous retrouverons un peu de la pompe des tragédies anciennes si nous pratiquons la plus rigoureuse économie de mots. Pour ma part, dans *Morts sans sépulture*, ma dernière pièce, je ne me suis pas interdit d'utiliser des tournures familières, des jurons ou même de l'argot, chaque fois que je sentais qu'un tel langage convenait aux personnages. Mais j'ai essayé de préserver, par l'allure du dialogue, une extrême concision d'expression, des ellipses, de brusques interruptions, une sorte de tension intérieure dans les phrases qui les distinguent d'emblée du ton négligé du langage quotidien. Le style de Camus dans *Caligula* est d'un genre différent mais il est superbement sobre et tendu. Le langage de Simone de Beauvoir dans *Les Bouches inutiles* est si dépouillé qu'il a parfois été accusé de sécheresse.

Des drames brefs et violents, parfois réduits aux dimensions d'un seul long acte (*Antigone* dure une heure et demie, ma propre pièce, *Huis clos*, une heure vingt, sans entracte), des drames entièrement centrés sur un événement — le plus souvent un conflit de droits, portant sur quelque situation très générale —, écrits dans un style clair et tendu à l'extrême, comportant un petit nombre de personnages qui ne sont pas présentés pour leurs caractères individuels mais précipités dans une situation qui les oblige à faire un choix — voilà, en bref, le théâtre austère, moral, mythique et rituel d'aspect qui a donné naissance à de nouvelles pièces à Paris durant l'occupation et spécialement depuis la fin de la guerre. Elles correspondent aux besoins d'un peuple épuisé mais exigeant, pour qui la Libération n'a pas signifié un retour à l'abondance et qui ne peut vivre qu'avec la plus sévère économie.

La sévérité même de ces pièces est en accord avec la sévérité de la vie française ; leurs sujets moraux et métaphysiques reflètent les préoccupations d'une nation qui doit à la fois reconstruire et recréer et qui est en quête de principes nouveaux. Sont-elles le produit de circonstances locales, ou bien l'austérité même de leur forme peut-elle leur permettre d'atteindre un public plus large dans des pays plus favorisés ? C'est là une question que nous devons nous poser franchement avant d'essayer de les transplanter[6].

NOTES

1. *Antigone* de Jean Anouilh a été représentée pour la première fois à New York le 18 février 1946 dans une adaptation anglaise de Lewis Galantiere.
2. Pièce en deux actes représentée pour la première fois le 29 octobre 1945 au Théâtre des Carrefours.
3. *Caligula* a été représenté pour la première fois le 26 septembre 1945 au Théâtre Hébertot.
4. Hegel traite de la tragédie grecque principalement dans son *Esthétique*.

5. *Bariona, ou le Fils du tonnerre* a paru pour la première fois régulièrement dans *Les Écrits de Sartre* en 1970, mais la pièce n'a jamais été représentée publiquement.

6. Toutes les pièces de Sartre, à l'exception du *Diable et le Bon Dieu*, de *Nekrassov* et des *Troyennes*, ont été représentées aux États-Unis. Relevons les productions suivantes :

— *No Exit* (Huis clos), adaptation de Paul Bowles, présenté à New York à partir du 26 novembre 1946. 31 représentations. *No Exit* a obtenu le prix de la meilleure pièce étrangère jouée à New York en 1947 et a connu, par la suite, comme les autres œuvres de Sartre, de nombreuses productions locales et universitaires.

— *The Flies* (Les Mouches), à partir du 17 avril 1947 au Dramatic Workshop, mise en scène d'Erwin Piscator.

— *The Respectful Prostitute* (La Putain respectueuse), adaptation d'Eva Wolas, New York, 9 février 1948. Plus de 350 représentations. Interdite dans plusieurs villes américaines.

— *Red Gloves* (Les Mains sales), adaptation de Daniel Taradash, New York, 4 décembre 1948. 113 représentations.

— *The Victors* (Morts sans sépulture), adaptation de Thornton Wilder, New York, 26 décembre 1948.

— *Kean*, comédie musicale d'après Dumas et Sartre, livret de Peter Stone, musique et couplets de Robert Wright et George Forrest, New York, 2 novembre 1961.

— *The Condemned of Altona* (Les Séquestrés d'Altona), adaptation de Justin O'Brien, New York (Lincoln Center), 3 février 1966. 46 représentations.

STRINDBERG NOTRE « CRÉANCIER »

> Inédit en français, du moins à notre connaissance, ce texte est paru dans le journal suédois *Dagens Nyheter*, 28 janvier 1949, sous le titre « Strindberg var fördringsägare ». Nous l'avions signalé dans la première édition du présent volume. Il a été retraduit du suédois par Terje Sinding, à l'occasion de la représentation de *Huis clos* à la Comédie-Française, dans la revue *Comédie-Française*, n° spécial 185, mai 1990, p. 19. La construction de *Huis clos*, que l'on peut qualifier de « circularité maudite », doit en effet beaucoup à la dramaturgie de la scène sans fin des *Créanciers*.

Le XIXe siècle finissant nous a laissé en héritage un théâtre de caractères. Hedda Gabler et Solness, tout comme John Gabriel Borkman[1], sont des « caractères ». Les progrès de la psychologie nous ont aidés à découvrir une plus grande complexité chez les personnages, qui restaient néanmoins définis, ou possibles à définir. Ce n'étaient plus des « types » comme l'Avare de Molière ou le Joueur de Regnard : on les creusait de manière plus profonde ; des contradictions y apparaissaient. Ils demeuraient pourtant des natures humaines, sorties toutes prêtes de l'âme de leur créateur, et le public était invité à s'émouvoir de leurs conflits et des catastrophes qui en résultaient. La psychologie tentait de donner un contenu et un sens nouveaux au pathos tragique, elle aidait à démasquer les « caractères ». À cette époque, Strindberg était le seul, ou presque, à ne pas rester suspendu à cette illusion. « Caractères et automates semblent à peu près la même chose. Les célèbres caractères de Dickens sont des marionnettes positivistes, et sur la scène, les caractères sont condamnés à n'être que des automates », écrit-il dans *Le Fils de la servante*.

En effet, dans son œuvre nous voyons des personnages en situation, des personnages qui, dans ces situations, ne sont que ce qu'ils font des autres et ce que les autres font d'eux.

Qu'est l'homme de *La Danse de mort*, sinon ce qu'il a fait de sa femme et ce qu'elle a fait de lui ? Que sont-ils, sinon ce rapport terrible et ambigu qui les lie par l'amour et la haine — et qu'est ce rapport, sinon vingt ans de vie commune dans une prison ? Qu'est Tekla, des *Créanciers*, sinon cette étrange ventouse qui se nourrit de Gustave et d'Adolphe ? Qu'est Adolphe, sinon cet être exsangue vampirisé par un parasite ? Et que sont-ils, tous les deux, sinon les débiteurs terrifiés du premier mari de Tekla ?

Tous ceux qui pensent aujourd'hui que les hommes ne sont que leur vie, ont un enseignement à tirer du théâtre de Strindberg. Il nous apprend à porter à la scène les problèmes qui fondent les personnages, les conflits qui modèlent et sculptent les êtres humains qui les vivent. Peu importe, alors, qu'il les ait vus à la lumière du déterminisme : ce que nous cherchons dans son œuvre est un théâtre de la liberté. N'a-t-il pas lui-même écrit cette phrase à laquelle la plupart d'entre nous peuvent souscrire : « Innocent, mais responsable ! Innocent devant Celui qui n'existe plus, mais responsable devant lui-même et devant ses semblables » ?

C'est précisément par cette ambiguïté que son théâtre dépasse le naturalisme, tout comme sa pensée dépasse le déterminisme. Certes, il était naturaliste — il a souvent parlé de « nos efforts naturalistes », de son « désir de vérité, de vie intense ». Mais il ne se considérait pas comme un naturaliste à la manière de Zola. En 1888, il écrit : « La vague du zolaïsme semble refluer. Il n'y a donc rien d'étonnant à ce que je n'aie pas envie de faire partie de l'arrière-garde, moi qui suis de l'avant-garde. »

En effet, rien n'est moins naturaliste que son naturalisme à lui. La liberté très obscure, très profonde, dont ses personnages font preuve, même lorsqu'ils cèdent à la « répétition » — et qu'ils témoignent encore une fois de leur impuissance, de l'omniprésence du mysticisme strindbergien, de son lyrisme halluciné, de ses rancunes —, ainsi qu'un certain engourdissement génial dans la construction même de ses pièces, tout ceci enveloppe son théâtre d'une atmosphère de mystère. Je me souviens encore de cette impression indéfinissable d'inachèvement que m'avait laissée la représentation d'*Orage*, en 1944[2]. Chaque phrase de la main de Strindberg, chaque scène, chaque fragment pouvait « s'accomplir », comme dit Gide à la fin des *Faux-monnayeurs* ; chacun d'eux pouvait être précisé, développé, modifié, et c'est précisément cet inachèvement perpétuel, cette manière de se livrer sans défense, sans armure, qui leur permet de se prolonger dans notre esprit. Il échappe au déterminisme par l'ambiguïté hésitante de ses personnages, qui n'apparaissent jamais comme achevés. Il échappe au naturalisme par l'étrange souplesse de ses pièces, par le caractère hésitant de son art. Par son perpétuel bégaiement, qui suggère toujours un au-delà, quelque chose de transcendant, et par sa façon de nous laisser insatisfaits, il échappe à son époque, si éloignée de toute poésie, si positiviste, si soucieuse d'exactitude architecturale. C'est pour cela qu'il est un maître pour nous, qui ne sommes plus naturalistes ni symbolistes et voulons situer notre message au-delà du langage, dans l'inexprimable. Il parle pour que ses mots fondent dans notre oreille en laissant un arrière-goût de silence. Il nous fait rêver, enfin, à ce que dit Baudelaire sur la beauté moderne, cette chose quelque peu indéfinissable qui laisse libre cours à l'imagination.

NOTES

1. Protagonistes de trois pièces de Henrik Ibsen (1890, 1892, 1896).
2. *Orage* a été joué à Paris, au Théâtre de Poche, en 1943, dans une mise en scène de Jean Vilar, qui donna ensuite, avec la Compagnie des Sept, *La Danse de mort*, en 1945. Le succès de ces représentations est à l'origine de la carrière de Jean Vilar. Notons que Sartre a été indirectement mêlé au film franco-italien de Marcel Cravenne, *La Danse de mort* (1948), adapté de la pièce de Strindberg par Jacques-Laurent Bost, avec Erich von Stroheim et Denise Vernac dans les deux rôles principaux. Wanda Kosakiewicz, à la scène Marie Olivier, tenait dans ce film le rôle de la fille du capitaine, Judith.

THÉÂTRE POPULAIRE
ET THÉÂTRE BOURGEOIS

> Interview donnée, à l'occasion de la création de *Nekrassov*, à Bernard Dort et parue sous le titre « Jean-Paul Sartre nous parle de théâtre » dans la revue *Théâtre populaire*, n° 15, septembre-octobre 1955. Sartre s'y exprime notamment pour la première fois sur Brecht. On trouvera deux autres interviews avec Bernard Dort, p. 237 et 346.

Bernard Dort : *L'expression « théâtre populaire » a-t-elle pour vous un sens et, dans l'affirmative, qu'entendez-vous par là ?*

Jean-Paul Sartre : Théâtre populaire... Oui. Cette expression a bien pour moi un sens véritable. Peut-être même a-t-elle trop de sens, puisque en fait, elle signifie pour moi *tout* le théâtre. Ainsi le problème n'est pas de savoir si le théâtre doit être un théâtre populaire — il ne peut être que cela —, mais si, actuellement, ce théâtre populaire, le théâtre tout court, existe et comment.

Là, en fait, nous butons sur une contradiction. Il y a des théâtres, mais aucun théâtre. Prenons, par exemple...

Dort : *Le T.N.P. ?*

Sartre : Oui, le T.N.P... Pour moi, le T.N.P. ne réalise pas ce théâtre populaire. Ceci n'est pas un jugement sur l'action de Vilar, mais une constatation de fait. Vilar même n'y est pour rien ; c'est la situation du T.N.P. qui est en cause.

D'abord le T.N.P. est un théâtre subventionné. Cela signifie : un théâtre qui présente des pièces qu'il est obligé de choisir dans le répertoire, et ceci avec la plus grande prudence. Des pièces qui n'ont pas été écrites pour les masses d'aujourd'hui. Des pièces qui, sans doute, autrefois — et je pense ici à Shakespeare — relevaient d'un authentique théâtre populaire, qui avaient été écrites pour les gens de ce temps-là, mais qui, maintenant, sont devenues des formes culturelles, font partie de l'héritage culturel bourgeois.

DORT : *Ainsi, pour vous, le fait de représenter des pièces du répertoire traditionnel — même de les représenter renouvelées, en quelque sorte décapées (comme ce fut le cas pour* Le Cid*) — ne relève pas d'une véritable entreprise de théâtre populaire ?*

SARTRE : Oui. Représenter *Don Juan* ou Racine, c'est bien, c'est utile, mais cela *vient à côté*. À un public populaire, il faut d'abord présenter des pièces pour lui : qui ont été écrites pour lui et qui lui parlent de lui.

Et c'est ce qui m'amène au second ordre des causes de l'« échec » du T.N.P., la question du public. En fait, le T.N.P. n'a pas de public populaire, de public ouvrier. Son public, c'est un public petit-bourgeois, un public qui, sans le T.N.P. et le prix relativement bas de ses places, n'irait pas ou fort peu au théâtre — mais pas un public ouvrier. Il y a des ouvriers qui viennent au T.N.P. ; le T.N.P. a donné des représentations pour des ouvriers, mais le T.N.P. n'a pas de public ouvrier. Même quand il se déplace et va jouer dans la banlieue[1].

C'est qu'il y a une extraordinaire résistance des ouvriers au théâtre. Voyez mon cas. *Nekrassov* a été soutenu, inconditionnellement, par les communistes, la C.G.T., le T.E.C.[2]. Leurs organes de presse en ont parlé, des places ont été mises à leur disposition à des prix moins élevés... Eh bien ! les ouvriers ne sont venus que lentement, petit à petit. Pour les ouvriers, le théâtre est encore quelque chose de cérémonieux — qui participe de la cérémonie bourgeoise. Ils s'en méfient, et quand ils y vont, ils doivent se donner du mal : les places sont chères (même celles du T.N.P.), il y a les enfants à garder, les théâtres sont loin, à Paris, dans le centre... et les ouvriers sont fatigués ; alors quand ils veulent se délasser, ils vont voir une opérette.

C'est dire qu'il faut leur donner leur théâtre : dissiper leur méfiance (un mot suffit à les détourner du théâtre. Voyez, pour *La Mort de Danton* de Büchner : les communistes se sont déclarés contre et personne n'est venu aux représentations de banlieue de Vilar. Tandis qu'avec les bourgeois, c'est le contraire. Le théâtre, c'est leur chose à eux. Lors de la tournée de *Le Diable et le Bon Dieu*, en chaire, l'évêque tonnait contre, tout le monde était là, l'écoutait, et tout ce monde se retrouvait le soir au théâtre), en posant, au théâtre, *leur* problème — le problème politique.

Le T.N.P. lui-même n'est pas en cause. Seulement son cas est révélateur. Il n'a pas de vrai public populaire, mais c'est que ce public suppose des pièces qui aient été écrites pour lui.

Ainsi, en France, le seul exemple de théâtre populaire que je connaisse, c'est la tournée qu'a faite Claude Martin dans les usines avec la pièce sur Henri Martin[3]. La pièce était sommaire, « images d'Épinal »... c'est vrai, mais elle posait un problème politique, elle parlait de ce dont parlaient les ouvriers, le

Parti, et elle était jouée devant des ouvriers, là où ils travaillaient : c'était l'essentiel.

En ce sens, il existe en U.R.S.S. un théâtre populaire — mais pas partout. À Léningrad, à Moscou, dans les grandes villes, le théâtre a pour public des petits-bourgeois, comme chez nous. Mais à côté de ce théâtre-là, il y a un théâtre près de chaque usine, dans les maisons de la culture ; un théâtre qui a un public d'ouvriers. Et puis il y a tout de même une différence importante avec notre situation. Ce théâtre populaire n'a rien de ségrégatif. Il est fait, aussi, par les acteurs des grandes villes (qui doivent donner chaque année un certain nombre de représentations en usine). Et les pièces nouvelles, les problèmes qu'on y traite, s'inscrivent dans le cadre des préoccupations ouvrières. Le théâtre, en U.R.S.S., est *éducatif* : il n'est pas très bon, il pourrait être meilleur. L'essentiel est pourtant qu'il ait un public, qu'il *parle* vraiment à ce public d'ouvriers...

Au fond, la solution, ici, serait peut-être qu'il y ait cinquante, qu'il y ait cent T.N.P.

DORT : *Oui, mais reste le problème du répertoire, de la tradition. Ne vous semble-t-il pas qu'un théâtre populaire suppose aussi un changement complet de style théâtral, une rupture avec la tradition théâtrale ?*

SARTRE : Un changement, oui. Une rupture, peut-être pas. En tout cas, l'abandon des traditions du théâtre bourgeois et le retour à la tradition théâtrale : celle d'avant l'époque bourgeoise. Car seul le théâtre bourgeois n'a pas été un théâtre populaire. Toute la tradition du théâtre a été populaire jusqu'à l'avènement de la bourgeoisie.

Sous l'Ancien Régime, la lutte des classes est féroce comme en notre temps, mais les structures de la ville ne la reflètent pas, tout le monde va au théâtre et le théâtre est pour tout le monde. Mais dès le XIXᵉ siècle, la ville est aux bourgeois. Ils placent les théâtres au centre, au cœur de leur citadelle. Le théâtre devient alors un théâtre de classe : le théâtre de la bourgeoisie.

Bien sûr, avant le XIXᵉ siècle, le théâtre pouvait refléter les préoccupations d'une classe, mais il n'était pas, il n'avait jamais été exclusivement un théâtre de classe.

Dort : *Et notre théâtre classique ?*

Sartre : Oui, tout cela est un peu rapide. Notre théâtre classique n'est populaire que dans une certaine mesure. Entre Corneille et Racine il y a une cassure, un changement politique et social : l'apparition de la monarchie absolue. Mais le phénomène n'a été que momentané. Le théâtre au XVIIIᵉ siècle (excepté Marivaux qui est une séquelle du XVIIᵉ) redevient populaire. Oui, Voltaire, même les tragédies de Voltaire, ç'a été du théâtre populaire. Comme Corneille. Il n'y a eu de coupure qu'entre 1660 et 1730.

Dort : *Mais cette reprise de la tradition ne suppose-t-elle pas maintenant l'invention d'une autre thématique ? Ne faut-il pas faire la différence entre des structures théâtrales (celles de ce théâtre populaire traditionnel) et des thèmes ?*

Sartre : Naturellement. Les thèmes de notre théâtre populaire devront, eux, être neufs. Son public a changé et il faut maintenant parler à ce public de lui-même. Le théâtre populaire traditionnel, je l'ai déjà dit, est devenu un théâtre de répertoire : un fait culturel bourgeois.

Maintenant, ce qui importe, c'est de situer des conflits humains dans des situations historiques et de montrer qu'ils en dépendent. Nos thèmes doivent être des thèmes sociaux : les thèmes majeurs du monde dans lequel nous vivons — ceux dont nous avons pris conscience.

Je ne dis pas qu'un théâtre populaire ne peut pas être un théâtre psychologique. Je dis seulement qu'il ne peut pas l'être actuellement.

Dort : *Vous avez défini autrefois ce qui vous paraissait être le théâtre de notre temps :* un théâtre de situations, *en écrivant :* « *S'il est vrai que l'homme est libre dans une situation donnée et qu'il se choisit libre dans une situation donnée et qu'il se choisit lui-même dans et par cette situation, alors il faut montrer au théâtre des situations simples et humaines et des libertés qui se choisissent dans et par ces situations... Ce que le théâtre peut montrer de plus émouvant est* un caractère en train de se faire, le moment du choix, de la libre décision qui engage une morale et toute une vie. » *Êtes-vous encore d'accord avec tous les termes de cette définition !*

Sartre : Oui et non. Oui, car je ne vois aucune raison de ne pas montrer au théâtre des libertés qui se démystifient effectivement. Et si j'estime comme Brecht — Brecht dont l'apport au théâtre me paraît capital, surtout en tant que prise de conscience d'un théâtre populaire d'aujourd'hui — que tout spectacle de théâtre doit être démystifiant, je pense que pour atteindre vraiment ce but, il ne peut se restreindre à n'être que critique. Ce serait trop faire fond sur le public — seulement dans le cas de Brecht peut-être est-ce possible parce que son public est déjà politisé. Mais nous, nous devons faire participer notre public — un public qui risquerait de ne pas réagir à un spectacle purement critique — à la démystification réelle de certains personnages.

Prenez Henri Martin. Voilà un personnage qui se

démystifie ; une liberté à l'œuvre, une liberté chargée, humble, engagée dans une action à but limité — il s'agit seulement de manifester contre la guerre d'Indochine —, une liberté qui, ainsi, s'accomplit. Et, toujours dans l'affaire Henri Martin, vous avez un autre personnage : le négatif en quelque sorte d'Henri Martin, Heimburger. Personnage de mystifié complet : un homme dont la liberté est bue, est tordue par les circonstances — un peu ce que j'ai voulu faire du personnage d'Heinrich dans *Le Diable et le Bon Dieu* : quelqu'un de complètement perdu par sa situation, quelqu'un qui fait toujours le mal quoi qu'il fasse parce qu'il est dans une situation fausse...

Ainsi peut-on concevoir une pièce où, à partir d'une situation historique, sociale, nous soyons mis en présence de toute la gamme des mystifications et des démystifications possibles dans ce contexte.

Et c'est ce dont, dans la définition que vous me citiez, je n'ai pas tenu compte : des limites de la liberté. Car cette liberté démystificatrice que le théâtre doit, pour être efficace, nous montrer, ne peut surgir comme une explosion fulgurante. Elle est, essentiellement, limitée, définie. C'est la liberté de dire oui ou non dans un cas précis : une grève, une révolte... et c'est à partir de ce oui ou de ce non que le dramaturge doit construire, doit montrer son personnage. Pas plus. Il faut qu'il montre comment le fait de dire oui ou non crée le personnage, sa densité, sa réalité objective.

DORT : *Mais ne craignez-vous pas que, par le jeu même de la représentation théâtrale, le public — un public bourgeois — ne s'assimile cette liberté, ne la confisque à son profit ?*

SARTRE : Peut-être... mais pour éviter cela, il faut

Théâtre populaire et théâtre bourgeois 81

que cette action théâtrale soit très claire, très précise, et surtout que nous changions de public.

Pour moi, maintenant, je n'ai plus rien à dire aux bourgeois.

Mais le vrai problème n'est sans doute pas celui des structures, ni même des thèmes du théâtre populaire, mais celui de sa technique — au sens le plus large du mot — ou, si vous voulez, de son langage. J'entends par là non le fait de savoir quel langage il faut parler, mais le rôle que le langage doit jouer dans ce théâtre.

Voyez les textes des pièces qu'au XIXᵉ siècle on jouait dans des chariots, un peu partout, voyez aussi ceux des Élisabéthains : Marlowe surtout..., voilà un langage rapide. Jamais aucun théâtre classique n'a atteint cette rapidité-là. Voilà ce qu'il faudrait que nous retrouvions. Et je ne sais pas si Brecht y a réussi : ses dialogues — ou seraient-ce les traductions ? — ne me semblent pas rapides. L'acte, dans son théâtre, est devant nous et le langage y est porté par l'acte comme une mouette par la vague. Il n'est pas décisif. Et profondément, par rapport à la structure de son théâtre-critique, Brecht a raison, mais théâtralement ?

Oui, pour moi, le problème principal est là : il s'agit de trouver une organisation de la parole et de l'acte, où la parole ne paraisse pas superfétatoire, où elle garde un pouvoir, au-delà de toute éloquence. C'est même la première condition d'un théâtre vraiment efficient.

DORT : *Mais puisque vous avez abordé le problème du langage du théâtre, pouvez-vous nous préciser votre position devant ce qu'on appelle, sommairement, notre* théâtre d'avant-garde *et qui est justement un théâtre dont les auteurs se sont d'abord posé des problèmes de langage ?*

Sartre : Vous voulez me faire parler de Beckett, Ionesco, Adamov ? Je précise bien que je n'entends pas les juger, mais seulement tenter de situer leurs œuvres par rapport à ce théâtre populaire dont nous venons de parler.

Là, il faut tout de suite le constater : leurs pièces ont un contenu profondément, essentiellement bourgeois. Prenons Beckett. J'ai beaucoup aimé *En attendant Godot*. Je crois même que c'est ce qu'on a fait de mieux au théâtre depuis trente ans. Mais tous les thèmes de *Godot* sont bourgeois : ceux de la solitude, du désespoir, du lieu commun, de l'incommunicabilité. Ils sont tous le produit de la solitude interne de la bourgeoisie. Et peu importe ce que peut être Godot : Dieu ou la Révolution... Ce qui compte, c'est que Godot ne vient pas à cause de la faiblesse intérieure des héros ; qu'il ne peut pas venir à cause de ce « péché », parce que les hommes sont ainsi.

Et avec Ionesco, c'est la même chose. Tous ces écrivains sont des exclus. D'origine étrangère, ils sont extérieurs et à notre langue et à notre société. Alors, ils les regardent du dehors. Toute l'œuvre de Ionesco, c'est une société du proverbe : l'union entre les hommes, mais vue à l'envers. Et le problème de ces écrivains, c'est celui de l'intégration — en cela, ce sont les seuls dramaturges de notre temps (ils font éclater le théâtre bourgeois où cette intégration est donnée à l'avance) —, mais de n'importe quelle intégration, de leur intégration à n'importe quelle société : en ce sens, apolitiques, ils sont aussi réactionnaires.

Le cas d'Adamov est un peu différent. C'est même le seul dont on puisse attendre quelque chose sur ce plan du théâtre populaire. Parce qu'il a changé. Je n'aimais pas son *Tous contre tous* qui était une œuvre entièrement négative, une œuvre qui, dénonçant toute forme de vie sociale comme oppression, aboutissait à faire de l'oppression une loi et ainsi à la justifier. Avec *Le Ping-pong*, c'est différent. Là, Adamov commence à faire un théâtre positif. On y sent une profonde sympathie de l'auteur pour ses personnages, une vraie compréhension — et cette sympathie, il ne la fait pas partager au public. D'où un jeu, la possibilité d'une véritable critique... Seulement Adamov n'est pas encore allé assez loin. La société n'apparaît dans *Le Ping-pong* que tout à l'arrière-plan... *Le Ping-pong* se situe encore à un niveau très idéaliste et, pour l'essentiel, la question y est toujours celle du rapport des hommes entre eux.

Et puis il y a aussi un problème : est-ce que ce théâtre, surtout avec Beckett, Ionesco, serait directement accessible aux masses ? Est-ce que cette destruction de son propre contenu par lui-même, qui est son mouvement profond, serait compris par ces masses ? Je crains que non. Et je ne vois décidément qu'Adamov, l'Adamov du *Ping-pong*...

DORT : *À ce propos, vous m'aviez parlé, il y a presque trois ans, d'un spectacle que vous projetiez de faire, pour le Vél d'Hiv, avec Fernand Léger. Avez-vous abandonné ce projet ou vous paraît-il toujours possible... et souhaitable ?*

SARTRE : Si ce projet n'a pas abouti, c'est pour des raisons personnelles, pratiques. Léger et moi, nous étions d'accord. Nous y tenions. Mais l'affaire n'a pu avoir lieu. Quant à savoir si elle était souhaitable... cela, j'aurais seulement pu vous le dire après.

Du reste, il ne s'agissait pas vraiment de théâtre. Il s'agissait d'une fête, d'une fête pour la paix, et qui n'aurait pu avoir lieu qu'une fois avec des acteurs qui nous auraient donné gratuitement leur concours...

Il ne faut d'ailleurs pas confondre théâtre populaire

et théâtre de masse. À Moscou, dans certaines usines, on joue des pièces intimistes devant moins de deux cent cinquante personnes. Le lieu de leurs représentations, le contenu de ces pièces ne laissent pourtant pas de doute : c'est bien du véritable théâtre populaire.

DORT : *Oui, il ne faut pas confondre fête et théâtre. On l'a trop fait. Et je voudrais même vous demander si le Vél d'Hiv, qui est un merveilleux instrument de mystification (je m'en suis rendu compte en assistant aux prédications de Billy Graham), vous paraît de nature à servir au théâtre, c'est-à-dire à une démystification ?*

SARTRE : C'est un problème, évidemment. Mais nous en revenons à Brecht. Et là je dois encore marquer ce qui m'en sépare. Je crois, moi, profondément, que toute démystification doit être en un sens mystifiante. Ou plutôt que, devant une foule en partie mystifiée, on ne peut se confier aux seules réactions critiques de cette foule. Il faut lui fournir une contre-mystification. Et pour cela le théâtre ne doit se priver d'aucune des sorcelleries du théâtre. Exactement de la façon dont, pendant la Contre-Réforme, opéraient les Jésuites — ces Jésuites qui ont été les maîtres de nos amis les communistes.

En ce sens, on pourrait presque dire que Brecht est trop « formaliste ». Ou plutôt que s'il ne l'est pas pour son public, pour des foules politisées, c'est-à-dire qui savent déjà, il risquerait de l'être pour nous, pour un public aussi invertébré que le nôtre (dans la meilleure hypothèse). Ceci dit, je reconnais que Brecht a été le seul à poser les problèmes du théâtre dans leurs termes vrais, le seul qui ait compris que tout théâtre populaire ne pouvait être qu'un théâtre politique, le seul à avoir réfléchi à une *technique* de théâtre populaire[4].

Dort : *Encore une question. Que pensez-vous, de ce point de vue, des* Sorcières de Salem ?

Sartre : Beaucoup de bien de la mise en scène de Rouleau. Pour la pièce, ce qui me gêne, c'est l'ambiguïté de sa conclusion. De ce qui était un phénomène spécifiquement américain, on a fait quelque chose d'universel et qui, du même coup, ne signifie plus rien, sinon que l'intolérance est partout et que tout, toujours, revient au même.

L'erreur a sans doute été de confier à Marcel Aymé le soin d'adapter la pièce. Ainsi tout un côté violent, passionnel, en a disparu. L'accent n'est plus mis sur les « sorciers », l'inscription sociale de l'affaire s'est complètement estompée.

En fait, il s'agit d'une lutte entre anciens émigrants et nouveaux, entre riches et pauvres — pour la possession des terres. Cela, nous ne le reconnaissons plus dans l'adaptation d'Aymé. Nous y voyons un homme poursuivi on ne sait trop pourquoi, et toute la fin des *Sorcières de Salem* relève d'un idéalisme déconcertant. La mort de Montand, le fait qu'il accepte cette mort, auraient eu un sens si on nous les avait montrés comme un acte de révolte au cœur même d'un combat social. Or, dans la représentation du Théâtre Sarah-Bernhardt, ce combat social est devenu incompréhensible et la mort de Montand apparaît comme une attitude purement éthique, non comme un acte libre qu'il fait pour déchaîner le scandale, pour nier effectivement sa situation, comme le seul acte qu'il puisse encore faire.

Ainsi affadie, châtrée, la pièce de Miller me semble être exactement une pièce mystifiante, puisque chacun peut y voir ce qu'il veut, puisque chaque public n'y trouvera que la confirmation de sa propre attitude. Et cela parce que les données politiques et sociales réelles du phénomène-chasse aux sorcières n'y apparaissent pas en clair[5].

DORT : *Ou, pour parler comme Brecht, parce que la pièce telle qu'elle nous est présentée, au lieu de nous révéler le « gestus social » du phénomène-chasse aux sorcières, le voile ?*

SARTRE : Exactement.

NOTES

1. Ces remarques sur le public du T.N.P. ont entraîné une réponse de Jean Vilar dans *l'Express* du 24 novembre 1955. Vilar répliquait notamment : « Mon théâtre s'appelle "Théâtre national populaire" et non "Théâtre national ouvrier". [...] En France, aujourd'hui, un public populaire n'est pas uniquement un public ouvrier. C'est l'évidence même, non ? Un employé des postes, ma dactylo, un petit commerçant qui travaillent eux aussi huit heures par jour, tous font partie du peuple. Pourquoi Sartre les rejette-t-il ? [...] *Nekrassov* est peut-être une pièce populaire d'intention. L'est-elle de consommation ? Que Sartre pense à cela, et puis qu'il nous donne une bonne pièce, je la lui demande depuis quatre ans. Il me semble qu'il pourrait être chez lui au T.N.P. »
2. *Théâtre et Culture*, association de spectateurs inspirée par le parti communiste.
3. Marin français, condamné en 1950 à cinq ans de réclusion pour avoir diffusé des tracts protestant contre la guerre d'Indochine. Le parti communiste lança une campagne pour sa libération, campagne à laquelle Sartre s'associa. Cf. *L'Affaire Henri Martin*, Commentaire de Jean-Paul Sartre, Gallimard, 1953. Pour plus de détails, voir *Les Écrits de Sartre*, notice 53/233.
4. Il faut rappeler qu'à l'époque de cet entretien (1955), Brecht était encore très peu représenté en France. La première de ses œuvres jouée chez nous fut *L'Opéra de quat'sous*, monté par Gaston Baty en 1930 au Théâtre Montparnasse et que Sartre vit alors (cf. Simone de Beauvoir, *La Force de l'âge*, p. 54-55). À part *L'Exception et la règle* joué par Jean-Marie Serreau aux Noctambules en 1947 et *Mère Courage* mis au répertoire du T.N.P. à partir de 1951, les pièces de Brecht restaient confinées dans des expériences de théâtre d'avant-garde. En fait, Brecht pénétra en France à la faveur

des représentations du Berliner Ensemble au Théâtre des Nations (*Mère Courage* en 1954, *Le Cercle de craie caucasien* en 1955). Sur cette question, voir l'article de Roland Barthes et Bernard Dort, « Brecht " traduit " », dans *Théâtre populaire*, n° 23, mars 1957, p. 1-8.

5. Sartre, par la suite, a lui-même adapté *Les Sorcières de Salem* pour le cinéma, en accentuant son aspect social et sa dénonciation du maccarthysme. Le film, réalisé par Raymond Rouleau et interprété par Yves Montand et Simone Signoret, est sorti en 1957. Voir *Les Écrits de Sartre*, notice 56/287 et p. 491-492.

BRECHT ET LES CLASSIQUES

> Texte paru dans la brochure « Hommage international à Bertolt Brecht », programme du Théâtre des Nations, 4 au 21 avril 1957. Le Berliner Ensemble, pour la première fois depuis la mort de Brecht, survenue en 1956, était venu présenter à Paris *Galileo Galilei* et *Mutter Courage*. Le Schauspielhaus de Bochum, qui présentait aussi la version allemande du *Diable et le Bon Dieu*, donna *Die Dreigroschenoper*. Sartre assista à la soirée d'hommage à Brecht par laquelle s'ouvrit, le 4 avril 1957, au Théâtre Sarah-Bernhardt, le cycle allemand du Théâtre des Nations.

En certains côtés, Brecht est nôtre. La richesse et l'originalité de son œuvre ne doivent pas empêcher les Français d'y redécouvrir leurs anciennes traditions, enterrées par le XIXe siècle romantique et bourgeois. La plupart des pièces contemporaines s'efforcent de nous faire croire à la réalité des événements qui se déroulent sur la scène. De leur vérité par contre, elles ne se préoccupent guère : si l'on sait nous faire attendre et redouter le coup de revolver final, s'il nous casse bien les oreilles, qu'importe son invraisemblance ? Nous « marchons ». Et ce n'est pas tant l'exactitude du jeu que le bourgeois admire chez les acteurs, c'est une qualité mystérieuse, la « présence ». La présence de qui ? Du comédien ? Non, mais de son personnage : si Buckingham paraît en chair et en os, nous lui laissons dire toutes les sottises qu'il voudra. C'est que la bourgeoisie ne croit qu'aux vérités particulières.

Brecht n'a guère subi, je crois, l'influence de nos grands auteurs ni celle des tragiques grecs qui leur servaient de modèles : plutôt que les tragédies, ses pièces évoquent d'abord des drames élisabéthains. Et, pourtant, il a ceci de commun avec nos classiques, avec les classiques de l'Antiquité, qu'il dispose d'une idéologie collective, d'une méthode et d'une foi : comme eux, il replace l'homme dans le monde, c'est-à-dire dans la vérité. Ainsi, le rapport du vrai et de l'illusoire se renverse : comme chez eux, l'événement représenté dénonce lui-même son *absence* : il a eu lieu autrefois ou bien il n'a jamais existé, la réalité se dissout dans la pure apparence ; mais ces faux-semblants nous révèlent les lois véritables qui régissent la conduite humaine. Oui, pour Brecht, comme pour Sophocle, comme pour Racine, la Vérité existe : l'homme de théâtre n'a pas à la *dire*, mais à la *montrer*. Et cette entreprise orgueilleuse de montrer les hommes aux hommes sans recourir aux sortilèges douteux du désir ou de l'effroi, c'est, à n'en point douter, ce qu'on nomme un classicisme. Brecht est classique par son souci de l'unité : s'il existe une vérité totale, le véritable objet théâtral, c'est l'événement tout entier qui brasse les couches sociales et les personnes, qui fait du désordre individuel le reflet des désordres collectifs et dont l'évolution violente met au jour les conflits et l'ordre général qui les conditionne. Pour cette raison, ses pièces ont une économie classique : certes, il ne se soucie pas d'unifier par le lieu, par le temps ; mais il élimine tout ce qui risque de nous distraire ; il refuse les inventions de détail s'ils doivent nous faire manquer l'ensemble. Il ne veut point *trop* émouvoir pour nous laisser à chaque instant l'entière liberté d'écouter, de voir et de comprendre. Pourtant, c'est d'un monstre terrible qu'il nous parle : du nôtre. Mais il veut en parler sans nous terroriser ; le résultat, vous allez le voir : une image irréelle et vraie, aérienne, insaisissable et multicolore, où les violences, les crimes, les folies et le désespoir deviennent l'objet d'une contemplation calme comme ces monstres « par l'art imité » dont parle Boileau.

Faut-il donc penser que nous allons rester impassibles sur nos sièges pendant qu'on crie, qu'on torture et qu'on tue sur la scène ? Non, puisque ces assassins, ces victimes, ces bourreaux ne sont autres que nous. Racine, lui aussi, parlait d'eux-mêmes à ses contemporains. Mais il avait soin de les faire voir par le gros bout de la lorgnette. Dans la préface de *Bajazet*, il s'excuse d'avoir porté sur la scène une histoire récente : « Mes personnages tragiques doivent être regardés d'un autre œil que nous regardons d'ordinaire les personnages que nous avons vus de si près. On peut dire que le respect qu'on a pour le héros augmente à mesure qu'il s'éloigne de nous... L'éloignement des pays répare en quelque sorte la trop grande proximité du temps. » Voilà une bonne définition de ce que Brecht, à son tour, nomme « effet d'éloignement ». Car le respect dont parle Racine, quand il s'agit de la sanguinaire Roxane, c'est surtout, c'est exclusivement une manière de couper les ponts. On nous montre nos amours, nos jalousies, nos rêves de meurtre et on nous les montre à froid, séparés de nous, inaccessibles et terribles, d'autant plus étrangers que ce sont les nôtres, que nous croyons les gouverner, et qu'ils se développent hors de notre atteinte, avec une impitoyable rigueur que nous découvrons et reconnaissons tout à la fois. Tels sont aussi les personnages de

Brecht : ils nous étonnent comme des papous, comme des canaques et nous nous retrouvons en eux sans que notre stupeur diminue. Ces conflits, grotesques ou dramatiques, ces fautes, ces veuleries, ces misères, ces complicités, tout est nôtre. Si, du moins, il y avait un héros : le spectateur, quel qu'il soit, aime s'identifier à ces personnages d'élite qui opèrent en eux et pour tout le monde la réconciliation des contraires et la destruction du Mal par le Bien. Même brûlé vif, même coupé en morceaux, il rentre chez lui à pied, si la nuit est belle, en sifflotant, rassuré. Mais Brecht ne met pas de héros en scène, ni des martyrs – ou bien, s'il raconte la vie d'une nouvelle Jeanne d'Arc, c'est une enfant de dix ans : nous n'aurons pas la chance de nous identifier à elle ; tout au contraire, l'héroïsme, enfermé dans l'enfance, nous paraît d'autant plus inaccessible. C'est qu'il n'y a pas de salut individuel : il faut que la Société se change tout entière ; et la fonction du dramaturge reste cette « purification » dont parlait Aristote ; il nous découvre ce que nous sommes : victimes et complices à la fois. C'est pour cela que les pièces de Brecht émeuvent. Mais notre émotion est très singulière : c'est un malaise perpétuel – puisque nous sommes le spectacle en suspens dans un calme contemplatif – puisque nous sommes les spectateurs. Ce malaise ne disparaît pas quand le rideau tombe ; il grandit, au contraire, il rejoint notre malaise quotidien, ignoré, vécu dans la mauvaise foi, dans la fuite et c'est lui qui l'éclaire. La « purification » s'appelle aujourd'hui d'un autre nom : c'est la prise de conscience. Mais n'était-ce pas aussi une prise de conscience – en un autre temps, avec un autre contexte social et idéologique – ce calme et sévère malaise provoqué au XVIIe siècle par *Bajazet* ou par *Phèdre* dans l'âme d'une spectatrice qui découvrait tout à coup l'inflexible loi des passions humaines ? C'est pour cela que le théâtre de Brecht, ce théâtre shakespearien de la négation révolutionnaire, m'apparaît aussi – sans que son auteur en ait jamais eu le dessein – comme une extraordinaire tentative pour renouer au XXe siècle la tradition classique.

THÉÂTRE ET CINÉMA

*Notes pour une conférence donnée
le 6 mai 1958 au sanatorium de Bouffémont*

> Parmi les assez nombreuses conférences que Sartre a faites sur le théâtre, l'une d'elles reste à l'état de notes et présente un intérêt particulier tant par sa forme que par les idées qui y sont développées (opposition théâtre/cinéma et définition du théâtre de Brecht). Le texte que nous donnons ci-dessous suit de près le manuscrit, mais n'en respecte pas toutes les ruptures ; nous avons ajouté quelques mots de liaison ici et là afin de permettre une lecture plus facile.

1. Le théâtre est un art social qui produit des faits collectifs. Il se caractérise donc *autant* (et plus) par la partie de la société qui le contrôle que par l'auteur...

Tandis que dans un film, nous avons affaire à des acteurs et à une action en conserve, le théâtre est un événement vrai, du *hot jam session*, un événement quotidien et unique.

2. Mais cet événement a une structure particulière, non pas *partout* peut-être mais *aujourd'hui*, dans la plupart de nos sociétés. C'est ce que j'appellerai la *présentation*.

Les spectateurs participent à *l'événement social*, ils ne participent pas, justement pour cela, à *l'histoire racontée*. Celle-là, on la leur *présente*. La participation au film est plus grande qu'au théâtre. On est en face du film directement.

Pourtant les acteurs sont vivants, mais :

a) L'acteur de cinéma est *plus proche* : gros plans, nudité des visages. Exemples : *En quatrième vitesse* de Robert Aldrich[1].

b) L'acteur de cinéma domine le public, il est au-dessus. Le spectateur est écrasé : contre-plongées. Il n'y a pas au théâtre ce côté « superman » qui nous fait sentir les personnes dans leur taille et leur pesanteur.

c) *Vision guidée*. On me fait voir ce que l'on veut ; notre perception des images est *dirigée*.

Au théâtre, au contraire, on regarde qui l'on veut. C'est pour cela qu'il est *si difficile* aux acteurs de garder contenance pendant qu'un autre parle.

Donc, *liberté plus grande*.

d) Conséquence de la proximité absolue du cinéma : une rigoureuse adaptation de la personne à son rôle... Apparence et réalité se confondent.

Au théâtre, Madeleine Renaud, comme veuve de vingt ans, déconcerte à peine une minute. Car ce qui compte, ce n'est plus d'*être* la veuve de vingt ans, c'est *de la jouer*. Dans cela, où *est* la beauté, la jeunesse ? Elle *n'est pas*. Elle est la *signification des gestes*. Ce n'est pas une présence, c'est une sorte d'absence, de fantôme insaisissable ; l'objet absent est enveloppé par le geste, on croit qu'il est toujours là.

e) Mais quels sont donc ces gestes qui engendrent le physique de celui qui les fait ?

Un film, c'est un paysage. Le désert de Californie dans *Rapaces* de Stroheim[2], c'est une chose, un objet réel et résistant, un milieu. Viennent les personnages qui vont y mourir. Dans le film sentimental, le paysage est un état d'âme créant ses interprètes.

Le cinéma peint les hommes au milieu du monde et conditionnés par lui. Au théâtre, c'est l'inverse : Beckett et la pantomime. Le décor de cinéma vient prendre l'homme et le casse ou le sauve. Dans l'Opéra de Pékin, fleuve, barques, danger, nuit, sont des significations suggérées par l'action.

Ainsi le théâtre *présente* l'action de l'homme aux hommes spectateurs et, *à travers cette action*, le monde où il vit et la personne qui fait l'action. Cela ne veut pas dire volontarisme, cela veut dire que *tout*, même l'échec, l'impuissance et la mort, doit se manifester comme la signification des actes.

Mais qu'est-ce qu'une action ?
1. Une situation originelle met en danger, directement ou indirectement, un individu ou un groupe social.
2. L'individu ou le groupe social projettent une fin devant eux : constituer des changements tels à l'extérieur que le danger n'existe plus.
3. L'action, c'est l'ensemble des travaux exercés sur le monde extérieur et à travers lui sur l'individu ou sur le groupe lui-même pour obtenir cette fin par des moyens définis.

À travers l'action d'un corps humain sur lui-même, il s'agit de faire paraître les circonstances déterminantes, les fins et les moyens. L'action est geste au théâtre ; au cinéma, non.

Nous n'avons pas une réelle action sur des objets réels mais un geste de présentation qui présente l'action comme son premier sens et à travers elle le monde (en perspective) comme le second sens. Marionnettes. Tout, même la beauté et la jeunesse, vient du geste et est apparence.

a) Le théâtre dans le théâtre.
Des hommes jouent la comédie devant de faux spectateurs ; cette fois, c'est la comédie elle-même qui est apparence.
b) Genet et *Les Bonnes*[3].

En même temps que Genet dénonce l'illusion, il voudrait qu'elle garde son caractère de présentation pure. Il y a ici présentation de l'homme lui-même comme une apparence aux hommes réels qui existent en spectacle.

Hegel et le « pathos ».

L'action au théâtre révèle le sentiment. La haine, la jalousie, l'amour désespéré d'Hermione paraissent dans l'acte qui lui fait envoyer Oreste tuer Pyrrhus.

Le geste le plus clair, c'est-à-dire la représentation la plus claire de l'acte, c'est la parole. Mais il faut comprendre : la parole au théâtre est nécessairement la présentation d'un acte. Éloquence et théâtre.

Le théâtre est donc une présentation de l'homme aux hommes à travers des actions imaginaires.

Résultat de cela : une *distance*. Cas personnel : *Morts sans sépulture* était trop violent. Mais cette distance de la présentation donne une autre cohérence à l'univers présenté. Il est hors d'atteinte, on ne peut pas agir sur lui, le faire cesser. Du coup, il nous révèle notre impuissance par rapport à lui.

Je peux avec quelques autres monter une cabale contre une pièce, empêcher les acteurs d'entrer en scène, mais c'est tout simplement empêcher une chose réelle, un fait social et économique. De même je peux casser un disque.

Mais la symphonie, je ne peux la casser[4] : ni l'objet dramatique. C'est de là qu'il tire sa réalité.

Et s'il n'y a pas participation, il y a du moins découverte, quelquefois angoissée, de cet homme hors d'atteinte qui court à sa perte, par exemple, sans que nous puissions intervenir. Au cinéma nous *sommes* le héros, nous participons à lui, nous courons à notre perte.

Au théâtre, nous restons dehors et le héros se perd devant nous. Mais l'effet sur nous et sur les sentiments n'en est que plus considérable puisque, en même temps, ce héros c'est nous-même en dehors de nous.

Le théâtre de Brecht

Son but est de montrer l'homme d'aujourd'hui à nous, ses contemporains, à travers les gestes qui présentent son action.

a) Distanciation. Il s'agit d'utiliser cette contradiction : l'homme présenté c'est moi-même hors de mon pouvoir. Cela signifie : nous faire nous découvrir comme *des autres*, comme si d'autres hommes nous regardaient ; en d'autres termes, obtenir cette objectivité que je ne peux obtenir par ma réflexion.

Au cinéma, aujourd'hui, la participation exclut observation et explication. Au théâtre, c'est le contraire.

b) Choix du sujet : théâtre épique.

Remplacer les conflits du théâtre classique par les contradictions.

Ainsi, cet homme qu'on nous présente en face de nous, c'est nous-même comme homme social. Mais, en même temps, on nous le présente dans le dépaysement. Par là, je saisis mes contradictions, c'est-à-dire celles de mon époque, à travers une figure qui m'est étrangère et qui ne me touche pas.

Pour Brecht, nos contradictions intimes et les contradictions qui nous opposent à d'autres individus ne sont jamais accidentelles : originellement, elles expriment les contradictions de la société.

Il s'agit donc que l'action des personnages individuels nous présente notre monde en tant qu'il est déchiré par des contradictions sociales. Bref, en tant que les individus et les actions individuelles *manifestent* les grands courants sociaux et leurs significations. Voilà pourquoi ce théâtre est épique. Ce n'est jamais l'aventure d'une personne seulement. À travers elle, c'est l'aventure de la société.

Exemple : la servante dans *Le Cercle de craie caucasien* n'a pas un mot d'amour, mais des gestes. L'amour maternel est une explication permanente, mais à trouver, non à sentir.

NOTES

1. *Kiss me deadly (En quatrième vitesse)*, film datant de 1955.
2. *Greed (Les Rapaces)*, d'après le roman de Frank Norris, *McTeague*, film datant de 1925.
3. Pièce commandée par Louis Jouvet et représentée au Théâtre de l'Athénée en 1947.
4. Cf. *L'Imaginaire*, Conclusion : II. L'œuvre d'art.

L'AUTEUR, L'ŒUVRE ET LE PUBLIC

> Entretien paru sous le titre « Deux heures avec Sartre » dans *L'Express* du 17 septembre 1959, à l'occasion de la création des *Séquestrés d'Altona*. Les interlocuteurs de Sartre étaient Françoise Giroud, Robert Kanters, François Erval et Claude Lanzmann.

L'Express : *Pourquoi avez-vous écrit* Les Séquestrés d'Altona ? *Je ne veux pas dire : cette pièce en particulier, mais pourquoi, ayant des choses à dire, avez-vous choisi le théâtre pour les exprimer ?*

Sartre : D'abord parce que je suis embêté pour finir mon roman[1]. Le quatrième tome devrait parler de la Résistance. Le choix alors était facile — même s'il fallait ensuite beaucoup de force et de courage pour s'y tenir. On était pour ou contre les Allemands. C'était noir ou blanc. Aujourd'hui — et depuis 45 — la situation s'est compliquée. Il faut moins de courage, peut-être, pour choisir, mais les choix sont beaucoup plus difficiles. Je ne puis exprimer les ambiguïtés de notre époque dans ce roman qui se situerait en 43. Et, d'un autre côté, cet ouvrage inachevé pèse : il m'est difficile d'en commencer un autre avant d'avoir fini celui-là.

— *Avez-vous l'impression que vous touchez un plus grand public par le théâtre que par le roman ?*

SARTRE : Quand une pièce réussit, l'auteur touche un plus grand public, du moins sur le moment. Après, je ne sais pas... Mais une pièce qui atteint la centième dans un grand théâtre et qui a du succès touche déjà 100 000 spectateurs. Et 100 000 lecteurs, c'est très exceptionnel...

— *Vous avez déjà eu des tirages très supérieurs à 100 000 avec le « Livre de poche »... Et puis chaque livre est lu par plusieurs personnes.*

SARTRE : Bien sûr. Mais outre que vous pouvez voir une pièce de théâtre, vous pouvez la lire également. Les « livres de poche » dont vous parlez ont déjà publié plusieurs de mes pièces. Il y a également les tournées et les reprises.

Mais surtout le problème est différent ; la réussite d'un livre ne se mesure pas nécessairement au nombre des exemplaires vendus. Je connais des œuvres admirables qui n'ont pas dépassé les 3 000 ou 4 000 et qui, indirectement au moins, ont influencé toute une génération. Kafka n'est pas un best-seller en France, mais sans lui beaucoup d'intellectuels de mon âge ne seraient pas ce qu'ils sont. Le théâtre, étant une entreprise coûteuse et dont le rendement doit être immédiat, exige qu'une pièce réussisse sur l'heure ou qu'elle disparaisse. Cela signifie que le rapport de l'auteur au public est différent. Un livre recrute peu à peu son public. Une pièce de théâtre est forcément « théâtrale », parce que l'auteur sait qu'il se fera applaudir ou siffler sur-le-champ. C'est comme un examen à une seule épreuve et sans rattrapage. De plus en plus, une pièce, c'est un coup de force : raté, il se retourne contre son auteur. Aux États-Unis et — depuis quelque temps — en France, si les critiques sont mauvaises et si la location ne marche pas, on désaffiche au bout de quelques représentations. Un livre peut parler à voix basse : le drame et la comédie doivent élever la voix. C'est peut-être ce qui m'attire dans le théâtre : ce coup de force et cette voix forte et le risque de tout perdre en une nuit. Cela m'oblige à parler *autrement*, cela varie.

— *Que croyez-vous que les spectateurs qui iront voir votre pièce attendent de votre théâtre ?*

SARTRE : Ça, je me le demande, le théâtre est tellement la *chose publique, la chose du public*, qu'une pièce échappe à l'auteur dès que le public est dans la salle. Mes pièces, en tout cas — quel qu'ait été leur sort — m'ont presque toutes échappé. Elles deviennent des *objets*. Après, vous dites : « Je n'ai pas voulu cela », comme Guillaume II pendant la guerre de 14. Mais ce qui est fait reste fait.

— *Cela est évident pour les films si du moins les films avaient une signification. En les « recevant », le public les détourne de leur sens ou y découvre un sens nouveau. Mais au théâtre, l'auteur ne peut-il pas intervenir, modifier la mise en scène, redresser ici ou là, imprimer une autre direction ?*

SARTRE : Non. Ce que l'on découvre tout à coup, devant sa pièce, c'est la part du diable. Il serait trop facile de dire : c'est le metteur en scène, ce sont les acteurs. Une pièce doit pouvoir être reprise, jouée à l'étranger : il faut donc qu'elle supporte d'être jouée par des acteurs qui ne collent pas exactement aux personnages. Chaque rôle et l'œuvre entière doivent comporter une marge plus ou moins définie de variations. Ce qui compte, c'est autre chose : d'abord les rapports imprévus qui surgissent à l'intérieur des actes et des scènes entre mille choses (gestes, attitudes, conduites des personnages, temps et lieux de l'action, décors, lumières, etc.). On peut agir sur tout cela, mais imparfaitement : un *objet* se crée avec ses caractères objectifs, qui échappent.

Dans *Le Diable et le Bon Dieu*, j'avais situé la plupart des scènes à la fin de la journée ou la nuit. Un beau jour, dans une salle de « couturière », je me suis aperçu que l'enchaînement de ces tableaux nocturnes en faisait une pièce de nuit. Or, c'est cela, précisément, que le public — avec plaisir ou déplaisir — découvre avant l'auteur, même s'il ne formule pas sa découverte.

Je me souviens aussi d'une scène de *Morts sans sépulture* ; des miliciens torturaient des résistants en 1944. Ce qui m'importait, ce n'était pas de montrer la réalité physique de la torture, mais le rapport de ces deux groupes d'hommes et leurs conflits. Et puis nous nous entendions bien : Vitold, acteur et metteur en scène, les autres acteurs et moi. On avait répété dans la bonne humeur. D'autant que Vitold qui n'avait jamais le temps de dîner choisissait le moment où on le conduisait dans les coulisses pour se jeter sur son sandwich et le dévorer. Comme il devait crier de douleur à la cantonade, il criait la bouche pleine, ce qui nous empêchait de « *croire* » à la scène. Et puis, au jour de la générale, certains spectateurs ont trouvé ce moment intolérable. J'ai découvert *par eux*, et je l'avoue, dans la stupeur, le véritable prix de la discrétion classique : il ne faut pas *tout* montrer. Vous savez ce que disent certains peintres d'aujourd'hui : un tableau, c'est *d'abord* un objet. Eh bien ! une pièce *représentée*, c'est d'abord un objet. Un objet qui a ses structures propres. Mais c'est le spectateur qui collabore avec l'auteur pour le faire apparaître.

— *Êtes-vous toujours d'accord avec cette transformation ?*

SARTRE : Non. Mais qu'y faire ? Un public, c'est d'abord un rassemblement. C'est-à-dire que chaque spectateur se demande à la fois ce qu'il pense de la pièce et ce qu'en pense le voisin. Quand je vais au théâtre et que j'entends une pièce dont certaines répliques peuvent scandaliser des gens qui pourtant ne partagent pas mes opinions et que je les devine dans la salle, je n'ai pas ma complète liberté de jugement, je suis gêné *pour eux*. Quant à eux, ils seraient moins scandalisés s'ils ne pensaient aux spectateurs qui sont du même parti ou du même milieu ou de la même confession. De cette réaction tournante naît une réalité étrangère, dont personne n'est tout à fait responsable.

Là-dessus vient la presse qui *ne crée pas*, comme on croit, ce mouvement d'opinion, mais qui l'interprète et le cristallise. Les auteurs dramatiques ont tendance à lui reprocher de détourner de leurs pièces une partie du public. Mais il y a malentendu : le critique d'un quotidien ou d'un hebdomadaire est en réalité le représentant qualifié d'une certaine fraction de ce public. Il n'est écouté que si son jugement est en général confirmé par ses lecteurs. Autrement dit, tout se passe comme s'il *devinait* l'opinion des milieux qui le liront : et cela vient précisément de ce qu'il en fait lui-même partie.

Quand on a représenté *Les Mains sales*, on a beaucoup loué — et à juste titre — François Périer et André Luguet. Sur la pièce elle-même, il y a eu quelques hésitations : était-elle ou non anticommuniste ? Les critiques d'extrême gauche et ceux de la presse bourgeoise s'attendaient. Et depuis, finalement, les premiers ayant décidé qu'elle était dirigée contre leur parti — ce qui ne correspondait nullement à mon intention — les autres l'ont applaudie comme une machine de guerre et, par-là, leur ont donné raison. À partir de là, la pièce a pris un sens objectif que je n'ai jamais pu modifier.

— *Depuis, cependant, vous avez eu l'occasion de faire connaître quelles étaient vos intentions ?*

Sartre : J'ai crié dans le désert. Au théâtre, les intentions ne comptent pas. Ce qui compte, c'est ce qui *sort*. Le public écrit la pièce autant que l'auteur. Et, bien entendu, ce qui intervient pour conditionner les spectateurs, c'est l'époque, ses besoins, les conflits qui lui sont propres. Ainsi, l'on a pu prendre *Coriolan* pour une pièce antidémocratique que les fascistes allaient applaudir au Théâtre-Français vers 1934. Alors que des représentations récentes au Piccolo Teatro de Milan ont souligné au contraire l'aspect critique de cette même pièce et l'étude de la dictature comme mystification des masses. Cela dit, il va de soi que ce n'est pas la démocratie, mais la monarchie légitime et héréditaire que Shakespeare entendait opposer au dictateur.

— *Ces métamorphoses ont-elles toujours eu lieu ?*

Sartre : Plus ou moins, j'imagine. Mais dans les grands moments de l'histoire du théâtre, il y avait une homogénéité réelle entre l'auteur et le public. Car celui-ci vivait plus ou moins consciemment les contradictions que celui-là mettait sur la scène. Il n'est pas douteux qu'Antigone représente, comme l'a d'ailleurs dit Hegel, le conflit des grandes familles aristocratiques en voie de désagrégation et de la *cité* qui se constitue contre elles en limitant leur pouvoir. Il n'est pas douteux que les Athéniens se sentaient profondément *concernés* par le conflit d'Antigone et de Créon. Il y avait donc un public *uni* pour le théâtre. De même, au XVIᵉ siècle anglais, quand la langue anglaise s'enrichit sans cesse et quand la monarchie absolue s'établit, c'est la *nation anglaise* qui prend conscience d'elle-même par le théâtre élisabéthain.

À notre époque, les spectateurs viennent de milieux trop divers et parfois ont des intérêts trop opposés pour que l'on puisse prévoir les réactions du public assez hétérogène qu'ils constituent. De toute manière, le théâtre appartient, en gros, à la bourgeoisie. C'est elle qui soutient et alimente les salles de spectacle en se prêtant à une élévation constante du prix des places. Il y a tant de conflits internes dans les classes moyennes et même dans la classe dominante qu'une partie du public risquerait d'être choquée si le théâtre donnait de notre société une image qui plairait à d'autres spectateurs. Le résultat de ce compromis, c'est que le théâtre ne montre pas souvent les changements de l'homme et du monde, mais plutôt l'image d'un homme éternellement pareil à lui-même dans un univers qui ne change jamais.

Un exemple frappant, c'est que l'on ait ri mille fois à *La Petite Hutte*[2]. Qu'est-ce que c'est, *La Petite Hutte* ? On vous dit : changeons toutes les circonstances du trio bourgeois, c'est-à-dire la femme, le mari et l'amant. Transportons-les dans une île déserte et que se passe-t-il ? Le trio demeure, d'une manière ou d'une autre. Rien n'est changé. Rien ne change. Et le public est ravi. Dans une autre pièce entre naufragés, sur une île déserte, une pièce anglaise, *L'Admirable Crichton*[3], on voit le domestique, Crichton, s'imposer aux autres naufragés et gagner leur respect parce qu'il est « le meilleur ». Cela signifie-t-il que le monde peut changer ? Non. Quand on voit un bateau au loin, Crichton choisit de se faire rapatrier et de réintégrer ainsi sa position inférieure. Les rapports entre les personnages redeviennent ce qu'ils étaient. Simplement, cette robinsonnade aura rendu les maîtres meilleurs grâce aux vertus du valet. L'Angleterre est éternelle. C'était ce qu'il fallait démontrer. Or, nous savons tous que le monde change, qu'il change l'homme et que l'homme change le monde. Et si ce n'est pas cela qui doit être le sujet profond de toute pièce de théâtre, alors c'est que le théâtre n'a plus de sujet.

— *N'est-ce pas justement ce sujet que Bertolt Brecht traite dans toutes ses pièces ?*

SARTRE : Exactement. On prétend souvent qu'il veut donner une interprétation marxiste du monde dans sa totalité. Ce n'est pas cela. Certes, il est marxiste, profondément. Mais, homme de théâtre, ce sont malgré tout les drames individuels qui l'intéressent. Il entend montrer simplement qu'il n'y a pas de drame individuel qui ne soit entièrement conditionné par la situation historique et qui, en même temps, ne se retourne sur la situation sociale pour la conditionner. C'est pourquoi ses personnages sont toujours ambigus : il met en lumière leurs contradictions qui sont celles de leur époque et tente de montrer, en même temps, comment ils font leur destin.

Je pense à Galiléo Galilée. On le voit, dans la pièce de Brecht, entièrement conditionné par le moment où il vit, moment où la science qui naît heurte profondément les traditions, les croyances, les intérêts de l'Église et de l'aristocratie. Et cet homme qui constitue la science est en même temps le premier qui la trahit. Pourquoi ? Parce que son courage physique l'abandonne, mais surtout parce qu'il n'a pas compris que son sort n'était pas avec les grands de ce monde, mais avec la partie de la société qui conditionne la science parce qu'elle en a besoin pour se développer : à l'époque, la bourgeoisie. Ayant choisi le camp des prélats et des princes, Galilée refuse que les bourgeois le soutiennent. Donc Galilée est responsable de son destin. Il le fait. Mais en même temps son erreur ne peut s'expliquer qu'à un moment où l'homme de science est une sorte de valet des seigneurs ou des prélats et où par conséquent il se méconnaît lui-même en même temps qu'il crée ce qui transformera sa condition.

— *Et comment Brecht a-t-il échappé, lui, à la transformation de l'œuvre par son public ?*

SARTRE : Tout d'abord parce que, malgré tous ses problèmes, tous ses conflits profonds, toutes ses tensions internes, le public de l'Allemagne de l'Est est relativement unifié. Cette société en construction — quoi qu'on puisse penser sur elle — fournit au théâtre des spectateurs qui ont des soucis et des espoirs communs et qui ne viennent pas, comme chez nous, de tous les horizons. La preuve en est que nous n'avons compris l'art et le sens des pièces de Brecht que dans la mesure où c'est *ailleurs* qu'il a eu du succès.

— *Mais les pièces de Brecht ont été écrites avant l'existence de cette société...*

SARTRE : Oui. Mais ses vrais succès sont d'après.

— *En êtes-vous sûr... Brecht a connu le succès en Allemagne avant Hitler même, sous la République de Weimar. Puis pendant le nazisme, à New York. Il en a actuellement en Allemagne occidentale, et en Suisse et à Londres. Donc, il dépasse son public unifié.*

SARTRE : C'est très vrai. Mais remarquez la différence entre le Brecht d'aujourd'hui et le Brecht du temps que l'on jouait *L'Opéra de quat' sous* à Paris. Aujourd'hui nous savons ce qu'est Brecht. Mais quand nous avons vu *L'Opéra de quat' sous* avec Simone de Beauvoir avant la guerre, nous n'avons vu que ce qu'on appelle une satire de la société[4]. C'était très amusant. C'était charmant. Bon. Mais le vrai propos de Brecht nous a complètement échappé. Quand je suis sorti du théâtre — voilà la transformation par le public — il y a plus de vingt ans, j'ai trouvé la pièce anarchiste : les bourgeois sont tous pourris, le chef de police est un bandit ; mais, d'autre part, la pièce nous présente les masses comme des mendiants et leurs chefs comme des voleurs qui les trompent. Le côté positif de la double critique m'a échappé comme à tout le public d'alors...

— *Le film de Pabst a tout de même été considéré, en France, comme un film « de gauche ». C'était l'interprétation la plus répandue de* L'Opéra de quat' sous...

SARTRE : Parce qu'on tapait sur les banquiers et sur les policiers. Mais on peut taper aussi à droite sur les banquiers. Tout est dans la manière. Les malentendus ont disparu lorsque Brecht a pu traiter son public en face. Il a décidé de mettre le spectateur dans le coup et puisque, de toute façon, le public collabore avec l'auteur, il a tenté de le guider dans cette collaboration. Une pièce de théâtre, c'est l'image animée de l'homme et le monde en image devant l'homme. Il s'agit de savoir quel rapport il y a entre le public et l'image. Je pense que ce que Brecht voulait détruire, c'est le rapport de participation qui est le rapport du théâtre bourgeois normal — ce n'est pas le cas du théâtre classique — avec le spectateur. *Participer* au spectacle, c'est par exemple s'incarner plus ou moins dans l'image du héros qui se fait tuer ou dans l'image de l'amoureux... C'est alors redouter que l'amoureux ne soit trompé ou que le héros ne meure à la fin.

La participation, c'est une manière de vivre un rapport presque charnel avec l'image, donc de ne pas la connaître. De la même façon, on ne peut pas réellement connaître quelqu'un dont on tombe amoureux, avec qui l'on vit une vie passionnée et violente.

Si l'on « participe » — ce qui gênait Brecht — on transforme.

On a pu dire, très justement, qu'à une pièce comportant un vrai héros, un révolutionnaire qui dépasse ses propres contradictions et qui en triomphe dans la mort, un bourgeois peut participer. Pourquoi ? Parce qu'il n'éprouvera pas de malaise. Parce qu'après tout, le bourgeois peut s'identifier à ce héros tout comme certains disent : « Moi, je suis pour l'Algérie française, mais je respecte le combattant F.L.N. qui se fait tuer héroïquement ». Le spectateur peut se dire, quand cet homme de gauche liquide ses contradictions et meurt en héros pour une certaine société :« Je désapprouve la société qu'il souhaite, mais je ne puis m'empêcher de voir en lui l'image d'un homme qui a su concilier en lui des tendances contradictoires. J'ai les mêmes — qui sont d'un autre ordre — et cette histoire me montre qu'on peut toujours les dépasser. » Il s'en ira donc content. Il aura compris que dans toute société et en toute situation, le dépassement est possible et, par suite, repoussant le *contenu* de la pièce, il se satisfera du schème formel de l'héroïsme. En ce sens, le héros positif des pièces soviétiques ne *gêne* pas le spectateur bourgeois.

Brecht pensait que le dépassement d'une situation pénible et contradictoire n'était jamais l'affaire d'un individu, mais que seule une société entière, dans le mouvement historique, pouvait se transformer. Il souhaitait qu'on sorte du théâtre dans le malaise, c'est-à-dire en saisissant la contradiction par ses causes, mais sans possibilité de la dépasser dans un mouvement de l'âme.

— *De* Tartuffe *aussi, on devait sortir très mal à l'aise...*

Sartre : Pour moi, les classiques ont un rapport très net avec Brecht ; on trouve chez eux à la fois le recul et la distanciation. Je ne pense pas qu'on s'intéresse énormément au sort d'Orgon ou d'Elmire. Tartuffe est repoussant, lui, mais sans provoquer d'horreur. On est donc assez calme. On rit, modérément. C'est surtout la distance qui fait la force de la pièce.

Ce qu'a voulu Brecht, ce qu'ont voulu nos classiques, c'est provoquer ce que Platon appelait la « source de toute philosophie », c'est-à-dire l'étonnement, en donnant comme non familier ce qui est familier. Remarquez que ce procédé, Voltaire l'utilisait dans ses romans. Il suffit de présenter des personnages d'un autre monde. De sorte que l'on puisse en rire, puis que l'on se dise en sortant :« Tiens, mais ce monde là, c'est le mien ! » L'idéal du théâtre brechtien, ce serait que le public fût comme un groupe d'ethnographes rencontrant tout à coup une peuplade sauvage. S'approchant et se disant soudain, dans la stupeur : ces sauvages, c'est nous. C'est à ce moment que le public devient lui-même un collaborateur de l'auteur : en se reconnaissant, mais dans l'étrangeté, comme s'il était un autre, il se *fait exister* en face de lui comme *objet* et il se *voit* sans *s'incarner*, donc en se comprenant.

— *Tout à l'heure, vous disiez que le ressort d'une pièce devrait être l'étonnement platonicien. Croyez-vous que ce soit, au théâtre, un ressort suffisant ? N'y a-t-il pas d'autres liens affectifs entre le spectateur et la scène ?*

Ne sera-ce pas une représentation passablement froide ?

SARTRE : Sûrement. Mais ce n'est pas ce que voulait Brecht. Il souhaitait seulement que l'émotion du spectateur ne fût pas aveugle. Après tout, dans *Mère Courage*, sa femme, qui était aussi son admirable interprète, Hélène Weigel, a fait pleurer.

L'idéal serait de « *montrer* » et « *d'émouvoir* » en même temps. Je ne crois pas que Brecht eût jugé cette contradiction comme une indépassable absurdité.

Tout dépend de la perspective qu'on adopte quand on veut raconter une histoire : ou bien on prend le point de vue de l'éternel : c'est ainsi, cela sera toujours ainsi, la femme sera toujours l'Éternel féminin, etc. Dans ce cas, nous retombons sur ce théâtre de la « nature humaine », que j'appellerai bourgeois. Ou bien, on la regarde comme le signe d'un mouvement qui s'amorce ou d'une liquidation qui se poursuit. C'est-à-dire du point de vue historique, mieux : du point de vue de l'avenir. Dans *Maison de poupée*[5], qui traite de l'émancipation de la femme, à une époque où il n'en était guère question, Ibsen s'est placé dans une perspective d'avenir : c'est du point de vue de l'avenir qu'il a vu l'effondrement de ce mari autoritaire et nul et la libération de Nora.

— *Un futur immédiat, très proche. Dans vos propres pièces, comment voyez-vous cette incorporation d'un futur immédiat ?*

SARTRE : Jusqu'ici, je ne m'en étais pas beaucoup soucié. Je m'y suis essayé un peu dans *Les Séquestrés d'Altona*. Toute la pièce est construite du point de vue d'un avenir à la fois faux et vrai. La folie du séquestré consiste, pour éviter de se sentir coupable, à se considérer comme le témoin d'un siècle en train de disparaître et à s'adresser à un tribunal supérieur. Naturellement, il ne dit que des bêtises, il ne raconte pas ce qu'est véritablement ce siècle, mais je voudrais que le spectateur se sente un peu en présence de ce tribunal... Ou, tout simplement, des siècles qui viennent.

Notre siècle sera jugé, comme nous faisons du XIXe ou du XVIIIe. Il aura sa place dans l'histoire que d'une certaine façon il créera et il appellera un jugement d'une moralité objective sur les hommes. Je voudrais que le public, à travers les fariboles de mon personnage, se sente en présence de ce tribunal.

Tout cela bien entendu, ce sont des châteaux en Espagne. Mais si la chose pouvait réussir, cela donnerait au spectateur l'impression de glisser dans le passé. J'essaie de faire sentir notre temps dans la mesure où, petit à petit, ce siècle s'en va... Comme on dit à la fin de chaque année : l'année 1959 était « comme ça »... Espérons que l'année 1960 sera meilleure !

J'aimerais que le public voie, du dehors, notre siècle, chose étrangère, en témoin. Et qu'en même temps, il participe, puisqu'il fait ce siècle. Il y a d'ailleurs quelque chose de particulier à notre époque : c'est que nous savons que nous serons jugés.

NOTES

1. *Les Chemins de la liberté*. Voir ci-dessous p. 182, note 14.
2. Pièce d'André Roussin représentée au Théâtre des Nouveautés en 1947 et qui a été depuis l'un des succès les plus constants du théâtre de boulevard.
3. Comédie de James M. Barrie, datant de 1903 et représentée pour la première fois en français par Gémier au Théâtre-Antoine en 1920.
4. Voir ci-dessus p. 86, note 4.
5. Pièce datant de 1879.

THÉÂTRE ÉPIQUE
ET THÉÂTRE DRAMATIQUE

> Texte intégral, publié ici pour la première fois, d'une conférence de Sartre sur le théâtre, donnée le 29 mars 1960 dans le grand amphithéâtre de la Sorbonne sous les auspices de l'Association théâtrale des étudiants parisiens (A.T.E.P.), dont s'occupait alors Ariane Mnouchkine. Cette conférence a été enregistrée par Sylvère Lotringer, aujourd'hui professeur à Columbia University, qui nous a très obligeamment et très amicalement communiqué la bande originale.
> Nous avons tenu à conserver le ton démonstratif et le côté improvisé de l'exposé de Sartre, tout en éliminant un certain nombre de répétitions qui n'ajoutaient rien au texte. La transcription est de Maya Rybalka.
> Des fragments de cette conférence ont paru dans *Premières* (World Premières/Premières mondiales), XIe année, n° 9, juin 1960, et ont été traduits en anglais par Rima Rell Dreck sous le titre « Beyond bourgeois theatre » dans *The Tulane Drama Review*, vol. 5, n° 3, March 1961. Pour d'autres renseignements, cf. *Les Écrits de Sartre*, notice 60/349.

Vous savez que la distinction que je fais entre théâtre épique et théâtre dramatique n'est, bien entendu, pas de moi ; c'est celle que Bertolt Brecht faisait lui-même, considérant que son théâtre était un théâtre épique et que le théâtre bourgeois était un théâtre dramatique. Il avait raison sur les deux points, mais le problème que je voudrais traiter devant vous aujourd'hui, c'est de savoir si on peut concevoir un théâtre dramatique fort près du théâtre épique et qui ne soit pas bourgeois.

Vous savez ce qu'est le théâtre épique de Brecht, vous connaissez sa recherche principale qui est de montrer, d'expliquer et de faire juger plutôt que de faire participer. Il veut montrer à la fois l'acte individuel et ce qu'il appelle la gestus sociale qui conditionne cet acte, il veut montrer les contradictions qu'il y a dans toute conduite et en même temps le système social qui engendre ces contradictions, tout ceci à l'intérieur d'une représentation... *[Ici, passage d'une dizaine de secondes inaudible...]*

Alain disait qu'un professeur ne doit pas passionner des élèves, parce qu'ils écoutent avec soin mais qu'ils comprennent mal. Le théâtre dramatique, au contraire, mettons que ce soit ce théâtre que nous connaissons tous et qui raconte une histoire individuelle, tout en laissant entendre qu'il y a des implications par-derrière. Mais avant de continuer cette opposition, il faut que je vous dise que tout est brouillé aujourd'hui parce que nous vivons dans une époque de théâtre bourgeois. Il y a cent cinquante ans à peu près que la bourgeoisie contrôle le théâtre : elle le contrôle d'abord par le prix des terrains qui ont monté de telle sorte au dix-neuvième siècle que, comme vous le savez, les ouvriers sont partis de la ville et qu'il y a des bureaux et des immeubles bourgeois, et que les théâtres, d'ailleurs, sont tous situés au centre de la ville, ou à peu près ; elle le contrôle aussi par le prix des places qui, pour qu'un théâtre soit une entreprise rentable, monte de plus en plus ; elle le contrôle par la centralisation française de sorte que, dans des villes où l'on pourrait avoir des contacts avec des publics différents, les spectacles ne viennent

Théâtre épique et théâtre dramatique 115

pas ou viennent très tard, sous une forme de tournées ; elle le contrôle enfin par les critiques. C'est une grave erreur d'opposer le critique d'un journal au public. Le critique d'un journal est le reflet de *son* public ; s'il dit des bêtises, c'est que le public qui lit le journal en dira aussi ; par conséquent il serait vain de les opposer l'un à l'autre. Il existe des maîtres jurés goûteurs de vin pour que l'on puisse savoir que le vin mis en fût n'est pas mauvais. Eh bien, M. Jean-Jacques Gautier est un maître juré goûteur pour les lecteurs du *Figaro* et il est bien évident qu'il y a une appropriation complète de M. Gautier au lecteur du *Figaro*, du lecteur du *Figaro* à M. Gautier. Pourquoi ? Parce que le lecteur du *Figaro* pense que Gautier ne l'a jamais trompé, ce qui veut dire qu'il épouse ses opinions sur tout. *[Applaudissements.]* Donc, vous le voyez, il s'agit d'un contrôle absolu, d'autant plus que cette même bourgeoisie n'a qu'une chose à faire pour couler une pièce, c'est de ne pas venir ; il est donc évident que la dictature bourgeoise sur le théâtre a créé un théâtre bourgeois. Est-ce que c'est simplement dangereux, est-ce que c'est simplement l'introduction d'un contenu un peu trop particulier dans le théâtre, ou bien est-ce que cette dictature a brisé jusqu'aux structures mêmes de ce que devrait être le théâtre ? C'est ce que nous allons essayer de voir.

Pour commencer, il vaudrait mieux, pour échapper à la confusion totale où on est actuellement sur le théâtre, prendre les choses autrement, trouver un point de repère quelconque qui nous permette de comprendre ce que c'est qu'une cérémonie théâtrale. Je ne vais évidemment pas revenir au chariot de Thespis[1], mais plutôt vous raconter une expérience que je viens d'avoir à Cuba au Théâtre national de La Havane[2]. On y a présenté des danses religieuses noires, accompagnées de chants et de récits. Ce qu'il y avait de très particulier, c'était ceci : la religion noire s'est conservée là-bas à peu près intacte parce que c'était sous l'Église espagnole. L'Église française à Saint-Domingue disait : on leur laisse leur religion pourvu qu'ils s'inscrivent à la nôtre, et cette espèce de tolérance a créé le vaudou. À Cuba, les noirs qui n'étaient pas chrétiens étaient persécutés, ils se sont fermés en sociétés religieuses secrètes et la religion a toute sa pureté. Ce qu'il y a de plus curieux, c'est que, dans les quartiers très pauvres, les blancs attirés par la religion noire font un ensemble religieux avec eux et, par conséquent, pratiquent les rites de la religion. Et quelques riches aussi, quelques riches blancs, en font autant. Ces cérémonies, qui sont des cérémonies proprement religieuses, ont toujours été interdites ; on ne leur donnait aucune publicité et, par conséquent, il n'y avait nulle raison pour qu'on les mette sur la scène. D'autre part, il faut les concevoir comme des cérémonies qui sont célébrées par tous les noirs des quartiers pauvres ; tous savent les chants et les danses qu'on représente. Alors, il y a eu un premier caractère très curieux, c'est que beaucoup de noirs, venus là, ont été très étonnés qu'on leur demande de payer leur place. Ils ont dit : « Mais c'est une cérémonie religieuse ; dans les cérémonies religieuses, on ne paie pas. »

Vous le voyez, le départ a été donc une sorte de conception qu'ils avaient de la religion ; ils étaient venus parce qu'ils étaient religieux et qu'ils voulaient vivre cette religion. Mais, d'un autre côté, c'était sur un théâtre, de sorte qu'au fond il y avait une distanciation première au sein de la participation religieuse. Pour la première fois, des noirs et des blancs, dont j'étais, assis sur des chaises, voyaient danser cette religion en face d'eux, au lieu que ces noirs, d'ordinaire, dansaient avec eux. On arrivait ainsi à un phénomène très contradictoire : il y avait dans la salle, pour commencer, des rires et des applaudissements — ce qui est un caractère universel de la représentation — et, d'un autre côté, il y avait aussi une danse qui petit à petit s'emparait de certains spectateurs noirs et qui finissait par les faire danser debout à leur place, en même temps que les gens d'en face, de sorte que, si vous voulez, ils faisaient ce que faisaient les noirs d'en face. Pourquoi ? Eh bien, les réflexions d'autres noirs qui n'étaient pas très loin de moi me l'ont fait comprendre. Des réflexions de techniciens. Ils disaient, ces noirs, avec un peu de mépris pour les autres : « Mais nous dansons aussi bien qu'eux, je ne sais pas pourquoi on les a fait venir plutôt que nous. » Et ça, ils devaient tous plus ou moins le penser parce que la danse était un fait commun à tous. Ce qui brusquement avait eu lieu, c'est une coupure. D'autre part, du fait qu'il y avait participation et qu'ils dansaient, du fait qu'il y avait en même temps représentation, ils se rasseyaient et on avait ainsi un étrange désordre dans lequel, en quelque sorte, ils arrivaient à découvrir leur image sur la scène. Ce qu'ils voyaient, au fond, c'étaient eux-mêmes dansant comme ils dansaient, mais en même temps eux-mêmes sans le rapport ordinaire de réelle participation qu'ils avaient, sans rapport qui fait qu'ils se mettent à danser quand quelqu'un danse religieusement à côté d'eux et qu'une communion s'établit sans même se voir en quelque sorte, par le rythme.

D'un autre côté, il y avait introduction d'un nouveau mode de communication, si je puis dire, par les sens les plus éloignés (pas par le toucher ni même l'odorat, mais par les yeux et les oreilles), il y avait là un fait absolument nouveau. Même pour les acteurs, il y avait une transformation parce que, quand ils arrivaient, ils n'avaient absolument pas l'air d'acteurs ;

d'ailleurs, je les ai vus dans la coulisse, c'étaient des gens de tous âges et qu'on avait choisis plutôt parce qu'ils étaient très particulièrement capables de danser, c'étaient des gens qui travaillaient à des tas de métiers dans la journée, donc, d'une part, des gens qui n'avaient pas la profession d'acteur et quelconques de ce point de vue, d'autre part des gens qui étaient quand même obligés de se plier à un certain nombre de nécessités. Par exemple, les danses durent un certain temps, pas plus, et il fallait qu'ils reviennent saluer à la fin de la danse. Alors ils commençaient chaque danse dans la morosité, fatigués parce que ça ne venait pas, et puis, petit à petit, ça commençait à venir et, en général, le public d'en face, en dansant, leur donnait envie de danser. Puis ça continuait, ça continuait, et vers la fin, après des danses qui souvent les emportaient et qui allaient beaucoup plus loin qu'ils voulaient le faire, ils trouvaient encore le moyen de venir saluer comme des acteurs. Mais aussitôt après, ils avaient leurs propres transes dans les coulisses et c'est pourquoi on m'a dit à un moment donné : « Ne vous inquiétez pas si le rideau ne se lève pas, il y a deux actrices qui sont en transes. » Donc il y avait cet étrange mélange, ce mélange très profond qui fait que l'acteur se sentait brusquement aussi séparé du public par cette coupure, que le public se sentait séparé de ces acteurs — alors que d'ordinaire il dansait au milieu d'eux. L'acteur, en quelque sorte, sentait sa réalité de danseur dans le public, puisqu'il faisait là une chose qu'il ne comprenait pas, et le public sentait sa réalité de danseur en image dans les acteurs. Ainsi on avait un étrange rapport qui était un mélange de participation totale et de représentation et de distance.

Cela nous amène naturellement, et si je ne vous l'avais pas dit, vous y auriez pensé, au psychodrame, dans lequel il y a une espèce de spontanéité qui vient, qui vient et qui exprime chacun des deux acteurs, l'un étant le malade ou le sujet qui se prête, l'autre étant le psychiatre ou l'assistant qui joue avec lui, et où il y a en même temps d'étranges rapports de transfert et de contre-transfert, de sorte qu'on a dans le psychodrame le mélange d'une image et d'une participation. Par exemple, lorsque vous jouez un rôle que vous jouez avec un camarade en face d'un psychiatre ou d'un psychologue qui tient le rôle du camarade, vous voyez dans quelle étrange situation vous êtes. Cette situation n'est pas tout à fait réelle puisqu'en fait, vous savez très bien qu'au départ vous ne perdrez jamais complètement la notion que celui qui est en face de vous tient un rôle, que c'est un camarade en image que vous avez en face de vous, et d'un autre côté, vous ne pouvez pas vous empêcher dans une foule de cas de manifester vos vrais rapports avec cette personne parce que vous êtes pris par quelque chose. Cela va même contre l'acteur professionnel. Lebovici[3] raconte — il a fait un article là-dessus — qu'il avait reçu la visite d'une mère qui se plaignait énormément de son fils et qui disait qu'il était vraiment insupportable, elle-même ayant un dehors très doux et très raisonnable ; il lui a proposé alors de jouer avec lui en psychodrame ses rapports avec son fils. Elle a ri, puis elle a dit : « Écoutez, je suis actrice, alors vous comprenez que si je devais vous mentir, si je devais vous dire que je suis réellement bonne alors que je suis méchante, je pourrais le jouer très bien. » Alors il lui a dit : « Essayons quand même », et ce qui est arrivé, comme vous vous en doutez, c'est que ce vernis technique d'actrice a disparu devant la spontanéité même de ce double jeu, de ce jeu absolument ambigu qui constitue la représentation.

Par contre, si, maintenant, nous revenons à ces

noirs, si nous pensons qu'il y avait aussi des spectateurs blancs qui ne partageaient pas leur point de vue, à ce moment-là, vous aviez un autre aspect du problème : ces noirs avec leur religion apparaissaient comme des objets. Entendez-moi : ici, il ne s'agit pas de dire objets dans un sens qui serait défavorable, je veux simplement dire que nous n'avions pas ce lien religieux qui donnait cette double distance, cette distance et cette présence. Qu'est-ce que nous avions, en somme ? Eh bien, on voyait des êtres qui, réellement, véritablement, faisaient des danses qui appartenaient à leur religion ; le côté spectacle nous était moins sensible que le côté objectif et, d'ailleurs, d'autres noirs de même espèce ont bien voulu certaines fois se prêter, chez les étudiants de La Havane, à faire les mêmes cérémonies pour les ethnographes. Alors nous étions nous-mêmes dans une position très peu équilibrée, à moitié sur le plan de l'objet, nous aussi, mais dans un autre sens, et à moitié sur le plan de la représentation. De sorte que, finalement, dans la mesure même où cette religion apparaissait pour nous comme un objet plein, beaucoup plus profond, il y avait une possibilité pour nous de la considérer comme *la* religion, de quelque foi que nous soyons. Si nous prenions la chose sur un simple plan objectif, c'était une vingtaine de noirs de La Havane dansant leurs danses religieuses pour la première fois. Si nous la prenions, au contraire, sur le plan de l'image, la chose se gonflait davantage : c'était une image, à ce moment-là, cette religion que nous voyions, nous ne pensions plus que c'étaient des êtres croyants réels qui la faisaient, mais du coup elle contestait en somme chaque forme de religion particulière puisqu'elle était toutes les religions. Il y avait ce passage à la direction du mythe et aussi l'autre direction, qui est la direction de l'objet, et on hésitait perpétuellement.

De sorte que d'une façon générale il y a un certain rapport double au théâtre que l'homme entretient avec sa propre représentation, et quelquefois il arrive que l'homme de théâtre veuille jouer sur ce rapport double.

Je pense, par exemple, à une pièce qu'on joue actuellement à New York dans un grenier[4] ; je vous dis tout de suite que mes renseignements sont un peu vagues car je les tiens d'un ami, mais la question n'est pas là parce que l'essentiel reste vrai. C'est un spectacle qui fut d'abord un four et maintenant toute l'Amérique y va. On entre dans ce grenier et on voit sur la scène quelques personnes affalées, effondrées et qui ne disent pas un mot ; l'attente dure assez longtemps et puis finalement quelqu'un vient et les exhorte à se redresser ; ils disent : « Non, pas maintenant ; non, pas maintenant », puis ils retombent. Finalement l'auteur vient lui-même et dit : « Écoutez, ce sont des drogués ; on a voulu leur faire jouer une pièce sur la drogue pour qu'ils aient leur argent, parce qu'ils ne peuvent pas vivre sans drogue et puis ils ne veulent pas. » Alors toute la chose continue, ce sont des exhortations vis-à-vis de ces gens : « Écoutez, faites un petit effort », et les autres qui disent : « Mais la drogue... nous voulons de la drogue avant de commencer. » La drogue n'arrive pas, des gens viennent, etc. L'intérêt, semble-t-il, de la pièce, d'après ce que j'ai compris, c'est qu'on a voulu montrer, au lieu de ces drogués romantiques que l'on trouve dans le cinéma américain, que la drogue, c'était l'abrutissement. Mais ce qui nous intéresse, ce n'est pas cela, c'est l'espèce d'effort publicitaire qu'on a fait pour faire croire que c'étaient de vrais drogués. En fait les journaux le disent et à l'entracte on passe même dans les rangs des spectateurs en faisant la quête pour que ces pauvres gens puissent payer tout à l'heure leur drogue. *[Rires.]* On donne d'ailleurs et beaucoup de gens s'en vont mystifiés, en ne sachant pas si ce sont des drogués ou pas, si ce sont des drogués à qui on a trouvé ce métier ou si ce n'en sont pas. En fait, vous pensez bien qu'ils ne sont pas drogués parce que la police ne permettrait pas de récolter de l'argent comme ça.

Mais ceci mis à part, ce qui est intéressant pour nous, c'est que le succès vient de l'hésitation du spectateur. Est-ce une image, est-ce un objet ? Voici ce que je veux dire : si ce sont de vrais drogués, alors c'est un objet, c'est-à-dire que le spectateur est là devant trois pauvres entrepreneurs qui, avec bonne volonté mais sans bien réussir, ont réuni quelques drogués pour les montrer afin qu'ils aient un peu d'argent. Alors, c'est exactement comme si on allait dans un asile et qu'on voyait des drogués ou des malades mentaux quelconques, n'est-ce pas ? Dans ce cas-là vous pouvez les considérer comme des objets humains en face de vous, qui êtes pour eux un objet humain. Ou bien ce ne sont pas des drogués et ce sont des acteurs ; alors, à ce moment-là, ça change et, vous allez le voir tout de suite, c'est la même chose que pour la religion. Si ce sont des drogués et que vous, vous ne vous droguez pas, vous n'avez probablement rien de commun avec eux , leur abrutissement, leur affalement, ça va vous dégoûter parce que vous direz : « Moi, je n'ai rien à faire avec ces gens-là. » Si ce sont des images, s'ils jouent des rôles de drogués, à ce moment-là, ça s'universalise d'une certaine façon, d'une façon qu'il faudra montrer, ça devient un mythe. Après tout, nous avons bien des manières aussi de vanter une foule de choses, comme par exemple des obsessions amoureuses, avec beaucoup de romantisme, et puis finalement, qu'est-ce que c'est ? C'est de l'abrutissement. *[Rires.]* On peut très

Théâtre épique et théâtre dramatique

bien imaginer comment un certain nombre de cas de ce genre peuvent se traduire par de l'impatience, de la nervosité, etc., qui ressembleront à celles d'un drogué. On peut donc passer à un certain niveau, mais à la condition qu'on nous le donne comme image. Et, vous le voyez, vous avez les deux aspects en même temps.

Mais à partir de ces deux exemples qui, l'un et l'autre, sont un peu extérieurs au théâtre très normal, que ce soit le théâtre épique ou que ce soit le théâtre dramatique, il y a une question que nous pouvons nous poser tout de suite : Pourquoi donc les hommes vivent-ils entourés de leurs images ? Parce qu'après tout on pourrait très bien ne pas en avoir. Vous savez que Baudelaire parlait de la « tyrannie de la face humaine[5] ». Il est quelquefois si fatigant de céder à cette tyrannie toute la journée que, mon Dieu, pourquoi faut-il qu'on ait encore des portraits, par exemple, dans sa chambre, pourquoi faut-il qu'on voie des représentations de soi-même au théâtre, pourquoi faut-il qu'on se promène au milieu de statues qui nous représentent encore, pourquoi faut-il qu'on aille au cinéma et qu'on se revoie toujours ? Il y a une espèce de ressassement de soi-même par les gens, c'est-à-dire par vous tous et par moi, qui a quelque chose de surprenant. Si on y réfléchit, au fond, ce n'est pas tellement difficile à expliquer. Je crois que les gens vivent au milieu de leurs images parce qu'ils ne réussissent pas à être de réels objets pour eux-mêmes. Les hommes sont objets pour d'autres, mais des hommes ou des milieux ne sont pas objets complètement pour eux-mêmes. Prenez un exemple individuel, vous pouvez le prendre soit sous la forme de l'apprentissage du miroir qui est si important dans la toute petite enfance et de l'image du miroir, soit dans les erreurs d'une bête qui regarde dans un miroir, soit dans les erreurs d'un adulte qui brusquement dans une pièce sombre voit quelqu'un dans la glace et ne s'aperçoit pas que c'est lui. On vient à soi-même comme à un objet, puisqu'on vient à soi-même comme à un autre. Là c'est l'objectivité. À peine vous êtes-vous reconnu, vous n'êtes plus un objet. En effet, on ne voit pas son propre visage comme on voit les autres. On voit son propre visage avec un élément, un facteur privilégié. Pourquoi ? Parce qu'on a un intérêt profond à celui qui est là, on ne peut pas le saisir avec ce lien absolument froid et formel qui est la simple vue, on le saisit par une espèce de participation. On ne peut pas vraiment voir qui on est, pas plus, vous le savez, qu'on ne peut s'entendre parler. Vous connaissez l'expérience qui fait que, quand vous enregistrez la voix de quelqu'un et que vous lui donnez à choisir ensuite entre une dizaine de voix, il est très rare qu'il retrouve la sienne ; le pourcentage des erreurs prouve qu'il y a là un facteur certain.

La façon dont nous nous entendons parler ne correspond pas exactement à la façon dont nous parlons. De la même manière, on ne se voit pas, et pour une foule de raisons. On ne peut pas se juger et, par conséquent, ce qu'il y a dans la glace, c'est encore moi, mais hors de ma portée, hors de mon expérience, hors de la réalité pour moi, c'est-à-dire quelque chose que je ne peux pas attraper ; ce n'est pas un objet, c'est une image. Et c'est une image non pas parce que c'est un reflet, car un reflet est un objet ; du point de vue strictement physique, le mot image ne signifie pas autre chose qu'une réalité du monde physique, simplement, qui est produite par certains rayons lumineux. C'est une image parce que nous ne pouvons rien faire dessus en tant que c'est cette image, ou alors à l'aveuglette, en donnant des coups de rasoir. Autrement dit, le reflet passe à l'état d'objet quand il n'est pas reconnu et à celui d'image quand il est reconnu, non pas parce que c'est un reflet, mais simplement parce qu'il est hors d'atteinte. Alors, à ce moment-là, étant donné que je suis incapable, que vous êtes incapables, de formuler un ensemble de jugements objectifs sur un visage quelconque à la condition que ce soit le vôtre, et si nous supposons qu'il faut quand même ce jugement, on s'adressera aux autres. On demandera, par exemple, à un dessin, à un dessin fait par un autre... Et je ne sais pas si vous avez lu ce roman déjà assez ancien d'Aldous Huxley qui s'appelle *Antic Hay*[6] : on voit le désagrément qu'a le héros à ouvrir par hasard, chez des amis, un cartable et à y trouver un dessin sur lui, son portrait fait par un de ses amis, même pas un portrait caricatural mais simplement très désagréable pour lui. Ici, nous aurions le choc de l'objectivité. Seulement, à ce moment-là, se pose le problème immédiat : qui a peint ? Quels étaient ses rapports avec moi ? Quelle était son idée de ce que devait être un homme ? Peut-être que ce qui lui plaît, à moi me déplaît ? Peut-être qu'il a voulu me voir autrement ? Peut-être qu'il a trop poussé dans un sens, parce que lui-même se projetait là-dedans ? En un mot, le dessin n'est pas non plus un objet, précisément parce que l'impénétrabilité des choses qu'a un dessin (c'est-à-dire, c'est là et vous n'y pouvez pas toucher à moins de déchirer le papier), cette impénétrabilité se fond finalement dans une espèce de mystère de celui qui l'a fait, une absence, et ça devient un simple objet vide, une lacune. Autrement dit, vous êtes passé à une image-portrait dessinée, faute de pouvoir vous voir comme objet dans une glace, et ce portrait est lui-même une image parce que vous n'en pouvez rien faire. Et précisément parce que les hommes sont perpétuellement objets les uns pour les autres, parce que chacun de nous se sent perpétuellement objectivé par quelqu'un, c'est-à-dire en train de devenir objet, comme, par exemple, je le sens à l'heure qu'il est un très grand nombre de fois à la fois *[rires]*, eh bien, précisément parce qu'on sent qu'on file, qu'on se perd dans l'objectivité, on veut récupérer cette objectivité, et quand on la récupère, on trouve une image. Une image c'est un irréel qui vous appartient encore, qui m'appartient encore, mais qui est à distance de moi, comme un portrait. Un portrait de moi, ça fait partie de *mes* choses, comme un portrait de vous fait partie des *vôtres*, ça fait partie d'une espèce de subjectivité extérieure et, d'un autre côté, ce n'est rien, c'est un irréel.

Et ce que je dis là sur des individus, il va de soi que c'est la même chose pour n'importe quel groupe social. Les hommes ne peuvent se voir du dehors et la vraie raison, c'est que pour saisir vraiment un homme comme objet, il faudrait, à la fois et contradictoirement, comprendre et ne pas comprendre ses fins, ses buts. Parce que vous ne pouvez évidemment pas considérer que vous avez devant vous un homme vraiment objectivé, quelqu'un dont vous pouvez dire : c'est vraiment quelqu'un que je connais, si vous ne le connaissez pas par la compréhension de ce qu'il cherche, de ce qu'il veut, c'est à dire à partir de son avenir, à partir des efforts les plus personnels, qu'il peut faire pour atteindre ses fins. Seulement, si vous le connaissez par là en le comprenant, cela veut dire que vous partagez ses fins, c'est-à-dire que, quelles que soient les désapprobations que vous ayez pour sa conduite sur d'autres plans, il n'en reste pas moins que vous ne le comprendrez que si, d'une certaine façon, vous partagez ses fins. Et si vous partagez ses fins, alors vous êtes dans un monde complètement fermé ou, plutôt, si vous le voulez, pas clos mais limité, limité par lui-même, dont vous ne pourrez jamais sortir, étant donné que vous aurez toujours ce moment dans lequel les mêmes fins que les vôtres seront partagées par celui que vous êtes en train de comprendre et de juger. Si, par ailleurs, vous cessez de comprendre ses fins et s'il devient à ce moment-là un être qui n'a plus de fins mais qui est uniquement compréhensible, du moins explicable par l'ordre des causes, à ce moment-là vous avez perdu l'homme, vous avez l'insecte, de sorte que, entre cette compréhension de l'homme qui fait que l'homme n'est jamais, malgré tout, un objet total mais un quasi-objet pour les autres hommes, et ce refus de comprendre, de comprendre un criminel de guerre, par exemple, qui fait que nous allons le prendre pour un insecte, il n'y a pas de place pour que les hommes se connaissent les uns les autres, complètement, comme objets. On pourrait être objet total ou pour les fourmis ou pour les anges, mais on ne peut pas l'être pour les hommes en tant qu'homme.

Un ingénieur peut considérer un médecin comme son objet en tant que médecin, mais il ne le peut pas en tant qu'homme, et précisément à partir du moment où il essaie de penser sur l'homme, il file dans l'image. Un type de ces jugements imaginaires, c'est, par exemple, quand les gens vous disent, et Dieu sait qu'ils vous le disent : « Mon Dieu, que les hommes sont mauvais, que l'homme est méchant, tous les hommes sont méchants », etc. Comment voulez-vous dire ça ? Ou vous êtes dedans ou vous êtes dehors ! Si vous êtes dedans, et la plupart du temps vous ne pensez pas à vous y mettre, votre jugement est sujet à caution. Si vous êtes dehors, vous n'êtes pas un homme, qu'est-ce que vous êtes ? De sorte qu'il est absolument impossible de formuler, sauf en tombant dans l'irréel, des phrases de ce genre qui... au fond, vous les appelez des images par politesse, ce sont des bêtises. *[Rires.]* Mais vous voyez donc, et c'est ça que je voulais vous montrer, que la fonction de l'art qui représente l'homme (car il y a des arts qui ne le représentent pas), naît d'un échec ; il n'y aurait pas d'art de ce genre si les hommes étaient des objets réels les uns pour les autres. Il y a des arts parce qu'on n'arrive jamais complètement à voir un homme en face ; alors on a des images, et les images qu'on a, on a des rapports spéciaux avec elles, c'est-à-dire des rapports de participation, comme ces noirs dont je vous parlais. On participe à l'irréel, qui est donné devant vous sous une certaine forme, sous une certaine fiction.

Naturellement il y a des images diverses de l'homme et il est certain qu'il y a des films, des photographies, qui le présentent. Quelle est celle qu'offre le théâtre, car il ne suffit pas de dire qu'il donne une image de l'homme ? Pour moi, la chose est simple car, au fond, le théâtre est geste. Et il est geste, vous le savez, jusque dans la pantomime. Et qu'est-ce que c'est que le geste ? On ne peut pas exactement le définir comme quelque chose qui n'est pas un acte, car souvent les actes sont en même temps des gestes. Mais disons que c'est un acte qui n'a pas sa fin en lui-même, c'est un acte, un mouvement, qui est destiné à montrer autre chose. « Faites un geste », dit-on à des gens, quand deux personnes sont brouillées. Qu'est-ce que ça veut dire : « Faites un geste ? » Ça ne veut pas dire du tout : « Réconciliez-vous comme ça », ça veut dire : « Faites un signe qui permettra à l'autre de venir vous faire des excuses... C'est lui qui a tort, mais enfin vous pouvez bien faire un geste. » Donc, le geste n'est pas l'acte de réconciliation, c'est un mouvement, simplement. Et, d'une façon plus générale, c'est la reproduction par des mouvements d'un acte sans que la fin de ces mouvements soit d'obtenir ce que l'on veut, ce que l'on fait. Prenons, par exemple, au théâtre, lorsque l'on boit. Autrefois c'était un geste complet car il n'y avait rien dans le verre ; depuis quelques années, le prix des places s'étant élevé, on met des choses dans les verres et, par conséquent, l'acteur fait l'acte de boire. Mais, en réalité, c'est un geste, parce que le véritable acte de boire supposerait qu'il le fasse avec l'intention de boire parce qu'il a soif, ou pour boire un remède, ou pour n'importe quelle raison. Mais là, il fait au fond le geste de boire, quoique buvant, pour indiquer que le personnage qu'il incarne est en train de boire, de sorte que le geste, qu'il soit un acte réel ou qu'il soit un ensemble de mouvements, se réfère toujours à un acte qu'il prétend signifier. Autrement dit, les gestes au théâtre signifiant les actes, et le théâtre étant une image, les gestes sont l'image de l'action. Et ce qu'on ne dit jamais depuis le théâtre bourgeois et qu'il faudrait quand même bien dire, c'est que l'action dramatique, c'est l'action des personnages. On croit toujours qu'action dramatique, ça veut dire grand mouvement, remue-ménage, opposition de passions, etc. Non, ça, ce n'est pas de l'action, c'est du bruit, c'est du tumulte. L'action proprement dite, c'est l'action du personnage, c'est-à-dire des actes. Il n'y a pas d'autre image au théâtre que l'image de l'acte, et si l'on veut savoir ce que c'est que le théâtre, il faut se demander ce que c'est qu'un acte, parce que le théâtre représente l'acte et il ne peut rien représenter d'autre. La sculpture représente la forme du corps, le théâtre représente l'acte de ce corps. Et, par conséquent, ce que nous voulons récupérer quand nous allons au théâtre, c'est naturellement nous-mêmes, mais nous-mêmes, non pas en tant que nous sommes plus ou moins sentimentaux ou que nous sommes plus ou moins fiers de notre jeunesse ou de notre beauté, c'est nous récupérer en tant que nous agissons et que nous travaillons et que nous rencontrons des difficultés et que nous sommes des hommes qui avons des règles, c'est-à-dire des règles pour ces actions.

Malheureusement, comme vous voyez, nous sommes très loin en ce moment du théâtre bourgeois, et avant de revenir à cette question de l'action, il faut que je vous explique un peu pourquoi ce que je vous dis là ne ressemble en rien à ce qu'on joue sur les scènes depuis cent cinquante ans, sauf naturellement quelques exceptions. C'est parce que le théâtre bourgeois *ne veut pas* d'action dramatique ; plus exactement, il veut bien une action dramatique, mais il ne veut pas que ce soit l'action de l'homme, il ne veut pas que ce soit l'action des hommes qui jouent dans la pièce. Il veut que ce soit l'action de l'auteur construisant des événements. La bourgeoisie, en effet, veut se faire représenter l'image d'elle-même, mais — et c'est là qu'on comprend pourquoi Brecht a créé son théâtre épique, c'est-à-dire a été tout à fait dans la direction opposée — une image qui soit participation pure. Elle ne veut absolument pas se faire représenter à la fois comme image et comme quasi-objet parce que, quand elle est tout à fait objet, ce n'est pas toujours un objet agréable ; elle se prend très exactement pour cette image sans extériorité qu'on lui présente, l'image d'un homme aussi près, aussi proche de la façon dont lui se voit dans une glace et aussi loin que possible de la façon dont un autre le voit. Le théâtre bourgeois est subjectif, non pas parce qu'on voit ce qui se passe dans la tête de ses personnages — souvent on ne le voit pas du tout — mais parce que la bourgeoisie veut une représentation d'elle-même qui soit subjective, c'est-à-dire qu'elle veut qu'on produise les hommes chez elle, l'image de l'homme sur le théâtre, d'après sa propre idéologie et non pas en cherchant à travers toute cette espèce de monde d'individus qui se voient ou de groupes qui forment des jugements les uns sur les autres, parce qu'alors elle serait contestée. Ainsi il faut de toute évidence la même image sur la scène.

Or, la bourgeoisie pense selon les règles de ce que j'appellerai un naturalisme pessimiste, et pour vous préciser ce que j'entends par bourgeoisie, soyons net, j'entends les gens qui vont au théâtre, qui font marcher le théâtre, c'est-à-dire ceux qui sont susceptibles de payer les fauteuils d'orchestre 1 200 francs, par exemple, ou 1 500 ; ces gens-là, ce sont eux qui contrôlent le théâtre, je ne vous dirai pas que ce sont les deux cents familles, mais ce sont les trois cents fauteuils. *[Rires.]* Et ces trois cents fauteuils font la loi, sans le savoir, bien entendu, mais en tout cas ce qui leur plaît, c'est un naturalisme pessimiste. Pourquoi naturalisme ? Parce qu'il faut qu'il y ait une nature humaine, que cette nature soit mauvaise, et on reconnaît, d'ailleurs, ce qui est humain, dans la bourgeoisie, à ce qui est mauvais, puisqu'on dit toujours « C'est humain » lorsque quelqu'un vient de faire une cochonnerie ou une lâcheté *[Rires]*. Donc, il faut que cette nature soit mauvaise et il faut qu'elle soit immuable. Je n'insiste pas beaucoup là-dessus parce que vous voyez à peu près pourquoi : si l'homme est mauvais, ce qui compte, c'est l'ordre, n'importe lequel, aussi bien celui-ci qu'un autre. D'autre part, la nature est mauvaise pour une raison plus profonde. Pour un aristocrate qui croit qu'il est naturellement supérieur à ces races inférieures qu'on appelle les roturiers, la nature est bonne puisque c'est le sang qui l'a rendu supérieur ; mais depuis que le bourgeois a fait la révolution et qu'il se pense la classe universelle, il n'y a plus moyen de déclarer que la nature est bonne puisqu'elle l'a fait l'égal de ceux dont il pense être le supérieur. Par conséquent, il faut trouver un moyen d'échapper à cela, de se distinguer. La distinction est une espèce de puritanisme mineur du XIXe siècle qui consiste à exercer une dictature sur les besoins, une dictature à la fois réelle sur les besoins des autres et, en images ou par ascétisme, sur ses propres besoins. On condamne les besoins, on les juge mauvais.

Tout récemment, je demandais à un Américain si cette loi qui consiste à humaniser les prisons (loi qui consiste à permettre aux prisonniers de recevoir une visite conjugale par semaine) s'appliquerait quelque jour en Amérique. Il m'a répondu qu'il faudrait que ça change beaucoup, car ce serait reconnaître la sexualité comme un besoin. *[Rires.]* Nous, nous la reconnaissons comme ça et notre distinction ne va pas jusque-là, mais le besoin de manger, le besoin de dormir, etc., nous ne sommes pas tellement loin des Américains pour cela, n'est-ce pas ? Il y a un tas de besoins, un tas d'éléments, que nous refoulons chez nous parce qu'en même temps on ne les satisfait pas chez les autres. Ce dégoût du besoin, ce refus qui se manifeste, c'est précisément le pessimisme. Autrement dit, la bourgeoisie a besoin de la nature humaine pour pouvoir la nier. Et puis, en outre, si la nature humaine est mauvaise et éternelle, il est bien évident que nul effort n'est nécessaire pour réaliser un progrès quelconque ; ou alors, soyons justes, ce sera un progrès très lent. Mais en tout cas, il est bien évident que la description d'une pareille nature prouve qu'elle sera toujours pareille dans toutes les circonstances.

Or, agir (c'est-à-dire précisément l'objet du théâtre), c'est changer le monde et, en le changeant, c'est nécessairement se changer. La bourgeoisie a changé le monde, profondément, et le monde a changé en la changeant, et elle s'est changée — pas à son avantage *[rires]* — et maintenant elle n'a plus envie du tout qu'on la change *[rires]*, surtout du dehors. *[Rires.]* Alors, si elle change encore, c'est plutôt pour s'adapter, pour ne pas changer *[rires]*, pour garder ce qu'elle a, et, dans ces conditions, ce qu'elle demande au théâtre, c'est de ne pas l'inquiéter par l'idée de l'acte : l'acte est impossible. Il ne peut pas y avoir d'action dans un théâtre qui plaît à des bourgeois, il ne peut pas y en avoir, à moins que ce ne soit celle de d'Artagnan, de Porthos et d'Aramis, parce qu'il faut que dans ces pièces l'élément nouveau, comme dans la philosophie d'Aristote, d'ailleurs, soit un trouble rapide entre deux moments de calme. Il y avait le calme avant le lever du rideau et le calme revient, tragiquement ou comiquement, avant le baisser du dernier acte. Entre les deux, ça s'agite mais ça ne doit pas *agir*, ça doit remuer, et vous savez bien ce que vous dit sur une pièce de théâtre un metteur en scène de bonne foi mais un peu mal débrouillé dans ces notions-là. Il vous dit : « Il faut qu'il y ait de l'action. » D'accord, et on demande : « Comment est-ce que vous ferez de l'action ? », et il répond : « Mais en faisant marcher les passions ! » Or, action et passion, définies comme cela, ça ne va pas très bien ensemble. Et effectivement le théâtre bourgeois a remplacé dans ses pièces l'action par la passion. L'action, telle qu'on l'entend maintenant au théâtre, ça veut dire une construction pratique d'une intrigue par un auteur. Il faut qu'il y ait de l'action, ça veut dire : il faut que les conséquences découlent d'une manière très vive et très nette des prémisses, il faut qu'on devine un peu ce qui va se passer sans quand même le savoir assez, etc., et il faut naturellement qu'il y ait un commencement, un milieu et une fin. Alors on choisit des passions, on les met en présence, elles tombent en poudre, elles marquent ainsi l'éternité du caractère humain ; et puis c'est fini, on baisse le rideau puisqu'il ne reste plus personne. *[Rires.]* Ou, au contraire, la passion se déchaîne un moment et puis tout revient dans l'ordre.

Une pièce célèbre anglaise, *L'Admirable Crichton*[7], présente un homme, un lord, qui débarque avec toute sa famille dans une île déserte à la suite d'un naufrage ; et il y a en même temps, bien entendu, un valet de chambre admirablement discipliné. Ils restent tous dans cette île. Qui se débrouille ? Le valet de chambre. Alors, nous croyons que nous allons assister à un peu d'action. En fait, il trouve des fagots pour faire le feu, il pêche, etc. Pendant six mois cela dure comme ça ; une des petites filles du lord sent un tendre sentiment pour lui, puis un bateau arrive qui les a repérés, et naturellement le valet de chambre au grand cœur redevient valet de chambre et le lord redevient lord. Par conséquent, vous le voyez, on a été agités pendant quelques instants ; autrement dit, nous avons commencé par une famille de lords et nous avons terminé par une famille de lords ; entre les deux il y a un orage, un naufrage qui n'a rien changé. Le théâtre qui vous présente ces passions et qui vous montre que ce sont des troubles sans conséquences, vous présente en même temps des cas de caractère typiques, comme, par exemple, l'éternel féminin, dont on vous dit aussi que vous pouvez changer toutes les circonstances sans que le caractère lui-même en soit modifié. Vous connaissez *La Petite Hutte*[8], dans laquelle effectivement nous trouvons le fameux ménage à trois de toute notre tradition française bourgeoise *[rires]*, transporté dans une île déserte, et là il fait exactement la même chose qu'ailleurs *[rires]* ; donc, ce qui était à démontrer est démontré, la nature humaine ne change pas. Vous voyez comme c'est facile. Toutes ces pièces bourgeoises m'ont toujours parues bourrées de philosophie ; simplement les bourgeois ne s'en aperçoivent pas parce que c'est la leur *[rires]*. Ils ne la voient que quand cette philosophie est celle d'un autre ; si c'est la leur, eh bien, ils pensent que c'est la vérité et ils disent : « Comme c'est bien dit. » Par conséquent, on arrive à cette idée que, de toute façon, ou rien ne change, ou les malheureux qui par passion ont mis le feu à je ne sais quelle institution bourgeoise disparaissent foudroyés ou, alors, les meilleurs d'entre eux avaient cédé à quelque chose qui était un égarement et ils reviennent au bercail.

Il y a une vieille pièce de Maurice Donnay, dont je ne me rappelle plus bien si le titre est *Les Suffragettes* ou *Les Jacobines*[9] — on en a beaucoup écrit de cet ordre contre les féministes : il y avait un milieu de jeunes femmes toutes ridicules sauf une, et celle-ci — elle venait de divorcer — donnait à corps perdu dans le féminisme. Venait un autre homme qui s'entendait mieux avec elle que son mari, elle abandonnait tout naturellement, et l'on comprend à ce moment-là que c'est parce qu'elle se sentait très seule qu'elle était devenue féministe et on voit qu'à partir du moment où l'autre l'a épousée elle est devenue une bonne mère de famille. Cette histoire vous indique la volonté absolument nette qui marque ce type de théâtre d'expliquer par les causes et de refuser d'expliquer par les fins. On ne donne pas sa chance à une personne qui veut sortir de l'ordre bourgeois soit par la moralité, soit par la politique : on dit que c'est une personne, ou aigrie, ou qui n'a pas passé ses certificats *[rires]*, ou qui appartient au prolétariat intellectuel, ou alors qui est amoureuse ou qui est folle *[rires]* ; et à ce moment-là, bien entendu, ce sont des gens que l'on n'a plus qu'à raisonner ou bien, si le cas est perdu, on leur coupe la tête, ou, si ce sont des femmes qui ont besoin d'un mari, alors on le leur donne. *[Rires.]* Mais c'est toujours par le passé, par le déterminisme, qu'on explique les choses.

Ainsi, vous le voyez, le but de ce théâtre est d'ôter aux actes leur fin, donc leur signification, de remplacer les forces de l'action par ce qu'il y a de plus imperméable et de plus faux dans ce qu'on a jamais pensé de l'homme, la passion, — prise comme ils l'entendent, c'est-à-dire quelque chose qui ne comprend rien ni aux autres ni à soi-même et qui s'en va toujours se perdre en cherchant à se sauver. Brecht a dit une fois — et c'est une des raisons pour lesquelles il explique qu'il a pensé à faire un autre genre de théâtre — qu'il ne peut pas entrer dans une salle de théâtre aujourd'hui sans avoir l'impression d'être chez les fous, parce que, dit-il, on voit se tordre sur la scène des gens qui se mordent les poings et que, dans la salle obscure, on a également des gens qui sont tendus absolument et qui se tordent aussi les poings, qui se tordent comme les acteurs. C'est un rapport de folie qu'il attribuait à la participation, c'est-à-dire qu'il estimait que la distance n'était pas assez grande entre les uns et les autres, qu'on essayait beaucoup trop d'émouvoir les spectateurs et de les toucher, et pas assez de leur montrer ; autrement dit, trop de rapport participationniste, trop d'images, et pas assez d'objectivité. À mon avis, il a raison : le public bourgeois est fou, non parce qu'il participe, mais parce qu'il participe à une image qui est une image de fous. Il est évident que la plupart des comédies et des drames que vous pouvez voir aujourd'hui (je veux dire dans les grands théâtres parisiens où il y a des pièces qui viennent d'Amérique ou bien d'ici), ce sont des pièces dont les personnages sont fous. Ils sont fous parce que leurs réactions sont folles, et elles sont folles parce qu'on a choisi de couper la tête à tous ces personnages, de leur ôter la volonté, de leur ôter l'action, de leur ôter le sens pratique, de leur ôter les projets et de les rendre toujours victimes de leur propre enfance ; on revient toujours à l'enfance, et le résultat, c'est qu'on nie toute action humaine.

Vous avez donc affaire à un théâtre parfaitement inouï ; le pessimisme le sert à chaque fois, et la douceur, l'attendrissement même de certaines pièces sont peut-être encore plus pessimistes que si on nous montrait des gens haineux, le couteau à la main. Je pense, par exemple, à *Patate*[10], qui me paraît une pièce remarquable en ce sens que la bourgeoisie s'est reconnue là. Nous y voyons deux amis. Qu'est-ce qu'ils font ? L'un couche avec la fille adoptive de l'autre et l'autre cherche à le faire chanter pour se venger de vingt ans d'humiliation. Ce sont des amis, c'est ça l'amitié bourgeoise, les bourgeois ont dit : « Comme c'est ça, n'est-ce pas ? » Ces amitiés, elles sont faites de rancœur, de rancune, d'envie, de jalousie, de petites saloperies. *[Rires.]* On nous donne tout ça, on pousse les choses jusqu'au moment où l'abcès va crever. Qu'est-ce qu'ils vont faire, est-ce qu'ils vont se battre, est-ce qu'ils auront au moins le courage de ça ? Pas du tout : la pièce finit bien ; ils étaient trop lâches pour faire ça, alors, vous voyez, c'est complet. Ils sont capables de se tromper un peu les uns les autres, de dire du mal de l'ami chacun à sa propre femme, mais ils ne sont pas capables de vider une querelle entre eux. Alors, comme il faut un peu attendrir, on donne le beau rôle aux deux femmes, quelques larmes, et c'est ainsi que le tour est joué : avec attendrissement on a condamné le genre humain. En effet, c'est ça l'amitié, c'est ça l'homme de la classe universelle, c'est ça la vérité. Il n'y a d'autre rapport entre deux hommes de trente-cinq à quarante ans qui ont fait leurs études ensemble que ce mélange de goujaterie, d'envie et de jalousie, et c'est ça qu'on appelle l'amitié.

Alors, tout ce théâtre bourgeois doit expliquer également le théâtre d'honnêtes gens, en général, mais dont la situation était difficile, le théâtre contre lequel Brecht s'est dressé. Je pense en particulier à ce qu'on a appelé l'expressionnisme. Le théâtre épique est né en grande partie d'une réaction contre l'expressionnisme ; il y en avait déjà eu une avant qu'on appelait « Neue Sachlichkeit[11] », mais cette réaction n'était pas très heureuse, et l'expressionnisme a eu une importance plus grande en son temps. Qu'est-ce que c'était l'expressionnisme ? Justement, on ne voulait pas de ça, des expressionnistes. C'étaient des petits-bourgeois en marge, des intellectuels assez révoltés par tout cela mais qui, envisageant bien, en effet, le drame comme une action contradictoire, comme un conflit, n'avaient pas les moyens, les instruments idéologiques — le temps n'était pas là — de comprendre qu'il s'agissait de conflits particuliers dans lesquels s'engouffre toute la société. Ils ne comprenaient pas ce qu'a dit Gide : c'est qu'en étant le plus individuel, on est le plus universel. Ils partaient à l'universel tout de suite et nous avions ce pessimisme, l'homme en face du monde. Quel homme ? Il ne fallait pas le leur demander. Le monde, lequel ? Il ne fallait pas le leur demander non plus. Drame, lutte, le monde et l'homme s'arc-boutent l'un contre l'autre, et finalement, c'est toujours, parce qu'il faut qu'il y ait une fin, le monde qui dévore l'homme. Ça fait, me direz-vous, un peu ennuyeux, mais ne vous y trompez pas, il existe toujours chez nous le théâtre expressionniste. *Tête d'or*, par exemple — j'ai lu que Jean-Louis Barrault avait déclaré : « C'est l'homme aux prises avec le monde matérialiste » —, c'est exactement le type de la pièce expressionniste, et effectivement, nous avons une quantité de pièces actuelles qui reprennent les thèmes expressionnistes sans s'en rendre compte, avec bonne foi. Par exemple, le thème de Beckett dans *En attendant Godot*[12], c'est quelque chose de très remarquable ; c'est la pièce que je trouve la meilleure depuis 1945, mais il faut avouer qu'elle est expressionniste et en même temps pessimiste.

Ce sont deux hommes, deux clochards sur la route, ils attendent Godot. Godot, c'est tout ce que vous voudrez, aussi bien un peu de répit, aussi bien une augmentation de salaire que Dieu. Peu importe, c'est Godot ; ils l'attendent et il ne vient pas. À la fin du premier acte il n'est pas venu ; le deuxième acte a cet extraordinaire toupet de recommencer le premier de bout en bout et d'être excellent et, à la fin, il n'est pas venu non plus. Pourquoi ? Évidemment, personne n'en sait rien, mais on a l'impression, à travers tout ce qu'ils disent, qu'il n'est pas venu parce qu'ils étaient trop mous, trop faibles. Ou peut-être qu'il est venu et qu'ils étaient trop bêtes pour le reconnaître. Ou peut-être encore qu'il existe dans leur tête parce qu'ils sont faibles et que, s'ils avaient de la force, il n'y aurait pas de Godot. Il n'empêche que cela continuera comme ça indéfiniment : ils attendront Godot tous les jours de leur vie et Godot ne viendra jamais. C'est une pièce très supérieure à toutes les pièces expressionnistes, mais c'est une pièce expressionniste. Et c'est une pièce qui, en un certain sens, a un contenu qui plaît aux bourgeois.

De la même façon, d'ailleurs, une autre pièce toute récente, *Le Rhinocéros*[13], est une pièce expressionniste, car vous avez un homme qui devient rhinocéros. Je veux bien, mais qu'est-ce que c'est cet homme qui devient un rhinocéros ? Il faut constater qu'il appartient souvent, ou en tout cas d'une manière plus éclatante, à l'enseignement primaire, pour Ionesco. Je ne vois pas particulièrement de raison que ce soit réservé à l'enseignement primaire d'entrer dans la catégorie des rhinocéros. Je vois également qu'à la fin la lâcheté féminine est flétrie puisque la femme lâche l'homme avec qui elle vit pour courir se livrer au rhinocéros. Tout cela je le comprends très bien. Ceci dit, qu'est-ce que c'est, devenir rhinocéros ? Est-ce que c'est devenir fasciste ou devenir communiste ? Est-ce que c'est devenir les deux ? Il est bien évident que si le public bourgeois est si content, c'est que c'est les deux *[rires]* ; il est absolument impossible de tirer un mot de la pièce de Ionesco sinon pour nous dire qu'un grand malheur, un grand péril d'abrutissement, menace le monde, que, ma foi, le danger de contagion est très grave et puis que les femmes sont toutes fascinées par ces gros imbéciles à corne que sont les rhinocéros. C'est n'importe quel danger, ça pourrait être aussi bien d'ailleurs la suppression par la bombe atomique. Et pourquoi y en a-t-il un qui résiste ? Au moins pourrions-nous le savoir, mais nous n'en savons rien du tout. Il résiste parce qu'il est là, il représente Ionesco, alors il dit : « Je résiste » et il reste là au milieu des rhinocéros, seul à défendre l'homme, sans que nous sachions très bien après tout s'il ne vaudrait pas mieux être rhinocéros ; cela n'a pas été démontré, n'est-ce pas ? Après tout, l'un ou l'autre.

Je veux dire par là, non pas que ces pièces soient mal faites — puisque l'une, je la trouve, comme je vous dis, de premier ordre — ou malhonnêtes, je veux seulement dire que vous avez toujours le droit de dire au bourgeois du mal de lui en tant qu'homme, mais pas en tant que bourgeois. Toute la question est là : il faut que le pessimisme soit un pessimisme total, que ce soit un pessimisme de l'inaction et qui condamne toutes les possibilités, toutes les espérances de l'individu. Mais si c'est un pessimisme modéré qui dise simplement : « La situation n'est pas bonne », « Nos classes dirigeantes pourraient faire mieux qu'elles ne font », etc., ça, ça n'est plus du théâtre, c'est de la subversion. *[Rires.]* Je veux exprimer par là qu'il ne faut pas vous imaginer qu'un théâtre pessimiste est un théâtre non bourgeois ; tout le théâtre que je viens de vous indiquer, ce théâtre du laisser-aller, du laisser-faire, de l'échec et du mal, c'est ça le théâtre bourgeois, c'est ça que le bourgeois va voir tous les jours, c'est ça qui l'attendrit. Si nous voulons, au contraire, savoir ce que c'est que le théâtre, il faut chercher la signification à l'envers et il faut tout de même commencer par poser que, si l'action est vraiment le centre du théâtre, cela veut dire que l'action dramatique est le récit d'une action ou la mise en drame d'une action — une ou plusieurs, celle de quelques individus ou d'un groupe entier — je n'ai pas à en discuter à présent — mais en tout cas une action. Et une action, ça veut dire que des gens se trouvent amenés à vouloir quelque chose et qu'ils essaient de le réaliser. Peu nous importe qu'ils réussissent ou qu'ils ratent ; aucune espèce d'importance, ça c'est l'optimisme ou le pessimisme. Ce qui est certain, c'est qu'ils doivent faire sur la scène une tentative et c'est ça que nous demandons à voir. Et quand il s'agit de ce genre d'action, tout à l'intérieur est action. C'est ça qu'il faut bien comprendre : à l'intérieur d'un vrai théâtre d'action, rien ne peut exister qui ne soit donné par l'action.

Pour vous donner un premier exemple, les objets au théâtre, ce sont des objets créés par l'action qui s'en sert. Il n'y a pas de dialectique de l'objet et de l'homme, comme on m'a dit une fois ; il n'y en a pas au théâtre, parce qu'une dialectique, cela veut dire action de l'homme sur l'objet et réaction de l'objet sur l'homme et cela n'existe pas, je veux dire, sur le plan de l'image. Au cinéma, oui. Au cinéma, voilà un homme qui se noie, vous voyez l'eau emplir sa bouche, vous voyez sa tête disparaître, vous voyez des bulles, vous avez l'impression qu'il a été noyé par l'eau. Bien entendu, tout cela est truqué, mais vous êtes entré dans un système d'illusions, de reflets, de tout ce que vous voudrez, et, par conséquent, vous avez vu de l'eau qui noyait un homme. Je crois que le cinéma, si on cherche son essence, c'est de vous montrer l'homme à travers le monde, tandis que le théâtre vous montre l'image de l'homme actif. Donc, il y a dialectique possible au cinéma, beaucoup plus. Mais au théâtre, par exemple, un mime comme Barrault peut faire naître l'illusion d'un fleuve par le simple acte de nager, et quand il voudra se noyer, il sera obligé de faire que sa noyade crée l'eau qui le noie. C'est-à-dire qu'en fait il est indifférent que l'accessoire soit là ou pas et c'est une expérience de vieux acteurs qui est bien connue.

Dans une pièce que j'ai écrite[14], il y a un moment où un personnage femme entre avec un journal et le donne à son frère en disant « Lis ça ! » ; alors il le lit. S'ensuivent un tas de complications. Une troisième personne, une autre femme, arrive et dit : « Ah, vous lui avez donné le journal, vous allez un peu vite en besogne », etc. Il y a quelque temps, la personne qui donne le journal a oublié de l'emporter et la scène a eu lieu sans journal. Les acteurs ne pouvaient rien faire d'autre, ils ont joué. « Voilà le journal », a-t-elle dit ; il n'y en avait pas, il y avait un vague bout de papier qu'elle avait arraché à un décor. Il a répondu : « Ah, ah, c'est très important ! » et il a déchiré le tout petit bout de papier en le jetant. Là-dessus la troisième personne est arrivée et a dit : « Je vois que vous lui avez donné le journal. » Elle a dit oui. Le public n'a pas bronché et il a très bien compris ; ce n'est pas du tout parce qu'il était abruti qu'il n'a pas bougé, c'est au contraire parce qu'il comprenait parfaitement bien. Il s'est dit : Le journal est oublié, et on n'en avait pas besoin : l'illusion même était donnée par la manière dont on utilisait les gestes. Au fond, les accessoires ne servent à rien, les décors ne servent à rien, à rien, jamais. Jamais on ne peut éclairer une pièce par quelque chose : le rôle du metteur en scène n'est pas là. Ça ne sert jamais qu'à des petits morceaux de bravoure. La seule manière, en effet, dont les objets naissent, c'est du geste ; le geste de poignarder fait naître le poignard. Ceci dit, bien entendu, il n'est pas question de supprimer ces accessoires ; ce n'est pas la peine de demander au public une illusion un peu supplémentaire en faisant qu'un simple poing fermé qui frappe soit un poignard. Il n'en est pas moins vrai qu'il suffit de réduire l'accessoire à presque rien. On l'a suffisamment vu, d'ailleurs, avec l'Opéra chinois il y a quelques années[15]. Avec presque rien on peut évoquer un fleuve et un bateau ; si on a l'art, comme l'avait le Chinois qui jouait le rôle du passeur, on peut les évoquer extrêmement bien et d'une manière même fascinante.

J'ai vu mieux encore, j'ai vu, sous les pleins feux de la rampe, tout allumés — et peut-être quelques-uns d'entre vous l'ont vu, quoique vous soyez en partie très jeunes — j'ai vu deux acteurs de l'Opéra chinois créer la nuit par leur pantomime. C'était un morceau d'un grand opéra : un personnage, un officier, dormait dans une chambre la nuit, et son hôtelier averti, venait pour l'assassiner. Tous les deux savaient jouer du sabre. L'officier se rendait compte qu'il y avait une présence, il sautait hors de son lit, tirait son sabre, et ils commençaient à se battre à tâtons, c'est-à-dire donnant des coups de sabre partout mais jamais où ils étaient. Ils ne se trouvaient jamais et, de temps en temps, il y avait des éléments de surprise : ils se trouvaient dos à dos, ou bien l'un était à califourchon sur l'autre, etc. C'était toute une histoire, mais naturellement elle n'avait de sens que parce que c'était une action ; un duel est une action, chacun voulait tuer l'autre, c'est une action avec conflits et contradictions, qui n'avait de sens que s'il faisait noir. Résultat : tout le monde a vu noir. Et c'est comme ça que vous pouvez vous expliquer que des images de saintes très blanches soient achetées ici pour le culte du vaudou à Haïti, où elles servent de déesses noires sans qu'on les change de couleur. Blanches, elles sont vues comme noires. Donc, vous le voyez, l'action ici a un pouvoir énorme.

Le vrai problème est tout autre et il ne faut pas essayer de l'éclairer du dehors ; il est de savoir comment on pourra assez bien créer des contradictions réelles et une dialectique réelle de l'objet et de l'acte et de l'homme dans le théâtre. C'est une des choses les plus difficiles et qui n'a pas encore été faite, parce que, justement, l'objet, venant après l'action, a si peu de résistance. Au cinéma, il engendre l'action ; au théâtre, il vient après, il est engendré par elle. Tout le problème de la dialectique du travail est un problème réel. Vous pouvez raconter au cinéma, sans ennuyer personne, la vie, comme documentaire, d'un mécanicien, d'un mécanicien de locomotive. Est-ce que vous imaginez ça au théâtre, avec une locomotive en carton *[rires]*, avec des feux de Bengale qu'on allume quand elle s'en va ? On voit au Châtelet des locomotives comme ça. Vous voyez, cela est impossible et, cependant, de quoi parlerait le théâtre, si ce n'est du travail ? Car enfin, l'action et le travail, c'est la même chose : voilà la vraie contradiction intime du théâtre et voilà pourquoi elle n'est pas encore résolue. Il ne suffit pas, comme le fait le théâtre épique, de montrer les contradictions qui engendrent des actions qui, au fond, n'en sont pas tout à fait, parce qu'elles portent trop la marque de leurs malédictions antérieures. Ce qu'il faudrait savoir, c'est comment on peut rendre le travail au théâtre autrement qu'en faisant dire par quelqu'un : « Tu as bien travaillé, mon vieux. » Cela n'a jamais été résolu : en particulier, le travail intellectuel au théâtre a toujours été épouvantablement rendu, qu'il s'agisse du travail littéraire (où l'on voyait des poètes inventer des vers comme ça), ou qu'il s'agisse du travail scientifique, et même, je l'avoue, du travail scientifique dans *Galileo Galilei* de Brecht. Ces problèmes extrêmement difficiles sont évidemment des facilités pour le théâtre bourgeois, parce que, comme il n'en traite pas, il n'y a pas de problème à ce sujet.

Ce que je voulais vous dire, c'est précisément que ce qui est action, c'est le centre, que le langage est action, qu'il y a un langage particulier au théâtre et que ce langage ne doit jamais être descriptif. Également qu'il ne doit jamais être simplement un bruit couleur locale accompagnant l'action ; que le langage est un moment de l'action, comme dans la vie, et qu'il est fait uniquement pour donner des ordres, défendre les choses, exposer sous la forme de plaidoiries les sentiments (donc, avec un but actif), pour convaincre ou pour défendre ou pour accuser, pour manifester des décisions, pour des duels de paroles, des refus, des aveux, etc., bref, toujours en acte. A partir du moment où il n'est plus en acte, il ennuie. Et, en particulier, il faut que sur le théâtre le monde entier trouve place, c'est-à-dire le soleil, la lune, les étoiles, la pluie, le vent, tout ce que vous voudrez, toute la nature, toutes les villes, mais jamais en descriptions, presque jamais en mots. Dans l'action. D'une manière ou d'une autre, dans l'action. Et cette façon de concevoir le langage nous oblige évidemment à concevoir un langage irréversible comme l'action elle-même. Une vraie action est irréversible, elle se radicalise tout le temps ; vous voudriez revenir en arrière, vous ne pouvez pas, vous irez jusqu'au bout. Ce que le théâtre schématise, c'est le mouvement radical de l'action. Il ne faut pas qu'on puisse mettre une seule des phrases ou un seul des morceaux de prose dramatique prononcés par un acteur, par un personnage, avant un autre ou un autre avant celui-là, à son gré. Si vraiment il y a des équivalences, alors il faut en faire sauter un terme ou tous les deux, mais de toute manière il n'est pas possible qu'il y ait un arrêt. Il faut trouver ce qu'est une action, comprendre le sens de l'action, et le sens de l'action, c'est qu'elle se radicalise toujours, à moins que la personne qui soit en train de la faire meure ou qu'il y ait une brusque interférence avec autre chose tout à fait du dehors et appartenant au domaine du hasard. Mais l'action par elle-même va au bout, elle est irréversible, et si elle est irréversible, il faut que l'histoire soit irréversible.

À partir de là, allez-vous me demander, mais n'y a-t-il donc que de l'action ? N'y a-t-il pas des passions ? Les gens ne vont-ils pas aimer, ne vont-ils pas haïr dans ce théâtre ? Est-ce que c'est un théâtre vraiment aussi dur et froid que celui que vous dites ? À quoi je vous répondrai qu'au contraire nous n'aurons que des personnages passionnés, seulement au bon sens du mot passion et non au mauvais. Le mauvais sens du mot passion, ça veut dire aveuglement total à soi-même et aux autres, qui fait que vous ne faites rien que des bêtises et que vous vous éloignez de votre intérêt en massacrant autour de vous tous les gens, sans avoir rien compris à ce qui vous arrive. Un coup de passion, dit-on ; c'est-à-dire un coup de bêtise, n'est-ce pas ? Je n'ai jamais rencontré des gens qui étaient comme ça, j'ai rencontré des gens qui étaient bêtes — vous aussi, vous en avez rencontré — mais la bêtise et la passion n'allaient pas nécessairement ensemble, et en général, d'ailleurs, quand ils étaient passionnés, ils étaient moins bêtes. *[Rires.]* Car qu'est-ce que c'est la passion ? Un jaloux, par exemple, qui essaie de vider un revolver sur son rival, tue-t-il par passion ? Non, il tue parce qu'il croit qu'il est dans son droit. Il est lésé dans son droit, parce qu'à un moment donné, par exemple, s'il s'est marié, il a pris des engagements, qu'il a tenus, devant le maire, devant le curé ; s'il n'est pas marié, si c'est un ménage libre, il a fait des sacrifices pour la femme et il estimait devoir en être récompensé. En un mot, la jalousie comprend le droit ; si vous n'avez pas de droit sur la personne d'en face, vous pouvez être très malheureux qu'elle ne tienne plus à vous, qu'elle vous trompe, mais il n'y aura pas de passion.

D'une manière générale, il est impossible de distinguer aujourd'hui chez aucun de nous l'homme individuel et l'homme social, et l'homme social est au fond de n'importe quelle de nos passions comme une exigence. L'envie est une exigence et un sentiment de droit ; c'est une passion extrêmement malheureuse, mais en même temps c'est un sentiment de droit. L'envie, c'est moi qui vaux ce que je vaux ; pourquoi n'ai-je pas ce que celui-ci a, lui qui ne vaut rien ? Dans le fond, il y a toujours cette idée de droit qui vient justement de ce que la passion est une manière de se donner raison, de se référer à tout un monde social d'exigences et de valeurs, pour justifier qu'on veuille garder, prendre, détruire, construire quelque chose. Les passionnés ne font jamais rien d'autre que de raisonner ; ils sont même souvent très embêtants, et

Pirandello l'avait vu, ça : chaque fois chez lui qu'un homme est aux prises avec une passion, il parle tout le temps, parce que la passion s'exprime par des paroles, par des calculs, par des recherches. C'est pour cela que je vous dis que le passionné est beaucoup moins bête qu'on ne le croit, c'est au contraire un type qui essaie de voir le plus lucidement possible. Qu'est-ce qui le borne ? Son droit, il ne sort pas de son droit : « C'est mon droit, je ne sors pas de là », vous connaissez la formule. Il se fera tuer pour son droit. Autrement dit, la position du passionné, c'est donc d'aller jusqu'au bout, d'aller en se radicalisant peu à peu jusqu'au bout, de faire n'importe quoi pour garder son droit. Vailland a dit : « Les Italiens sont des juristes », eh bien, je pense que les passionnés sont également des juristes et, dans ces conditions-là, la passion, en réalité, apparaît quand un droit est lésé. Par conséquent, la passion est un phénomène réciproque ; c'est un acte en ce sens que c'est une revendication sociale que manifeste un individu avec la décision d'aller jusqu'au bout contre la réalité ; à partir de ce moment-là, il faut qu'il s'estime lésé par un autre et il faut que l'autre s'estime lésé par ce droit. Et effectivement, la passion n'existe que sous la forme d'exigences contradictoires dans une société complexe avec des tas de structures et où des gens représentent des choses différentes.

Vous connaissez aussi bien que moi *Antigone* et vous avez certainement lu le texte de Hegel à propos d'*Antigone*[16] qui est absolument clair sur la question. Vous savez que la cité était faite et solide au moment où Sophocle a écrit *Antigone*. *[Ici, courte coupure, à cause du changement de bande.]*

« [...] des membres de ma famille car je n'ai affaire qu'à eux et ils n'ont affaire qu'à moi. » Le chef de la cité dit : « Non, maintenant il n'y a plus de grandes

Théâtre épique et théâtre dramatique

familles, il y a des citoyens et, en tant que citoyenne, tu ne dois pas enterrer un homme qui a trahi la cité et qui s'est battu contre nous. » Vous voyez donc que vous avez affaire ici à une lutte qui a existé. Avait-elle encore une vie réelle, cette lutte, au moment où Sophocle écrivait, ou bien est-ce une chose un peu vieille pour lui, mais qu'il sentait que tout le monde connaissait ? Je n'en sais rien, mais ce qui est certain, c'est que Hegel a raison de dire que c'est ça le sens profond et conscient pour tous de cette pièce. Nous avons ici à la fois la passion et le social, dans les deux cas d'une manière remarquable, car finalement qu'est-ce que c'est Antigone ? C'est la volonté d'enterrer à tout prix, parce que c'est son droit et son devoir ; plus exactement, là, on peut employer l'expression : « Elle réclame le droit d'accomplir un devoir absolu. » Antigone a ce droit et elle a le droit de ne pas renier ce devoir parce qu'elle juge que ce devoir est bon ; c'est la survie en quelque sorte du *genos* qui est en train d'être liquidé par la cité et, dans ces conditions, vous voyez sa passion. Sa passion, c'est son intransigeance. On ne peut pas imaginer plus passionné qu'Antigone, puisqu'on lui offre même à un moment donné la vie à la condition qu'elle fasse quelques concessions. Elle refuse absolument tout pour aller jusqu'au bout ; elle est radicale et, du coup — ce qui est intéressant dans la pièce — elle radicalise, si j'ose dire, Créon, parce que ce n'était pas au départ l'intention de celui-ci de faire un scandale, et de tuer Antigone ; petit à petit c'est elle qui l'y a mené et il devient à la fin aussi dur qu'elle. Par conséquent, à partir d'un certain moment, vous avez deux passions à conter et une histoire qui se développe, parce que c'est une action double, au pire, c'est-à-dire au plus radical (le plus radical pouvant être d'ailleurs le mieux, ce n'est pas là la question). Dans le théâtre antique, ce qui est intéressant, c'est que chaque personne représente *un* terme de la contradiction, jamais deux. Ici, vous avez d'un côté la famille, de l'autre côté la cité, mais il n'y a pas de personnage comme aujourd'hui qui appartiendrait à une grande famille et serait attiré par la formation de la cité, ou, au contraire, qui serait citoyen et aurait des liaisons avec des grandes familles — et qui, par conséquent, aurait sa contradiction en lui. Cela, c'est une forme théâtrale que l'on ne connaît pas à l'époque de la tragédie classique ; là, les personnages représentent chacun *une* forme, une seule, c'est-à-dire un terme de la contradiction, et ils sont passion dans la mesure où ils ne sont que cela. Vous voyez, en effet, qu'il n'y a pas de synthèse dans la pièce, il n'y a pas de dépassement de la contradiction. Le *deus ex machina* est tout à fait autre chose ; il représente ici Sophocle. La disparition totale d'Antigone et la suite de fléaux qui frappent Créon prouvent que, pour ce peuple, ils ont tort tous les deux. Ça veut dire — et ce n'est évidemment pas le plus intéressant de la pièce — que le poète était pour une solution modérée : mettez un peu les aristocrates au pas (on ne dissimule pas que c'est embêtant puisqu'on les voit qui se battent des deux côtés des remparts), mettez-les au pas, arrangez-vous, mais ne leur abîmez pas leurs coutumes ; n'allez pas trop loin et n'empêchez pas leurs filles de les enterrer : voilà à peu près la solution qui est proposée. Cette solution, heureusement, n'est pas donnée dans la pièce où elle apparaît négativement parce que les deux droits et les deux actions sont entièrement supprimés. Peu importent les malheurs qui se précipitent sur Créon, quoiqu'il y ait de fort belles scènes à partir de là, la pièce est finie à partir du moment où Antigone est tuée ; l'action est finie et le reste, ce sont les dieux qui vengent Antigone.

Mais justement, si le droit représente la forme

simple d'action dramatique dans la tragédie grecque, il faut considérer que ce qu'il y a de neuf aujourd'hui dans le théâtre qui se forme en marge de la bourgeoisie et depuis déjà un certain temps, c'est que la contradiction, maintenant, peut appartenir au personnage individuellement. Il n'y a plus une contradiction qui constitue l'action, mais il y a des séries de contradictions intérieures au personnage, c'est-à-dire qu'il y a en lui tout le temps, mettons, une Antigone et un Créon, ou bien un Don Quichotte et un Sancho Pança, ou bien, comme le juge dans *Le Cercle de craie caucasien*, un vrai gredin qui ne respecte rien et en même temps quelqu'un qui a une espèce de bon sens populaire et qui va à la justice quand elle peut être faite sous une forme presque bouffonne. Toutes ces contradictions, nous pouvons maintenant voir des tas de pièces où elles sont unies en une seule personne. Maintenant, sur le plan théâtral du drame, du cœur, les gens ont *des* passions ; une action est une chose beaucoup plus complexe pour nous aujourd'hui que l'enterrement dans le cas d'Antigone. Dans son cas, l'action demande un courage à toute épreuve, un entêtement extraordinaire, mais l'action est simple. Ce qu'on veut montrer aujourd'hui, c'est que précisément les actions : 1. — naissent des contradictions, 2. — les reflètent, 3. — en créent de nouvelles. C'est ça, et vous voyez que ça fait assez de choses à dire, qu'on peut trouver à faire au théâtre. Un homme ou un groupe d'hommes n'agit que dans la mesure où ce sont des contradictions internes qui sont le moteur de son action ; il s'en arrache par là et, par conséquent, ces contradictions premières vont donner le sens même de l'acte qu'il veut faire et de sa fin ; et d'un autre côté, en s'en arrachant, il les éclaire. Ce double point de vue (dépasser vers un but mais évidemment continuer en soi et puis retourner pour éclaircir), c'est l'élément premier. Mais, deuxièmement, cette action même qui, par conséquent, naît de contradictions, doit être elle-même contradictoire ; cela signifie qu'au fond, il y en a plusieurs à la fois, réunies ensemble et indissolubles parce que plusieurs éléments insistent à la fois.

Prenez *Galileo Galilei* de Brecht, où on voit, par exemple, comment le personnage principal est à la fois un savant de génie qui fait avancer la science et un personnage qui exprime le niveau exact de développement où pouvait être cette science à ce moment-là, c'est-à-dire non seulement du développement technique et pratique, mais encore de qui elle dépendait. Or, elle dépendait évidemment des aristocrates et des chefs ; donc, l'argent de Galilée, son pouvoir, ses possibilités de travail, dépendaient d'une classe ou d'un milieu qui était profondément, en même temps, hostile à ce que les recherches dépassent un certain niveau, autrement dit, qui considérait les recherches scientifiques comme surtout pratiques et techniques mais qui avait un certain mépris et surtout une certaine peur pour une connaissance qui continuait. Ainsi la contradiction de Galilée, c'est qu'il est à la fois l'homme qui fait avancer la science et, à cause de cette situation, l'homme qui la trahit, l'homme qui se renie. Là-dessus, Brecht est très net : il ne s'agit pas de poser le problème de sa culpabilité ou non, il s'agit dans une pièce de montrer la contradiction de l'action de Galilée, c'est-à-dire cette double chose : inventer, trouver une interprétation sur la gravitation pour la rejeter, la refuser ; à la fois élever la science par une découverte de ce niveau et la jeter aux pieds de deux ou trois petits souverains et d'un pape qui, d'ailleurs, était lui-même un savant. Est-ce une contradiction valable, est-ce une action valable ? Oui, c'est une action double, car nous pouvons aussi voir dans la pièce les intérêts particuliers de Galileo Galilei qui est un personnage un peu comique presque, par endroits, rusé, matois, parce qu'il n'a pas cette espèce de dignité du savant que les siècles suivants lui donneront, parce que c'est un peu un bateleur, un forain, parce qu'il était ébloui lui-même par ses petites inventions, parce qu'il essaie un peu de truquer et de voler de l'argent (et il est toujours un peu comme ça aux environs des seigneurs). Alors, d'un côté, nous avons tout ce petit monde de panurges, et de l'autre, nous avons la suite ininterrompue de recherches et de découvertes, et comment les deux se mélangent, et comment finalement la science est trahie par l'homme parce que l'homme était ce que la science le faisait ; si la science n'avait pas été à ce degré-là, à ce petit développement, si elle n'avait pas été sous l'influence pratique d'un certain nombre de gens et si, par conséquent, elle avait été une discipline séparée, jamais Galilée n'aurait songé à trahir.

Une pièce de ce genre peut vous donner comme sujet la contradiction interne d'un même individu, comme, d'ailleurs, elle vous donnera les contradictions d'autres personnages autour de lui dans la même pièce. Le pape dont je vous parlais tout à l'heure, sa contradiction est inverse : il est pape, mais il adore la science, et alors cette espèce de timidité de l'homme de science devant le pape qu'il est devenu fait qu'il cède à d'autres forces et que, lui, savant, fait menacer de la torture un autre savant. Donc, tous ces personnages, tout le contrepoint de leurs contradictions, peuvent constituer les éléments d'un départ, c'est-à-dire comment on porte témoignage sur son acte, on porte sentence par ses actes sur ce qu'on vous a fait. J'ajoute : comment on change en changeant le monde. Ça, c'est une chose très importante : on change en changeant le monde et parce que le monde change. Il y a beaucoup de pièces de Brecht où on voit plutôt le monde changer l'homme que l'homme changer le monde, parce qu'il y a une sorte de primat, peut-être, donné au fait également réel que nous vivons dans un monde en mouvement et qui ne nous demande pas notre avis pour nous changer. Mais il y a l'inverse : c'est qu'on change le monde — et c'est une des choses qu'il faut montrer dans les pièces —, que les choses ne sont plus ce qu'elles étaient avant une action quelconque, mais qu'en même temps nous nous changeons. Par exemple, c'est la Révolution qui a transformé en républicains des royalistes et finalement ce sont des royalistes qui ont demandé la mort de Louis XVI ; ils l'ont demandée en tant qu'ils étaient devenus républicains, mais tous étaient profondément royalistes au départ ; tous avaient suivi des écoles comme les écoles jésuites, tous étaient pour Louis XVI, tous appartenaient à une bourgeoisie royaliste, et c'est la révolution qu'ils ont faite qui, en se transformant, en obligeant le roi à prendre certaines positions, les a amenés eux-mêmes à radicaliser les leurs et, par conséquent, les a fait se retrouver républicains mais anciens royalistes. Il s'agit donc d'un personnage curieux que n'importe lequel de ces conventionnels : un royaliste qui a voté la mort du roi, un royaliste qui ne se reconnaît plus très bien à un moment donné et qui, après, comprend sa radicalisation et va jusqu'au bout.

Ce genre d'action, c'est également une action dramatique et vous voyez que, si vous avez compris que le fond d'un drame est cette reconnaissance d'un fait absolument réel et sûr, une action ne peut exister sans se radicaliser. Si elle s'arrête, elle disparaît ; il faut aller jusqu'au bout, c'est ça le fond du drame, c'est ça une action dramatique. Il ne s'agit pas de poser des passions en présence, il s'agit de placer des gens, des actes, et puis il en résulte des contradictions qui reflètent des contradictions sociales ; et cette action va jusqu'au bout en supprimant les personnages qui ont commencé, en réalisant dans la radicalisation même un succès, car il ne faudrait pas que nous soyons perdus par notre théâtre bourgeois au point de penser que les actions sont toutes des échecs. Donc, si vous avez compris cela, vous comprenez ce que c'est qu'un personnage, car un personnage se définit, positivement par sa situation et son action, négativement par ses résistances à l'action, lesquelles résistances le situent et ne peuvent être vécues que, également, dans une espèce de passion.

Après tout, que sait-on, par rapport à Antigone, d'Ismène, créature que les critiques veulent bien de temps en temps trouver touchante ou charmante ou pleine de grâce, etc. ? On ne sait qu'une chose, c'est qu'elle ne voulait pas aller si loin qu'Antigone, et ça suffit pour présenter un personnage, ça suffit pour nous montrer des résistances que nous n'aurons pas besoin vraiment de connaître et qui peuvent sortir de beaucoup plus loin. Déjà dans le théâtre, elle est définie par ça ; il n'y a pas besoin de psychologie au théâtre. La psychologie est une perte de temps au théâtre parce que les pièces sont longues ; le public a une attention qui, forcément, ne peut durer qu'un temps donné et les nuances n'ont aucune espèce d'intérêt, surtout dans l'action — on ne s'occupe pas non plus beaucoup dans une entreprise quelconque de la psychologie. Or, précisément, une pièce, c'est lancer des gens dans une entreprise ; il n'y a pas besoin de psychologie. Par contre, il y a besoin de délimiter très exactement quelle position, quelle situation peut prendre chaque personnage, en fonction des causes et des contradictions antérieures qui l'ont produit par rapport à l'action principale. C'est comme ça que nous aurons un certain nombre de personnages secondaires ou primaires qui se définiront tous à travers l'action même qui est entreprise et qui doit être une entreprise commune avec les contradictions de chacun et de tous.

Sur ce point et sur tous ces points jusqu'ici il n'y a pas encore lieu de distinguer théâtre dramatique — si nous entendons par là qu'il veut se débarrasser de la notion bourgeoise de nature humaine, d'individualisme et de pessimisme — et théâtre épique. Dans les deux cas, il s'agit bien de faire voir le double aspect de tous les actes individuels, c'est-à-dire que chacun n'est qu'une expression de ce que Brecht appelait la gestus sociale, c'est-à-dire la totalité, la totalité sociale des contradictions à l'intérieur desquelles vit l'individu considéré. Par exemple, comme vous le savez, les contradictions mêmes de la guerre sont marquées par les contradictions de Mère Courage par Brecht d'une manière admirable car c'est une femme qui meurt de la guerre et qui en vit. La guerre lui fait tout le mal possible mais elle ne peut plus vivre sans la guerre ; elle est heureuse quand la guerre recommence et elle est misérable quand elle continue, et c'est un choix tout à fait admirable d'avoir pris, pour voir la guerre, pour voir les contradictions de la guerre, ce biais-là. Et finalement, c'est *elle* qui *est* la guerre, c'est elle, non pas comme symbole, pas du tout, mais comme une contradiction vivante qui ne peut faire qu'une chose, c'est nous amener à considérer toutes les contradictions de la guerre.

Donc, jusque-là, tout va bien, nous sommes tous d'accord, mais le vrai problème se pose autrement ; il se pose à partir du moment où nous nous demandons : Faut-il que l'objet ainsi créé — qui est la pièce — **soit** représenté à titre d'objet ou à titre d'image devant les spectateurs ? Je veux dire, faut-il réellement supprimer, sous prétexte que la bourgeoisie s'en servait comme d'une arme, la participation qui est, au contraire, l'essence profonde du théâtre, qui est le mouvement même qui crée le psychodrame aussi bien que les faits noirs dont je vous ai parlé ? Faut-il, si on ne la supprime pas, du moins la réduire de manière à donner au contraire une plus grande part à l'explication et à la connaissance ? Ou bien, faut-il considérer les choses autrement, en refusant justement de supprimer cette participation ? En somme, qu'est-ce qui se passe dans le théâtre épique ? Celui-ci veut nous montrer l'aventure individuelle en tant qu'elle exprime la gestus sociale et veut, en même temps, d'une manière que je ne dirai pas didactique, quoique Brecht ait fait des pièces didactiques, mais enfin d'une manière très ostensible, nous montrer les implications et les corrélations réciproques qui font qu'il y a un système, que les individus sont pris dans des systèmes, lesquels systèmes naturellement doivent être interprétés à partir d'un système plus large qui est, par exemple, la société capitaliste moderne. Prenons comme exemple *L'Exception et la règle* : un marchand dans les colonies prend un guide ; il s'égare, il meurt de soif ; le guide n'est pas beaucoup mieux en point, mais il se lève pour prendre une gourde et la tend par habitude ou peut-être par générosité — en tout cas, ce sera l'exception — au marchand qui prend peur et le tue ; le marchand rentre chez lui et la femme du guide, renseignée, lui fait un procès pour la mort de son mari. Le jugement semble assez grave pour le marchand, quand finalement on s'avise de ceci : après tout, nous faisons tellement de mal à ces indigènes qu'il est bien naturel qu'ils ne songent qu'à se venger, surtout que les hommes ne sont pas bons ; par conséquent, pourquoi un indigène, se trouvant tout seul avec un marchand aussi méchant, refuserait-il de le tuer ? Il est évident qu'il ne peut pas. Par conséquent, le marchand s'est cru en légitime défense et a tué. La règle, c'est qu'un indigène doit avoir envie de tuer, dit la pièce, de tuer les gens qui l'exploitent. Si celui-là était une exception, tant pis pour lui, on ne pouvait pas le savoir. La pièce est très amusante, mais si vous la regardez, elle n'est valable que pour une raison, c'est que finalement nous avons affaire à un système de contradictions qui s'engendrent et qui se rejoignent, à une espèce de sophisme engendré, en effet, par la colonisation elle-même, mais dans un monde où les hommes ne sont pas là pour adopter ces sophismes et pour les dépasser, soit en les rendant encore pires, soit en essayant d'y résister mais en y cédant, bref dans un monde où les hommes représentent le simple produit de cette espèce de sophisme circulaire qui est une structure même du monde capitaliste des colonialistes d'aujourd'hui.

Nous avons l'impression qu'à un moment donné, il y a chez Brecht un choix : ces gens-là sont des insectes. La preuve, c'est que, dans *Le Cercle de craie*, il distingue des plans de réalité des personnages. Qu'il y ait des jugements politiques ou moraux ou tout ce qu'on veut, à porter sur eux, on peut en discuter, mais pourquoi déclarer *a priori* que certains, parce que ce sont les mauvais — c'est-à-dire, par exemple, les gardes du palais qui jouent aux cartes toute la journée et qui massacrent les gens comme rien — pourquoi déclarer qu'ils vont avoir des masques, tandis que les deux ou trois personnages simples du peuple n'en auront pas ? Au nom des contradictions mêmes et de la manière dont les classes, ou la proximité de certaines classes, engendrent les contradictions internes, nous établissons des gens qui sont vraiment des

Théâtre épique et théâtre dramatique 159

coques vides ; ils sont rongés de l'intérieur et nous n'avons plus qu'à les présenter avec des masques. Il y a une autre catégorie qui sera moins proche que cela du masque mais qui ne sera tout de même pas tout à fait humaine, et enfin la servante et son fiancé qui sont une vraie femme et un vrai homme, presque sans fard et jouant d'une manière absolument naturelle, parce qu'ils ont une espèce de plénitude. Mais pourquoi, sous prétexte qu'ils font des choses qui vont dans le sens de l'utilité sociale, dans le sens de leur nature et de leur réalité, sont-ils plus pleins que ces gardes ? Ce sont des gens qui ne sont ni plus ni moins pleins, ce sont des hommes. Cette manière de concevoir les choses est trop simple ; elle consiste à dire que l'homme se transforme en un abstrait. C'est une façon de comprendre le marxisme qui n'est pas la bonne, qui est de croire, par exemple, que dans un marché du travail c'est l'ouvrier qui devient l'abstrait et le marché qui finit par devenir le concret absolu. A mon avis, ce n'est pas du tout ce que Marx veut dire — c'est du Hegel et non du Marx — et précisément l'ouvrier, qu'il soit exploité totalement et aliéné ou qu'il ne le soit pas, garde sa réalité humaine, de toute façon. Il y a donc une position extrêmement douteuse idéologiquement dans le fait de mettre des choix, des mises en perspective de réalité. C'est une chose que l'on ne doit pas accepter : la réalité ne peut pas être mise en perspective, parce qu'elle ne l'est pas ; elle l'est sur d'autres plans, mais un homme est un homme, quel qu'il soit et de la façon dont tous les hommes le sont, et il n'y en a pas qui doivent être figurés plus ou moins bien. Si c'est un procédé esthétique, il faut qu'il se fonde sur quelque chose et là, il ne se fonde sur rien. Donc, comme vous le voyez, on construit des peu de réalité, des plus grandes quantités de réalité, des hiérarchies et des mises en perspective qui ne sont pas convenables, et, en outre, qui nous prouve que cette manière de supprimer la participation est gagée sur une vraie philosophie ?

Que Marx soit le grand philosophe du XIXe siècle, il n'y a pas de doute. Que Brecht ait lu Marx et qu'il l'ait très bien connu, il n'y a pas de doute non plus. Mais qu'il y ait cinq cents interprétations de Marx différentes, dont chacune représente une passion pour la personne qui l'a lu et qui pourrait en venir aux mains, ce n'est pas douteux non plus. Par conséquent, pourquoi déclarer que le théâtre sera démonstratif, s'il n'est pas sûr de ce qu'il démontre ? Si le théâtre doit se borner à quelques réflexions, à mettre en œuvre quelques pensées très rudimentaires, les plus simples, qu'on trouve chez Marx, je ne vois pas qu'il y ait besoin pour cela de faire la distanciation ; s'il doit aller plus loin, alors qu'on nous dise de quoi il s'agit et ce qu'on doit nous montrer. Il faudrait savoir, après tout, de quoi on parle ; et puis et surtout, il faudrait savoir de quel marxisme on parle. Qui prouve qu'il n'y aura pas une quantité de théâtres épiques qui auront des sens différents ? Car la différence entre le théâtre dramatique et le théâtre épique sur ce plan, c'est que l'auteur qui fait du théâtre dramatique parle en son propre nom et raconte une histoire avec ses interprétations propres, tandis que l'autre est démonstratif et ne parle pas en ses propres mots. Il s'efface, lui auteur, en même temps qu'il efface le spectateur, devant le spectacle qu'il montre. Et à ce niveau, si nous revenons à cette idéologie dont je parlais tout à l'heure, c'est-à-dire image et objet, admettons même que nous ayons pris toutes les précautions pour supprimer la participation dans ce qu'elle a de passionné et que, par conséquent, les rapports entre les spectateurs et les acteurs soient des rapports distants et gourmés, ça va très bien quand il s'agit d'une société qui est en train de disparaître, dans laquelle on prend le point de vue d'une des classes, par exemple, celle qui monte ou qui veut monter ou qui va monter ; autrement dit, ça va très bien dans une période où Brecht peut s'estimer porte-parole des classes défavorisées et juge explicateur à ces classes-là de ce que c'est que la bourgeoisie. Mais supposons maintenant qu'en Allemagne de l'Est, par exemple, Brecht ait eu la possibilité de parler aussi de l'Allemagne de l'Est. Il était entièrement favorable au régime. Il est évident qu'il y avait, comme dans tous les régimes ou plus que dans d'autres régimes, des choses qui n'allaient pas en Allemagne de l'Est. Il y avait, par exemple, — et il y en aura et il y en a eu — des fonctionnaires, mettons des militants, qui ne concevaient pas de la façon qu'il fallait leurs devoirs de fonctionnaires et de militants. Supposons que Brecht ait voulu, pour lui-même ou pour un public, peut-être après un scandale, expliquer en quoi il y a des contradictions aussi dans la société socialiste : Est-ce qu'il aurait pris la même méthode ? Est-ce qu'on aurait vu des fonctionnaires coupables d'un peu de négligence ou d'un manque d'imagination total ? Est-ce qu'on les aurait vus avec des masques ? Est-ce qu'on aurait vu également le cas principal et les conflits du héros ou du groupe de personnages (qui peuvent être des juges, des ingénieurs ou n'importe qui) ? Est-ce qu'on les aurait vus vraiment du dehors et dans l'absurdité de leurs contradictions, ou est-ce qu'on ne les aurait pas vus, au contraire, avec leurs contradictions — car Brecht était honnête —, mais du dedans, c'est-à-dire en sympathie ? Autrement dit, si nous imaginons l'histoire d'un fonctionnaire de la République Démocratique Allemande qui a fait des fautes, des erreurs, ou d'un groupe de fonctionnaires dont les erreurs manifestent les contradictions du socialisme, je suis convaincu que ce personnage-là sera traité dans les pièces de Brecht en prenant considération de ses fins — qui sont les mêmes que celles de Brecht, c'est-à-dire la révolution à terminer ; la sympathie que Brecht aurait de principe pour lui ferait que ce serait un homme compris. Quand on ne partage pas les fins d'un groupe social qu'on définit, on peut, en effet, créer une sorte de distanciation et, par conséquent, montrer les gens du dehors et même quelquefois rendre par un chant ce qu'ils pensent ; mais quand on est dans une société dont on partage les principes, ça devient beaucoup plus difficile et, par conséquent, il faut dire : « Oui, le pauvre garçon est coupable, mais vous ne vous rendez pas compte des difficultés qu'il y a ; voici les contradictions, voici comment il les sentait ; il voulait ceci, il voulait cela... » Nous avons affaire à ce moment-là à un autre théâtre, théâtre qui essaie de comprendre, et c'est précisément, à mon avis, la différence entre l'épique et le dramatique ; dans le dramatique, on peut essayer de comprendre, mais dans l'épique, tel qu'on nous le présente actuellement, on explique ce qu'on ne comprend pas. Je ne parle pas de Brecht lui-même, mais d'une manière plus générale. Donc, si vous voulez, nous dirons qu'il y a une insuffisance très nette dans l'épique : jamais Brecht — d'ailleurs, il n'avait pas de raison de le faire et ce n'était pas à lui de le faire — n'a résolu dans le cadre du marxisme le problème de la subjectivité et de l'objectivité et, par conséquent, il n'a jamais su faire une place réelle à la subjectivité chez lui, telle qu'elle doit être.

Un grave défaut dans le théâtre dramatique, c'est qu'il est tout de même issu du théâtre bourgeois, il est issu des moyens qui ont été créés par l'individualisme, par des recherches individualistes, il est mal adapté encore à parler du travail. L'autre non plus, d'ailleurs. Il est évident qu'il serait tout à fait dommage de renoncer à l'une ou l'autre de ces branches, dommage même que chaque auteur ne puisse choisir, comme, après tout, on pouvait choisir au XVIIIᵉ siècle de faire une épopée ou des sonnets, que chaque auteur ne puisse chercher à voir s'il a envie de faire un drame épique ou un drame vraiment dramatique. Dans ces conditions, il semble que toutes les forces que le jeune théâtre peut opposer aux pièces bourgeoises que nous avons actuellement, doivent être unies, et qu'il n'y a pas de vraie opposition entre la forme dramatique et la forme épique, sinon que l'une tire vers la quasi-objectivité de l'objet, c'est-à-dire de l'homme, et va ainsi vers l'échec, puisqu'on n'arrive jamais à avoir un homme objectif, avec l'erreur de croire qu'on peut donner une société-objet aux spectateurs, tandis que l'autre, si on ne la corrigeait pas par un peu d'objectivité, irait trop vers le côté de la sympathie, de l'*Einfühlung*[17], et risquerait de tomber du côté du théâtre bourgeois. Par conséquent, c'est entre ces deux formes de théâtre, je crois, que le problème aujourd'hui peut se poser.

NOTES

1. Allusion ici à une anecdote rappelée par Horace (*Ad Pisones*, v. 276) et par Boileau (*Art poétique*, chap. III, v. 67) qui décrit Thespis, le plus ancien poète tragique grec, comme « se barbouillant la figure de lie et promenant ses poèmes dramatiques sur des chariots ».
2. Sartre a séjourné à Cuba du 22 février au 20 mars 1960. (Ce séjour a coïncidé avec les représentations de *La Putain respectueuse* par le Théâtre national de La Havane.)
3. Serge Lebovici est spécialiste des problèmes de l'enfance et de l'adolescence et a beaucoup écrit sur le psychodrame et la psychothérapie.

4. La pièce de Jack Gelber, *The Connection*, a été présentée par Judith Malina au Living Theater de New York à partir du 15 juillet 1959 et a connu, par la suite, un très grand succès. Le résumé qu'en donne Sartre est assez approximatif : cf. le texte de la pièce, publié en 1960 par Grove Press.

5. Cette expression, empruntée par Baudelaire à de Quincey (*Confessions of an English opium eater*) et traduite par lui dans les *Paradis artificiels*, se trouve dans le poème en prose « À une heure du matin » (*Le Spleen de Paris*, X) et dans le recueil *Pauvre Belgique* (ft. 120). Cf. Baudelaire, *Œuvres complètes*, Pléiade, éd. Cl. Pichois, tome I, p. 287 et tome II, p. 868.

6. Cette œuvre date de 1923.

7. Voir ci-dessus, p. 112, note 3.

8. Voir ci-dessus, p. 112, note 2.

9. Il s'agit ici, approximativement résumée, de la pièce de Maurice Donnay, *Les Éclaireuses* (1913), publiée in *Théâtre*, t. 7, Fasquelle, 1919.

10. Pièce de Marcel Achard (1957).

11. En français, « Nouvelle Objectivité ». Ce mouvement de la « Neue Sachlichkeit » est issu de l'expressionnisme et réunissait vers 1923 des auteurs comme Carl Zuckmeyer, E. Kästner, A. Döblin, H. Carossa et aussi le jeune Brecht, celui de *Tambours dans la nuit*.

12. Créé par R. Blin au Théâtre de Babylone (janv. 1953).

13. La pièce d'Ionesco a été créée par Jean-Louis Barrault à l'Odéon-Théâtre de France en 1959.

14. Voir *Les Séquestrés d'Altona*, Acte IV, scènes 8 et 9. Leni (Marie-Olivier) donne le *Frankfurter Zeitung* à Frantz (Serge Reggiani) pour lui faire constater objectivement la renaissance de l'Allemagne et Johanna (Évelyne Rey), dans la scène suivante, lui reproche cette action. Le résumé de Sartre est approximatif et ne reproduit pas exactement les répliques de la pièce.

15. Sartre a assisté à une représentation de l'Opéra de Pékin à Paris en 1956.

16. Hegel traite de l'*Antigone* de Sophocle dans son *Esthétique* (La Poésie, Ch. III, La poésie dramatique). Il en est aussi brièvement question dans ses *Leçons sur la philosophie de la religion* (trad. Gibelin, Vrin, 1959, vol. 2/**, p. 127-128).

17. Concept de l'esthétique psychologique allemande apparu vers 1910. Littéralement : capacité de saisir de l'intérieur, empathie. En esthétique, le terme désigne le mouvement par lequel un contenu spirituel est saisi non pas de façon intelligible mais intuitivement, émotionnellement. Sartre fera grand usage de ce concept dans *L'Idiot de la famille*.

ENTRETIEN AVEC KENNETH TYNAN
(1961)

> Cet entretien, accordé à l'homme de théâtre anglais Kenneth Tynan, a été publié pour la première fois dans l'hebdomadaire londonien *The Observer*, 18 et 25 juin 1961. Il a ensuite été repris dans le volume *Tynan Right and Left*, New York : Atheneum, 1967, p. 302-312. Une version française incomplète, retraduite de l'anglais, a paru dans *Afrique-Action* du 10 juillet 1961. La version que nous donnons ci-dessous est une traduction intégrale de l'anglais, faite par Michel Rybalka.

TYNAN : *Vous avez déclaré une fois que* Les Séquestrés d'Altona *n'était pas la pièce que vous vouliez écrire. Vous vouliez qu'elle ait pour thème la torture en Algérie, mais vous l'avez transposée car vous sentiez qu'une telle pièce n'aurait pas pu être représentée à Paris. Or, Genet vient d'écrire une pièce sur l'Algérie,* Les Paravents. *Pensez-vous qu'elle sera jouée ?*

SARTRE : Je ne le crois pas[1]. Elle a été publiée et il est possible qu'elle obtienne un prix littéraire, mais ceci est une autre affaire. À strictement parler, il n'y a pas de censure théâtrale à Paris, mais il y a autocensure de la part des directeurs de théâtre. Ils redoutent que la police n'intervienne pour interdire une pièce sous le prétexte qu'elle risque de perturber l'ordre public. Il y a là un risque économique qu'ils ne peuvent se permettre de prendre.

TYNAN : *Avez-vous lu cette nouvelle pièce de Genet ?*

SARTRE : Oui, et je la trouve très intéressante. Ce n'est pas toute la vérité sur l'Algérie ; c'est une version de la vérité, vue à travers le prisme des idées et de la sensibilité de Genet, qui croit qu'il faut embrasser le mal pour arriver au bien. Pour ma part, je ne crois pas qu'il faille enseigner aux gens cette sorte d'héroïsme. Mais vous remarquerez que cela correspond exactement à sa conviction que les juges doivent être aussi rigoureux que possible. Selon Genet, ce n'est que lorsque l'homme a été réduit à son niveau le plus bas — lorsqu'il est condamné à mort ou à la prison à perpétuité, ou méprisé par le monde comme traître, etc. — qu'il peut commencer à reconstruire l'humanité. Théorie fascinante, mais qui ne me semble pas s'appliquer vraiment au problème d'un peuple colonisé.

TYNAN : *Diriez-vous aussi des* Nègres *que cette pièce pose un problème général en des termes hautement subjectifs ?*

SARTRE : Oui. Bien que beaucoup de noirs y aient trouvé une sorte de résonance, surtout dans la façon dont elle montre le noir pris entre deux cultures, participant contre son gré, et presque comme si c'était un jeu, à la culture du blanc et voyant soudain sa propre culture prendre l'aspect d'un jeu.

TYNAN : *Dans la conférence que vous avez faite à la Sorbonne*[2], *vous avez condamné le théâtre bourgeois. La bourgeoisie est-elle responsable de tous les défauts du théâtre contemporain ?*

SARTRE : Il me semble que le défaut essentiel, c'est d'être bourgeois. Regardez les pièces que l'on joue aujourd'hui ; vous verrez que la plupart sont des exercices psychologiques usés, utilisant tous les vieux thèmes bourgeois : le mari avec sa maîtresse, la femme avec son amant, la famille où on ne se comprend pas. Mais il y a un autre problème qui se rattache à celui du théâtre, c'est le cinéma. Aujourd'hui bien des gens — non seulement des metteurs en scène, mais aussi des spectateurs ordinaires et surtout des jeunes intellectuels — pensent que le cinéma est un moyen d'expression meilleur que le théâtre. Et sous l'influence du cinéma, le théâtre a eu tendance à s'éloigner de son propre terrain. Cédant à l'ennemi, il a multiplié ses décors et a tenté, en insistant sur l'élément visuel, de raconter des histoires sous une forme plus cinématographique que théâtrale. Il est ainsi devenu plus facile à détruire. C'est ce qui arrive en politique : si un gouvernement montre qu'il cède à l'opposition, celle-ci finira par prendre le pouvoir.

Le théâtre ne s'occupe pas de la réalité, mais seulement de la vérité. Le cinéma, par contre, cherche une réalité qui contient des moments de vérité. Le vrai champ de bataille du théâtre, c'est celui de la tragédie, drame qui enferme un mythe authentique. Il n'y a pas de raison pour laquelle le théâtre ne raconterait pas une histoire d'amour ou de mariage, si celle-ci a la qualité du mythe, si, en d'autres termes, elle tend à dépasser les querelles de ménage ou les disputes d'amoureux. C'est en cherchant la vérité à travers le mythe et en utilisant des formes non réalistes comme la tragédie que le théâtre peut lutter contre le cinéma et éviter d'être absorbé.

TYNAN : *N'est-il pas vrai qu'il existe dans* Les Séquestrés *un certain nombre de symboles personnels, ainsi le tribunal des crabes auquel Frantz s'adresse ?*

SARTRE : Si. Depuis mon enfance, j'ai eu la plus

grande aversion pour les crabes et les crustacés de toute sorte[3].

TYNAN : *Les huîtres aussi ?*

SARTRE : Je n'en mange jamais. Pour moi, le fait que Frantz mange des huîtres signifie qu'il se nourrit d'une façon extrêmement déplaisante. Un jour, dans un moment de fatigue, à l'âge de trente-deux ans environ, j'ai eu quelques hallucinations très désagréables où figuraient des crabes[4]. Depuis lors, je les ai toujours considérés comme les symboles de l'inhumain. Je ne peux m'imaginer ce que peuvent penser ou sentir ces créatures — pas grand-chose sans doute ! Leur monde me semble tout à fait opposé au monde humain.

TYNAN : *Ainsi, cette cour de crabes est pour vous quelque chose d'horrible ?*

SARTRE : Pour Frantz, pas pour moi. Puisque Frantz est coupable, il rend ses juges aussi horribles que possible. Je crois que le tribunal de l'histoire juge toujours les hommes selon des normes et des valeurs qu'ils ne pourraient eux-mêmes jamais imaginer. Nous ne savons pas ce que l'avenir dira de nous. Il est possible que l'histoire considère Hitler comme un grand homme — bien que cela m'étonne énormément — et, en tout cas, il y a toujours Staline ! L'important, c'est de savoir que nous serons jugés, et au nom de critères qui ne sont pas les nôtres. C'est là l'horrible. D'autre part, on a dit que le progrès s'effectue latéralement, un peu comme la marche des crabes. C'est à cela que j'ai pensé aussi.

TYNAN : *Jean Genet a dit qu'il ne peut souffrir les juges qui « se penchent amoureusement vers l'accusé ».*

SARTRE : Je suis d'accord dans la mesure où Genet parle du point de vue du criminel. C'est sa revanche sur la société. Au lieu de dire : « C'est la faute de la société et non celle du criminel ! Ne punissez pas celui-ci trop durement ! », il dit le contraire : « Nous sommes les ennemis de la société ! Punissez-nous au maximum. Sinon, vous êtes méprisables. En nous punissant, vous nous faites vivre dans un monde dur et cela nous rend encore plus héroïques. » Sur ce point je ne suis plus tout à fait d'accord avec Genet.

D'un autre côté, il y a un monde dans lequel je pense que les juges ne devraient pas « se pencher amoureusement vers l'accusé ». C'est le monde de la politique. Je suis opposé à la peine de mort ; mais je pense que les généraux rebelles d'Algérie auraient dû être condamnés à mort, pour être graciés ensuite[5]. Dans des cas comme le leur, le crime est dirigé contre la société dans son ensemble.

TYNAN : *Je me souviens que dans votre conférence à la Sorbonne l'année dernière vous avez dit que le théâtre d'aujourd'hui n'avait que faire de la psychologie. Mais le personnage de Frantz n'est-il pas plein de subtilités psychologiques ?*

SARTRE : Ce que j'ai voulu dire c'est qu'aucune situation ne devrait être analysée exclusivement sur un plan psychologique. Prenons, par exemple, un conflit entre mari et femme. Si l'on ne sait rien de leur travail, de leur milieu, de la société qui les a formés, la situation n'a pas de réalité théâtrale. Le problème de Frantz est le résultat du conflit de nombreuses circonstances sociales : le travail et l'entreprise de son père, le développement du capitalisme allemand, la montée du nazisme, la collusion de son père avec les nazis. Ses problèmes et ses contradictions intimes ont été conditionnés par des événements historiques.

TYNAN : *Pour parler du père de Frantz, pensez-vous*

que son désir du pouvoir soit purement un instinct bourgeois ? Ou bien est-ce un instinct humain en général ?

Sartre : À mon avis, le désir de garder le pouvoir vient de ce qu'on le possède déjà. Disons les choses ainsi : l'autorité dont un chef d'entreprise use dans sa vie familiale vient de son entreprise elle-même, c'est-à-dire du pouvoir que la structure de la société capitaliste donne à ses dirigeants. Le capitaliste n'est pas, en soi, un autoritaire. Mais si on le met dans une situation où il doit exercer une autorité, il voudra toujours l'exercer car il est déterminé par son rôle social.

Dans des pays comme l'Allemagne et plus encore comme l'Amérique, nous avons le phénomène que constituent les entreprises capitalistes où direction et propriété commencent à être séparées. Le vieux Gerlach est un homme qui a exercé une autorité totale sur son entreprise pendant presque toute sa vie et qui voit cette autorité lui échapper à mesure qu'il vieillit. C'est là sa tragédie. Il a créé son fils à son image : un homme né pour commander. Mais, en réalité, même si Frantz n'était pas coupé du monde, même s'il reprenait l'entreprise, il en serait simplement le propriétaire, et non le directeur. Le pouvoir est passé aux mains des technocrates.

Tynan : *Mais ne se peut-il pas qu'un bureaucrate non capitaliste recherche le pouvoir pour le pouvoir ?*

Sartre : Tout dépend de la situation. Personne ne naît avec le goût ou le dégoût du pouvoir. C'est l'histoire d'un homme qui le pousse d'un côté ou de l'autre. Et même alors, on est rarement très sûr. On en a vu beaucoup qui croyaient vouloir le pouvoir et qui, une fois parvenus au sommet de l'échelle, se sont aperçus qu'ils préféraient être au second ou au troisième niveau. Il ne s'agit pas d'instincts ou de tendances innées ; ce qui compte, ce sont les rapports d'un homme avec la société, avec sa famille, avec tout ce qui l'entoure.

> NOTE DE K. TYNAN : *Ma question suivante donna lieu à une intéressante confusion. Je voulais demander à M. Sartre s'il pensait qu'il était possible aujourd'hui d'avoir un art de la droite. Je fis une faute de prononciation : au lieu de dire* la droite, *je m'entendis prononcer* le droit. *Avant que je puisse me corriger, M. Sartre s'était saisi de la question et s'était lancé dans sa réponse. Je la reproduis ci-dessous en hommage à son agilité mentale.*

SARTRE : Mais certainement. Le droit *est* théâtre. Car aux sources du théâtre, il n'y a pas simplement une cérémonie religieuse, il y a aussi l'éloquence. Prenez les personnages de Sophocle, d'Euripide et même d'Eschyle, ce sont tous des plaideurs ; et il faut se rappeler que les Grecs aimaient les plaideurs. Ils se présentent avec une cause à défendre. D'autres prennent le parti opposé et plaident contre eux. À la fin, il y a une catastrophe dans laquelle tout le monde est jugé, et les choses reviennent à la normale. La scène est le tribunal où le cas est jugé. Antigone, par exemple, a une cause à plaider, celle des grandes familles, dont les traditions et les valeurs religieuses sont menacées par l'État. Créon, cependant, défend une autre cause, plus neuve et qui, clairement, ne plaît pas à Sophocle, dont les sympathies sont conservatrices. Créon est un démocrate primaire qui dit : « Dans une dispute entre l'État et la famille, l'autorité revient à l'État. » Ce sont là les deux positions en présence, et à la place d'Antigone et de Créon, on aurait aussi bien pu engager deux avocats pour présenter les points de vue respectifs.

TYNAN : *Un poète socialiste nommé Christopher*

Logue a récemment écrit une pièce sur la légende d'Antigone[6]. *Il semblait donner raison à Créon.*

SARTRE : Naturellement. C'est le point de vue démocratique.

TYNAN (revenant sur la question qu'il voulait poser) : *Pensez-vous qu'il existe aujourd'hui un art de la droite ?*

SARTRE : Je ne pense pas que le théâtre puisse dériver directement d'événements politiques. Par exemple, je n'aurais jamais écrit *Les Séquestrés* s'il avait été simplement question d'un conflit entre la gauche et la droite. Pour moi, *Les Séquestrés* sont liés à toute l'évolution de l'Europe depuis 1945, autant aux camps de concentration soviétiques qu'à la guerre d'Algérie. Le théâtre doit prendre tous ces problèmes et les transposer en une forme mythique. À mon avis, l'engagement d'un dramaturge ne consiste pas seulement à présenter des idées politiques. Ceci peut se faire par les réunions publiques, les journaux, l'agitation et la propagande. Le dramaturge qui usurpe leur fonction peut peut-être intéresser le public qui lit, mais il n'aura pas écrit une pièce de théâtre.

TYNAN : *Mais un auteur avec des opinions d'extrême droite peut-il jamais réussir à créer une œuvre d'art ?*

SARTRE : À mon avis, non. Parce qu'aujourd'hui, bien que la droite contrôle toujours les événements, en ce sens qu'elle a le pouvoir, elle a perdu la capacité de les comprendre. Elle a abandonné la plupart de ses vieux idéaux et ne les a pas remplacés ; elle ne comprend pas la nature de ses adversaires. Le fait, par exemple, que le général Challe ait pu déclarer à son procès que l'armée d'Algérie était infiltrée par le communisme montre à quel point d'incompréhension la droite est amenée par son incapacité à faire face à la réalité.

En présence de tant de malentendus accumulés, comment la droite pourrait-elle créer une œuvre d'art ? Car celle-ci, même si elle n'est pas politique, vient d'une compréhension de son époque et doit être en harmonie avec son temps. On ne peut imaginer une pièce moderne qui serait à la fois de droite et bonne.

TYNAN : *Quels dramaturges contemporains admirez-vous le plus ?*

SARTRE : Brecht, incontestablement, bien qu'il soit mort et malgré le fait que je n'utilise pas ses techniques et que je ne partage pas ses principes artistiques. Puis, à un niveau différent, il y a certaines pièces de Genet. Son œuvre est un jeu de miroirs, très beau et qui exprime très bien son époque.

TYNAN : *Vous avez dit un jour que vous admiriez* En attendant Godot *plus qu'aucune autre pièce depuis 1945.*

SARTRE : C'est vrai. Je n'ai pas aimé les autres pièces de Beckett, particulièrement *Fin de partie*, parce que j'ai trouvé leur symbolisme bien trop enflé, bien trop évident. Et bien que *Godot* ne soit certainement pas une pièce de droite, elle présente une sorte de pessimisme universel qui attire les gens de droite. Pour cette raison, bien que je l'admire, j'ai des réserves. Mais précisément parce que son contenu m'est un peu étranger, je ne peux m'empêcher de l'admirer.

TYNAN : *Y a-t-il des dramaturges anglais ou américains qui vous plaisent ?*

SARTRE : Arthur Miller, certainement. Et Tennessee Williams, bien que son monde soit très différent du mien et que son œuvre soit saturée de mythes subjectifs. L'un des ennuis du théâtre, c'est que lorsqu'une pièce passe d'un pays à l'autre, elle prend souvent un sens complètement différent. Quand le public change, la pièce change.

Je suis embêté par cette question de transplantation des œuvres d'art. Je me souviens d'un film mexicain remarquable, où un enfant borgne était un objet de dérision pour les autres enfants[7]. D'après le film, on considère au Mexique les borgnes comme comiques. L'enfant prie le ciel pour un miracle ; sa mère lui fait faire un pèlerinage et ils prient ensemble. Sur ces entrefaites, il y a un feu d'artifice pour célébrer la fiesta et une étincelle tombe dans l'œil valide du garçon, le rendant aveugle. Même au Mexique, d'après le film, les aveugles ne sont pas comiques.

Cette histoire est-elle une plaisanterie féroce aux dépens de la religion ? Ou bien l'auteur veut-il nous faire croire que malgré l'aspect horrible du cas présenté, il y a toujours des miracles ? La réponse reste un mystère pour ceux qui ne connaissent pas le Mexique.

Mais en général, les films sont assez simples pour pouvoir voyager librement. Les films américains, en particulier, sont plus populaires en France que les autres. Les pièces américaines, au contraire, ne parviennent jamais à s'acclimater et échouent toujours.

TYNAN : *Aimeriez-vous visiter à nouveau l'Amérique*[8] *?*

SARTRE : Franchement non. Je n'aurais aucun plaisir à voir des gens dans l'état d'esprit qui existe en Amérique aujourd'hui. Cela me chagrinerait de les voir si agités, si mal à l'aise, et je me sentirais frustré par leur violence, par leurs trop grandes simplifications. Néanmoins, j'ai beaucoup aimé l'Amérique. Vraiment beaucoup.

TYNAN : *Vous avez récemment écrit un scénario sur la vie de Freud pour John Huston*[9]*. Pourriez-vous m'en dire quelques mots ?*

SARTRE : Sauf dans sa construction, le texte final ressemble peu à ce que j'ai écrit. La faute en incombe à Freud et à moi. Mon scénario aurait été impossible à tourner car il aurait duré sept ou huit heures. Comme vous le savez, on peut faire un film de quatre heures s'il s'agit de Ben Hur, mais le public du Texas ne supportera pas quatre heures de complexes. Le script a donc été réduit à quatre-vingt-dix minutes ou à peu près. Je n'ai pas vu la version définitive, et je ne sais pas si j'y laisserai figurer mon nom ; cela dépend du contrat.

Cependant, ce que nous avons essayé de faire — et c'est cela surtout qui a intéressé Huston — c'est de montrer Freud non pas quand ses théories l'avaient déjà rendu célèbre, mais à l'époque où, vers l'âge de trente ans, il se trompait complètement et où ses idées l'avaient conduit dans une impasse désespérée. Vous savez qu'à un moment il croyait sérieusement que la cause de l'hystérie était le viol des filles par les pères. Commençant à cette période, nous suivons la carrière de Freud jusqu'à la découverte du complexe d'Œdipe.

Pour moi, le moment le plus captivant de la vie d'un grand découvreur, c'est lorsqu'il semble embrouillé et perdu, mais a le génie de se reprendre et de mettre tout en ordre. Bien sûr, il est difficile d'expliquer cette évolution à un public qui ne connaît pas Freud ; pour arriver aux idées justes, il faut commencer par expliquer les idées fausses, et c'est un long processus : d'où le scénario de sept heures.

L'autre problème était que Freud, comme la majorité des savants, était un bon mari et père qui semble n'avoir jamais trompé sa femme et même être resté vierge jusqu'au mariage. On laisse entendre qu'il a eu des aventures avant, mais j'attribue ces rumeurs à la dévotion de ses admirateurs ; les psychanalystes ne veulent pas que nous pensions que cet homme, qui savait tant sur la sexualité, est arrivé au mariage sans aucune expérience. Bref, sa vie privée n'était pas très cinématographique.

Nous avons donc essayé de fondre les éléments internes et externes du drame de Freud ; de montrer comment il a appris de ses patients la vérité sur lui-même. Par exemple, nous montrons comment le souvenir des filles hystériques qui lui avaient dit avoir été violées par leurs pères a provoqué en lui des sentiments d'agression violente contre son propre père. Et finalement ces deux approches — de l'intérieur et de l'extérieur — se rencontrent dans la découverte du complexe d'Œdipe.

TYNAN : *Peut-on traiter la vie de Freud d'un point de vue social ?*

SARTRE : Nous avons essayé. Il y a un grand problème que les analystes tendent à négliger : l'antisémitisme viennois. Il me semble que Freud était profondément agressif et que ses agressions étaient déterminées par l'antisémitisme dont sa famille était victime. C'était un enfant qui ressentait les choses très intensément et sans doute immédiatement.

TYNAN : *Pensez-vous que les découvertes de Freud seront d'une importance permanente ?*

SARTRE : C'est incontestable. À l'inverse de certains

de mes amis, cependant, je ne suis pas convaincu que la base de l'activité humaine soit sexuelle. Qu'elle le soit ou non, je ne crois pas que l'infrastructure du besoin sexuel réapparaisse intacte dans la superstructure de la personnalité. Elle peut réapparaître mais à un niveau complètement nouveau et sous une forme tout à fait différente, en accord avec le processus dialectique. Elle ne peut plus se réduire à elle-même.

On peut dire que la politique d'un homme reflète ses instincts sexuels, mais on peut tout aussi bien affirmer que ses instincts sexuels reflètent une sympathie sous-jacente pour l'humanité susceptible de se traduire plus tard en termes de politique. En tout cas Freud a été le premier à dire quelque chose qui m'apparaît d'une importance capitale : tout ce que l'homme fait est signifiant.

Tynan : *Il n'y a pas d'accidents ?*

Sartre : Il n'y a pas d'accidents ! Et la seconde grande découverte de Freud a été que, même en matière de connaissance de soi, le progrès humain dérive du besoin. Je considère Freud comme un excellent matérialiste. Il n'a pas mis l'accent sur la faim car il venait d'un milieu où ce genre de besoin ne s'appliquait pas ; à la place, il a choisi la sexualité, qui est tout aussi nécessaire — non pas dans le sens qu'un homme périrait sans elle, mais dans le sens que son manque peut le rendre fou.

Tynan : *Ainsi vous croyez qu'on peut bâtir un pont entre Freud et Marx ?*

Sartre : Certainement. Je pense que les marxistes ont perdu beaucoup à se couper si complètement de la psychanalyse, en refusant de l'accepter. Freud, bien sûr, a utilisé ses découvertes analytiques pour étayer un bon nombre de théories historiques qui ont peu d'intérêt pour un sociologue et encore moins pour un marxiste. Ce qui compte c'est sa démonstration que le désir sexuel ne se limite pas simplement à lui-même mais influence toute la personnalité d'un homme, affectant même la façon dont il joue du piano ou du violon. Cela, je pense, est une contribution permanente.

TYNAN : *Nombreux sont ceux qui, examinant votre œuvre dans son ensemble, ont remarqué que dans un âge d'égalité vous étiez le seul dramaturge à créer des héros hors série, des protagonistes gigantesques comme Gœtz dans* Le Diable et le Bon Dieu, Edmund Kean *dans votre adaptation de Dumas et Frantz dans* Les Séquestrés. *N'y a-t-il pas là un paradoxe ?*

SARTRE : Il doit y avoir quelque raison personnelle, il y en a toujours, comme pour les crabes dans *Les Séquestrés* ! Au fond, je suis toujours à la recherche de mythes, c'est-à-dire de sujets assez sublimés pour qu'ils soient reconnaissables par chacun, sans recours à des détails psychologiques minutieux.

Laissez-moi vous donner un exemple. Si j'écris une autre pièce, ce sera sur les relations entre mari et femme. En soi même, cela serait ennuyeux, c'est pourquoi je prendrai le mythe grec d'Alceste[10]. Si vous vous le rappelez, la Mort vient chercher le roi Admète. Cela ne lui plaît pas du tout : « J'ai à faire, dit-il, j'ai mon royaume à gouverner, j'ai une guerre à gagner ! » Et sa femme Alceste, qui se considère comme complètement inutile, offre de mourir à sa place. La Mort accepte le marché ; mais, prenant pitié d'elle, la rend à la vie. Voici l'intrigue. Mais ma version impliquerait toute l'histoire de l'émancipation féminine : la femme choisit la tragédie à un moment où son mari refuse de faire face à la mort. Et quand elle revient, c'est elle qui a le pouvoir car le pauvre

Admète sera toujours l'homme dont on dira : « Il a laissé sa femme mourir pour lui ! »

Tynan : *Mais les gens ordinaires se reconnaîtront-ils dans des personnages comme ceux-là ?*

Sartre : Je crois que oui. Je ne me souviens pas avoir jamais eu des difficultés de ce côté-là. *Les Séquestrés*, par exemple, ont été soutenus par les petits-bourgeois et non par la bourgeoisie riche qui habituellement permet au théâtre de vivre.

Tynan : *Et le prolétariat ?*

Sartre : Cela est une autre affaire. À Paris, les ouvriers ne vont jamais au théâtre sauf pour voir un opéra comique ou une opérette. Peu à peu, au cours du dix-neuvième siècle, ils ont été chassés de la ville et ils se sont établis dans la banlieue. Ils en reviennent rarement ; comme public de théâtre, c'est à peine s'ils existent.

Tynan : *Si* Les Séquestrés *étaient présentés à Moscou, croyez-vous que le public soutiendrait la pièce ?*

Sartre : Oui. Parce qu'en U.R.S.S. la classe ouvrière — et peut-être même la classe paysanne — est beaucoup plus évoluée que la nôtre. Non pas grâce à la littérature soviétique moderne, mais grâce à l'immense diffusion en Russie de la littérature du dix-neuvième siècle. Ces gens discutent vraiment dans leurs usines ; ils font leurs propres choix et ils les font avec discernement. Ils tiennent beaucoup à s'éduquer. Ilya Ehrenbourg[11] me disait que les critiques les plus judicieuses qu'il recevait ne venaient pas des professionnels mais de ses lecteurs. Ce n'est pas le cas en France.

Tynan : *Il y a quelques années, j'ai vu à Moscou* La

Putain respectueuse *dans une version beaucoup plus longue et simplifiée. Ces changements ont-ils été faits avec votre accord ?*

SARTRE : Je n'ai pas vu cette production[12], mais j'ai accepté que la pièce ait une fin optimiste, comme dans la version filmée qui a été réalisée en France[13]. Je connaissais trop de jeunes gens de la classe ouvrière qui, ayant vu la pièce, avaient été découragés de la voir finir tristement. Et je me suis rendu compte que ceux qui sont poussés à la limite, qui s'accrochent à la vie comme ils le peuvent, ceux-là ont besoin d'espoir.

TYNAN : *Est-il vrai que vous ayez abandonné votre roman sur la Résistance*[14] *?*

SARTRE : Oui. La situation était trop simple. Par là je ne veux pas dire qu'il soit simple d'être courageux et de risquer sa vie, je veux dire que le choix était trop simple. Les positions de chacun étaient évidentes. Depuis lors, les choses sont devenues beaucoup plus complexes, beaucoup plus romantiques, au sens littéraire du terme. Il y a bien plus d'intrigues et de courants. Écrire un roman dont le héros meurt dans la Résistance, engagé à l'idée de liberté, serait trop facile. Aujourd'hui, l'engagement est bien plus difficile à définir.

TYNAN : *Le temps de la simplicité est passé : pensez-vous que nous arriverons jamais à une nouvelle simplicité ?*

SARTRE : Si notre société peut se désengager de la guerre froide ; si elle peut trouver le moyen de se défaire en paix de ses colonies ; et s'il y a une évolution de l'Ouest sous l'influence de l'Est, je ne vois pas pourquoi le communisme soviétique devrait être exporté à l'Ouest. Ce que j'espère, c'est qu'il arrivera quelque chose de semblable à la Contre-Réforme qui a suivi le protestantisme — un mouvement dans l'autre direction. De même que le catholicisme a élaboré sa propre sorte de protestantisme, j'attends le jour où l'Ouest deviendra socialiste, sans jamais passer par le communisme. À ce moment, je le crois sérieusement, la simplicité renaîtra.

NOTES

1. Créé en Allemagne, en 1961, *Les Paravents* a été présenté en 1966 à l'Odéon-Théâtre de France dans une mise en scène de Roger Blin et a donné lieu à de violents incidents provoqués par des groupes d'extrême droite.
2. Conférence donnée le 29 mars 1960 et dont le texte intégral se trouve ci-dessus p. 113.
3. Cf. *Les Mots*, p. 125.
4. Cf. Simone de Beauvoir, *La Force de l'âge*, p. 216.
5. Sartre fait ici allusion au procès des généraux Challe et Zeller qui venaient, en mai 1961, d'être condamnés à quinze ans de détention pour leur participation au putsch d'avril. Les deux autres membres du « quarteron de généraux en retraite », Jouhaud et Salan, furent successivement arrêtés et condamnés l'année suivante, le premier à mort, le second à la détention perpétuelle. Tous les quatre furent graciés par de Gaulle et libérés : Zeller en juillet 1966, Challe en décembre de la même année, Jouhaud à Noël 1967 et Salan en juin 1968 (en échange, affirme-t-on, du soutien de l'armée à de Gaulle pendant les événements de mai-juin 1968).
6. Cette pièce ne semble pas avoir été publiée en volume.
7. Il s'agit de l'épisode intitulé « Le Borgne » du film à sketches mexicain de Benito Alazraki, *Raices (Racines)*, sorti en 1955.
8. Sartre a fait aux États-Unis deux séjours prolongés, en 1945 et 1946. Il a refusé d'y retourner en 1965 (cf. *Les Écrits de Sartre*, notice 65/422).
9. Le scénario de Sartre, écrit en 1959 à la demande de John Huston, couvrait environ huit cents pages. Il a été réduit et retravaillé par Wolfgang Reinhardt et Charles Kaufmann, auteur d'un ouvrage sur Freud. Le film, qui porte le titre *Freud, the secret passion (Freud, Désirs inavoués)* est sorti en 1962. Dans une autre

interview *(Tribune socialiste*, janvier-février 1962), Sartre a précisé ceci : « J'ai retiré ma signature non pas à cause des coupures — je savais qu'il faudrait couper — mais à cause de la façon dont on a coupé. C'est un travail honnête, très honnête. Mais ce n'est pas la peine qu'un intellectuel prenne la responsabilité d'idées contestables. » Pour plus de détails, voir *Les Écrits de Sartre*, p. 492-494. L'édition du *Scénario Freud* a été réalisée et préfacée par J.-B. Pontalis, en 1984, dans la collection « Connaissance de l'inconscient » (Gallimard). Voir aussi les Mémoires de John Huston, parus en traduction française sous le titre *John Huston*, Paris, Pygmalion, 1982, (p. 276-277) et l'article bien documenté d'Élisabeth Roudinesco, « Sartre lecteur de Freud », dans *Les Temps modernes*, « Témoins de Sartre », vol. 1, p. 589-613.

10. Mythe traité par Euripide.

11. Sartre a entretenu des relations très cordiales avec Ilya Ehrenbourg (cf. Simone de Beauvoir, *Tout compte fait*, p. 316 et passim). Celui-ci a, d'ailleurs, préfacé la version russe de *Nekrassov*, parue sous le titre *Tol'ko Pravda* (Moscou : Iskusstvo, 1956) et a collaboré avec O. Savitch pour la traduction.

12. Sartre assistera, en revanche, à la 400e représentation de *Lizzie McKay*, titre russe de *La Putain respectueuse* lors du voyage qu'il fera en U.R.S.S. en juin 1962. Il se déclarera alors très satisfait de l'interprétation de la pièce.

Nekrassov et *La Putain respectueuse* étaient les seules de ses pièces à avoir été jouées en U.R.S.S., il est vrai avec un très grand succès. En 1967, paraîtra à Moscou un volume réunissant *Les Mouches, Morts sans sépulture, La Putain respectueuse, Le Diable et le Bon Dieu, Nekrassov* et *Les Séquestrés d'Altona*.

13. Le film, sorti en France en 1952, a été réalisé par Marcel Pagliero et Charles Brabant. Adaptation de Jacques-Laurent Bost et Alexandre Astruc. Dialogues de Sartre et Jacques-Laurent Bost.

14. Il s'agit du tome IV des *Chemins de la liberté*, intitulé *La Dernière Chance* et resté inachevé. Deux chapitres ont paru dans *Les Temps modernes*, novembre et décembre 1949, sous le titre *Drôle d'amitié*. L'ensemble des textes et fragments constituant *La Dernière Chance* est donné dans l'Appendice III de l'édition Pléiade des *Œuvres romanesques* de Sartre, p. 1585-1654, avec notice, notes et variantes, p. 2136-2160. Après la publication de cette édition (1982), *Les Temps modernes*, n° 434, septembre 1982, ont publié un fragment retrouvé, « Journal de Mathieu » (p. 449-475).

MYTHE ET RÉALITÉ DU THÉÂTRE

> Ce texte est celui d'une conférence donnée à Bonn le 4 décembre 1966, recueillie par J.-P. Berckmans et J.-C. Garot et publiée dans le mensuel belge *Le Point*, n° 7, janvier 1967. Parlant en français devant un public de langue allemande, Sartre dut ralentir son débit pour permettre une traduction simultanée et il n'arriva pas au bout de son propos. Il manque donc à cet exposé les conclusions que Sartre voulait lui apporter.

On ne peut parler du théâtre, aujourd'hui, après les œuvres de Ionesco, Beckett, Adamov, Jean Genet, Peter Weiss, après le succès — qui a débordé de loin l'Allemagne — de l'œuvre de Brecht, comme on en parlait avant. Au fond, le véritable problème est : « Y a-t-il eu révolution du théâtre depuis l'apparition de ce qu'on appelle le "Nouveau Théâtre[1]" ? » En fait, non, il n'y a pas eu révolution, parce que ces auteurs, qui étaient d'horizons divers et qui ont des préoccupations différentes, ne peuvent pas se ranger sous une même rubrique. En particulier, on les a appelés les auteurs du *théâtre de l'absurde*. Cette appellation est elle-même absurde, parce qu'aucun d'eux ne considère la vie humaine et le monde comme une absurdité. Certainement pas Genet, qui étudie le *rapport* des images et des mirages entre eux ; ni Adamov, qui est marxiste et qui a écrit : « Pas de théâtre sans idéologie » ; pas même Beckett, dont nous parlerons un peu plus tard. Ce qu'ils représentent en vérité, c'est, soit par des conflits intérieurs, soit par leurs oppositions réciproques, l'incandescence des contradictions qui sont au fond de l'art théâtral. Car il n'y a pas d'art qui ne soit une « *unité-qualité* » de contradictions. Le roman lui-même est plein de contradictions, plein de présuppositions qui se détruisent elles-mêmes. Et le théâtre a les siennes qu'il a jusqu'ici passées sous silence.

Ce qui est arrivé, c'est qu'il a joué pendant des années, des siècles, à la fois le rôle du théâtre et le rôle du cinéma, auprès des gens qui avaient besoin du cinéma, mais qui ne savaient même pas ce que cela pouvait être puisqu'il n'était pas inventé. Le cinéma, en apparaissant, contrairement à ce qu'on prétend, n'a pas précipité le théâtre dans une crise, n'a pas nui à l'art théâtral. Il a nui à certains directeurs de théâtre en leur prenant des spectateurs ; il a nui à un certain théâtre, justement celui qui faisait fonction de cinéma, c'est-à-dire le théâtre réaliste bourgeois — dont le but était la représentation exacte de la réalité ; et il lui a nui parce que, à partir d'un certain moment, le réalisme cinématographique a semblé pour toujours déclasser le réalisme théâtral (un arbre, pour le spectateur de cinéma, est un vrai arbre, et un arbre de théâtre apparaît toujours faux). En somme, le cinéma a dénoncé le faux arbre du théâtre comme simple décor, et le faux acte comme simple geste. Mais il n'a pas nui au théâtre, au contraire. Car dès ce moment le théâtre a réfléchi sur ses propres limites et, comme en tout art, il a fait de ses limites mêmes les conditions de sa possibilité.

Nous avons eu, après la-mort-de-Dieu, comme dit Nietzsche, et celle de l'inspiration, qui était Dieu-parlant-à-l'oreille, le roman critique des Flaubert, la poésie critique des Mallarmé, c'est-à-dire un art qui comporte la position réflexive de l'artiste par rapport à lui. L'apparition du cinéma et de divers facteurs sociaux a créé, à partir de 1950, ce que l'on pourrait appeler le *théâtre critique*.

Les auteurs que nous allons essayer d'étudier dans leurs différences et dans leurs points communs, je les considère tous comme des représentants du *théâtre critique* : tous veulent faire des insuffisances mêmes du théâtre les instruments d'une communication. Par exemple, l'irréalité : le geste en tant que tel peut apparaître pour certains comme un moyen spécifiquement théâtral : il est bon que ce soit le geste et non pas l'acte qui apparaisse au théâtre. Par là même, leur travail, qui est une réflexion sur le théâtre, se traduit dans l'œuvre, les oppose chacun à chacun et chacun à soi, parce que précisément chacun choisit un des aspects des contradictions du théâtre. De sorte que nous allons, en examinant ces auteurs, voir quelles sortes de contradictions existent dans l'art dramatique même, et comment chacun se définit par rapport à elles. Nous allons donc parler des oppositions internes qui existent dans la représentation dramatique.

La première opposition qui nous apparaît, c'est celle de la cérémonie et de l'irréversibilité unique de la représentation. En Europe, issu de la masse, en Orient, de chants et danses rituels, le théâtre doit-il, une fois laïcisé, garder son caractère cérémoniel comme le veut Jean Genet, et comme l'ont voulu les classiques français qui écrivaient en vers ? Dans cette perspective, il faut communiquer avec le public par l'envoûtement que produisent certains rites. *Les Nègres*, pièce de Jean Genet[2], constitue tout simplement une « messe noire ». L'effet sur le spectateur blanc est certainement le malaise — qui est le but recherché par Genet. De lentes incantations nous préparent à un acte sacrificiel, qui en fait n'est pas accompli, puisque c'est le meurtre imaginaire d'une jeune femme blanche. Cela veut dire qu'il ne se passe rien. Un des personnages déclare : « Nous aurons la politesse, apprise par vous, de rendre la communication impossible. La distance qui nous sépare, originelle, nous l'augmenterons par nos fastes, nos manières, notre insolence, car nous sommes aussi des comédiens. » Bref, le Noir, réprouvé par les Blancs, incommunicable par le refus de communiquer des Blancs, veut jouer jusqu'au bout la comédie qu'on lui impose. Donc il est par lui-même, dans la vie, sujet théâtral : il joue la comédie et il la joue parce que la comédie, selon Genet, imposée par le blanc, est devenue sa seconde nature. De sorte que le choix du thème est réflexif et critique : Genet n'a pas cherché un bon sujet, une bonne intrigue, mais a voulu affirmer le théâtre dans sa puissance et ses limites, par le choix du personnage qui, selon lui, ne peut s'affirmer dans la vie même que par le théâtre. Et comme leur jeu dramatique — jeu des noirs — est répétition et exagération de rôles qui leur sont prescrits par d'autres (par les blancs) et qui ne changent pas, la dramaturgie et la cérémonie ne font qu'un. Une cérémonie, en effet, se caractérise par la répétition. Ainsi, ce qu'on veut suggérer au spectateur, par ce rituel inflexible, cette comédie de sacrifice qui n'en est pas un, c'est la présence évanouissante du noir qui cache la vérité noire autant qu'elle la manifeste. Car ce personnage qui joue la comédie sur scène, parce qu'on l'oblige à la jouer dans la vie, montre en partie sa vérité par là, mais par ailleurs la cache en partie. Ce comédien, nous ne savons pas ce qu'il est profondément, et c'est justement l'inquiétude de ce savoir, entre le spectateur et l'acteur, n'existe plus. La raison profonde — choix d'Artaud — c'est qu'il assigne au théâtre la fonction de mettre au jour par une « opération magique » (les termes sont de lui) les forces profondes qui sont au fond de chaque spectateur : libido, obsession du sexe, de la mort, violence, voilà ce qui doit brusquement surgir chez tous. C'est pour cette raison qu'Artaud appellera plus tard son théâtre (rêvé, car il n'a jamais pu le mettre lui-même en œuvre) « théâtre de la cruauté ».

Cette contradiction de Genet et d'Artaud correspond bien à ces deux aspects contradictoires du théâtre, puisqu'il est à la fois répétition cérémonieuse et drame fulgurant, singulier de chaque soir : le monde du théâtre nous tient à distance, beaucoup plus que celui du cinéma, et, en même temps, nous y participons en nous identifiant à tel ou tel personnage. Mais l'opposition va plus loin et nous pouvons, en approfondissant, voir surgir une contradiction nouvelle.

Artaud nous dit : « Je considère le théâtre comme un acte. » Et, effectivement, si nous nous plaçons du point de vue de l'auteur et du metteur en scène, le théâtre, la représentation théâtrale, est un acte, un acte réel : c'est un travail d'écrire une pièce, c'est un travail de la monter et le but de ce travail est d'exercer sur le public une action réelle. En mettant les choses au plus bas et en prenant le théâtre de consommation, l'action consiste à faire venir le plus de gens possible, donc à produire dans le circuit économique réel un déplacement de fonds au profit du théâtre. En mettant les choses au plus haut, on vise à déterminer chez le spectateur, au moins durant le temps de la représentation, ne serait-ce que le scandale, une certaine mutation mentale. Mais il est vrai aussi que, si l'on se place du point de vue du spectateur, la pièce est un imaginaire. C'est-à-dire que, sans même excepter les pièces historiques, le spectateur ne perd jamais de vue que, ce qui lui est présenté est un non-réel. Cette femme n'existe pas, cet homme, son mari, n'est son mari qu'en apparence ; il ne la tue pas pour de vrai. Ça signifie que le spectateur ne croit pas — au sens fort du terme — ne croit pas au meurtre de Polonius. Sinon il s'enfuirait ou il bondirait sur la scène. Cependant, il y croit malgré tout, puisqu'il s'émeut, pleure et s'agite sur sa chaise. Mais sa croyance elle-même est imaginaire. C'est-à-dire que ce n'est pas une persuasion profonde et vitale, mais c'est une autosuggestion qui conserve la certitude informulée d'être une autosuggestion.

Le résultat, c'est que les sentiments qui résultent de la participation à l'imaginaire, à la représentation de l'imaginaire sur la scène, sont eux-mêmes des sentiments imaginaires : ils sont ressentis à la fois comme définis mais non réels — d'où la possibilité de se réjouir de sa peur en allant au spectacle dit d'épouvante —, et ils ne sont pas nécessairement représentatifs de l'affectivité réelle du spectateur. Mise à la scène, on sait que *La Case de l'Oncle Tom*, au milieu du siècle dernier, a fait pleurer des esclavagistes qui se sont attendris le temps de la représentation et ont conservé leurs mœurs, leurs coutumes et leurs propres idées sur les noirs après le spectacle.

Cette nouvelle contradiction entre l'acte et le geste, entre l'action réelle et l'envoûtement imaginaire amène les auteurs modernes et ceux que l'on groupe sous le nom de nouveau théâtre à prendre diverses positions. Ainsi Genet ne considère pas comme un défaut que sa pièce soit un imaginaire mais au contraire comme une qualité. Ce qu'il écrit de sa pièce *Le Balcon*[6] vaut pour toutes ses autres pièces. Il écrit : « Ne pas jouer cette pièce comme si elle était une satire de ceci ou de cela. Elle est la glorification de l'image et du reflet. Sa signification satirique ou non apparaîtra seulement dans ce cas. » Cette position radicale correspond au projet fondamental de Genet — l'homme. Pour lui, l'écrivain maudit et le voleur, condamné au départ par la société, l'irréel et le mal ne font qu'un. Ennemi des honnêtes gens qui l'ont condamné dès l'enfance à n'être qu'imaginaire, il se venge dans ses pièces en leur proposant des mirages qui les font tomber la tête la première dans l'enfer des reflets de l'imagination qu'il a préparé pour eux. Bref, son propos réel, comme auteur, est de forcer le juste à devenir pour quelques heures un méchant imaginaire, ce qui le comble doublement. Premièrement parce qu'il oblige l'homme pratique, qui est dans la salle, à s'irréaliser, à filer dans l'imaginaire comme lui-même y est tombé. Et deuxièmement il oblige le juste à s'imaginer des gens, par identification à ses personnages, et à se reprocher à la fin de la pièce sa complaisance au mal. Car c'est de cela qu'il s'agit : l'imaginaire chez Genet, c'est la complaisance au mal réalisée chez le public : envoûter le juste par le mal, le laisser toujours avec sa bonne conscience mais avec une inquiétude profonde dont il ne sait pas la réponse.

Brecht, lui, se contente aussi de l'imaginaire. Mais c'est pour des raisons tout à fait opposées. C'est qu'il veut montrer, c'est-à-dire démontrer, faire saisir, la dialectique intérieure d'un processus. Tout sentiment vrai chez le spectateur, l'horreur par exemple, la peur, nuirait à l'information. Il faut que le spectateur soit pris par l'action, juste assez pour qu'il aperçoive les ressorts de l'action. *La Bonne Ame de Se-Tchouan*, par exemple, n'est certes pas une démonstration, mais une fable ravissante qui ne fait ni peur, ni ne provoque aucun sentiment violent, ni la sexualité, ni la libido, ni rien, et qui permet par conséquent, à travers l'amusement perpétuel, à la raison du spectateur — car c'est à elle qu'il s'adresse — de saisir l'impossibilité de faire le bien dans une société fondée sur l'exploitation. Ainsi l'imagination, pour Brecht, n'est que la médiation entre la raison et son objet. C'est pour cela qu'il n'hésite pas à la dénoncer sans cesse sur scène comme pure irréalité. Il y a des procédés scéniques, il y a des cadavres qui seront des mannequins et que l'on verra comme des mannequins, pour que précisément nous ne soyons pas poussés à l'horreur, à la ressemblance d'un comédien vivant, mais étendu par terre, avec un cadavre ; il y a des masques pour certains personnages et d'autres non, il y a des chants à l'avant-scène qui signifient la subjectivité du personnage ; il y a un refus constant de l'émotion, une brisure, une cassure dans leur désordre même. Ici, la différence entre Genet et Brecht, c'est que Genet fait de l'imaginaire une fin en soi.

C'est le sens du théâtre : le théâtre a pour valeur essentielle de représenter quelque chose qui n'existe pas. Brecht en fait un moyen. Mais de toute façon, on veut le sentiment irréel des deux côtés. Dans un cas on veut le sentiment irréel parce que c'est à cela que l'on tient, c'est le cas de Genet ; dans l'autre cas, pour Brecht, on irréalise les sentiments pour que la passion ne l'emporte pas sur une conviction raisonnable. Par contre, et c'est l'autre côté de la contradiction, Artaud (qui fut compagnon de route des surréalistes) ne se contente pas, comme nous venons de le voir, de ces résultats : il les considère comme mesquins. Il réclame que la représentation soit un acte. Et il entend l'acte au plein sens du terme : il ne s'agit pas de ce travail qui consiste à produire un objet irréel. Le but du théâtre est directement de provoquer une lame de fond réelle dans l'âme de chaque spectateur. À partir de là, la pièce dans ce qu'elle a de conventionnel, et si l'on veut de classique, se désintègre : plus d'intrigue à proprement parler, plus de décors, le surréel qu'on va produire se base sur ce principe qu'il n'y a aucune différence entre le réel et l'imaginaire. Principe discutable, mais qui amène en fait à réduire l'élément fictif au minimum et à chercher tous les moyens réels d'agir réellement sur le spectateur. Il écrit par exemple dans *Le Théâtre et son double* : « Instruments de musique : ils seront employés à l'état d'objets ; la nécessité d'agir directement et profondément sur la sensibilité par les organes invite, du point de vue sonore, à rechercher des qualités et des vibrations de sons absolument inaccoutumées. [...] La lumière et les éclairages, l'action particulière de la lumière entrant en jeu, les effets de vibrations lumineuses doivent être recherchés[7]. » Je pourrais donner vingt autres citations, elles marquent toutes qu'on cherche ici les éléments d'une mise en condition directe du spectateur par des excitants ou des inducteurs réels. Dans ces conditions, on peut se demander pourquoi conserver, au moins dans ses lignes générales, un semblant de fiction. Artaud voulait prendre comme thème d'un de ses spectacles, la conquête du Mexique : pourquoi ce thème général prévu se conserverait-il quelles que soient les variations d'un jour à l'autre dans son irréelle abstraction, alors que des sons réels et des lumières réelles peuvent nous conditionner d'une manière supérieure ? Si le théâtre, comme dit Artaud, n'est pas un art, s'il libère, comme un acte, les forces terribles qui dorment en nous, si le spectateur n'est qu'un acteur en puissance, qui va sans tarder entrer dans la danse avec toute la violence qu'on va déchaîner en lui, alors Artaud s'est arrêté en route. Et effectivement, il faut mettre le spectateur, si on veut être logique avec Artaud, tout simplement en présence d'un événement *vrai* : c'est-à-dire que la croyance cette fois-ci soit totale. En ce sens l'aboutissement contemporain du théâtre de la cruauté, c'est ce qu'on appelle le « happening ».

Le « happening », il y en a en France, en Angleterre, en Amérique, même au Japon — c'est très exactement un événement réel qui est produit. Il n'y a pas de scène, cela se produit dans une salle, au milieu de la salle, ou bien dans la rue, au bord de la mer : entre les spectateurs et ceux que nous appellerons non plus les acteurs, mais les agents, il n'y a qu'une différence provisoire, c'est-à-dire une différence de temps. Les agents font réellement quelque chose, peu importe quoi, mais quelque chose de provocant, qui fasse qu'un événement réel se produise, n'importe quoi ! Il y a des spectacles qui spéculent sur l'attente, l'ennui, pour libérer des forces ; par exemple, un des plus classiques : un homme entre, c'est lui l'agent, on le regarde, on ne sait pas ce qu'il va faire, il s'assied sur une chaise, et il reste là, les bras croisés, pendant deux heures. Le fait est que l'ennui provoque à ce moment des réactions de violence chez les spectateurs qui vont même jusqu'aux sanglots. On peut aussi provoquer directement l'instinct sexuel ; par exemple, à Paris, on a interdit un happening parce qu'il y avait sur scène une femme entièrement nue couverte de crème fouettée dont on pouvait lécher la crème. D'autres fois, on fait appel à l'instinct de mort et à la violence : j'ai vu un happening où on égorgeait des coqs et où on projetait le sang sur le public — l'intérêt n'étant jamais d'ailleurs dans ce fait-là qui, lui, est partiellement prévu, parce que pour égorger des coqs il faut évidemment les avoir achetés, mais ce qui arrive vraiment, c'est la réaction du spectateur. Le premier temps est presque toujours le scandale, puis vient la division : pour et contre, avec le cortège des violences ; ensuite, dans certains cas, des sentiments plus profonds : la sexualité, ou la désinhibition sexuelle, le désir de mort, peu importe ; et enfin, une organisation réelle en groupe de l'ensemble des spectateurs et des acteurs. Par exemple, à Paris, un happening s'est transformé, on ne sait pas pourquoi, en manifestation contre la guerre au Vietnam, alors que les gens n'étaient pas du tout venus pour manifester.

En tant que tel, le happening est une réalité, il existe, il donne lieu effectivement à un certain type de défoulement : donc nous pouvons le considérer comme un fait. Le problème c'est plutôt : que devient la représentation comme appel à la libre imagination du spectateur ? Cette mise en condition par quelque chose de plus ou moins cruel, est-ce que ce n'est pas le contraire du théâtre, ou plutôt n'est-ce pas le moment où le théâtre explose ? La plupart du temps, en effet, le happening est une exploitation habile de la cruauté dont parlait Artaud. En France, Lebel[8] exerce un certain sadisme sur le public : ce dernier est abasourdi de lumières spasmodiques, de bruits insoutenables, aspergé d'objets divers qui sont en général salissants ; il faut aller à ces happenings avec de vieux vêtements. En somme, le public du happening a réagi à la torture. Pouvons-nous dire qu'ici nous avons franchi les limites de ce que contient l'idée, l'essence du théâtre ? Peter Brook, en Angleterre, a essayé de trouver un mixte, c'est-à-dire un moyen terme pour contenir le happening dans les limites de la représentation. C'est la pièce qu'il joue actuellement, qui s'appelle *US* dont le titre par lui-même est provocant parce qu'il veut dire « Nous », nous les Anglais, et « U.S. », les Américains, et dont le sujet lui-même, s'il y en a un, en tout cas le thème directeur, est également une provocation directe puisque c'est la guerre au Vietnam. Seule, cette pièce n'a aucune signification : on ne pourrait pas l'appeler pièce. Cette représentation doit se faire sur une scène devant un public, c'est une succession de scènes, paroles, et d'actes de violence sans autre lien qu'affectif, qui simplement dans leur confusion, s'inspirent de deux thèmes.

La première partie, c'est l'horreur de la guerre au Vietnam, tandis que la deuxième partie est plutôt consacrée à l'impuissance de la Gauche.

Ce qu'on voit n'est ni réel, puisque malgré tout ce sont des comédiens qui l'interprètent, ni irréel, puisque chaque mouvement ne renvoie qu'à la réalité de la guerre du Vietnam.

Et pourtant, c'est bien le réel qui agit sur le spectateur, puisque ce sont les bruits, les couleurs, les mouvements qui finissent par donner une certaine forme de transe, ou d'abrutissement, cela dépend des gens. Le spectateur n'est pas invité à se mêler à la représentation : il reste en partie tenu à distance. Il reçoit comme un « coup », ce mélange volontairement désordonné de sketches brisés, interrompus à l'instant où l'illusion va naître. Et, pour finir, il se trouve devant un événement réel, un vrai happening, quoique ce happening se renouvelle tous les soirs.

Quelqu'un sur la scène ouvre une boîte de papillons. Ils sortent, et une main armée d'un briquet ou d'une flamme les brûle. Ils brûlent vivants. C'est évidemment par allusion aux bonzes qui se sont enflammés et brûlés vifs à Saigon. Ce happening est happening parce qu'il arrive réellement quelque chose : il y a des bêtes qui meurent, et qui meurent dans des souffrances. Cependant ce n'est pas tout à fait un happening parce que le rideau se baisse et le spectateur, renvoyé à sa solitude, part avec un désespoir confus fait d'abrutissement, de haine et d'impuissance[9]. On ne conclut pas et d'ailleurs : qu'y a-t-il à conclure ? Il est vrai que la guerre du Vietnam est un crime. Il est vrai que la Gauche est parfaitement impuissante à agir. S'agit-il de théâtre ? C'est vraiment le niveau où la forme est intermédiaire, où l'on peut se dire « c'est du théâtre » ou « ce n'en est pas ». Disons en tout cas, que si c'est du théâtre, cette situation manifeste ce qu'on pourrait appeler aujourd'hui la crise de l'imaginaire au théâtre.

En effet, et dans la même perspective, il y a un peu partout cette étrange volonté contradictoire de présenter au public une fiction qui soit réalité. Ceux qui vont à ces spectacles sont conscients de ce qui se passe. Les essais de théâtre-document, comme ce *Procès Oppenheimer* qu'on a commencé à représenter chez vous et que Vilar a représenté chez nous[10] en sont un témoignage. Cette fois, il ne s'agit plus, comme dans les pièces historiques, de présenter une réalité transposée et reconstituée par la subjectivité d'un auteur. Il s'agit de répéter le procès lui-même et les mots que chacun a réellement prononcés à un moment.

Le résultat a été l'inverse de ce qui se produit dans le happening. Dans le happening, c'est finalement le réel qui absorbe l'imaginaire. Dans le cas du document, la réalité se transforme en imaginaire : c'est l'imaginaire qui mange la réalité. La preuve : la pièce, jouée ici en Allemagne, tout le monde le sait, et la pièce jouée par Vilar étaient deux pièces complètement différentes.

Pourquoi étaient-elles différentes ? Parce qu'elles reflétaient malgré tout la sensibilité des auteurs. C'est que ce procès Oppenheimer s'est déroulé pendant des jours et des jours : il a fallu faire une sélection des choses dites. La sélection, c'est précisément un travail d'auteur : c'est un choix, c'est une option, ça définit un caractère. Donc ce que nous avons vu et ce que vous avez vu n'a rien de commun avec la reproduction du procès Oppenheimer. C'était autre chose, et Oppenheimer lui-même devient fictif car nous, nous ne perdons jamais de vue Vilar : grand acteur de chez nous, connu, qui joue Oppenheimer. Du coup, Oppenheimer n'était pas un personnage réel : il devenait fictif, il devenait le rôle de Vilar. Il n'était pas visé comme un être réel parce que simplement Vilar parlait français et que le procès avait eu lieu en anglais. Nous savions tout cela. Toutes ces conventions que nous acceptons fort bien quand il s'agit du théâtre réel — où l'on voit des Anglais qui parlent entre eux et qui parlent français — cela va fort bien, c'est du théâtre. Mais à partir du moment où il s'agit de nous présenter le procès Oppenheimer, tous ces hommes qui parlent français alors qu'ils expriment une situation réelle, américaine, ces hommes irréalisent complètement la chose : il ne peut plus s'agir d'Anglais ou d'Américains. Ainsi avait-on une sorte d'illusion temporaire : en voyant l'objet, on se disait : « Voilà une contraction de procès, voilà un procès qui dure illusoirement quinze jours, en fait deux heures de représentation. » En vérité, le procès dans la pièce était plutôt une allusion symbolique au procès : le « chiffre » du procès, sa transposition dévoilant sa vérité abstraite, et non pas sa reconstitution réelle.

Ainsi, entre l'illusion théâtrale qui est absorbée ou mangée par l'action réelle et sadique sur le spectateur, comme dans le happening, et le réel qu'on représente comme dans le document, mais qui est mangé par l'illusion, nous voyons la crise de l'image.

En vérité, tout au fond du happening il y a un recours à l'image.

C'est qu'au fond, l'événement quel qu'il soit est symbolique d'autre chose : le réel sert à l'irréel. Je n'ai pas le temps de vous le montrer, mais en tout cas si nous retrouve plus tout à fait, entre eux ce sont des discours vides pleins de malaises. Mais ces discours renvoient expressément à une sous-conversation. C'est que derrière les mots vides, dans les moments de leur silence, il y a cette parole inaudible : « Je sais que tu ne m'aimes plus, mais cela n'est pas vrai. J'ai besoin d'un peu de temps, peut-être qu'en effet je t'aime moins, d'ailleurs toi aussi », etc. Toute cette conversation, pour n'être pas dite était entièrement présente, comme une sursignification verbale des paroles entendues, comme leur clef, comme leur véritable sens.

Ainsi le théâtre du silence, c'était le panverbalisme, la conquête totale du monde théâtral par le verbe. Le silence n'était plus le hasard : on s'arrête parce qu'on n'a plus rien à dire ou parce qu'on tousse, ou parce qu'on attend la réponse de l'autre. Le silence consistait à mimer verbalement un contenu verbal. Se taire c'était aller au paroxysme de la conversation, au moment où le conflit est pleinement réalisé. Bref, autour des années 1950, on peut dire que le théâtre avait fait son « plein » verbal. C'est-à-dire que tout était dans le langage. D'une certaine manière, il n'y avait nullement besoin de décors, et effectivement beaucoup d'auteurs et de metteurs en scène se passaient de décors, puisque le décor n'est que l'illustration de ce qui est dit. Le langage de Shakespeare, par exemple, nous renseigne toujours sur le monde extérieur. C'est pourquoi il est complètement inutile de mettre le soleil, de produire des éclairs quand il indique « éclair », « tonnerre » : parce que c'est dit, c'est représenté ! L'élément visuel devient inutile à cause de la force de l'élément verbal. Bien sûr il y a des significations muettes au théâtre, il y a des gestes — quand il faut tuer au théâtre, il faut bien tuer — mais tout cela (gestes, défilés, couleurs, bruits parfois) n'a été dans le théâtre du verbe qu'un accompagnement : en soi-même, le théâtre était censé tout dire. C'est pour cette raison que la mise en scène moderne a été la plus encline à supprimer le décor. Barrault remplaçait l'objet par une pantomime qui le faisait naître, et disparaître, quand la pantomime disparaissait. Il estimait que c'était bien suffisant. Dans une adaptation d'un roman au théâtre[12], une scène l'obligeait à rentrer chez lui, à passer devant la loge de sa concierge et à monter jusqu'au troisième pour entrer dans sa chambre. Il est bien évident qu'une fois dans sa chambre, la loge de concierge et l'escalier deviennent complètement inutiles et, par conséquent, inertes, gênants. Une pantomime de paroles à la concierge non visible, une pantomime mimée de l'ascension de l'escalier : cela est largement suffisant. Le monde est livré à la mimique et en même temps exprimé par le théâtre. Mais justement le nouveau théâtre naît aussi d'un conflit autour du verbe. De fait, la souveraineté du verbe au théâtre accentue l'imaginaire : mimés, parlés, l'arbre, la pluie ou la lune n'existent plus que comme visées complètement irréelles. Elles perdent toute possibilité d'agir physiquement et réellement sur les dispositions actives du spectateur.

Or précisément, chez Artaud, qui cherchait les moyens d'atteindre le spectateur au plus profond de lui-même par des conditionnements réels (des sons, des lumières étudiés), il va de soi que dès ses premiers écrits sur le théâtre, il assignera au langage une fonction secondaire. Dans son « Théâtre de la cruauté[13] », il déclare qu'il usera des mots, non tant pour leur valeur significative que pour leur charge réelle. Si je raconte, comme le fait Corneille, le meurtre de Pompée sur scène, je diminue la charge affective des mots parce que je la dilue dans une histoire imaginaire. Selon Artaud, quand un mot avec charge et force est dit à sa juste place, sous un certain éclairage, par une certaine voix, produit par association libre d'un ensemble verbal non signifiant — le mot de meurtre, le mot de mère ou de sang, un mot sexuel —, cela peut directement atteindre le spectateur et faire surgir en pleine lumière, comme dans la cure psychanalytique, son organisation verbale inconsciente. Cette position envers le langage est extrême. Entre le théâtre de Claudel, qui se glorifie d'être en somme l'organisation de la « poussière intelligible », comme il dit, et l'attitude d'Artaud qui subordonne la parole à l'action réelle, il y a contradiction franche.

Le théâtre contemporain offre, à cause de soucis un peu différents, des solutions mixtes. L'origine de cela, c'est sans doute cette lente conviction qui a pénétré les gens, que, comme dit Lacan, « l'inconscient freudien est structuré comme un langage ». En somme, ils partent, plus ou moins explicitement, de la même idée qu'Artaud, mais la conception du langage comme « figure masquée de notre destin » se fait de plus en plus forte. Il faudrait dire que pour beaucoup d'auteurs contemporains, la phrase de Heidegger, qu'ils la connaissent ou non, semblerait vraie : « *L'homme se comporte comme s'il était le créateur et le maître du langage, alors que c'est le langage, au contraire, qui est et qui demeure son souverain.* » Remplaçons « homme » par « personnage » et nous comprendrons de nombreuses tentatives du théâtre actuel. Dans le théâtre du discours, même si le personnage ne dit pas tout, même si la conversation renvoie à une sous-conversation, l'auteur se comporte comme si ses héros et lui-même étaient maîtres du langage. Ils disent et sous-entendent ce qu'ils veulent exprimer consciemment. Mais si, comme beaucoup de gens le pensent, le langage est maître de l'homme, s'il constitue sa personne et son destin, si les lois du langage, au lieu d'être des recettes pratiques pour communiquer, pour exprimer des idées, apparaissent, à la manière des lois physiques, comme des nécessités préhumaines et constitutives de l'homme, alors l'homme de théâtre ne considérera plus le discours comme l'instrument royal dont le héros use en toute liberté, mais, tout au contraire, il voudra le montrer comme le maître de l'homme. Cela suffit à changer la signification et la valeur de la prose théâtrale. Pour Ionesco et pour ceux qui le suivent, le langage est capital et il n'est plus du tout le moyen que le héros choisit pour s'exprimer. Il s'agit, au contraire, de le montrer comme se développant, inhumain, à travers l'homme, lui imposant ses lois en dépit des efforts du parleur pour signifier quelque chose, lui prenant ses significations et le poussant, par la simple puissance verbale, à des actes qu'il n'avait nulle intention de commettre et qui seront simplement constitués au fur et à mesure que la parole se constitue pour le désigner d'avance. Dans *La Leçon*[14], le professeur au terme de son discours assassine son élève, ce qui n'était certes pas dans ses intentions au début. Donc, dans les premières pièces d'Ionesco, le langage est le héros : c'est le personnage principal. Il est roi, dans la mesure justement où ce théâtre détrône l'homme. Il s'agit donc de pièces de langage, mais vous voyez combien il se différencie des pièces de Claudel. Il y a encore des personnages, des personnages imaginaires, mais intentionnellement falots, car ils ne sont rien que ce qui se dit à travers eux et par eux.

Le théâtre perd son anthropomorphisme, il met en œuvre ce qu'on appelle aujourd'hui dans une certaine littérature en France : un décentrement du sujet.

Nous n'avons plus qu'un objet tout seul et tout vivant devant nous : le langage, le discours. Cet objet est-il réel, ou imaginaire ? Sommes-nous du côté de l'acte d'Artaud ou du mirage verbal de Genet ? En réalité tout se présente chez Ionesco comme une solution intermédiaire. Il cherche à dévoiler le langage en le faisant se parler seul. Mais du même coup, il le pousse à l'absurdité, en même temps que cette absurdité se révèle logique. Donc, il dénonce le langage comme inhumain. Par exemple, la première tirade de *La Cantatrice chauve*[15] : une femme énonce ce qu'elle a mangé, parle de plats anglais qu'elle a mangés — puisqu'elle est anglaise et en Angleterre ; dit qu'elle a mangé de la sauce anglaise et termine en disant : nous avons bu de l'eau anglaise. Or, il est bien évident que c'est à la fois parfaitement logique, puisque dans l'énumération tous les plats ont été dits en anglais — ajoutons donc de l'eau anglaise ! —, et parfaitement absurde, car bien qu'elle soit en Angleterre, cette eau est considérée comme un élément universel. Cette manière dont le langage se continue, se pousse par sa logique à l'absurde à travers la femme, contribue à irréaliser le langage, c'est-à-dire à nous montrer, par l'exagération et par un langage irréel, que le vrai langage, c'est-à-dire, le même mais non exagéré, contribue entièrement à l'asservissement de l'homme.

Le théâtre de l'immédiat, le théâtre classique transformé en théâtre de la bourgeoisie, contenait en lui des contradictions dont il n'était pas conscient. Pour cette raison, les pièces différaient par leur contenu, mais se référaient toutes à une même forme de théâtre : la comédie, la tragédie, le drame, le mélodrame, etc. Le théâtre nouveau, le théâtre critique ayant découvert des contradictions du genre : cérémonies répétitives/événements singuliers/envoûtements par les mêmes mirages/conditionnements réels par un acte/glorification de l'imaginaire/sadisme de la réalité/maîtrise du langage par l'homme et panverbalisme/langage-destin de l'homme ou simple moyen toujours traître d'une subjectivité conditionnée, les auteurs qui s'y rattachent, diffèrent non plus seulement par leur contenu, mais avant tout par les termes de la contradiction pour lesquels ils ont opté. Est-ce à dire que le théâtre se décompose ? Non, mais qu'il s'examine et s'approfondit.

Loin que la désagrégation d'une formule nouvelle exprime une désagrégation et un éparpillement désordonnés, elle représente l'unité dialectique des contradictions réelles d'un art. Si on les tient toutes ensemble sous le regard, si l'on prend la somme des pièces contemporaines qui les représentent, nous avons en fait tout le théâtre, mais non pas tout le théâtre avec l'obscure contradiction qu'il cache, mais tout le théâtre comme processus dialectique qui unit et progresse par ses contradictions, et qui peut, à n'importe quel moment, reconstituer l'unité intégrée par l'apparition d'une œuvre née de ses contradictions et qui les dépasse. Du reste, si nous considérons l'ensemble des pièces du théâtre nouveau, nous constatons qu'elles ont plusieurs caractères en commun : ces caractères sont négatifs, ce sont des refus sans doute, mais des refus dont nous pouvons tirer, je crois, le pressentiment d'une unité future. Il y a trois refus essentiels dans le théâtre contemporain : le refus de la psychologie, le refus de l'intrigue, le refus de tout réalisme.

Tous ces auteurs ont les mêmes raisons pour refuser ces trois caractères. Par le refus de la psychologie, ils refusent le règne de la bourgeoisie, parce que le théâtre psychologique est au fond un théâtre idéologique qui signifie que ce ne sont pas les conditions historiques et sociales qui font l'homme, qu'il y a un déterminisme psychologique et une nature humaine qui est partout la même. C'est ce que refusent tous ces auteurs, politiques ou apolitiques, simplement parce qu'ils estiment que c'est le fondamental qui compte : que ce soit le langage, que ce soit l'être-dans-le-monde, que ce soit le social au sens le plus profond, et que ce n'est pas le jeu verbal de la psychologie. Il y a le refus de la psychologie, et par conséquent le désir, que ce soit par l'imaginaire ou que ce soit par la brutalité réelle, de s'adresser à nos vraies forces profondes.

Tous les auteurs que j'ai cités, loin de craindre le scandale, veulent le provoquer sciemment, car le scandale doit amener un certain défoulement. Je crois que Beckett a parlé pour tous, le jour où, ayant donné sa pièce *En attendant Godot*[16] au théâtre, et ayant entendu la salle de la générale applaudir à tout rompre, il s'est dit : « Mon Dieu, on a dû se tromper, ce n'est pas possible, ils applaudissent ! » Car effectivement, pour tous ces auteurs, qu'ils croient en l'imaginaire ou en la réalité, tous déclarent que l'adhésion ne doit venir qu'après le scandale.

Pour cette raison même, ils refusent les commodités de l'intrigue. Il n'y a plus d'intrigue au sens : petite histoire anecdotique bien construite avec développement, un milieu et une fin ; il n'y en a plus parce qu'ils estiment que c'est divertir, détourner l'attention du spectateur de l'essentiel. L'intrigue avait pour but de plaire. Ils ne veulent pas plaire, ils veulent un sujet, c'est-à-dire un ensemble qui se développe et non pas, à l'intérieur d'une histoire, des recettes qui permettent de construire une anecdote. Ils ne veulent pas renoncer à toute construction, mais ils veulent construire rigoureusement le sujet : leur construction porte essentiellement sur la temporalité qui est la matière théâtrale. Leur but n'est pas de raconter une historiette, mais de construire un objet temporel dans lequel le temps, par ses contradictions, par ses structurations, mettra en relief d'une façon saisissante ce qui est proprement le sujet. Enfin, ils refusent le réalisme simplement parce que le réalisme au fond c'est toute une philosophie dont ils ne veulent pas. C'est d'abord une philosophie qui leur paraît bourgeoise, et ensuite c'est l'idée que la réalité est réaliste. Or en vérité, la réalité est réaliste au niveau des conversations. Autrement dit, nous sommes adaptés au réel quand nous causons de choses insignifiantes. Au niveau où ils veulent se placer, qui est pour tous (qu'il soit comique, tragique ou grinçant) le niveau des forces souterraines ou, si vous préférez, le niveau de l'aventure humaine, à ce niveau-là, les termes essentiels de l'aventure humaine ne sont plus réalistes, parce que nous ne pouvons plus les saisir réellement. Nous ne pouvons pas saisir une mort, nous sommes toujours incapables de penser la mort, même si par ailleurs nous sommes parfaitement convaincus, comme je le suis, qu'il s'agit d'un processus d'ordre purement biologique, car, même ainsi, la brusque absence, le dialogue interrompu, c'est une chose qui n'est pas réalisable. En conséquence, quand on veut parler de la vie, ce n'est pas en réaliste qu'on peut en parler. Et si on veut parler de la naissance, de notre naissance, chose que nous n'avons jamais vécue, et qui cependant nous a faits ce que nous sommes, là encore le réalisme ne signifie rien car nous ne pouvons pas réaliser notre naissance.

Ces trois refus du monde manifestent que le théâtre nouveau n'a rien d'absurde, mais que, par la critique, il revient au grand thème fondamental de la théâtralité qui est au fond, l'homme comme événement, l'homme comme Histoire dans l'événement.

NOTES

1. Cf. Geneviève Serreau : *Histoire du « nouveau théâtre »*, Gallimard, « Idées », n° 104, 1966, que Sartre a lu pour préparer sa conférence.
2. La pièce a été créée à Paris en 1959 au Théâtre de Lutèce par la Compagnie africaine d'art dramatique Les Griots, mise en scène de Roger Blin.
3. Artaud a fondé à Paris, avec Roger Vitrac, le Théâtre Alfred Jarry en 1926 et l'a dirigé jusqu'en 1928. Il y a monté un acte du *Partage de Midi* de Claudel, *Les Mystères de l'amour* et *Victor ou les Enfants au pouvoir* de Vitrac, *La Mère* de Gorki et *Le Songe* de Strindberg (ce dernier spectacle ayant été perturbé à la création par André Breton et le groupe surréaliste, contre qui Artaud fit appeler la police).
4. Cf. « Théâtre Alfred Jarry (Saison 1928) », in *Œuvres complètes*, II, Gallimard, 1961, p. 27.
5. La citation complète est : « Une mise en scène du Théâtre Alfred Jarry sera passionnante comme un jeu, comme une partie de cartes à laquelle tous les spectateurs participeraient. » *Op. cit.*, p. 28.
6. La pièce a été représentée à Paris au Théâtre du Gymnase en 1960, mise en scène de Peter Brook.
7. Coll. « Idées », Gallimard, p. 144-145.
8. Jean-Jacques Lebel a été le principal artisan de l'introduction du « happening » en France. Voir son livre, *Le Happening*, Denoël, « Lettres nouvelles », 1966.
9. En réalité, lors des représentations de *US* par la Royal Shakespeare Company (Peter Brook) à l'Aldwych Theater de Londres en 1966, le rideau ne se baissait pas : les acteurs se figeaient et regardaient le public, qui finissait par quitter la salle dans le malaise alors que les comédiens restaient en scène. Sartre n'a pas assisté lui-même à ce spectacle et se fonde pour sa description sur un récit qu'on lui en a fait.
10. *Le Dossier Oppenheimer* a été monté par Jean Vilar à l'Athénée-Théâtre Vivant en 1965.
11. Jean-Jacques Bernard, fils de Tristan Bernard, a été, avec *Le Feu qui reprend mal* (1921) et surtout *Martine* (1922), l'initiateur et le principal représentant du « théâtre du silence », dénomination à laquelle il préférait celle de « théâtre de l'inexprimé ». Inspiré par les théories freudiennes, il tentait de faire exprimer leurs sentiments à ses personnages seulement de manière indirecte. Le résultat, dans le meilleur des cas, s'apparentait à Tchekhov.
12. Il s'agit de *La Faim*, roman de Knut Hamsun, que Jean-Louis Barrault a adapté pour la scène et joué à l'Atelier en 1938.

13. Voir *Le Théâtre et son double*.
14. Créée par Marcel Cuvelier au Théâtre de Poche en 1951.
15. Créée par Nicolas Bataille au Théâtre des Noctambules en 1950.
16. Voir ci-dessus note 12, p. 164.

L'ACTEUR

> Dans *L'Idiot de la famille* (tome I), Sartre, pour comprendre un des moments de la genèse de Flaubert écrivain, est amené à tirer au clair le statut existentiel de l'acteur. Nous reproduisons ici quatre fragments qui constituent une redéfinition originale du « paradoxe du comédien », déjà entreprise par Sartre avec son adaptation de *Kean*.

[...] Les pièces de théâtre comportent beaucoup d'affirmations ; les personnages peuvent se tromper, affirmer par passion, truquer leurs évidences, n'importe : ils voient et disent ce qu'ils voient, la démarche tout entière est un acte. Or, après de nombreuses répétitions, j'ai constaté que la plupart des acteurs sont incapables sur scène de *représenter* la conduite affirmative. Les mêmes, à la ville, affirment ou nient aussi souvent que leurs spectateurs c'est-à-dire à chaque instant. Dès qu'ils jouent, l'action cède la place à la passion. Écoutez-les : ils souffrent ce qu'ils disent ; s'ils doivent convaincre, ils mettront tout en œuvre — la chaleur du ton, l'impétuosité, la violence sauvage du désir ou de la haine — sauf la certitude du jugement fondé sur l'évidence. Celui-ci, quand on l'exprime, est une invite à la réciprocité ; libre, il s'adresse à la liberté d'autrui ; mais l'acteur veut persuader *par contagion*. À peine a-t-il dit : « Le temps s'est gâté », nous savons déjà que nous entrons dans le monde des pleurs et des grincements de dents : il ne *sait* pas que le temps s'est gâté ; à ce qu'il semble, il sent je ne sais quelle tristesse dans ses os qui lui arrache cette phrase comme un cri. Et cette étrange conduite n'a qu'une explication : toute œuvre dramatique est fantasmagorie ; le comédien, si profondément engagé qu'il soit dans son rôle, ne perd jamais tout à fait conscience de l'irréalité de son personnage. Bien sûr, après le spectacle, il lui arrivera de dire que la pièce est vraie ; peut-être même aura-t-il raison. Mais cette vérité-là est d'une autre espèce : elle concerne l'intention profonde de l'auteur et la réalité qu'il a visée à travers ces images ; bref, *Hamlet*, pièce de Shakespeare, prise comme un tout, livre une vérité ; Hamlet, héros de la pièce, est un fantasme. Et quelle que soit l'opinion de l'acteur sur le sens profond du drame, son office est de reproduire mot par mot, geste par geste, la totalité de l'œuvre : cela signifie qu'il se meut dans un univers imaginaire, vrai, peut-être, dans son ensemble mais, dans le détail, privé de vérité. Elle est là, pourtant, la Vérité, le mot est prononcé dans la pièce : on dévoile au public l'erreur de tel protagoniste, le mensonge de tel autre. Mais de quoi s'agit-il sinon d'*imiter* la sottise de l'un et les fourberies de l'autre ? Inversement l'affirmation, la certitude, l'évidence ne paraissent jamais sur la scène : nous n'en voyons que des imitations plus ou moins réussies. En vérité, *toujours manquées* : on ne peut fournir du *Fiat*[1] qu'une image dégradée. Le talent du comédien n'est pas en cause : c'est le matériau qui est mauvais. Puisque la *praxis* est rigoureusement bannie de toute représentation, on remplacera la fermeté volontaire par les emportements de la sensibilité : en d'autres termes on la peindra par son contraire. Qu'un prince dise : je suis prince, c'est un acte ; mais Kean, s'il se déclare prince de Danemark, c'est une passion soutenant un geste. Le discours théâtral n'offre pas de prise aux actes verbaux ; la parole apprise s'écoule sans pouvoir ni les susciter ni les accueillir : Kean n'est pas Hamlet, il le sait, il sait que nous le savons. Que peut-il faire ? Le démontrer ? Impossible : avant même d'être fournie, la preuve s'intègre à l'ensemble imaginaire. Hamlet peut convaincre, s'il veut, les fossoyeurs, des soldats rencontrés sur sa route ; il ne nous convaincra jamais. Le seul moyen de faire que *par nous* la pièce existe, c'est de nous en infecter. Contagion affective : l'acteur nous investit, nous pénètre, suscite nos passions par ses passions feintes, nous attire dans son personnage et gouverne notre cœur par le sien ; plus nous nous serons identifiés à lui, plus nous serons près de partager sa croyance — encore la nôtre demeure-t-elle imaginaire : ressentie mais neutralisée. De toute manière, c'est *croire*, rien de plus. Et le comédien n'essaiera pas d'abandonner le registre pathétique — qui est également celui de la Foi — car il ne resterait rien qu'un intérêt glacé. C'est à ce point que les phrases ou les tirades qui portent sur l'universel et, par conséquent, peuvent nous concerner directement, l'acteur éprouvé se gardera de les dire comme des vérités. Le monologue d'Hamlet, méditation sombre et pause intérieure, rumination perplexe d'idées fixes, incertitudes remâchées, éclairs d'évidences, devrait, pour être exact, se murmurer : voix monotone, blanche, sans intonation ; c'est qu'il *dit* ses passions ; il a pris la distance réflexive. Et ses soucis sont les nôtres : la vie, la mort, l'action, le suicide. Tout est généralité : être ou ne pas être ? qui pose la question ? N'importe qui, si l'on n'en juge que par les mots. Donc *moi*, dans ma réalité présente. Mais si, fût-ce un instant, les doutes et les raisonnements se donnent dans leur universalité, pour un sermon qui me vise ou pour une réflexion commune des hommes sur leur condition, tout croule, comme au cinéma lorsqu'un acteur tourne brusquement son regard vers la salle et paraît nous regarder. L'*acte* — le regard en est un — déchire la fiction ; Hamlet meurt ; reste un homme en pourpoint qui nous apporte un message de Shakespeare. Par cette raison, chaque interprète s'efforce de *singulariser* le monologue, son office est de nous cacher que ces mots pourraient s'adresser à nous : il cherche à nous contenir dans le personnage, à nous emprisonner dans le monde de la croyance ; non, non : pas la moindre vérité en tout cela — ou, s'il en est une, vous attendrez la fin de la pièce pour la trouver —, des tourments, rien d'autre ; et qui ne vous concernent guère : qu'avez-vous de commun avec ce prince danois vu par un Anglais du xviie siècle ? Les phrases que vous entendez ne sont pas même des constatations subjectives, le témoignage d'une courageuse lucidité : elles jaillissent spasmodiquement de douleurs *subies* comme le sang jaillit d'une plaie ; pour tout dire, elles incarnent les tourments d'Hamlet beaucoup plus qu'elles ne visent à les exprimer. Donc le monologue sera *joué* : heureux si le prince ne se roule pas sur les planches ou s'il nous épargne ses sanglots. Quand l'acteur connaît son métier, nous restons prisonniers d'Hamlet jusqu'à la tombée du rideau. Prisonniers de la croyance : c'est elle qui nous masque en pleine lumière le caractère universel des vérités que l'auteur nous lance comme des flèches ; croire c'est ne pas agir : la paralysie nous retient d'aller à la rencontre de ces idées qui volent ; il n'a fallu que les *subir* pour ne pas y reconnaître cette praxis : une pensée. Quant à l'interprète, il n'a pas eu besoin de réfléchir : il entre dans la croyance à la première réplique, il en sort à la dernière, parfois un peu après ; il ne pense rien, il sent. La pensée est-elle — on l'a dit souvent — nuisible au comédien ? C'est pis : dans l'exercice de son métier, répétitions comprises, elle lui est impossible. Et voilà pourquoi les meilleurs disent si mal les répliques affirmatives ; rien n'est su, tout est cru, tout est doublement aliéné : à l'auteur qui impose librement le texte, les croyances, les passions, au public qui peut soutenir leur foi et la porter aux extrêmes ou lâcher tout d'un coup et s'éveiller seul devant des somnambules horrifiés. [...]

[...] Nul ne peut jouer la comédie sans se laisser ronger tout entier et publiquement par l'imaginaire.

L'acte imageant, pris dans sa généralité, est celui d'une conscience qui vise un objet absent ou inexistant à travers une certaine réalité que j'ai nommée ailleurs[2] *analogon* et qui fonctionne non comme un signe mais comme un symbole c'est-à-dire comme la matérialisation de l'objet visé. Matérialiser ne signifie pas ici *réaliser* mais au contraire irréaliser le matériau par la fonction qu'on lui assigne. Lorsque je regarde un portrait, la toile, les taches de couleur séchées, le cadre lui-même constituent l'*analogon* de l'objet, c'est-à-dire de l'homme aujourd'hui mort qui a servi de modèle au peintre et, en même temps, dans une indissoluble unité, de l'œuvre, c'est-à-dire de la totalisation intentionnelle des apparences ramassées autour de ce visage célèbre. Quand il s'agit de ce qu'on appelle improprement des « images mentales », l'intention imageante traite en *analogon* des déterminations partielles de mon corps (phosphènes, mouvements des yeux, des doigts, bruit de mon souffle) et, par là, je suis partiellement irréalisé :

mon organisme reste l'existant réel qui décroche de l'être sur *un seul point**. Il en est tout autrement lorsqu'il s'agit d'un acteur : celui-ci vise à manifester un objet absent ou fictif à travers la totalité de son individu : il se traite lui-même comme le peintre fait sa toile et sa palette. Kean marchant sur la scène de Drury Lane prête sa marche à Hamlet : son déplacement réel du « côté ville » au « côté cour » disparaît, nul ne le perçoit plus et d'ailleurs** ; prises comme telles, les allées et venues de ce petit homme nerveux n'ont aucun sens et pas d'autre but concevable que d'user ses souliers. Mais elles sont absorbées, pour le public et pour Kean lui-même, par la promenade du prince d'Elseneur qui déambule en soliloquant. Ainsi des gestes, de la voix, du physique de l'acteur. La perception du spectateur s'irréalise en imagination : il n'observe pas les tics, la démarche, le « style » de Kean ; il se figure qu'il observe ceux de l'imaginaire Hamlet. Diderot a raison : l'acteur n'éprouve pas réellement les sentiments de son personnage ; mais ce serait un tort de supposer qu'il les exprime de sang-froid : la vérité, c'est qu'il les éprouve *irréellement*. Entendons que ses affections réelles — le trac, par exemple : on « joue sur son trac » — lui servent d'*analogon*, il vise à travers elles les passions qu'il doit exprimer. La technique du comédien ne repose pas sur la connaissance exacte de son corps et des muscles qu'il faut contracter pour exprimer telle ou telle émotion : elle consiste avant tout — plus complexe et moins conceptualisée — dans l'utilisa-

---

* En un autre sens, pourtant, l'irréalisation doit être tenue pour totale en chaque cas. Mais ce n'est pas ce qui compte ici. (Les notes précédées d'un astérisque sont de Sartre.)
** On a compris : le souci général de *rendre* Hamlet finit par devenir obsessionnel en sorte que toute circonstance de la vie réelle est saisie comme un motif de déréalisation.

tion de cet *analogon* en fonction de l'émotion imaginaire qu'il doit fictivement éprouver. Ressentir dans l'irréel, en effet, ce n'est pas *ne point ressentir* mais se tromper à dessein sur le sens de ce qui est ressenti : il garde la certitude étouffée de n'être pas Hamlet dans le moment même qu'il se *montre* Hamlet publiquement et qu'il est obligé, *pour la montre*, de se persuader qu'il l'est. L'adhésion des spectateurs lui apporte, à ce sujet, une confirmation ambiguë : d'une part, elle consolide la matérialisation de l'irréel en la socialisant (« Que va-t-il arriver ? *Que fera le prince* après ce nouveau coup du sort ? ») ; d'autre part, elle renvoie l'interprète à lui-même : il tient la salle en haleine et sait qu'on l'applaudira tout à l'heure. Mais de cette ambiguïté même, il tire un nouvel enthousiasme qui lui sert à son tour d'*analogon* affectif*. Au reste un rôle comporte toujours des automatismes (habitudes acquises pendant les répétitions) contrôlés par une vigilance sans défaut et qui, pourtant, attendus, inattendus, se déclenchent à point nommé, le surprennent et s'irréalisent sans peine en spontanéité imaginaire pourvu qu'il sache les diriger en s'y abandonnant. Et c'est la vigilance qui lui permet de dire, au baisser du rideau : « J'étais mauvais, ce soir » ou bien « J'étais bon », mais ces jugements s'appliquent *à la fois* à Kean, l'individu de chair et d'os qui a pour fonction de divertir, et à un Hamlet qui le dévore et qui, d'un jour à l'autre, sera plus ou moins profond ou plus ou moins médiocre. Ainsi, pour l'acteur véritable, chaque personnage

* Je ne prétends pas que l'irréalisation soit continue. Il suffit d'un rien pour qu'elle cède la place au cynisme (fous rires sur la scène, *aparté* avec sa partenaire à la barbe du public, etc.), mais il n'en faut pas plus pour passer du cynisme à l'exaltation et à l'exploitation irréalisante de celle-ci. C'est que tout se passe dans le cadre d'un projet général d'irréalisation dans lequel les retours du réel sont de simples incidents de parcours.

nouveau devient une *imago* provisoire, un parasite qui, même en dehors des représentations, vit en symbiose avec lui et, parfois, à la ville, au cours de ses activités quotidiennes, l'irréalise en lui dictant ses attitudes*. Ce qui le défend le plus efficacement contre la folie, c'est moins ses certitudes intimes — il est peu réflexif et si son rôle exige qu'il s'élève jusqu'à la réflexion, son Ego réel sert lui aussi d'*analogon* à l'être imaginaire qu'il incarne — que la désespérante conviction que le personnage lui prend tout et ne lui donne rien : Kean peut offrir *son être* à Hamlet, celui-ci ne lui prêtera jamais le sien : Kean *est* Hamlet, frénétiquement, entièrement, à *corps perdu* mais sans réciprocité, c'est-à-dire à cette réserve près qu'Hamlet *n'est pas* Kean. C'est dire que le comédien se sacrifie pour qu'une *apparence* existe et qu'il se fait, par option, le soutien du non-être.

Cela ne permet pas de dire *a priori* que l'acteur a choisi l'irréalité pour elle-même. Il peut avoir voulu mentir pour être vrai comme font les comédiens formés par Stanislavsky et ses épigones — encore que ce désir même soit suspect. En tout cas, on ne peut, sans connaître le détail de sa vie, décider de son option fondamentale. Cependant, même « réaliste », son choix, beaucoup plus nettement que ceux de l'écrivain ou de l'artiste, implique une certaine pré-

---

* Ce qui le soutient dans son effort, et peut-être sans effort, irréalisé, c'est sa « mise en place » — ensemble de positions, de mouvements et d'attitudes indiqués par l'auteur ou le régisseur. On entend souvent un interprète, au cours de répétitions, dire qu'il ne *sent* pas l'indication qui lui est fournie : « Jouer ça assis ? Dire ça en remontant vers le fond ? Non, mon vieux, je *ne le sens pas*. » Le *sentiment* — l'attitude aidant la parole — représente ici une médiation entre les sensations réelles (kinesthésie, cœnesthésie, postures) et leur exploitation par l'imaginaire : s'il se lève pour parler, ce brusque jaillissement hors du fauteuil le disposera dans l'irréel à sentir l'indignation qui a fait sauter le personnage sur ses pieds.

férence pour l'irréalisation totale. Le matériau du sculpteur est dehors, dans le monde ; c'est ce bloc de marbre que son ciseau irréalise ; celui du romancier, c'est le langage, ces signes qu'il trace sur la feuille : l'un et l'autre peuvent prétendre qu'ils travaillent sans cesser d'être eux-mêmes*. L'acteur ne le peut pas : son matériau, c'est sa personne, son but : être irréellement un autre. Bien sûr, chacun joue à être ce qu'il est. Mais Kean, lui, joue à être ce qu'il n'est pas et ce qu'il sait ne pas pouvoir être. Ainsi recommence-t-il chaque soir une métamorphose dont il sait qu'elle s'arrêtera en cours de route, toujours au même point. Et c'est de cet inachèvement même qu'il tire sa fierté : comment l'admirerait-on d'« être » si bien le personnage si tout le monde, précisément, à commencer par lui-même, ne savait qu'il ne l'était point. Donc il ne peut être donné à tous de faire carrière sur les planches : la condition fondamentale n'est pas le talent ou les dispositions mais une certaine relation *constituée* entre le réel et l'irréalité, sans laquelle le comédien ne s'aviserait même pas de subordonner l'être au non-être. [...]

[...] Une statue, c'est une femme imaginaire : cette Vénus n'est pas, n'a jamais été. Mais le marbre existe comme *analogon* de la déesse : et comment distinguer la beauté, la pureté de la matière de cette forme qui la vampirise ? Et le sculpteur existe ou a existé, qui l'a conçue et réalisée par son ciseau au prix d'efforts bien réels. Bref Vénus n'est pas mais la statue existe : on la connaît, on l'apprécie, elle a un prix défini, quelqu'un ou quelque organisme la possède ; veut-on l'envoyer en pays étranger pour exposer les œuvres de son auteur, on connaît son poids, sa fragi-

* Nous ne tarderons pas à voir que, chez Gustave, cela n'est pas vrai.

lité, on prendra des mesures pratiques. J'appelle cet étrange objet pour la première fois ici d'un nom que nous retrouverons souvent par la suite, centre réel et permanent d'irréalisation. De fait s'il a un être individué, s'il n'est pas demeuré pierre dans les montagnes de Carrare, c'est qu'on lui a donné la fonction de figurer un certain non-être ; mais inversement, dès lors que ce non-être en tant que tel est reconnu comme détermination de l'imaginaire social, l'objet tout entier est *institué dans son être* : la société lui reconnaît donc une vérité ontologique dans la mesure où l'être de cet objet est considéré comme incitation permanente à se déréaliser en irréalisant ce marbre en Vénus. L'objet est support de l'irréalisation mais l'irréalisation lui donne sa nécessité parce qu'il faut qu'il soit pour qu'elle ait lieu. Ici, loin que l'imaginaire soit fuite, vague, sans contours, il a lui-même la force, l'impénétrabilité et les limites du morceau de marbre. L'être compact et inerte de la pierre est là pour se déréaliser publiquement en déréalisant ceux qui le regardent ; mais du coup quelque chose de sa consistance immuable et de sa radieuse inertie passe dans la Vénus ou la Pietà ; la femme de pierre, c'est l'idéal de l'Être : la figuration d'un pour-soi qui serait comme le rêve de l'en-soi. Ainsi la pierre sculptée, minéral indispensable à une irréalisation en commun possède sans doute le *maximum d'être* si nous pensons que dans l'intersubjectivité sociale l'*être* est l'être-pour-autrui quand il est institué.

J'ai pris mon exemple au plus simple : l'être, ici, c'est le pratico-inerte de l'imaginaire ; un impénétrable à demi clos, reconnu de tous, une marchandise avec au centre une fuite *déterminée* et fixe ; une fonction, une valeur, une exigence. Mais c'était pour en venir au statut de l'acteur. Ce qui complique les choses, ici, c'est que l'acteur n'est point un bout de matière inorganique qui a absorbé du travail humain mais un homme vivant et pensant dont l'irréalisation, chaque soir, est un dosage imprévisible de répétitions et d'invention : au pis, il approche de l'automate, au mieux il dépasse les habitudes acquises en « essayant » un effet. N'importe : il ressemble à la statue en ceci qu'il est centre permanent, réel et reconnu d'irréalisation (la permanence étant ici perpétuel recommencement plutôt qu'inerte subsistance). Il se mobilise et s'engage tout entier pour que sa personne réelle devienne l'*analogon* d'un imaginaire qui se nomme Titus, Harpagon ou Ruy Blas. Bref, chaque soir, il se déréalise pour entraîner cinq cents personnes dans une irréalisation collective. La différence qui le sépare du petit Gustave qui, lui aussi, s'irréalise à longueur de journée, c'est que celui-ci le fait à l'aveuglette, sous l'influence de pulsions qu'il ignore et qu'il prend à la fois pour des hasards et une inspiration maligne ; en outre l'enfant se perd : telle qu'il la pratique, l'imagination fuse dans le non-être, c'est une décompression d'être, d'autant qu'il opère *sans mandat* ; vague et floue, en dépit de certaines redites, cette irréalisation ne revient pas sur lui comme un *office* ; il ne sait même pas qu'en se donnant en spectacle, il invite les autres ou à le démasquer ou à s'irréaliser avec lui : de fait, nous le savons, il joue pour que l'irréel — c'est-à-dire l'apparence — soit *ici* le paraître et là-bas, l'être irrécupérable contre lequel il ne cesse de se prémunir. Bref il est comédien-mythomane, c'est-à-dire conscient de se muer en apparence pour que les autres, plus ou moins dupes, prennent cette apparence pour son être et, par leur croyance manifeste, la lui renvoient comme son être et le persuadent qu'il est. Position instable qui entraîne ensemble le cynisme et la naïveté, la conscience d'être imaginairement ce personnage pour les autres et, somme toute, de les duper et, simultanément, le fol espoir que, par leur médiation, il reviendra à soi comme étant réellement ce qu'il joue. Il y a, comme toujours chez Gustave, une conscience *retenue*, qu'il empêche de se développer ; car s'il développe jusqu'au bout la conscience de se faire apparence pour les autres, il n'échappera pas à cette conséquence : *ou bien* ils saisissent en effet l'apparence pour ce qu'elle est, donc ils ne croient pas ce qu'il prétend leur faire accroire *ou bien* ils sont dupes et leur témoignage perd toute importance. Par cette raison, d'ailleurs, il se dépense devant des juges impénétrables : ou bien le magistrat suprême *rit de lui* ou bien les autres se taisent et regardent ou bien leurs commentaires ne sont point convaincants. Ce qu'ils disent, c'est alors ce que Gustave souhaite qu'ils disent mais il n'y a aucun moyen d'apprécier la *valeur* de leurs dires. Pourtant — et ce sont ces intuitions qui le caractérisent aussi — à travers l'erreur, il pressent obscurément le vrai : il peut, *en jouant et parce qu'il joue*, demander aux autres d'instituer son être ; il s'est trompé en un seul point : ce qu'ils déclarent réel à bon droit, à l'instant même qu'ils le réalisent, ce n'est pas le personnage, c'est l'interprète. C'est ce qui a fait que Parain ou n'importe qui a déclaré : tu seras (tu es en puissance) un acteur.

Kean est *reconnu* par son public comme la *Vénus* de Milo. Quand on pense à lui, c'est comme à un être réel qui est la médiation indispensable entre les réalités individuelles — qui, en tant que telles, n'ont pas d'imagination commune — et cet irréel collectif qu'est Hamlet par exemple. On s'arrache les billets pour aller voir Kean en Hamlet, ce qui rappelle que les touristes se pressent à San Pietro dei Vincoli pour voir un marbre de Carrare en Moïse. L'acteur est créé par les rôles comme les médecins par la maladie. Un théâtre national a un *répertoire*, détermination fixe de l'esprit objectif, et ce répertoire *attend ses hommes* : *les* Hamlet passent, Hamlet demeure, exigeant de nouveaux interprètes et les suscitant ; les rôles se groupent en emplois et désignent, dans l'abstrait d'abord, leurs futurs titulaires ; il y a le jeune premier, le grand premier rôle, les troisièmes couteaux, les rondeurs, etc. Dans la mesure où ils sont eux-mêmes des centres réels d'irréalisation (ils sont le produit d'un travail, conservés et retravaillés d'une génération à l'autre, on peut les approfondir mais non pas y changer un mot, celui qui les interprète les installe en lui comme des impératifs catégoriques), ils désignent leurs futurs interprètes *dans leur réalité* : il faut avoir la voix, la taille, l'air de tête qui convient. Mieux : le caractère constitué entre en jeu ; la timidité, une certaine incapacité de conduire les événements jointes à un nez en pied de marmite : voilà le jeune premier comique, toujours bousculé, ballotté par le cours des choses ; une agressivité jointe à quelque superbe désigne pour les emplois de rois et de reines dans les tragédies. À vrai dire, il s'agit surtout d'apparence et l'on imagine sans peine que le monarque de tragédie recrute ses interprètes parmi ceux qui *jouent les monarques* dans la vie. N'importe : entre le rôle et l'homme — nous le verrons mieux tout à l'heure — il faut qu'il y ait appropriation ; et comme le rôle exige l'homme avec le sérieux et l'intransigeance du pratico-inerte, c'est-à-dire d'une matière ouvrée, l'apparence du candidat, s'il est finalement accepté, reçoit un statut d'*être*. Il est désigné comme ayant les « *qualités* requises ». À partir de là, le lauréat fait un dur et long apprentissage : il *travaille*, tout comme un forgeron ou un charpentier ; il *apprend le métier*, c'est-à-dire l'ensemble des techniques d'irréalisation collective :

comment *produire* l'illusion, comment *empêcher* qu'elle s'évanouisse. Bref l'imaginaire n'est plus l'abandon spontané au paraître : c'est la fin d'un travail rigoureux ; on réapprend tout : à respirer, à marcher, à parler. Non *pour soi* : pour que la marche soit une *montre*, pour que le souffle permette de moduler cette autre *montre* : la voix. L'apprentissage est long : la formation d'un acteur entraîne une dépense sociale qu'on peut calculer. S'il sort premier du Conservatoire, l'investissement sera rentable : pendant un nombre d'années qu'on détermine en fonction des chances de vie contemporaines, il contribuera à remplir le théâtre, à faire monter les recettes dont une partie sera réinvestie dans le théâtre même : en principe, il est donc *productif*. En conséquence de quoi, il arrive, par exemple à la Comédie-Française, qu'il signe un engagement avec l'État : il ne quittera pas le théâtre avant une date déterminée. Le voici défini d'avance dans son être : c'est un fonctionnaire, un salarié qui remplit un certain emploi pendant une certaine durée et qui, en échange, reçoit un pouvoir réel, celui d'irréaliser selon certaines techniques et certaines directions (prescrites par le rôle) certains soirs sept cents personnes en les faisant participer à sa propre irréalisation. Ainsi est-il *institué* ; la faveur du public fera le reste et, quand elle est grande, il sera comme *l'homme de l'illusion*, élevé au rang de *bien national*. C'est *dans son être* qu'on le sacrera — dans certains pays — héros du travail, stakhanoviste de l'illusion — et que, dans d'autres, chez nous par exemple, on le décorera ou, en Angleterre, on l'anoblira. Cela signifie qu'on lui reconnaît un *pouvoir réel* d'illusionniste et qu'on le remercie d'en faire usage au profit de la communauté. Par cette raison, les jeunes gens sont souvent un peu déçus, quand ils rencontrent un acteur célèbre, de voir un homme d'une élégance stricte, à la physionomie sévère, aux gestes sobres, qui porte un ruban à la boutonnière et semble fort ennuyeux par la modération affichée de ses opinions : où donc se cachent-elles, la folie du roi Lear et la fureur d'Othello ? La réponse est qu'elles ne se cachent nulle part : elles ne sont point, voilà tout. Ce soir, il retrouvera sa déperdition d'être. Sans risque puisqu'elle est calculée, contenue de toute part par des règles de fer. Pour l'instant, laissons-le jouir de son être : il *est* sociétaire de la Comédie-Française, apprécié pour ses capacités et sa conscience professionnelle ; il est cet homme honorable, qui appartient aux classes moyennes et qui, outre son salaire, touche au cinéma d'importants cachets, d'autant plus soucieux de son être réel que l'irréalité est tout ensemble blanche et noire et qu'il faut lutter contre la mauvaise réputation que lui font certains irresponsables. Après cela, bien sûr, il est fou à lier, l'imaginaire le ronge ; le respectable bourgeois que vous voyez, c'est son être et c'est aussi *sa montre* : il se montre comme celui qui, sauf sur les planches, a horreur de se montrer. Mais, cette fois, c'est *son être* qu'il donne en spectacle, il s'irréalise dans la réalité qu'il a gagnée. Disons qu'il se cramponne à la vérité qui lui est venue du dehors. Un acteur — surtout s'il est grand — c'est d'abord un enfant volé, sans droit, sans vérité, sans réalité, en proie à de vagues vampires, qui a eu la chance et le mérite de se faire récupérer par la société tout entière et instituer dans son être comme citoyen-support de l'irréalité. C'est un imaginaire qui s'épuisait à jouer des rôles pour se faire reconnaître et qu'on a finalement reconnu comme ouvrier spécialisé dans l'imagination : son être lui est venu par la socialisation de son impuissance à être. [...]

NOTES

1. *Fiat :* « Que cela soit fait » ; formule de la décision volontaire, de l'acte judicatif, de l'affirmation reposant sur l'évidence intime (cf. *L'Idiot de la famille*, I, p. 159 et suiv.).
2. Dans *L'Imaginaire*, p. 31 et *passim*.

L'ACTEUR COMIQUE

[...] La comédie-bouffe a, tout comme la tragédie, une fonction *cathartique* : elle conserve le rire comme conduite de désolidarisation et fournit en permanence aux individus sociaux l'occasion de se désolidariser des ridicules et des vices qu'il découvre chez son prochain et qui le compromettent parce qu'il n'a pas toujours le temps ou la possibilité de les tourner en dérision. Un cocu, bien sûr, c'est à mourir de rire ; pourtant, si c'est mon frère et que je vois qu'il souffre, je risque fort de lui témoigner une compassion suspecte : le théâtre est là pour me tirer d'affaire ; c'est au théâtre que l'on rit des cocus et, du coup, que je peux moquer mon frère, implicitement, puisqu'il est dans le lot ; le roi de la nature se rend au spectacle majestueusement pour affirmer avec une saine et mâle gaieté sa supériorité de *race* sur les sous-hommes qui ont le front de l'imiter. Un hilote s'y dévouera pour provoquer un rire collectif d'autosatisfaction en se vautrant publiquement dans la sous-humanité pour se charger des souillures qui risqueraient de ternir le « personnage humain » et les donner à voir comme les tares d'une race inférieure qui tente vainement d'approcher de la nôtre. Dans les salles obscures, la « personne humaine » délivrée, innombrable, jubile sur tous les fauteuils, affirmant son règne par la violence de son hilarité. À la différence du magistrat qui, après sa chute malencontreuse, est *fait risible* par une sérialisation[1] hâtive et spontanée des témoins et qui en souffre, refusant vainement le statut d'extériorité qu'on lui impose, le comique professionnel cherche à provoquer la sérialisation de ses spectateurs en leur donnant à voir la contradiction manifeste de son être-extérieur-à-soi et de son illusion subjective. Il se prend au sérieux pour que ce sérieux[2] soit à l'instant démenti par une impitoyable machinerie — au-dehors de lui et dans sa fausse intériorité elle-même — qui le réduise à une pure apparence ; il n'entreprend d'agir que dans l'intention que son acte, bousculé, dévié, annulé ou retourné contre lui par la force des choses, se dénonce lui-même comme un rêve dérisoire de souveraineté, révélant du coup que la *praxis*, privilège du genre humain, est interdite aux sous-hommes. Sa fonction cathartique commence là où finit celle du rire sauvage : celui-ci entreprend la déréalisation du coupable, le comédien l'achève : il s'irréalise en *un autre*, abcès de fixation pour tel ou tel de nos ridicules ou pour tous à la fois, dont le public est solennellement prévenu, par voie d'affiches, qu'il n'a jamais existé. C'est comme une monition pour le public : l'objet de vos rires sauvages ne vous compromettra jamais, il n'existe pas ; l'homme ivre n'existe pas ni le président à mortier qui s'est cassé la figure : ce sont des rêves de sous-hommes aussitôt dénoncés. Rien n'est réel qui ne soit sérieux, rien n'est sérieux qui ne soit réel. Par ces raisons, l'acteur comique apparaît comme un pitre qui délivre l'homme de lui-même par un sacrifice ignominieux dont nul ne lui sait gré. Qu'il n'espère point, en effet, la sympathie des rieurs : ne sollicite-t-il pas qu'une salle entière se désolidarise de lui et le traite *en extériorité* ? Mais surtout, comment les gens sérieux qui le regardent se contorsionner ne jugeraient-ils pas suspecte et fondamentalement *risible* son intention affichée de provoquer leur hilarité ? Le rire sauvegarde le sérieux mais celui dont la profession est de se faire objet risible, comment serait-il sérieux ? Comment ne l'assimilerait-on pas aux sous-hommes que le rire sauvage *institue* risibles puisque, somme toute, il ne fait rien d'autre que les incarner ? Et quel étrange propos, s'il est homme comme sont les spectateurs, que de se présenter chaque soir comme sous-homme ? Il faut que la sous-humanité le fascine. Dans ce cas, il est plus inquiétant et plus coupable qu'un ivrogne ou qu'un cocu : ceux-là ne savent ce qu'ils font. Mais lui, c'est sciemment qu'il s'offre au châtiment par le rire et, conséquemment, c'est un traître à son espèce, une « personne humaine » qui a pris le parti des ennemis de l'homme. Sans doute le spectacle comique est sain, il rassure et délivre, il faut l'approuver — prudemment — comme *institution* ; mais les individus sociaux qui le *présentent*, il faut qu'ils soient vils ou tarés : ce qu'un homme digne de ce nom refuse par définition — à vrai dire il n'a même pas à le refuser — c'est d'être exilé par le rire de la compagnie de ses semblables ; comment ne mépriserait-il pas les misérables qui mettent leur zèle à s'en faire exclure tous les soirs ? Mieux, comment ne s'en désolidariserait-il pas en riant d'*eux*, qui sont, après tout, les plus compromettants ?

On alléguerait en vain qu'on ne rit pas d'eux mais de leurs personnages. Le public ne distingue guère entre ceux-ci et ceux-là. Il n'a pas entièrement tort, par la raison que pour nourrir le projet de présenter aux autres un personnage comique, il faut être prédestiné, c'est-à-dire *déjà risible*, par quoi nous savons qu'il faut entendre, déjà déréalisé par l'hilarité des autres. En ce sens, l'*Alter Ego* dont les rieurs affectent l'objet risible et la *persona* que le comique leur montre ont ceci de commun qu'ils sont l'un et l'autre imaginaires. La chanteuse comique Odette Laure a mangé le morceau, qui a dit un jour, au cours d'une interview : « Pour être chanteuse comique, il ne faut pas s'aimer beaucoup. » Voilà le fond de l'affaire : pour se livrer aux fauves chaque soir, pour exciter sciemment leur cruauté, pour refuser tout recours à l'intériorité et se réduire publiquement à une apparence extérieure, il faut que l'acteur ait été à une époque décisive de sa vie constitué pour lui-même en extériorité. On rit des enfants en bas âge, ils le savent et se plaisent à faire rire : mais ce rire-là est bienveillant, l'adulte se divertit à voir ces sous-hommes imiter l'homme qu'il est, il rit de voir ses propres gestes décomposés par ces petits corps maladroits qui tentent de les apprendre, mais c'est avec bonté : il n'ignore pas que ces sous-hommes sont des hommes en herbe. Les enfants renchérissent, pour plaire, sur leur maladresse et leur sérieux. Mais, en général, le stade de la comédie ne dure pas longtemps : elle disparaît dès que l'enfant acquiert la certitude intérieure de sa singularité, dès qu'il peut opposer à ce qu'il est pour et par les autres ce qu'il se fait être dans l'intimité de la présence à soi. Le futur comique est celui qui se *fixe* à l'âge de la risibilité : il faut qu'un accident ou que la structure familiale l'ait constitué en extériorité : qu'on le tienne à distance, qu'on refuse de prendre en considération les motivations vécues de ses actes, de participer à ses plaisirs, à ses peines, qu'on le juge non sur le sens singulier de ses conduites mais sur la conformité de celles-ci aux exigences d'un modèle préétabli ; l'enfant se découvrira d'abord comme celui à la place de qui personne ne se met jamais ; il sentira que la souveraine autorité des grandes personnes tend à faire de son extériorité la vérité de sa vie, et de sa conscience un simple bavardage ; il s'apercevra, sans en comprendre les raisons, que le rire bienveillant qu'il se plaisait à provoquer tourne à l'aigre. C'est que, pour un motif ou pour un autre, ses parents et ses proches tiennent que son développement s'est arrêté, que ses maladresses — qu'ils jugeaient un an plus tôt adorables — signifient, à présent, qu'il n'intériorisera jamais la « personne humaine » que la société lui propose et, conséquemment, qu'elles dénoncent en lui cette impossibilité d'être homme qui définit précisément la sous-humanité ; du coup le rire familial est, d'une certaine manière, une désolidarisation : les parents manifestent qu'ils ne se reconnaissent pas dans leur rejeton, qu'ils ne retrouvent point en lui *leur sang*. Bon début pour un futur comique. Si le petit garçon, par docilité, en vient à éprouver une difficulté croissante à *se mettre à sa propre place*, éprouvant encore ses sentiments mais n'y entrant plus, s'il vit sa souffrance ou son *estrangement* dans la clandestinité de l'irréfléchi et s'il s'en désolidarise au grand jour de la réflexion, s'il veut n'y voir que des moyens de provoquer l'hilarité des autres par un désir navrant de rire le premier de lui-même pour rejoindre au moins les adultes dans leur sérialité, une vocation de comique est née et du même coup une *image risible*, asservissement furieux de l'intérieur à l'apparence plate de l'extériorité. Le voici donc, ce monstre, irréalisé par le rire sauvage des autres : dès ce moment, traître à lui-même, tout lui est bon pour nourrir cette image qu'il est pour eux. S'il devient, ensuite, acteur pour de bon, s'il joue Sganarelle ou Pourceaugnac, qu'y a-t-il de changé ? Ce sont des *rôles*, bien sûr. Mais quelle certitude interne a-t-il à leur opposer ? Loin qu'il puisse prendre ses distances par rapport à ces personnages, il faut qu'il ait été lui-même *constitué* en personnage pour pouvoir les incarner. Il existe chez lui une *persona* permanente qui est tout simplement le *risible* et d'autres qui sont provisoires, images d'un soir ou d'une saison. Mais n'allons pas croire qu'il s'irréalise en celles-ci plus qu'en celle-là puisque, de toute évidence, l'irréalisation fondamentale est déjà constituée, puisque le malheureux est condamné depuis longtemps à exploiter son corps et son intériorité comme l'*analogon* de l'*imago* fondamentale qui est celle du sous-homme qui se prend au sérieux. Certes la *persona* permanente se donne pour sa propre personne et passe sous silence son irréalité au lieu que les personnages sont donnés pour des interprétations et que le public est informé par voie d'affiches qu'il rira cette nuit de Hirsch dans *Arturo Ui*. Mais, en vérité, le rôle, quel qu'il soit, n'est qu'une information singulière de la *persona* fondamentale : celle-ci sera travaillée, ciselée, modifiée sur certains points, accentuée en d'autres ; rien de plus. *Avec quoi* veut-on que l'acteur fasse rire sinon avec le seul *analogon* dont il dispose et par quelle autre opération que l'exploitation systématique du vécu pour produire le dérisoire ? Ce soir on donne *Pourceaugnac* : celui-ci peut avoir cent visages mais celui qu'il a aujourd'hui, sur ces tréteaux, aux feux de cette rampe, c'est celui de Fernandel ; le corps de Fernandel et nul autre se prête au bélître périgourdin, ce derrière et nul autre est menacé par les clystères que les apothicaires pointent vers lui. Et si le comédien veut exprimer l'ahurissement du pauvre provincial, n'allons pas imaginer qu'il s'inspirera des conduites étudiées chez autrui. Certes l'observation sert : il en usera pour se contrôler. Mais il ne reproduit point : il invente. Et, dans ce cas précis, on peut accorder à Wilde que la nature imite l'art : il n'y a d'imbéciles parfaits que sur la scène.

Bref il nourrit son personnage de sa propre substance ; ce serait encore trop peu de dire qu'il *fait la bête*, qu'il devient dans l'irréel l'imbécile qu'il serait s'il était frappé d'imbécillité : pour produire l'*analogon* de la *persona* qu'il donne à voir, il se fait le sot *qu'il est*. Cette masse ténébreuse d'affolement, d'incompréhension terrorisée, de peur, d'obstination, de mauvaise foi et d'ignorance qui, sous le nom de bêtise, est pour chacun l'indice de son aliénation, l'acteur la réveille en lui et la baratte pour s'irréaliser à travers elle en crétin magnifique. Que fait-il, en somme, sinon ce qu'il a toujours fait depuis qu'un mauvais contact l'a constitué risible ? Bien sûr, entre le personnage et l'interprète une dialectique s'instaure : celui-ci transforme celui-là dans la mesure même où celui-là le transforme. Mais ce sont rapports entre images. Et puis le rôle sert d'alibi : l'acteur se repose de sa *persona*, il croit s'évader dans le personnage. En vain : dans l'alacrité légère et grisante de n'être plus qu'une image étrangère subsistent un malaise et cette inimitié profonde qui le pousse à s'avilir pour que les autres triomphent ; c'est qu'il a conscience, en vérité, de choisir tel ou tel déguisement *pour faire rire de soi* comme il a toujours fait.

Le public ne s'y trompe pas : quand les badauds reconnaissent en un passant solitaire et grave, absorbé dans ses pensées, tel comique célèbre, ils éclatent de rire. Beaucoup d'acteurs s'en sont plaints : l'un d'eux déclare qu'il ne peut voyager par le chemin de fer sans voir, aux arrêts, des visages rigolards s'écraser contre les vitres de son compartiment ; un autre s'agace de ne pouvoir entrer au restaurant sans provoquer l'hilarité des dîneurs, un troisième a dû renoncer aux bains de mer, à moins de les prendre dans une crique déserte : dès qu'il paraissait en maillot de bain, c'était une tempête de rire au ras du sable.

Nous *faisons rire*, disent-ils tous, à certaines heures, c'est notre métier ; nous ne sommes pas, hors ces moments ouvrables, moins sérieux que vous. D'un point de vue, c'est vrai : si l'on ne savait pas « ce qu'ils font dans la vie », que verrait-on ? des hommes semblables à tous les hommes et, plus particulièrement, dans nos sociétés, des bourgeois semblables à tous les bourgeois ; confortablement, élégamment vêtus, ils ont des visages indéchiffrables et vides, comme tout le monde, une courtoisie aisée, du liant, tout pour rassurer ; signes particuliers : néant. Quant aux soucis qui, présentement, les occupent, ils sont ceux de tous les bourgeois : l'argent, la famille, le métier, une liaison, peut-être, et, bien sûr, l'auto. De quoi passer inaperçu. Or, ils ont beau faire, la foule les démasque : leur sérieux n'est pas un vrai sérieux d'homme, c'est celui de sous-hommes qui se prennent au sérieux ; quelque chose va se produire, c'est sûr : cette démarche souple et tranquille, cet air reposé vont se décomposer, il va tomber, le bonhomme, son visage reflétera l'effarement et la stupidité qui l'ont rendu célèbre, un oiseau va lui chier sur la tête, l'univers ou sa propre maladresse vont révéler sa risibilité secrète, c'est-à-dire, selon le public, sa vérité. La seule erreur de ces témoins sans bienveillance, c'est de confondre risibilité et vérité : il faut plutôt dire que l'acteur comique n'a pas de vérité puisqu'il sacrifie l'existence concrète à l'être abstrait de l'apparence et que le sérieux qu'il affiche à la ville — bien qu'il soit « bon teint » tout autant que celui des rieurs — a ceci, qui le distingue de tous les autres, qu'il s'est constitué *contre* la risibilité fondamentale : en ce sens, il ne diffère pas tant de celui qu'il manifeste sur la scène, dont la fonction est de s'affirmer contre le comique, pour être vaincu, finalement, par l'implacable enchaînement des catastrophes et dénoncé comme faux sérieux. Une seule différence : à la scène les catastrophes sont *sûres*, le personnage perdra sa dignité humaine ; à la ville, on peut les dire improbables ; autrement dit, ce monsieur respectable et légèrement intimidant traversera la rue sans encombre et sera bientôt hors de vue : rien ne lui arrivera. Mais les passants n'en tiennent pas moins sa dignité pour une invitation à rire : elle se propose *pour être détruite*, au milieu de l'hilarité ; et si le ciel ou l'enfer ne la prennent pas au mot, c'est leur affaire, non la sienne : l'acteur a fait tout ce qu'il fallait. Ils disent vrai : le digne personnage, c'est un rôle que le comique assume, à la ville ; né d'un effort pour masquer la risibilité, il n'est ni plus ni moins vrai que celle-ci : disons qu'il est commode en certaines circonstances et que l'acteur ne pourrait pas vivre s'il ne savait s'affecter, au bon moment, de respectabilité ; mais il est vrai qu'il n'y croit guère et que c'est un rôle de composition ou plutôt qu'il l'emprunte à ses personnages — où donc le prendrait-il, sinon ? — et que c'est, si l'on veut, la thèse sans l'antithèse, le moment de la souveraineté en tant qu'il se pose pour soi, coupé de celui, négatif, où la force des choses en démasque l'imposture et révèle que le souverain n'est qu'une mécanique affolée. En ce sens, il est clair qu'il invite de lui-même les témoins qui reconnaissent l'acteur à l'attente hilare d'un démenti. Ou plutôt le moment de la contradiction qui s'incarne dans le spasme du rire, c'est celui de la reconnaissance : voici un homme honorable — mais non, c'est Rigadin ; le sérieux se pose et se décompose et renaît pour se décomposer encore, c'est de l'être qui se dissout en apparence. L'agressivité du rire, ici, vient de l'indignation : tu as voulu nous duper, te faire prendre pour un homme mais nous ne sommes pas si bêtes, nous savons que tu es un bouffon. [...]

NOTES

1. Notion introduite et exposée par Sartre dans la *Critique de la raison dialectique* (voir particulièrement p. 308 et suivantes).
Dans son Avant-Propos aux *Maos en France* de Michèle Manceaux (Gallimard, 1971, p. 10-11), il donne de la *sérialité* la définition suivante : « Un ensemble est dit sériel quand chacun de ses membres, bien que voisin de tous les autres, demeure seul et se définit par la pensée du voisin en tant que celui-ci pense *comme les autres* : c'est-à-dire que chacun est autre que soi et se comporte comme un autre qui, lui-même, est autre que soi. »

2. Dans le passage qui précède cet extrait, Sartre fait une théorie du rire où il reprend notamment à Bergson (*Le Rire, Essai sur la signification du comique*, 1899) l'exemple célèbre de l'homme qui trébuche dans la rue, tombe et provoque l'hilarité des passants. On retiendra cette définition : « Le rire est le propre de l'homme parce que l'homme est le seul animal qui se prenne au sérieux : l'hilarité dénonce le faux sérieux au nom du vrai » (*L'Idiot de la famille*, I, p. 822).

ENTRETIEN AVEC BERNARD DORT

> Nous reproduisons ici l'essentiel de la notice d'introduction donnée par Bernard Dort à la republication dans *Les Temps modernes* (n° 531-533, octobre à décembre 1990, « Témoins de Sartre », vol. 2, p. 872-889) de ce qui devait être le dernier entretien de Sartre sur le théâtre, paru d'abord sous le titre « Au théâtre, l'imaginaire doit être pur dans sa manière même de se donner au réel » dans la revue *Travail théâtral*, n° 32-33, [1980].

C'est en janvier 1979 (et non en décembre, comme l'indique Simone de Beauvoir dans La Cérémonie des adieux, *p. 148) que Sartre m'accorda cet entretien. Il me reçut une première fois le jeudi 25 janvier après-midi, dans son appartement du boulevard Edgar-Quinet. Il était seul. C'est lui qui vint m'ouvrir ; sa vue était très mauvaise mais il semblait souffrir moins de sa quasi-cécité que de douleurs aux jambes qui lui rendaient la marche et tout déplacement pénibles. Je ne l'avais plus rencontré depuis longtemps – depuis la fin de 1959 ou le début de 1960, au moment de la création des* Séquestrés d'Altona. *Je craignais de le trouver diminué ou, qui sait ? éloigné ou indifférent à mon égard, et d'en ressentir une gêne. Il n'en fut rien. Certes, il était handicapé physiquement, mais sa viva-*

cité intellectuelle et sa cordialité, son écoute de l'autre, n'avaient pas changé. Il refusa que je l'enregistre, comme lors des précédents entretiens que j'avais eus avec lui. Il estimait qu'il valait mieux que je prenne des notes, même incomplètes, et que je reconstruise à ma manière son discours. Nous parlâmes près de deux heures, mais la fatigue le fit interrompre; nous terminerions l'entretien un autre jour. Je revins le voir le jeudi 15 février. Auparavant, nous nous étions téléphoné; il semblait inquiet de savoir si j'avais pu tirer de notre conversation quelque chose d'intéressant et se demandait si, dans ce qu'il m'avait dit, il y avait, « tout de même, un peu de pensée » (je n'ai pas noté ses paroles mais je ne crois pas les déformer). Notre seconde entrevue fut tout aussi cordiale et plus brève que la première. Ensuite, j'envoyai le texte de cet entretien à Sartre. Il me dit son accord et me le retourna; si je me souviens bien, il n'en corrigea presque rien, deux ou trois mots seulement.

Cet entretien était destiné à la revue Travail théâtral *[...] [dont la] dernière livraison ne fut guère distribuée, je ne sais même pas si elle parvint aux abonnés. Mon entretien avec Sartre resta donc plus ou moins confidentiel. En dehors du rappel de* La Cérémonie des adieux, *on y a, à ma connaissance, fait fort peu référence. [...] Or, je ne crois pas que cet ultime entretien soit négligeable; il apporte des précisions sur les goûts théâtraux de Sartre, sur ses souvenirs de spectateur et sur un dernier projet de pièce, jamais écrite; il esquisse surtout une réflexion sur les rapports de la subjectivité et de l'objectivité dans l'action dramatique qui me paraît toujours fondée. [...]*

BERNARD DORT

BERNARD DORT : *Quel a été votre premier contact avec le théâtre ?*

JEAN-PAUL SARTRE : J'ai d'abord *fait* du théâtre. J'avais un guignol. Je mettais les doigts dans les personnages et les présentais sur une petite scène, pour des spectateurs. D'emblée, j'ai eu ainsi affaire à la réalité théâtrale. Je devais avoir dans les neuf ans. Parfois, j'apportais même ce guignol dans le jardin du Luxembourg ou, quand je ne l'avais pas, je m'y servais d'une chaise, son dossier constituant l'ouverture de la scène. Je jouais là devant d'autres enfants. Cette manière manuelle, concrète de faire du théâtre m'interdisait d'assimiler celui-ci à la littérature (car, d'autre part, j'écrivais, je faisais de la littérature...) ; ça se passait dehors et je pouvais mettre dans la bouche de mes personnages des paroles non châtiées. Ce théâtre-là n'avait pour moi qu'un seul point commun avec la littérature : ses personnages étaient des héros en lutte. J'y ai joué jusqu'à dix ou onze ans – quand je suis parti pour La Rochelle. À La Rochelle, j'ai commencé à écrire des bouts de pièces de théâtre, avec des personnages de la vie quotidienne. Plutôt que des pièces, c'étaient de petites scènes, des piécettes. J'ai même voulu écrire, alors, une opérette.

DORT : *Aviez-vous déjà assisté à des représentations théâtrales ?*

SARTRE : Très peu. J'avais, bien sûr, vu des spectacles au Guignol du jardin du Luxembourg. Et, à La Rochelle, des opérettes, – d'où mon désir d'en écrire une. Mais, à cette époque-là, j'allais plus souvent au cinéma.

DORT : *Vous souvenez-vous de certaines de ces piécettes ?*

SARTRE : Il y en a une dont le héros s'appelait Horatius Coclès ; une autre, Mucius Scaevola. Je me rappelle même deux vers de celle-ci : « Je suis Mucius, Mucius Scaevola. / Je suis Mucius, Mucius, et voilà. » Mais, pour moi, écrire, faire de la littérature, c'était écrire des romans. Quand je suis revenu à Paris, que j'ai préparé Normale supérieure aux lycées Henri IV et Louis-le-Grand, que je me suis lié d'amitié avec Nizan, je me suis détourné du théâtre. À la rue d'Ulm même, j'ai bien composé, avec Nizan, le texte de la revue de fin de seconde année – j'y ai même joué ; je tenais le rôle de Gustave Lanson, et Nizan, celui d'un compagnon assez louche de Lanson... mais je ne m'intéressais plus vraiment au théâtre[1].

DORT : *Alliez-vous tout de même voir des spectacles ?*

SARTRE : Assez peu. Sans doute, j'ai été à la Comédie-Française. Et j'ai continué à voir quelques opérettes. Je me souviens avoir vu Maurice Chevalier et Dranem[2]. Je suis allé aussi au Théâtre de l'Œuvre. Mais cela ne comptait pas beaucoup. Pendant ces années-là, disons de 1924 à 1930, j'ai surtout lu : les surréalistes, les grands ouvrages du XIXe siècle... Et aussi des pièces de théâtre. Mais le théâtre restait, pour moi, différent de la littérature. Si je pensais, tout de même, un jour écrire pour le théâtre, c'est parce que toute carrière littéraire – vous savez : je voulais être écrivain, avoir une carrière littéraire – me paraissait se composer de deux parties : la littérature proprement dite, soit les essais et les romans, et des pièces de théâtre. Mais, pour celles-ci, il n'y avait pas que l'auteur ; il y avait aussi l'acteur – et une différence fondamentale entre l'auteur qui écrit et l'acteur qui joue. Un partage.

En sortant de Normale, j'ai écrit une pièce. Elle s'intitulait *Épiméthée*. Son héros était le frère de Prométhée. Ça se passait dans les cieux. Épiméthée personnifiait ce que j'appelais alors « l'homme seul » et que je distinguais de l'aristocrate, de l'être qui prétend à l'élite (celui-là, je le méprisais tout à fait). « L'homme seul », lui, est quelqu'un qui n'est pas attiré par la civilisation et qui se dote, de ce fait, d'une manière de penser différente de la manière humaine.

J'ai aussi travaillé à une autre pièce – ce devait être pendant mon service militaire. C'était l'histoire d'un homme malade qui se couchait et mourait. Toute la pièce, un long monologue, consistait dans ce qu'il disait entre le moment où il prenait le lit et celui où il expirait[3]. Mais après, au Havre, j'écrivis *La Nausée*.

DORT : *Et Dullin ? Vous l'avez bien connu ? Il a monté* Les Mouches *et vous avez même donné des cours à son école ?*

SARTRE : C'est par Simone Jollivet que j'ai connu Dullin. Entre dix-neuf et vingt ans, j'avais eu des rapports avec elle. Elle habitait Toulouse. Quand elle est montée à Paris, elle a fait la conquête de Dullin. Et elle est revenue me voir – ça devait être à la Cité universitaire, avant que je ne passe, pour la seconde fois, l'agrégation (la première, j'avais été collé). Alors, elle m'a présenté à Dullin et, en compagnie de Simone de Beauvoir, j'ai vu celui-ci assez souvent. Dullin était un homme charmant. Sa conversation était très amusante. Et il me traitait tout à fait comme un auteur (mais je ne tenais pas, alors, à être considéré comme un auteur dramatique).

Lorsque je suis rentré de captivité, je suis allé voir *Les Suppliantes* d'Euripide ; Jean-Louis Barrault avait monté le spectacle et Olga y jouait. Ça se passait en plein air, dans un stade de tennis. C'est alors aussi que j'ai renoué avec Dullin. Il était au Théâtre Sarah-Bernhardt (rebaptisé Théâtre de la Cité). Bien sûr, il avait eu la direction de ce théâtre avec l'accord des Allemands. Mais Dullin n'était pas un « collabo ». Personne ne le tenait pour tel[4]. Lui-même ne se posait pas de question : il considérait qu'on lui avait donné le Sarah-Bernhardt pour son seul mérite. C'est à ce moment qu'il m'a demandé de faire un cours d'histoire du théâtre à son école. Ça m'amusait ; j'ai accepté. Je pouvais y faire ce que je voulais : je n'ai jamais eu une conversation avec Dullin sur la manière de mener ce cours. J'essayais d'y raconter ce que pouvait être une pièce, un spectacle, dans la Grèce antique, au Moyen Âge, par exemple. Ça a duré deux ans.

Dort : *Cela nous amène aux* Mouches *?*

Sartre : Oui. C'était pendant les grandes vacances. J'avais passé la ligne de démarcation. J'étais en « zone libre ». Sur une île en face de Toulon, l'île d'Hyères, je crois. Un après-midi, en me promenant, j'ai eu tout d'un coup le début des *Mouches*. Je suis rentré à l'hôtel l'écrire. Et j'ai continué à Paris, au retour. Je me laissais aller. Par la suite, quand j'ai écrit pour le théâtre, j'ai toujours voulu un style sec, direct. Pas là : les personnages parlaient encore littérairement, poétiquement.

Dort : *N'aviez-vous pas déjà écrit une pièce, lorsque vous étiez en captivité en Allemagne ?*

Sartre : En effet. C'était pour la Noël 1940, dans notre stalag à Trèves : *Bariona, ou le fils du tonnerre*[5]. Une sorte de « mystère ». C'est même moi qui ai monté *Bariona* et j'y jouais aussi un petit rôle (celui du roi mage noir Balthazar). Ça se passait en

Judée sous l'occupation romaine. Bien sûr dans les Romains, nous voyions, nous, les Allemands. Il y avait un petit groupe de Judéens, de Juifs qui, apprenant la nouvelle de la naissance du Christ, partent pour le voir dans la cahute où il est né et tentent de le défendre contre les Romains chargés de mettre à mort les enfants. Ils se font massacrer, mais permettent à Joseph et à Marie de prendre la fuite avec l'enfant. C'était un jésuite qui tenait le rôle de Bariona, le chef du village juif ; il avait une tête curieuse, intéressante. Moi, je m'étais efforcé de conserver à cette légende religieuse son charme, et de ne pas rompre celui-ci en collant dessus des réflexions athées. Mais ça ne vaut pas grand-chose : les personnages parlent trop, ils font trop de belles phrases. Or, il faut absolument éviter cela au théâtre.

DORT : *Revenons aux* Mouches. *Comment était le spectacle ? La mise en scène de Dullin a-t-elle, selon vous, apporté quelque chose au texte ou vous a-t-elle fait prendre conscience autrement de votre texte ?*

SARTRE : Une pièce est toujours écrite pour la scène – en fonction d'elle. Le texte même projette son espace théâtral. Mais il reste au metteur en scène à faire de cet espace un espace concret, à la fois réel et imaginaire. C'est là que peut apparaître un sens nouveau. Et les acteurs, aussi, apportent quelque chose. J'ai toujours écrit mes pièces *pour* des acteurs. C'est untel ou unetelle que je voyais, en écrivant, dans le rôle. En général, cela se passait ainsi : ils me renvoyaient l'image que j'attendais d'eux. Mais qu'un nouvel acteur reprenne le rôle, et la pièce se transforme. Par exemple, avec *Le Diable et le Bon Dieu* : c'est pour Pierre Brasseur que j'ai écrit Goetz. Il l'a joué, il y était un reître formidable ; barbu, grand et gros, parfaitement à l'aise, au moins dans ce qu'il y avait de moins subtil, de plus immédiat dans la pièce. Ensuite, au T.N.P., François Périer, auquel je n'avais pas pensé du tout pour ce rôle, a repris Goetz[6]. Il n'était pas, bien sûr, un reître. Mais il jouait mieux, ou autrement, que Brasseur la problématique intellectuelle de la pièce : le pari, l'enlèvement de Hilda, la scène avec le curé... Avec lui, la pièce changeait.

Quant aux *Mouches*, ce qui a d'abord frappé, c'est évidemment la situation de l'époque. La pièce a été créée en juin 1943. Derrière le conflit Oreste-Jupiter, celui de l'individu et de Dieu, on ne pouvait pas ne pas voir aussi le conflit entre les résistants et les Allemands. Oreste venant à Thèbes, c'étaient aussi les Français rentrant, après l'exode, dans leur ville occupée. Dullin a bien rendu tout cela – qui paraissait, alors, évident. Mais il a apporté aussi quelque chose de nouveau, au moins pour moi. Entre la première scène, la rencontre d'Oreste et d'Électre, et la dernière, celle de leur séparation, quelque chose se tissait ; un certain rapport frère-sœur, que je n'avais pas, à la lettre, prévu. C'était une affaire d'acteurs (Olga y jouait son premier grand rôle[7]) mais pas seulement. Cette tension, c'était également la mise en scène de Dullin qui l'y avait mise. Et il y avait aussi Dullin en Jupiter. Je n'avais pas écrit le rôle pour lui. Je n'avais pas prévu un Jupiter aussi abîmé par l'âge, tordu par les rhumatismes. Mais Dullin était un grand acteur. Aussi réussissait-il à faire un Jupiter à la fois grandiose et mal dans sa peau. Cela enrichissait beaucoup le personnage.

DORT : *Depuis, avez-vous revu une bonne représentation des* Mouches *?*

SARTRE : Hélas, non. *Les Mouches* paraissent aux acteurs, aux directeurs de casinos de province, le type de la pièce à grand spectacle pour les vacances ! Alors...

Dort : *Parmi les spectacles auxquels vous avez assisté avant la guerre et dans l'immédiat après-guerre, lesquels retenez-vous ?*

Sartre : J'ai vu les *Six personnages* montés par Pitoëff (cela remonte loin ; ce sont mes parents qui m'y ont amené)[8]. *Hamlet* aussi avec Georges Pitoëff. J'aimais beaucoup Georges et Ludmilla Pitoëff. Sans doute plus Georges que Ludmilla. Contrairement à ce qu'on disait à l'époque, le grand acteur ce n'était pas elle, c'était lui. J'ai vu aussi des spectacles de Baty ; *Les Caprices de Marianne*, *Faust*, au Théâtre Montparnasse. Et du Strindberg, de l'Ibsen. Mais l'auteur dramatique qui m'intéressait le plus, c'était Pirandello. Je le tiens toujours pour le plus grand dramaturge de ce début du siècle. Après viendra Brecht.

Dort : *Et Giraudoux ?*

Sartre : Oh, je trouvais cela nul, assommant. Passe encore pour l'écrivain Giraudoux qui avait un peu de charme. Mais l'auteur dramatique, non ! Beaucoup de mots pour ne rien dire – ou, plutôt, pour ne dire que des choses à lui, auteur, qu'il plaçait dans la bouche de ses personnages.

Pirandello et Brecht, c'est autre chose ! Certes, Pirandello a un système idéologique très petit, très mesquin. Il ne pose pas les vrais problèmes. Cela se sent dans ses pièces qui sont toujours un peu en porte-à-faux. Mais quel sens de l'action scénique : chez lui, il se passe toujours, théâtralement, quelque chose !

Évidemment, les dimensions de Brecht sont plus larges. Son idéologie, beaucoup plus vaste. Brecht était marxiste, mais il n'hésitait pas non plus à parler durement des autorités communistes. Et sa manière de voir les choses était aussi beaucoup plus humaine que celle de Pirandello. D'une certaine façon *Mère Courage* représente, sur la scène, la vérité.

Dort : *Pourtant le personnage, Mère Courage, s'aveugle ?*

Sartre : Sans doute. Mais l'art du théâtre, c'est aussi de montrer des personnages qui se trompent. De plus, dans *Mère Courage*, il y a un autre personnage qui, lui, ne se trompe pas ; c'est Catherine la muette.

Dort : *Toutefois vous constatiez dans votre conférence du 29 mars 1960 à la Sorbonne : « Jamais Brecht n'a résolu dans le cadre du marxisme le problème de la subjectivité et de l'objectivité et, par conséquent, il n'a jamais su faire une place réelle à la subjectivité chez lui, telle qu'elle doit être*[9]. »

Sartre : C'est tout le problème de la subjectivité au théâtre qu'il faudrait poser. Il est central. Le moyen extérieur qui permet à l'auteur d'exprimer la subjectivité, c'est d'abord la parole. Le personnage dit : « J'ai eu peur. » C'est, par exemple, un fonctionnaire menacé dans son emploi qui raconte ses craintes à sa femme. La subjectivité c'est d'abord ça : des mots, ce que se disent les uns et les autres. Certes, ces mots peuvent être accompagnés de mimiques, de gestes. Le corps peut aussi dire cette peur : le fonctionnaire tremble, pâlit... mais ce langage corporel de la subjectivité reste limité. La parole a plus de possibilités, comme moyen extérieur de rapporter la subjectivité.

Il y a d'autres moyens. Ils sont toujours partiels. Au XVIIe et au XVIIIe siècle, on usait de l'aparté.

L'aparté était destiné à faire connaître au public, et non à son interlocuteur, sur la scène, la double pensée du personnage. D'une part, il y avait une pensée pas entièrement vraie ; c'était ce que le personnage destinait à l'extérieur, aux autres. D'autre part, une pensée en fait non prononcée, destinée à personne (sinon au spectateur qui entrait ainsi dans la confidence, dans l'intériorité du personnage), qui était une constatation pure et simple, par le personnage, de sa réalité personnelle. Ainsi, en même temps qu'il débitait un compliment ou une phrase courtoise, celui-ci pouvait constater, en aparté : « Je suis ivre. » Si l'on a maintenant à peu près abandonné l'aparté, on a imaginé bien d'autres moyens du même ordre – jusqu'à faire dire par des sources sonores distinctes du personnage ce que celui-ci pensait vraiment alors qu'il parlait à d'autres, sinon mensongèrement, du moins selon le code des usages de la société. O'Neill l'a fait, systématiquement, dans *L'Étrange Intermède*[10] : il avait beaucoup de talent, mais le résultat n'était pas bon. De même, faire dire par une voix du dehors ce que l'auteur décide que pense le personnage reste artificiel et relève d'une conception naïve de la subjectivité. En réalité, de tels procédés viennent moins du désir d'obtenir le subjectif que d'une volonté d'imposer au spectateur une prétendue subjectivité.

La subjectivité peut plutôt être montrée, indiquée *sous* le langage. Après la guerre de 1914-1918, il y a eu ce qu'on a appelé le « théâtre du silence » de Jean-Jacques Bernard. Le silence y avait un rôle actif. Il n'était pas suppression de la parole, mais moyen de faire affleurer la subjectivité, en quelque sorte, entre les mots. Je me souviens d'un dialogue entre deux personnages se retrouvant après la guerre[11]. Ce dialogue était troué. Il visait à faire saisir au spectateur autre chose que ce qu'il disait. À lui faire comprendre d'autres phrases sous les mots prononcés. Cela est beaucoup plus juste. Car il y a toujours derrière ce que dit tout personnage une arrière-pensée. Sa parole n'est qu'une pensée en avant. Elle permet aussi de deviner le sens caché de ce qu'il pense – ou, plutôt, elle nous permet de le supposer, de l'inventer. Il en va ainsi de tout bon dialogue de théâtre : il dit à la fois un sens plein – mais qui n'est que partiellement vrai ou qui ne l'est pas du tout – et d'autres sens, des sous-sens. Les phrases énoncées par les personnages nous incitent à penser d'autres phrases qui les complètent, les démentent... Le langage du premier plan renvoie le spectateur à un deuxième langage plus complet, plus secret qui constitue le vrai sens de la pièce. Dans *Andromaque*, si Pyrrhus parle en sur-conversation, son véritable discours relève de la sous-conversation. C'est le nœud gordien du théâtre : il faut faire exprimer ce que l'on veut exprimer, sans l'exprimer vraiment. Une bonne partie de la dramaturgie du XXᵉ siècle a poussé à la limite ce genre de sous-conversation. Avant il y avait eu, bien sûr, Tchekhov et même, déjà, Henri Becque... La place de la subjectivité au théâtre c'est, en fin de compte, d'être dite sans être dite.

Cette sous-conversation ne constitue pas, toutefois, l'ensemble des suggestions possibles de la subjectivité. Il y en a d'autres qui tiennent à la structure de l'action. Je ne m'en suis pas privé. Un exemple : la scène des morts dans *Les Mouches*. Le dictateur est là, avec la mère d'Électre, et toute la ville : on attend l'apparition des morts. Or dans cette scène, apparemment objective, tout est lié à la subjectivité. Égisthe et Clytemnestre parlent apparemment des morts avec respect et crainte, mais leurs paroles renvoient à Agamemnon, leur victime, dont on ne parle pas. La manière dont la foule accepte cette journée terrible est aussi une allusion, un cri muet à Agamemnon mort. Peut-être ses deux assassins ne pensent-ils pas clairement à lui, mais c'est toute la situation qui est une pensée du meurtre. Seule Électre peut parler vraiment et rappeler qu'il n'y a pas que les morts, qu'il y a aussi les vivants – parce qu'elle personnifie le remords même de la mort d'Agamemnon, et aussi parce qu'elle vient de retrouver son frère – ce qui lui donne la force de parler ainsi. Toute cette scène tourne donc autour du meurtre d'Agamemnon dont, pourtant, on ne dit rien : ce meurtre est, en quelque sorte, la subjectivité même de la foule. Si Électre peut s'en détacher c'est parce qu'elle, seule, n'a cessé d'y penser. Mais le spectateur doit, lui aussi, sentir Agamemnon comme présent derrière cette foule. Tout se fait en fonction de lui.

Ainsi, une scène tout entière peut manifester la subjectivité – socialement, si l'on veut – par d'autres moyens que les mots. C'est que le théâtre ne cesse de poser la question de la subjectivité, même au moment où il paraît le plus objectif. Y faire un discours apparemment objectif, y raconter des faits c'est encore une manière subjective de vouloir être objectif. En définitive, toute représentation théâtrale, qui est aussi une cérémonie (cérémonie dont l'ordonnance, la mise en scène, a été prévue, écrite par l'auteur), peut être vue comme quelque chose d'objectif et, en même temps, d'absolument subjectif. Du reste, c'est ainsi que nous nous apparaissons les uns aux autres.

DORT : *Le théâtre ne peut-il décrire une situation objective, un état de choses ?*

SARTRE : Oui et non. Prenons, par exemple, *Jules César* de Shakespeare. Toute la pièce tourne autour d'un état de choses : le meurtre de César. La situation est complètement expliquée avant. Quand Jules César arrive au Sénat où il va être assassiné, nous avons toutes les données : Shakespeare nous a décrit la foule et aussi César, même dans le privé, dans ses rapports avec sa femme. Nous n'ignorons rien de la pensée de Rome, de sa façon d'accepter et de refuser une dictature : acceptation, par certaines catégories de citoyens, d'un début d'Empire ; refus de cette tentative impériale par d'autres, par les derniers républicains, qui sont aussi fort bien définis et décrits. La situation et la conspiration sont données : le meurtre de César résulte d'un état de choses. Mais le discours de Marc-Antoine constitue proprement un coup de génie théâtral. À partir de lui, nous n'avons plus affaire à une situation qui se dépeint, mais à la constitution d'une situation neuve : cette situation que le discours provoque dans une foule brusquement livrée à sa douleur. On passe d'une situation-croupion à une situation qui va se développer et produire plus largement toute l'histoire de Rome.

DORT : *Le coup de génie théâtral, est-ce celui du discours de Marc-Antoine ou celui de Shakespeare ?*

SARTRE : Évidemment, celui de Shakespeare créant ce Marc-Antoine et lui mettant dans la bouche un tel discours – réussissant ainsi, par son intermédiaire, à transformer ce qui n'était qu'une situation virtuelle en une situation réelle qui concerne chacun.

DORT : *Mais en faisant ainsi de la subjectivité la clé et le moteur de l'action théâtrale, ne refusez-vous pas au spectateur la possibilité de juger le personnage, de prendre une position critique à son égard ?*

SARTRE : Au contraire – à condition que le spectateur ait en main toutes les cartes. Jules César, que nous voyons parler à ses assassins avec une réelle grandeur, nous a été montré auparavant s'entretenant avec sa femme d'une façon moralement très discutable, mais très précise. C'est ça, le véritable théâtre : il doit amener le spectateur à juger le personnage comme si c'était la première fois qu'on le juge, et en pensant sur le moment que ce jugement est absolu, quitte à être forcé de le remettre en cause par la suite. Aussi suis-je délibérément pour un théâtre historique. J'entends par là non seulement qu'une distance temporelle sépare la situation évoquée de celles de l'auteur et du spectateur, mais surtout que l'œuvre comporte un type d'action, de causalité, de pression sociale, de construction aussi, qui appelle un certain système de jugement. Pour Brecht, ce système était le marxisme. Pour Shakespeare, il était plus compliqué (il faudrait l'étudier ; on l'a fait[12]). Un tel système est évidemment lié à l'ensemble politico-éthique, à l'idéologie de l'époque de l'auteur.

DORT : *Mais vous-même, avez-vous écrit des pièces historiques ?*

SARTRE : Je n'en ai écrit que deux : *Le Diable et le Bon Dieu* et *Les Séquestrés d'Altona*. Mais j'étais de plus en plus acquis au théâtre historique – à un théâtre où tous les sentiments : amour, haine, crainte... et toutes les actions : meurtre, mariage... devraient être donnés à travers la situation, provoqués par cette situation historique. Une situation la plus proche possible de celle de l'époque choisie (c'est pourquoi une certaine distance reste nécessaire : il faut pouvoir saisir globalement la situation). Je dis bien : le plus possible, car une part de liberté, un pouvoir d'adaptation, doit être laissé à l'auteur. Il faut faire place, ici, à une autre sorte de subjectivité : celle de l'auteur.

DORT : *Les Séquestrés d'Altona ne jouent-ils pas sur deux situations historiques : celle de l'Allemagne de la guerre et de l'immédiat après-guerre, et celle de la France à l'époque de la guerre d'Algérie ? Et cette pièce historique allemande n'est-elle pas, aussi, une parabole sur la guerre d'Algérie ?*

SARTRE : C'est exactement cela. Ainsi, les faits rapportés à une date et dans un lieu différents de ceux de la guerre d'Algérie avaient un caractère ambigu. Il y a des spectateurs qui n'ont pas compris qu'il s'agissait aussi de la guerre d'Algérie. D'autres, et parmi eux de nombreux Algériens et Algériennes, sont venus féliciter les acteurs : pour eux, *Les Séquestrés d'Altona* parlaient bien de ce qui les concernait directement. Mais, pour la plupart des Français, ce n'était qu'une histoire qui se passait en Allemagne après 1945.

C'est un risque inhérent au théâtre. Le langage y est toujours traversé d'allusions à la subjectivité, à une autre pensée et à une autre vérité que celle qui est dite. Il peut donc ne pas être compris, ne pas être pleinement entendu – étant reçu dans son sens le plus simple, le plus réaliste. Or, toute pièce est *symbolique* par le fait même qu'elle présente des événements qui sont la vérité (on a tué César – Hitler a perdu la guerre en 1945), mais que ces événements engendrent cependant des mots qui donnent des représentations différentes de ce qui a eu lieu : le meurtre de César est décrit de diverses façons et, à chaque fois, il prend un autre sens. Certes, une interprétation peut être privilégiée, mais les autres manières d'interpréter le même fait restent dessous, à côté ou dehors – et elles brûlent.

DORT : *Ne revenez-vous pas ainsi à une sorte de*

pirandellisme, puisque, souvent, chez Pirandello, tout le drame, toute l'action, tient dans l'interprétation ou, plutôt, dans l'impossibilité d'une interprétation univoque de quelque chose qui s'est passé autrefois, avant que la pièce ne commence ?

SARTRE : J'aime bien cette manière. Mais elle n'est pas tout le théâtre. Dans *Jules César*, Shakespeare montre tout : le fait et les interprétations de ce fait, et ce qui s'ensuit qui n'est pas rien, puisque c'est la mort des assassins, mais aussi l'instauration de l'empire (du moins, par allusion). Pour moi, le théâtre, c'est la réalisation d'un fait et l'ensemble des circonstances et des manifestations qui accompagnent l'apparition de ce fait et qui sont produites par sa disparition. Sans doute peut-on mettre aussi des théories (des idées, morales par exemple) dans la bouche des personnages, mais à deux conditions : premièrement, qu'elles soient exprimées en langage de théâtre, c'est-à-dire qu'elles ne comportent pas un mot de trop (sur scène, l'adjectif est presque interdit) ; deuxièmement, qu'elles expriment, comme sens premier, une pensée qui soit en rapport direct avec la situation vécue, avec l'événement. Contrairement à ce que l'on a pu croire et dire, je ne suis pas pour le théâtre philosophique. Ou si je peux concevoir un théâtre philosophique, c'est que tout est, au bout du compte, philosophie.

DORT : *Vous semblez tenir pour établie la notion classique du personnage. Celle-ci n'a-t-elle pas été critiquée, mise en cause, voire réduite à rien ou à presque rien, par exemple par Beckett ?*

SARTRE : Cela nécessiterait de longs développements. Si j'aime beaucoup le théâtre de Beckett, je ne pense pas qu'il soit à l'origine d'une forme nouvelle. Il est plutôt un aboutissement, nécessaire, souhaitable, mais un aboutissement. Il y a un Beckett – pas deux. Et le théâtre continuera.

DORT : *Et Genet ? Estimez-vous toujours que, dans son théâtre, il fasse « de l'imaginaire une fin en soi*[13] *»* ?

SARTRE : En dehors des *Bonnes*, je n'aime pas trop son théâtre. Habituellement, quand les auteurs dramatiques mettent un personnage en scène, ils essaient de le rapprocher du réel, de le donner pour tel. Genet fait exactement le contraire. Lorsqu'il souhaitait que ses *Bonnes* soient interprétées par des garçons qui, quoique vêtus en femmes, apparaissent bien comme des hommes, et qu'il mettait dans leurs bouches des propos de femmes, mais de femmes qui délirent... son but était de déréaliser tout le jeu. Normalement, le spectateur doit osciller entre l'imaginaire, le fictif et le réel, le présent ; il sait et il oublie en même temps que tout est inventé et joué. Genet s'emploie, lui, à démontrer que rien de ce qui est et se passe sur scène n'est réel ; tout bascule dans l'imaginaire.

Certes, le théâtre est l'imaginaire même. Une chaise qui figure dans le décor devrait être construite, fabriquée pour ce décor. Or, la plupart des chaises qu'on emploie au théâtre sont des chaises vraies : elles ont été achetées chez le marchand de meubles d'à côté. Ainsi, il y a presque toujours une étrange contradiction, sur la scène même, entre des éléments de décor qui relèvent purement de l'imaginaire et d'autres qui sont, banalement, réels. Au théâtre, c'est souvent une chaise réelle qui sert à l'acteur à s'asseoir et à y asseoir imaginairement son personnage. Genet radicalise cela au profit de l'imaginaire. Par là, il supprime un des termes, une des tensions constitutives du théâtre. Du reste, au dramaturge, je préfère l'écrivain Genet : en littérature, son entreprise va plus loin.

Dort : *Le théâtre peut-il, selon vous, intervenir directement dans l'action politique ?*

Sartre : Je ne le pense pas. Le croire, c'est complètement oublier ce qu'est l'imaginaire et ce qu'est le réel. Rien de ce qui se passe au théâtre ne peut être amené, sans subir de profondes modifications, à dire des choses vraies sur des actions réelles faites par des hommes réels et à intervenir directement dans celles-ci. Dans *Jules César*, Shakespeare nous montre la complexité d'un acte historique. Le théâtre peut montrer celle de n'importe quel acte. Comme les réactions que cet acte pourrait susciter. Mais il ne nous fournit pas *une* hypothèse valable quant à l'événement proprement dit – j'entends une seule manière de le comprendre et d'y répondre. Pourtant, il arrive qu'une pièce comportant un sens politique, religieux, métaphysique, perceptible à son public, ait une action effective sur les gens. En fait, ceux-ci lisent (entendent, voient) la pièce comme des conseils – dans le cas de *Jules César*, ce sont des conseils qui passent du premier siècle avant Jésus-Christ jusqu'à nous, à travers l'époque élisabéthaine (encore que la situation dépeinte concerne moins l'Angleterre, où la royauté était fort bien établie, que d'autres pays, alors, par exemple, en Allemagne) en 1792... Et quand ces conseils font mouche, on les applaudit : il y a toujours des répliques de *Jules César* qui suscitent les applaudissements, mais ce ne sont pas, à chaque fois, les mêmes ! Plus profondément, ces conseils sont, aussi, autant d'incitations : quand une pièce a un sens politique ou moral, elle ne fait pas agir, mais elle réveille les gens qui n'ont que trop tendance à dormir. Elle leur met sous les yeux quelque chose d'insupportable.

DORT : *Croyez-vous que la représentation puisse exercer une action physique, immédiate, sur les spectateurs ?*

SARTRE : Tout le théâtre tient dans le rapport entre l'imaginaire et le réel. Il s'agit de faire que le réel soit entièrement ouvert à l'imaginaire tel qu'il est dit et réalisé dans le spectacle. Pourtant, il ne faut pas confondre l'un avec l'autre. C'est un rapport difficile à concevoir, mais c'est lui qui fait qu'il y a un art et une histoire du théâtre. Il faut que l'imaginaire soit *pur* dans sa manière même de se donner au réel. Cela, au moins, est une des règles du théâtre. Pirandello et Brecht l'ont respectée. Car je crois que, comme tout art, le théâtre comporte des règles.

C'est pourquoi je me demande parfois si le théâtre n'est pas en train de mourir. Rien de ce qui s'y est passé depuis dix ou vingt ans ne m'a convaincu. Précisément parce que rien n'y est allé dans ce sens de l'imaginaire introduit dans le réel, face à lui. *Jules César* est et reste imaginaire, bien que la pièce ait une base réelle et que sa représentation puisse encore s'inscrire dans notre réalité contemporaine.

Le théâtre est devenu un théâtre de metteurs en scène ; il n'est plus un théâtre d'auteurs. Or, le metteur en scène est un homme du réel, non de l'imaginaire. Il est du côté de la chaise. Et des chaises, il en place partout, même quand le texte n'en a que faire. Ce théâtre-là est un tohu-bohu où la réalité, mais une réalité douteuse, fabriquée, a le pas sur l'imaginaire. Un imaginaire qui a ses règles.

DORT : *Est-ce cela qui explique que, après* Les Séquestrés d'Altona *(1959) et votre adaptation des*

Troyennes *(1965), vous n'ayez plus écrit pour le théâtre ?*

SARTRE : Pour une part. Pourtant, je n'ai pas de dégoût pour le théâtre. Au contraire. Un temps, j'ai caressé l'idée d'y faire un retour en force. J'aurais aimé reprendre la vieille forme des mansions. Et y raconter la vie d'un homme, sur une grande scène, avec plusieurs étages de mansions remplies de personnages. J'en avais même une idée assez précise. Il y aurait eu, au premier plan, côté jardin, une mansion, la seule visible d'abord, où viennent d'arriver un homme et une femme qui ont échappé à quelque chose de terrible : une attaque, pire peut-être, un camp. La femme est enceinte : l'idée de mettre un enfant au monde, dans le monde tel qu'il est, l'horrifie. Soudain, son horreur tourne en joie : c'est qu'elle a eu un rêve. Elle a vu la vie du fils qu'elle attend. Alors, brusquement, la scène s'allume, et l'on voit plusieurs étages de mansions, avec des personnages, pour l'instant immobiles et silencieux, dont la dernière, tout en haut, se termine par une sorte de croix, entourée de soldats armés de fusils. Au moment où naît l'enfant, meurt, là-haut, un homme de trente-cinq ans. Cet homme est un révolutionnaire. Ensuite, toute sa vie va se dérouler, de mansion en mansion. Et l'on comprend la joie de sa mère : c'est la vie d'un révolutionnaire, et sa fin est tragique, mais heureuse. Car il est le dernier révolutionnaire à mourir pour la révolution. Celle-ci a triomphé[14].

DORT : *Ne seriez-vous pas, ainsi, revenu à vos débuts, sinon d'homme de théâtre (nous avons vu qu'ils remontaient très loin) du moins de dramaturge – à* Bariona *?*

SARTRE : Peut-être, mais à cette différence près

que Bariona n'était pas heureux de mourir, tandis que mon héros devait l'être. J'aurais bien aimé que ma dernière pièce soit ainsi une pièce épique qui, bien au-delà de *Bariona*, aurait renoué avec un très vieux théâtre.

Janvier-février 1979

NOTES

1. C'est dans sa première année d'École normale, le 28 mars 1925, que Sartre tint le rôle de Gustave Lanson, alors directeur de l'École, dans une revue intitulée « La Revue des Deux Mondes, ou le Désastre de Lang-son » (voir A. Cohen-Solal, *Sartre, 1905-1980*, Gallimard, 1985, p. 95, et, pour l'ensemble des participations de Sartre aux revues de l'École normale, J.-F. Sirinelli, *Génération intellectuelle : khâgneux et normaliens dans l'entre-deux-guerres*, Fayard, 1988.
2. Dranem, de son vrai nom Armand Ménard (1869-1935), était un chanteur de café-concert et d'opérettes légères très connu au début du siècle.
3. Sartre nous a parlé de cette pièce sous le titre *J'aurai un bel enterrement* (voir notre Introduction), mais sans indiquer sa structure de monologue, comme il le fait ici.
4. L'étude la mieux documentée sur ce sujet épineux est celle d'Ingrid Galster (voir Bibliographie).
5. Voir ci-dessous p. 263.
6. *Le Diable et le Bon Dieu*, mis en scène par Georges Wilson, dans un décor et des costumes d'André Acquart, a été représenté au T.N.P., Palais de Chaillot, le 14 novembre 1968, avec François Périer (Goetz), Judith Magre (Catherine), Alain Mottet (Heinrich), Francine Racette (Hilda), Georges Wilson (Nasty).
7. Olga Kosakiewicz, à la scène Olga Dominique, a créé le rôle d'Électre dans *Les Mouches* après avoir été élève de l'École d'art dramatique de Charles Dullin, à l'Atelier.
8. *Six personnages en quête d'auteur* de Pirandello a été créé dans la version française de Benjamin Crémieux par Georges Pitoëff en 1923.
9. Voir ci-dessus, p. 162.
10. Voir p. 51, note 11.

11. *Le Feu qui reprend mal*, de Jean-Jacques Bernard Voir ci-dessus, p. 200 et p. 209, note 11.

12. Sartre pense sans doute à l'ouvrage de Jan Kott, *Shakespeare notre contemporain*, qu'il avait lu, et qui parut en 1962 chez Julliard, dans la collection « Les Temps modernes ».

13. Voir ci-dessus, p. 192.

14. Sartre raconte ici le sujet de la pièce qu'il avait pensé intituler « Le Pari » (un pari humaniste, et non pascalien) et que Colette Audry avait narré plus longuement, en 1955, dans « Connaissance de Sartre » (*Cahiers Renaud-Barrault*, n° 13, octobre 1955). Voici le passage, reproduit dans *Les Écrits de Sartre* (p. 294), qui décrit le projet de Sartre :

« Le rideau se lève sur un couple misérable de personnes déplacées qui sont au plus bas de leur détresse, d'autant plus que la femme s'est aperçue qu'elle attend un enfant. L'homme et la femme discutent ensemble. Le mari voudrait que la femme le fasse passer ; la femme, instinctivement, y répugne ; le mari argumente, lui dit que si c'est pour faire un gosse qui doit avoir une vie semblable à celle qu'ils ont, ce n'est vraiment pas la peine de mettre un malheureux sur la terre. La femme répond : " Mais qui te dit qu'il sera malheureux ? " Discussion entre le mari et la femme qui ne sont pas d'accord sur l'issue de cette grossesse. Tout à coup : coup de tonnerre ; effet fantastique à la manière du théâtre moyenâgeux.

« Apparition d'un personnage surnaturel, disons : plus ou moins diabolique.

« Ce personnage s'intéresse au couple et dit : " Mes amis, je vous vois hésitants sur le sort de votre enfant. Je vais vous faire un grand cadeau : je vais vous montrer la vie qui l'attend, et d'après la vie que vous aurez contemplée, vous déciderez si vous devez le garder ou le faire disparaître ; il est bien entendu que sa vie est tracée irrévocablement sur le plan des épisodes, des intrigues et de l'action : on ne peut rien y changer. Tout le monde est prêt derrière ce rideau, il ne manque plus qu'une seule personne, c'est votre enfant. Voulez-vous voir sa vie ? " Le couple acquiesce. Coup de tonnerre.

« Le rideau s'ouvre et découvre la scène qui est remplie de différentes mansions, comme au Moyen Âge. Tous les personnages qui doivent rencontrer l'enfant puis l'homme sont là, chacun dans une case.

« Le personnage surnaturel décrit d'une façon animée, et avec l'aide des personnages des différentes cases, l'existence de cet être humain qui doit naître. C'est une existence atroce : difficultés, misère, et qui se termine au poteau d'exécution.

« Le noir se fait, le rideau se referme et le personnage surnaturel dit maintenant au couple : " À présent que vous connaissez la vie qui attend votre enfant, vous n'avez plus qu'à décider. Au revoir, mes amis. " Et il disparaît.

« Le mari triomphe et dit à sa femme : " Eh bien, maintenant, tu vois ce qu'il te reste à faire ; si tu as envie d'accoucher d'un malheureux, fais-le, mais tu as la garantie que sa vie sera un martyre. " Et la femme, obstinée, répond : " Moi je fais le pari qu'il s'en tirera.

« – Mais, espèce d'imbécile, puisqu'il n'y a rien à changer de sa vie ! – Peut-être ne changera-t-il pas sa vie, mais je fais le pari qu'il la transformera. "

« Devant une abrutie pareille, le mari est découragé, et le couple disparaît après avoir décidé que la femme ferait son gosse. C'est la fin de la première partie.

« Quand la deuxième partie commence, le rideau se lève sur les mêmes cases avec les mêmes personnages que l'on a vus, mais cette fois, il y a un personnage supplémentaire, c'est le jeune homme, fils de ce couple de personnes déplacées.

« Le public connaît donc sa vie et, lui, est le seul à ne pas savoir ce qui va arriver.

« Effectivement, il ne change rien au matériel de son existence et sa vie se termine comme convenu au poteau d'exécution, mais grâce à son apport personnel, à son choix et à son sens de la liberté, il métamorphose cette vie atroce en une vie sublime.

« Je crois qu'il y a là un sujet qui peut nous permettre de comprendre presque physiquement le sens que Sartre donne au mot : liberté. »

II

*Textes et interviews
sur les pièces*

BARIONA, OU LE FILS DU TONNERRE

> Sartre a écrit *Bariona* au cours de l'automne 1940 pour la fête de Noël de ses compagnons de captivité au Stalag XII D de Trèves, où il avait été transféré en août. Une lettre à Simone de Beauvoir, écrite fin novembre ou début décembre 1940, fournit des détails sur la vie de Sartre au camp et montre comment il a été amené à entreprendre ce qui sera sa première pièce jouée. Un texte imparfait de *Bariona* est publié dans *Les Écrits de Sartre* ; une version plus complète a été établie par Michel Rybalka, mais reste pour le moment inédite.

[...] Vous me dites dans une lettre que ma libération viendra dans un mois. Je n'y crois pas du tout, je peux sainement apprécier la lenteur de ces choses ; imaginez une poix qui vous colle doucement et qui vous tient par inertie plutôt que pour tout autre raison et qui ne vous lâche pas, mais ça viendra bien tout de même. J'ai tant envie de vous revoir et de me promener avec votre petit bras sous le mien. Mais, mon pauvre bon petit Castor, vous allez être bien déçue : je n'ai pas de nouvelles théories. Simplement des masses d'histoires. Pour les histoires, vous en aurez. Je suis tombé d'abord dans un drôle de milieu : l'aristocratie du camp, l'infirmerie. Il y a aussi la puissante ploutocratie des cuisines et les politiciens ou chefs de baraque. De l'infirmerie j'ai été éjecté par des intrigues et je suis arrivé, visant à éviter le travail des champs pour lequel j'ai, jusqu'à nouvel ordre, peu de dons, dans le milieu inoffensif des artistes, le genre cigales et aussi Racine sous Louis XIV. Beaucoup de courbettes et l'on pense bien. D'ailleurs ils sont sympathiques. Les plus sympathiques que j'aie rencontrés depuis la guerre. Ils ont un vrai petit théâtre où ils jouent devant les quinze cents prisonniers du camp, deux dimanches par mois. Moyennant quoi ils sont payés, peuvent se lever tard le matin, et ne rien foutre de toute la journée. J'habite avec eux dans une grande chambre peuplée de guitares, banjos, flûtes, trompettes accrochées aux murailles, avec un piano sur lequel des Belges jouent toute la journée. Des Belges qui jouent le swing à la manière des pianistes du College Inn, ce qui me fera tout à l'heure l'occasion d'une petite allusion sentie à T. J'écris pour eux des pièces qu'on ne joue jamais, et je suis payé aussi. Par ailleurs ma fréquentation ordinaire ce sont les prêtres. Surtout un jeune vicaire et un novice jésuite, qui d'ailleurs se haïssent, en viennent aux mains à propos de théologie mariale et me font trancher le débat. Je tranche. Je me suis trouvé hier avoir donné tort au pape Pie IX sur l'Immaculée Conception. Ils hésitent entre Pie IX et moi. Et sachez que j'écris ma première pièce sérieuse et que je m'y donne de toute ma personne (écrivant, mettant en scène et jouant) et c'est sur *la Nativité*. N'ayez crainte, mon doux petit, je ne deviendrai pas comme Ghéon, n'ayant pas commencé comme lui. Mais sachez que j'ai certainement du talent comme auteur dramatique, j'ai fait une scène d'ange annonçant aux bergers la naissance du Christ qui leur a coupé le souffle à tous. Dites-le à Dullin et qu'il y en avait qui avaient les larmes aux yeux. Je me rappelle comme il était quand il mettait en scène et je m'inspire de lui, mais en restant beaucoup plus poli, vu que je ne paye pas mes artistes. Ça sera joué le 24 décembre, en masques, il y aura 60 personnages et ça s'appelle *Bariona, le fils du Tonnerre*. J'ai aussi joué en masque, sur la scène, dimanche dernier, un rôle comique dans une farce. Tout cela m'amuse fort, entre beaucoup d'autres farces plus drôles encore. Je ferai du théâtre, par la suite. Mon amour, je ne m'ennuie pas, je suis fort gai. J'attends sans impatience, résolu, si le ciel ne m'aide pas, à m'aider moi-même. Je fais trois quarts d'heure de gymnastique chaque jour avec des boxeurs et des catcheurs. Depuis la semaine dernière, en plus de ça, je suis chargé d'organiser une sorte d'université populaire ici et ça m'intéresse aussi. Par exemple j'ai des poux mais, comme toutes les curiosités naturelles, les poux m'ont déçu. Ils ne piquent pas, ils frôlent et ne sont remarquables que par leur extraordinaire prolificité. [...]

Lettres au Castor, vol. 2, p. 299-300.

<small>Par une lettre adressée le 31 octobre 1962 à Yves Frontier, Sartre autorisait la publication hors commerce de *Bariona* et précisait ceci :</small>

Si j'ai pris mon sujet dans la mythologie du Christianisme, cela ne signifie pas que la direction de ma pensée ait changé, fût-ce un moment, pendant la captivité. Il s'agissait simplement, d'accord avec les prêtres prisonniers, de trouver un sujet qui pût réaliser, ce soir de Noël, l'union la plus large des chrétiens et des incroyants.

<small>Ce qu'il soulignait une nouvelle fois en 1968, en déclarant à Paul-Louis Mignon :</small>

— À me voir écrire un mystère, certains ont pu croire que je traversais une crise spirituelle. Non ! un même refus du nazisme me liait aux prêtres prisonniers dans le camp. La Nativité m'avait paru le sujet capable de réaliser l'union la plus large des chrétiens et des incroyants. Et il était convenu que je dirais ce que je voudrais.

Pour moi, l'important dans cette expérience était que, prisonnier, j'allais pouvoir m'adresser aux autres prisonniers et évoquer nos problèmes communs. Le texte était plein d'allusions à la situation du moment et parfaitement claires pour chacun de nous. L'envoyé de Rome à Jérusalem, dans notre esprit, c'était l'Allemand. Nos gardiens y virent l'Anglais dans ses colonies !

Je jouais un des rois mages. Lequel ? Je ne m'en souviens plus[1]. Mais j'exprimais des idées existentialistes en refusant à Bariona le droit de se suicider et en le décidant à combattre.

Pourquoi je n'ai pas repris plus tard *Bariona* ? Parce que la pièce était mauvaise. Elle sacrifiait trop à de longs discours démonstratifs[2].

(*L'Avant Scène Théâtre*,
n° 402-403, 1er-15 mai 1968).

NOTES

1. Il s'agissait du roi nègre Balthazar.
2. Pour *Bariona*, voir encore ci-dessus p. 63-64 et p. 242-243.

LES MOUCHES

Sartre a rédigé pour la publication en volume des *Mouches* (Gallimard, 1943) le prière d'insérer suivant :

La tragédie est le miroir de la Fatalité. Il ne m'a pas semblé impossible d'écrire une tragédie de la liberté, puisque le Fatum antique n'est la liberté retournée. Oreste est libre pour le crime et par-delà le crime : je l'ai montré en proie à la liberté comme Œdipe est en proie à son destin. Il se débat sous cette poigne de fer, mais il faudra bien qu'il tue pour finir, et qu'il charge son meurtre sur ses épaules et qu'il le passe sur l'autre rive. Car la liberté n'est pas je ne sais quel pouvoir abstrait de survoler la condition humaine : c'est l'engagement le plus absurde et le plus inexorable. Oreste poursuivra son chemin, injustifiable, sans excuses, sans recours, seul. Comme un héros. Comme n'importe qui.

Dans une interview d'avant-première accordée à Yvon Novy et publiée par *Comoedia* du 24 avril 1943, Sartre, évitant de parler directement du contenu politique de la pièce, exposait ses intentions ainsi :

— J'ai voulu traiter de la tragédie de la liberté en opposition avec la tragédie de la fatalité. En d'autres mots, le sujet de ma pièce pourrait se résumer ainsi : « Comment se comporte un homme en face d'un acte qu'il a commis, dont il assume toutes les conséquences et les responsabilités, même si par ailleurs cet acte lui fait horreur ? »

Il est évident que le problème ainsi posé ne peut s'accommoder du principe de la seule liberté intérieure dans laquelle certains philosophes et non des moindres, comme Bergson, ont voulu trouver la source de tout affranchissement vis-à-vis de la destinée. Une telle liberté reste toujours théorique et spirituelle. Elle ne résiste pas aux faits. J'ai voulu prendre le cas d'un homme libre en situation, qui ne se contente pas de s'imaginer libre, mais qui s'affranchit au prix d'un acte exceptionnel, si monstrueux soit-il, parce que, seul, il peut lui apporter cette définitive libération vis-à-vis de lui-même.

Au risque de situer la tragédie classique dont j'ai repris l'armature et conservé les personnages, je dirai que mon héros commet le forfait d'apparence le plus inhumain. Son geste est celui d'un justicier puisque c'est pour venger le roi son père, assassiné par un usurpateur, qu'il tue à son tour ce dernier. Mais il étend le châtiment à sa propre mère, la reine, qu'il sacrifie également parce qu'elle fut la complice du crime initial.

Par ce geste, qu'on ne peut isoler de ses réactions, il rétablit l'harmonie d'un rythme qui dépasse en portée la notion du bien et du mal. Mais son acte restera stérile s'il n'est pas total et définitif, s'il doit, par exemple, entraîner l'acceptation du remords, sentiment qui n'est qu'un retour en arrière puisqu'il équivaut à un enchaînement avec le passé.

Libre en conscience, l'homme qui s'est haussé à ce point au-dessus de lui-même ne deviendra libre en situation que s'il rétablit la liberté pour autrui, si son acte a pour conséquence la disparition d'un état de chose existant et le rétablissement de ce qui devrait être.

Le raccourci du théâtre exigeait une situation dramatique d'une intensité particulière. Si j'avais imaginé mon héros, l'horreur qu'il eût inspirée le condamnait sans merci à être méconnu. C'est pourquoi j'ai eu recours à un personnage qui, théâtralement, était déjà situé. Je n'avais pas le choix.

À la Libération, Sartre devait d'ailleurs préciser :

Pourquoi faire déclamer des Grecs [...] si ce n'est pour déguiser sa pensée sous un régime fasciste ? [...]
Le véritable drame, celui que j'aurais voulu écrire, c'est celui du terroriste qui, en descendant des Allemands dans la rue, déclenche l'exécution de cinquante otages.

(*Carrefour*, 9 septembre 1944).

Sartre a rappelé dans un des textes où il rend hommage à Dullin ce que fut la création des *Mouches* :

Envers Charles Dullin — en dehors de l'amitié et du respect que m'inspira l'homme dès que je l'ai connu — j'ai deux sujets de reconnaissance. C'est lui qui, avec Pierre Bost[1], sauva par une recommandation chaleureuse mon premier manuscrit, en passe d'être refusé par les lecteurs de Gallimard[2], c'est lui qui, en 1943, monta ma première pièce, *Les Mouches*, sur la scène du Sarah-Bernhardt. Si *La Nausée* n'avait pas été publiée, j'aurais continué d'écrire ; mais si *Les Mouches* n'avait pas été représenté, je me demande, tant mes préoccupations m'éloignaient alors du théâtre, si j'aurais continué à faire des pièces. Ainsi, quand je me rappelle les années 38-43, je retrouve Dullin à l'origine des deux formes principales de mes activités littéraires.

Recommander *La Nausée* à Gaston Gallimard, qu'il connaissait bien, c'était amical et généreux, mais enfin cela ne lui coûtait guère. Avec *Les Mouches*, il en allait tout autrement. En ces années d'occupation, on sortait peu : l'art dramatique vivotait ; Dullin, quel que fût le spectacle monté, avait le plus grand mal à remplir l'immense nef du Sarah-Bernhardt. Représenter la pièce d'un inconnu, c'était risquer de perdre son théâtre. D'autant que la couleur politique des *Mouches* n'était pas pour plaire aux critiques qui collaboraient tous. Dullin n'ignorait rien de tout cela ; j'en étais si conscient que je cherchai et trouvai l'appui d'un commanditaire qui vint le voir et tenta de l'étourdir avec un flot de paroles. Dullin l'écoutait, souriant de coin, silencieux, avec sa vieille méfiance paysanne. De fait, un beau jour, quand il fallut prendre une décision, le commanditaire se jeta dans le lac du Bois de Boulogne. On l'en retira mais j'appris qu'il n'avait pas un sou[3]. J'allai seul au rendez-vous que nous avions pris tous les trois, je dus apprendre la nouvelle à Dullin. Il restait silencieux, les yeux brillants de malice. Sans manifester la moindre déception. À la fin de mon petit discours, je déclarai que je reprenais ma pièce. « Pourquoi ? me demanda-t-il. Je la monte tout de même. » Je ne sais trop s'il lui faisait confiance tout à fait. Mais il voulait, en dépit des dangers, poursuivre au Sarah-Bernhardt sa politique théâtrale de l'Atelier, faire jouer de jeunes auteurs en souhaitant, certes, le succès, mais sans trop s'en préoccuper. Bref, il prit tous les risques — et perdit : la pièce, éreintée par la critique, eut une cinquantaine de représentations devant des salles à demi vides[4]. Il ne m'en voulut pas un instant : seul maître à bord, il se jugeait seul responsable et je ressens, toute vive encore, mon amitié pour lui quand je me rappelle de quel air désolé il m'apprit qu'il arrêtait les représentations, le jour où, à la lettre, il devint impossible de les continuer.

Et puis, d'une certaine façon, nous n'avions perdu ni l'un ni l'autre. Sa grandeur aura été de découvrir des auteurs qui remportaient chez lui des vestes et connaissaient ensuite le succès sur d'autres scènes. Et puis il avait fait, en ce cas, ce qu'il souhaitait depuis longtemps : monter une tragédie moderne. *Les Mouches*, est-ce une tragédie ? Je n'en sais rien, je sais qu'elle le devint entre ses mains. Il avait de la tragédie grecque une idée complexe : une violence sauvage et sans frein devait s'y exprimer avec une rigueur toute classique. Il s'efforça de plier *Les Mouches* à cette double exigence. Il voulut capter des forces dionysiaques et les organiser, les exprimer par le jeu libre et serré d'images apolliniennes : il y réussit. Il le sut et l'entier succès de cette mise en scène — qui faisait rendre à ma pièce ce qui n'y était sans doute pas mais que, certainement, j'avais rêvé d'y mettre — compensait à ses yeux l'insuccès du spectacle. Du coup, je gagnai, moi aussi : ce que je sais du métier, ce sont les répétitions qui me l'apprirent. Je vis avec étonnement Dullin, avec des moyens volontairement — et par force — minimes, remplir *toutes* mes naïves exigences. Rien n'était donné, tout suggéré. La richesse, insaisissable, s'offrant à travers la pauvreté, la violence et le sang présentés par un calme mouvement, l'union patiemment cherchée de ces contraires, tout contribuait à faire naître sous mes yeux une étonnante *tension* qui manquait à ma pièce et qui devint, dès lors — pour moi — *l'essence du drame*. Mon dialogue était verbeux ; Dullin, sans m'en faire reproche ni me conseiller d'abord des coupures, me fit comprendre, en s'adressant aux seuls acteurs, qu'une pièce de théâtre doit être exactement le contraire d'une orgie d'éloquence, c'est-à-dire : le plus petit nombre de mots accolés ensemble, irrésistiblement, par une action irréversible et une passion sans repos. Il disait : « Ne jouez pas les mots, jouez la situation », et je comprenais en le voyant travailler le sens profond qu'il donnait seul à ce précepte banal. La situation, pour lui, c'était cette totalité vivante qui s'organise temporellement pour glisser, inflexible, de la naissance à la mort et qui doit créer des expressions qui la traduisent à la fois dans son ensemble indivisible et dans le moment particulier où elle s'incarne. J'adoptais le précepte à mon usage : « N'écrivez pas les mots, écrivez la situation. » Il fallait composer comme il faisait jouer ; au théâtre on ne reprend pas ses billes : quand une parole n'est point telle qu'on ne puisse plus revenir en arrière après l'avoir prononcée, il faut la retirer soigneusement du dialogue. Cette austère pauvreté, miroir fascinant des richesses dont elle ne veut jamais nous donner que le reflet imaginaire, cet inflexible mouvement dramatique qui engendre la pièce pour la tuer, c'était l'art même de Dullin. Ce fut pour moi son enseignement : après les répétitions des *Mouches*, je ne vis plus jamais le théâtre avec les mêmes yeux.

(*Cahiers Charles Dullin*, II, mars 1966).

En 1947, à l'occasion des représentations données en Allemagne dans la zone d'occupation française par la Compagnie des Dix dirigée par Claude Martin, Sartre a écrit le texte suivant :

Après notre défaite de 1940, trop de Français s'abandonnaient au découragement ou laissaient s'installer en eux le remords. J'ai écrit *Les Mouches* et j'ai essayé de montrer que le *remords* n'était pas l'attitude que les Français devaient choisir après l'effondrement militaire de notre pays. Notre passé n'était plus. Il avait coulé entre nos mains sans que nous ayons eu le temps de le saisir, de le tenir sous notre regard pour le comprendre. Mais l'avenir — bien qu'une armée ennemie occupât la France — était neuf. Nous avions prise sur lui, nous étions libres d'en faire un avenir de vaincus ou, au contraire, d'hommes libres qui se refusent à croire qu'une défaite marque la fin de tout ce qui donne envie de vivre une vie d'homme.

Aujourd'hui, pour les Allemands, le problème est le même. Pour les Allemands aussi je crois que le remords est stérile. Je ne veux pas dire que le souvenir des fautes passées doit s'effacer de leur mémoire. Non. Mais je suis convaincu que ce n'est pas un remords complaisant qui leur fera obtenir le pardon que peut leur accorder le monde — ce sera un engagement total et sincère dans un avenir de liberté et de travail, un désir ferme de bâtir cet avenir, la présence parmi eux du plus grand nombre possible d'hommes de bonne volonté. Puisse cette pièce non point les guider vers cet avenir, mais les encourager à l'atteindre.

(*Verger*, n° 2, juin 1947).

En 1948, *Les Mouches* furent jouées en allemand à Berlin, au Hebbel-Theater, dans une mise en scène de Jürgen Fehling. À cette occasion, Sartre se rendit à Berlin et participa à un débat qui fut suivi avec une attention passionnée par un nombreux public. En effet, la pièce et la mise en scène, expressionniste, brutale, évoquant les camps de concentration, provoquèrent de vives discussions et des attaques de la presse sous licence russe contre Sartre et sa philosophie. Le débat, qui eut lieu le 1ᵉʳ février 1948, fut publié par la revue *Verger* (n° 5, 1948) sous le titre « Discussion autour des *Mouches* ». Y prirent part, outre Sartre, M. Lusset, attaché culturel français à Berlin, Günther Weisenborn, M. Theunissen, Édouard Roditi, Walter Karsch, W. D. Zimmermann, Jürgen Fehling et le professeur Steiniger. Nous en reproduisons ici de larges extraits.

SARTRE : Tout le débat tourne autour de cette question : quel était le sens des *Mouches* lorsqu'on a représenté cette pièce à Paris en 1943, pendant l'occupation, et quelle est la signification de sa représentation actuellement à Berlin ? [...]

PROF. STEINIGER : *Pour vous, Monsieur Sartre, le repentir n'apparaît dans* Les Mouches *ni comme hypocrisie pure ni comme renoncement à soi. Un autre philosophe — je crois que c'est Karl Marx — a dit un jour : « Quand un peuple, dans sa totalité, éprouve de la honte devant les injustices commises, il est déjà bien près d'avoir accompli un acte révolutionnaire. » Ne vous trompez pas, Monsieur Sartre ; le succès de votre pièce est dû — pour ne pas parler de ses qualités dramatiques et littéraires — en grande partie à ce qu'elle dispense un gigantesque pardon, une absolution générale sommaire. D'où ma première question : avez-vous conscience de prendre, et comment prenez-vous devant votre nation la responsabilité d'empêcher, par votre combat contre le repentir, le peuple allemand de se trouver lui-même, de reconnaître ses responsabilités, et par là de renouveler complètement et activement son existence morale ?*

SARTRE : Cette question est particulièrement intéressante, car elle tourne autour du problème du repentir, et deuxièmement — les deux choses sont en effet étroitement liées l'une à l'autre — autour du fait de savoir si une pièce qui peut-être était bonne en 1943, était valable, garde encore le même poids, et surtout garde un poids en 1948. Il faut expliquer la pièce par les circonstances du temps. De 1941 à 1943, bien des gens désiraient vivement que les Français se plongeassent dans le repentir. Les nazis en tout premier lieu y avaient un vif intérêt, et avec eux Pétain[5] et sa presse. Il fallait encore convaincre les Français, nous convaincre nous-mêmes, que nous avions été des fous, que nous étions descendus au dernier degré, que le Front populaire nous avait fait perdre la guerre, que nos élites avaient démissionné, etc. Quel était le but de cette campagne ? Certainement pas d'améliorer les Français, d'en faire d'autres hommes. Non, le but était de nous plonger dans un état de repentir, de honte, qui nous rendît incapables de soutenir une résistance. Nous devions nous satisfaire de notre repentir, voire y trouver du plaisir. C'était d'autant mieux pour les nazis.

En écrivant ma pièce, j'ai voulu, avec mes seuls moyens, bien faibles, contribuer à extirper quelque peu cette maladie du repentir, cette complaisance au repentir et à la honte. Il fallait alors redresser le peuple français, lui rendre courage. La pièce fut admirablement comprise par les gens qui s'étaient levés contre le gouvernement de Vichy, le regardaient comme un avilissement, par tous ceux qui, en France, voulaient s'insurger contre toute domination nazie. *Les Lettres françaises*, alors publiées dans la clandestinité, l'avaient proclamé[6].

La seconde raison est plus personnelle. À cette époque se posait la question des attentats contre les nazis, et non seulement contre eux, mais contre tous les membres de la Wehrmacht. Ceux qui participaient à ces attentats le faisaient évidemment avec une parfaite tranquillité d'esprit. Ils ne songeaient certes pas à se poser des cas de conscience. L'état de guerre régnait pour eux et lancer une grenade contre un ennemi était un acte de guerre. Mais se greffait là-dessus un autre problème, moral celui-là, celui des otages. La Wehrmacht avait à cette époque entrepris les exécutions. Pour trois Allemands, six ou dix otages étaient fusillés et c'était quelque chose de très important du point de vue moral. Non seulement ces otages étaient innocents mais, il faut bien le redire, ils n'avaient rien fait contre la Wehrmacht, et dans la plupart des cas n'appartenaient même pas à la Résistance. Au commencement, c'étaient en majorité des Juifs, qui n'avaient pas encore eu le temps de songer à la résistance ouverte, qui n'y avaient aucune part de responsabilité. Le problème de ces attentats était donc primordial. L'auteur d'un attentat de ce genre devait savoir que, s'il ne se dénonçait pas, on fusillait des Français au hasard. Il subissait alors une seconde forme de repentir, il devait résister au danger d'aller se dénoncer. C'est ainsi qu'il faut comprendre l'allégorie de ma pièce.

C'est pourquoi, à l'époque où la pièce fut jouée, on n'y vit pas de pessimisme, mais tout au contraire de l'optimisme. J'y disais aux Français : vous n'avez pas à vous repentir, même ceux qui en un sens sont devenus des meurtriers ; vous devez assumer vos actes même s'ils ont causé la mort d'innocents. La question est aussi : comment une pièce qui en son temps fut considérée comme optimiste trouve-t-elle aujourd'hui en Allemagne une tout autre interprétation, une tout autre signification, comment peut-elle dans un autre pays apparaître comme l'expression du désespoir, comme foncièrement pessimiste ?

PROF. STEINIGER : *Je comprends très bien que les nazis aient voulu susciter le repentir dans votre pays. Chez nous, il me paraît qu'ils veulent arriver à le refouler et qu'ils forgent les explications qui, par-delà le bien et le mal, préparent le prochain massacre.* (Approbation dans la salle.) [...]

SARTRE : Si nous considérons la France de 1943 et l'Allemagne de 1948, les deux situations sont naturellement très différentes, mais elles n'en ont pas moins des éléments communs. Dans les deux cas, on se tourmente pour une faute qui concerne le passé. On essayait en 1943 de convaincre les Français qu'ils ne devaient regarder que leur passé. Contre cela nous prétendions que les vrais Français devaient regarder l'avenir : celui qui voulait travailler pour l'avenir devait agir dans la Résistance, sans repentir, sans remords de conscience. Le problème d'une culpabilité se pose aussi dans l'Allemagne contemporaine, la culpabilité du régime nazi. Mais cette culpabilité n'est affaire que du passé. Cette culpabilité, telle qu'on peut maintenant la concevoir, est liée aux crimes des nazis. Ne songer qu'à ce passé, s'en tourmenter même nuit et jour, c'est un sentiment infécond, purement négatif. Je n'ai pas prétendu qu'il fallait exclure tout sentiment de responsabilité. Au contraire, je dis que le sens de la responsabilité est nécessaire et qu'il ouvre l'avenir. Lorsqu'on comprend dans le repentir des éléments différents, on confond les concepts, c'est de là que naissent les malentendus sur le contenu ou la connaissance du sentiment de culpabilité. Je conçois ma culpabilité et ma conscience en souffre. Cela me conduit à ce sentiment qu'on appelle repentir. Peut-être éprouvé-je aussi une complaisance intime à mon repentir. Tout cela n'est que passivité, regard vers le passé, je n'en puis rien tirer. Par contre le sentiment de la responsabilité peut m'amener à quelque chose d'autre, à quelque chose de positif, c'est-à-dire à la réhabilitation nécessaire, à l'action pour un avenir fécond, positif.

Je connaissais aussi l'expression de Marx sur la honte d'une nation qui peut l'amener à des actes révolutionnaires. Une remarque en passant : cette citation est tirée des écrits de jeunesse de Marx et il est à peine revenu sur ce thème. Mais que veut dire exactement Marx ? Il comprend par là la honte qui naît dans une nation d'une situation actuelle, contemporaine. En aucune façon son expression ne peut s'appliquer à une situation passée ; il veut dire : le sentiment de la honte concomitant à une situation donnée, par exemple l'Allemagne de 1848, peut inspirer l'action, dans la mesure où il ne se limite pas au repentir, à l'accablement, à un trouble de conscience négatif. [...]

SARTRE : [...] On peut, dans une certaine mesure, s'expliquer le cas d'Oreste et sa décision. [*Dans la discussion, un pasteur avait reproché à Oreste de ne pas assumer son acte de libération, puisqu'il quitte Argos et qu'on ne sait pas où il va : vers Marx ou vers le Christ ?*] Si l'on veut bien considérer la situation sociale qui est proposée, il n'y a, je crois, plus de problème ; car finalement Oreste a le choix entre la liberté et l'esclavage. Si je vois que quelqu'un a le choix, au moment où il choisit la liberté il n'y a plus de problème pour moi ; car le principal est qu'il ait choisi la liberté. Il y aurait une question à se poser, et elle serait grave, s'il avait choisi l'esclavage. Oreste se décide finalement pour la liberté, il veut se libérer lui-même en libérant son peuple, et par cette libération il veut retrouver son appartenance à son peuple. Si nous ne comprenons pas cela exactement, c'est peut-être parce que nous ne songeons pas assez à la situation d'Argos. Mais au théâtre, sur la scène comme dans la vie, ce choix libre signifie toujours une véritable libération, et le principal est finalement la volonté de cette libération. C'est l'expression d'une liberté qui s'affirme elle-même. Avec cette façon de voir on peut rejeter chaque interprétation, qu'elle soit dialectique ou psychanalytique, et non seulement les rejeter mais les adjoindre aux interprétations des opprimés.

Je n'avais pas songé à comparer Oreste et le Christ. Selon moi, Oreste n'est à aucun moment un héros. Je ne sais même pas s'il est un homme exceptionnellement doué. Mais il est celui qui ne veut pas se laisser couper de son peuple. Il va le premier sur la voie de la libération, au moment même où les masses peuvent et doivent prendre conscience d'elles-mêmes ; il est celui qui par son acte leur montre le premier la route. Quand il y est parvenu, il peut rentrer en paix dans l'anonymat, reposer dans le sein de son peuple. [...]

NOTES

1. Écrivain et scénariste, frère aîné de Jacques-Laurent Bost, lequel fut élève de Sartre au Lycée du Havre et est resté depuis l'un de ses amis les plus intimes.

2. Pour ce qui concerne les péripéties de la publication de *La Nausée* chez Gallimard, voir Simone de Beauvoir, *La Force de l'âge*, p. 292 et 304-308 ; Sartre, *Œuvres romanesques*, Pléiade, p. 1657 et suiv.

3. Le commanditaire en question, un escroc qui « répondait au beau nom de Néron », était un petit employé qui jouait non sans grandeur les mécènes intellectuels, et Simone de Beauvoir, qui raconte plaisamment l'épisode dans *La Force de l'âge* (p. 259-532), est elle-même, bien qu'elle fût avertie, devenue sa victime, en 1945, au moment où se montait sa pièce *Les Bouches inutiles*. Sartre a pu, dans une certaine mesure, s'inspirer de ce personnage en créant le Georges de Valera de *Nekrassov*.

4. L'éreintage de la critique fut, en effet, quasi général, autant pour la mise en scène que pour la pièce : voir les comptes rendus d'André Castelot, *La Gerbe*, 17 juin 1943 (« l'*Électre* de Giraudoux repensée par un dadaïste ou un surréaliste attardé, pour ne pas dire par quelque névrotique ») ; Alain Laubreaux, *Le Petit Parisien*, 5 juin 1943 (« pièce pesante et longue », « spectacle qui nous restitue dans un invraisemblable bric-à-brac cubiste et dadaïste une avant-garde depuis longtemps passée à l'arrière-garde ») ; Armory, *Les Nouveaux Temps*, 13 juin 1943 (« Sartre n'a pris dans les malheurs des Atrides que le prétexte de fouailler une humanité qu'il déteste, se complaisant dans un péjorativisme négatif, en étalant tout ce qu'il y a de peu ragoûtant en notre triste monde », « Céline moins le

souffle », « adoration épileptique de la mort ») ; Georges Ricou, *France socialiste*, 12 juin 1943 (« comme on comprend l'invasion des mouches dans cette décomposition du goût ») ; Jacques Berland, *Paris-Soir*, 15 juin 1943 (« Sartre paraît être davantage un essayiste qu'un auteur dramatique ») ; Roland Purnal, *Comoedia*, 12 juin 1943 (« toute sa rhapsodie, en somme, tire son efficacité d'un certain état d'obsession scatophagique »), etc.

L'une des rares critiques favorables fut celle de Maurice Rostand dans *Paris-Midi* (7 juin 1943) : « Il faut tout de suite dire qu'on se trouve devant un ouvrage exceptionnel par l'ampleur du développement, la puissance cosmique, la résonance métaphysique. » La critique du *Pariser Zeitung* ne fut pas hostile et insista principalement sur les défauts formels de la pièce.

Charles Dullin, quant à lui, devait écrire plus tard (cf. *Ce sont les dieux qu'il nous faut*, Gallimard, 1969) : « Ce fut un éreintage rapide et total, les recettes furent lamentables. »

Malgré ce mauvais départ, la pièce fut maintenue à l'affiche deux fois par semaine, presque toute la saison. Elle connut ainsi une quarantaine de représentations en 1943 (première le 3 juin).

Pour une plus ample documentation sur *Les Mouches*, voir l'excellente étude d'Ingrid Galster, *Le Théâtre de Jean-Paul Sartre devant ses premiers critiques*. (Voir la bibliographie ci-dessous, p. 428.)

5. Cf. Maréchal Pétain, *La France nouvelle*, Fasquelle, 1943, p. 167 : « Vous souffrez et vous souffrirez longtemps encore, car nous n'avons pas fini de payer toutes nos fautes. »

6. Cf. l'article non signé (écrit par Michel Leiris), « Oreste et la Cité », dans *Les Lettres françaises* clandestines, nº 12, repris avec quelques modifications dans : Michel Leiris : *Brisées*, Mercure de France, p 74-78.

HUIS CLOS

Il n'existe pas, à notre connaissance, d'interview de Sartre sur *Huis clos* à l'époque de sa création. En revanche, en 1965, pour l'enregistrement de la pièce sur disque par la Deutsche Gramophon Gesellschaft (D.G.G. 43902/03), disque réalisé avec la participation de Michel Vitold, Gaby Sylvia, Christiane Lenier et R.-J. Chauffard, Sartre a enregistré une préface que nous reproduisons ici dans son intégralité et qui lève un certain nombre d'équivoques entretenues autour du sens philosophique de cette œuvre. Des extraits de cette préface parlée ont été reproduits dans la presse (en particulier *L'Express*, 11-17 octobre 1965) à l'occasion de la diffusion par l'O.R.T.F. de *Huis clos* mis en scène par Michel Mitrani.

Quand on écrit une pièce, il y a toujours des causes occasionnelles et des soucis profonds. La cause occasionnelle c'est que, au moment où j'ai écrit *Huis clos*, vers 1943 et début 44, j'avais trois amis, et je voulais qu'ils jouent une pièce, une pièce de moi, sans avantager aucun d'eux. C'est-à-dire, je voulais qu'ils restent ensemble tout le temps sur la scène. Parce que je me disais, s'il y en a un qui s'en va, il pensera que les autres ont un meilleur rôle au moment où il s'en va. Je voulais donc les garder ensemble. Et je me suis dit, comment peut-on mettre ensemble trois personnes sans jamais faire sortir l'une d'elles et les garder sur la scène jusqu'au bout comme pour l'éternité.

C'est là que m'est venue l'idée de les mettre en enfer et de les faire chacun le bourreau des deux autres. Telle est la cause occasionnelle.

Par la suite d'ailleurs, je dois dire, ces trois amis n'ont pas joué la pièce et, comme vous le savez, c'est Vitold, Tania Balachova et Gaby Sylvia qui l'ont jouée[1].

Mais il y avait à ce moment-là des soucis plus généraux et j'ai voulu exprimer autre chose dans la pièce que simplement ce que l'occasion me donnait. J'ai voulu dire : l'enfer, c'est les autres. Mais « l'enfer, c'est les autres » a été toujours mal compris. On a cru que je voulais dire par là que nos rapports avec les autres étaient toujours empoisonnés, que c'étaient toujours des rapports infernaux. Or, c'est tout autre chose que je veux dire. Je veux dire que si les rapports avec autrui sont tordus, viciés, alors l'autre ne peut être que l'enfer. Pourquoi ? Parce que les autres sont au fond ce qu'il y a de plus important en nous-mêmes pour notre propre connaissance de nous-mêmes. Quand nous pensons sur nous, quand nous essayons de nous connaître, au fond nous usons des connaissances que les autres ont déjà sur nous. Nous nous jugeons avec les moyens que les autres ont, nous ont donnés de nous juger. Quoi que je dise sur moi, toujours le jugement d'autrui entre dedans. Quoi que je sente en moi, le jugement d'autrui entre dedans. Ce qui veut dire que, si mes rapports sont mauvais, je me mets dans la totale dépendance d'autrui. Et alors en effet je suis en enfer. Et il existe une quantité de gens dans le monde qui sont en enfer parce qu'ils dépendent trop du jugement d'autrui. Mais cela ne veut nullement dire qu'on ne puisse avoir d'autres rapports avec les autres. Ça marque simplement l'importance capitale de tous les autres pour chacun de nous.

Deuxième chose que je voudrais dire, c'est que ces gens ne sont pas semblables à nous. Les trois personnes que vous entendrez dans *Huis clos* ne nous ressemblent pas en ceci que nous sommes vivants et qu'ils sont morts. Bien entendu, ici, « morts » symbolise quelque chose. Ce que j'ai voulu indiquer, c'est précisément que beaucoup de gens sont encroûtés dans une série d'habitudes, de coutumes, qu'ils ont sur eux des jugements dont ils souffrent mais qu'ils ne cherchent même pas à changer. Et que ces gens-là sont comme morts. En ce sens qu'ils ne peuvent briser le cadre de leurs soucis, de leurs préoccupations et de leurs coutumes ; et qu'ils restent ainsi victimes souvent des jugements qu'on a portés sur eux. À partir de là, il est bien évident qu'ils *sont* lâches ou méchants, par exemple. S'ils ont commencé à être lâches, rien ne vient changer le fait qu'ils étaient lâches. C'est pour cela qu'ils sont morts, c'est pour cela, c'est une manière de dire que c'est une mort vivante que d'être entouré par le souci perpétuel de jugements et d'actions que l'on ne veut pas changer. De sorte que, en vérité, comme nous sommes vivants, j'ai voulu montrer par l'absurde l'importance chez nous de la liberté, c'est-à-dire l'importance de changer les actes par d'autres actes. Quel que soit le cercle d'enfer dans lequel nous vivons, je pense que nous sommes libres de le briser. Et si les gens ne le brisent pas, c'est encore librement qu'ils y restent. De sorte qu'ils se mettent librement en enfer.

Vous voyez donc que, rapports avec les autres, encroûtement et liberté, liberté comme l'autre face à peine suggérée, ce sont les trois thèmes de la pièce. Je voudrais qu'on se le rappelle quand vous entendrez dire : l'enfer, c'est les autres.

Je tiens à ajouter, en terminant, qu'il m'est arrivé en 44, à la première représentation, un très rare bonheur, très rare pour les auteurs dramatiques, c'est que les personnages ont été incarnés de telle manière par les trois acteurs, et aussi par Chauffard, le valet d'enfer, qui l'a toujours joué depuis, que je ne puis plus me représenter mes propres imaginations autrement que sous les traits de Vitold, de Gaby Sylvia, de Tania Balachova et de Chauffard. Depuis, la pièce a été rejouée par d'autres acteurs, et je tiens en particulier à dire que j'ai vu Christiane Lenier quand elle l'a jouée et que j'ai admiré quelle excellente Inès elle a été.

NOTES

1. Écrit en une quinzaine de jours au début de l'automne 1943, *Huis clos*, qui parut une première fois sous le titre « Les Autres » (dans *L'Arbalète*, n° 8, printemps 1944), devait, à l'origine, figurer comme lever de rideau dans un spectacle de tournée organisé en zone sud par Marc Barbezat et Marc Beigbeder. Les deux rôles féminins devaient être interprétés par Olga Barbezat et Wanda Kozakiewicz. Après avoir pressenti Sylvain Itkine, Sartre proposa à Albert Camus d'assurer la mise en scène et de jouer le rôle de Garcin. Camus accepta et les premières répétitions eurent lieu dans la chambre d'hôtel de Simone de Beauvoir. Le projet de tournée échoua à cause de difficultés matérielles et de l'arrestation d'Olga Barbezat. La pièce fut alors acceptée par Annet-Badel, nouveau directeur du théâtre du Vieux-Colombier. Après que Camus se fut retiré, Annet-Badel confia la mise en scène à Raymond Rouleau et engagea des comédiens professionnels ; de l'ancienne équipe, seul subsista R.-J. Chauffard, un ancien élève de Sartre, qui jouait le rôle du garçon d'étage. Pour plus de détails, voir Simone de Beauvoir, *La Force de l'âge*, p. 568, *Les Écrits de Sartre*, notice 44/47, et l'ouvrage d'Ingrid Galster, *Le Théâtre de Jean-Paul Sartre devant les premiers critiques*.

MORTS SANS SÉPULTURE

Les déclarations de Sartre aux journalistes lors de la création de la pièce, représentée pour la première fois le 8 novembre 1946, en même temps que *La Putain respectueuse*, reprennent toutes, à peu de choses près, les arguments suivants :

Ce n'est pas une pièce sur la Résistance. Ce qui m'intéresse, ce sont les situations limites, et les réactions de ceux qui s'y trouvent placés. J'ai pensé à un moment à situer ma pièce pendant la guerre d'Espagne. Elle pourrait aussi bien se passer en Chine. Mes personnages se posent cette question qui a tourmenté tant d'hommes de notre génération dans le monde entier : « Comment tiendrais-je devant la torture ? » Question que leurs pères n'ont pas eu à se poser. C'est ce qu'observe l'un d'eux dont le père, considéré comme un héros parce qu'il avait été tué, aurait peut-être faibli dans le supplice.

Comme je considère que le théâtre moderne doit être contemporain, je ne récrirais pas aujourd'hui une pièce comme *Les Mouches*. J'ai choisi pour cadre une aventure de la clandestinité en France, et j'ai voulu montrer en particulier cette espèce d'intimité qui finit par naître entre le bourreau et sa victime, et qui dépasse le conflit de principes. Le milicien a besoin d'abaisser le résistant, de le contraindre à une lâcheté proche de la sienne : car cela lui apporte la seule justification qu'il puisse trouver.

(*Combat*, 30 octobre 1946).

Par la suite, Sartre devait porter sur *Morts sans sépulture* ce jugement :

C'est une pièce manquée. En gros, j'ai traité un sujet qui ne donnait aucune possibilité de respiration : le sort des victimes était absolument défini d'avance, personne ne pouvait supposer qu'ils parleraient, donc, pas de suspense, comme on dit aujourd'hui. Je mettais en scène des gens au destin clairement marqué. Il y a deux possibilités au théâtre : celle de subir et celle d'échapper. Les cartes étaient déjà sur la table. C'est une pièce très sombre, sans surprise. Il aurait mieux valu en faire un roman ou un film.

(*Les Cahiers libres de la jeunesse*,
n° 1, 15 février 1960).

LA PUTAIN RESPECTUEUSE

> *La Putain respectueuse* a été représentée à New York dans une adaptation d'Eva Wolas à partir du 9 février 1948 et a connu un très grand succès (plus de 350 représentations). Le texte que nous retraduisons ci-dessous précède une traduction de la pièce et une note d'introduction de Richard Wright et a paru dans : *Art and Action*, 10th Anniversary issue 1938-1948, Twice a Year Press, New York, p. 17. Sartre y reprend d'ailleurs plusieurs arguments qu'il avait déjà utilisés lors de la sortie de la pièce en novembre 1946. Cf. *Les Écrits de Sartre*, notices 46/91 et 48/160.

Préface à la traduction américaine

Quand j'ai fait représenter cette pièce, on a dit que j'avais montré bien peu de reconnaissance envers l'hospitalité américaine. On a dit que j'étais antiaméricain. Je ne le suis pas. Je ne sais même pas ce que ce mot signifie. Je suis antiraciste car je sais ce que le racisme, lui, signifie. Mes amis américains — tous ceux que j'ai aimés parmi ceux qui m'ont reçu — sont également antiracistes. Je suis sûr que je n'ai rien écrit qui leur déplaise ou qui me révèle comme ingrat envers eux.

On a dit que j'avais vu la paille dans l'œil du voisin

et non la poutre dans le mien. Il est vrai que nous autres Français, avons des colonies et que notre comportement y laisse à désirer. Mais quand il s'agit d'oppression, il n'y a plus ni paille ni poutre ; il faut la dénoncer partout où elle existe.

L'écrivain ne peut pas accomplir grand-chose dans le monde. Il peut seulement dire ce qu'il a vu. J'ai attaqué l'antisémitisme. Aujourd'hui, dans cette pièce, j'attaque le racisme. Demain je consacrerai un numéro de ma revue à attaquer le colonialisme. Je ne crois pas que mes écrits ont beaucoup d'importance ou qu'ils changeront quoi que ce soit, ou même qu'ils me feront beaucoup d'amis. Tans pis : je fais mon travail d'écrivain.

Voici les documents de l'affaire. Je suis heureux que les lecteurs de *Twice A Year* aient la possibilité de juger si j'ai voulu insulter les États-Unis ou si j'ai simplement fait le tableau de certaines relations entre Noirs et Blancs, relations qui ne se limitent pas exclusivement à l'Amérique.

Il serait étrange que l'on m'accuse à New York d'antiaméricanisme au moment même où la *Pravda* à Moscou m'accuse énergiquement d'être un agent de la propagande américaine. Mais si cela devait arriver, cela ne prouverait qu'une chose : soit que je suis bien maladroit, soit que je suis dans la bonne voie.

<blockquote>Pour la présentation du volume Théâtre paru chez Gallimard en 1947 et réunissant Les Mouches, Huis clos, Morts sans sépulture et La Putain respectueuse, Sartre a écrit les quelques lignes suivantes, qui figuraient dans le Bulletin N.R.F. de juillet 1947 :</blockquote>

Dans n'importe quelle circonstance, dans n'importe quel temps et dans n'importe quel lieu, l'homme est libre de se choisir traître ou héros, lâche ou vainqueur. En choisissant pour lui-même l'esclavage ou la liberté, il choisira du même coup un monde où l'homme est libre ou esclave — et le drame naîtra de ses efforts pour justifier ce choix. En face des dieux, en face de la mort ou des tyrans, une même certitude, triomphante ou angoissée, nous reste : celle de notre liberté.

> En se référant à ces lignes, Sartre, dans une interview à la *New Left Review* (novembre-décembre 1969) reprise dans *Situations IX*, a déclaré : « *C'est incroyable : je le pensais vraiment* » (cf. *Situations IX*, p. 100).

LES MAINS SALES

Extraits d'interviews d'avant-première

J'ai longuement hésité [entre deux titres : *Crime passionnel* ou *Les Mains sales*]. *Les Mains sales*... je craignais par moments que ce titre ne prêtât à une interprétation tendancieuse du fait que j'ai situé l'action de ma pièce dans des milieux de gauche. Et je l'ai finalement conservée parce qu'elle n'est pas, *à aucun degré*, une pièce politique...

— *Disons . péripolitique ?*

— Exactement *sur* la politique. Si une épigraphe devait lui être donnée, ce serait cette phrase de Saint-Just : « Nul ne gouverne innocemment. » Autrement dit, on ne fait pas de politique (quelle qu'elle soit), sans se salir les mains, sans être contraint à des compromis entre l'idéal et le réel[1].

— *Pourquoi avoir choisi de situer la pièce dans un parti d'extrême gauche ?*

— Par sympathie pour eux : parce que je les connais mieux. Parce que, dans les partis conservateurs ou réactionnaires, ne se pose pas, ou pas aussi ardemment, le problème complexe de la « fin » et des « moyens ».

(*Franc-Tireur*, interview
par Guy Dornand, 25 mars 1948).

— Le théâtre n'est fait ni pour la démonstration ni pour les solutions. Il se nourrit de questions et de problèmes.

— *Qui départagera Créon et Antigone ?*

— Comme dans Sophocle, aucun de mes personnages n'a tort ni raison. Un mot de Saint-Just : « Nul ne gouverne innocemment » m'a fourni le thème des *Mains sales*. Partant de lui, j'ai mis en scène le conflit qui oppose un jeune bourgeois idéaliste aux nécessités politiques. Ce garçon a déserté sa classe au nom de cet idéal et c'est encore en son nom qu'il tuera le chef qu'il admirait mais qui a préféré la fin au choix des moyens. J'ajoute que ce droit, il le perdra en l'exerçant. À son tour, il aura les mains sales.

— *Ainsi Oreste doit venger son père, mais, ayant tué sa mère, c'est contre lui que se tourneront les Erynnies... Votre pièce échappe-t-elle à l'actualité ?*

— Certainement pas. Techniquement, c'est une comédie dramatique en langue « commune » et elle se situe pendant l'occupation allemande. Mes personnages sont à peu près dans la situation que l'on connut pendant la Trêve de Paris[2]. L'Armée Rouge a bousculé l'ennemi, la libération est proche. En l'attendant, faut-il encore sacrifier 300 000 vies humaines ou pactiser avec l'ennemi ? Vous comprendrez donc pourquoi j'ai repris mon premier titre.

— *Pourquoi avez-vous choisi des vedettes du Boulevard ?*

— L'acteur de classique se meut sur un plan particulier. Le Boulevard reste l'école du naturel. Celui qui en vient est libre de plier et de s'élever. L'autre reste un spécialiste. Je suis très satisfait de la distribution. André Luguet confère l'autorité qu'il fallait au chef réaliste qu'il incarne. Il y a chez François Périer une complexité qui s'allie à son personnage de bourgeois venu au marxisme. De même Paula Dehelly et Marie-Olivier[3] marquent la différence entre la militante et la femme.

(*Le Figaro*, interview par J.-B. Jeener 30 mars 1948).

— *Vous donnez raison à l'idéalisme et à la pureté ?*

— Absolument pas. Je ne prends pas parti. Une bonne pièce de théâtre doit poser les problèmes et non les résoudre. Dans la tragédie grecque, tous les personnages ont raison et tous ont tort : c'est pour cela qu'ils se massacrent et que leur mort atteint à la grandeur tragique. D'ailleurs, lorsqu'il sort de prison, Hugo se rend compte que ceux qui l'ont poussé à tuer Hoederer ne l'ont fait que pour des raisons tactiques et qu'ils appliquent la même politique que Hoederer. Il comprend qu'il a tué pour rien, qu'il a agi contre lui-même, et il se fait tuer.

— *La situation que vous décrivez s'est produite dans presque tous les pays occupés. C'est le problème qui s'est posé aux partis ouvriers : fallait-il collaborer, au sein de la Résistance, avec les partis bourgeois ?*

— C'est exact. Mais le problème est plus général encore. C'est Lénine qui, le premier, dans « La Maladie infantile du communisme », l'a traité. Il s'est posé également, avant la guerre, au parti socialiste que le Front populaire avait porté au pouvoir.

— *Il n'y a donc dans votre pièce aucune allusion au gaullisme ?*

— Aucune. Toute l'action est située à l'intérieur du parti prolétarien. Je ne m'occupe, je vous le répète, que de ceci : un révolutionnaire peut-il, au nom de l'efficacité, risquer de compromettre son idéal ? A-t-il le droit de se « salir les mains » ?

(*Combat*, interview par René Guilly, 31 mars 1948).

> Dans son *Sartre par lui-même* (Seuil, 1955, p. 48-49, nouv. éd. 1967, p. 44-45), Francis Jeanson reproduit cette déclaration au sujet des *Mains sales :*

Je voulais d'abord qu'un certain nombre des jeunes gens d'origine bourgeoise qui ont été mes élèves ou mes amis, et qui ont actuellement vingt-cinq ans, puissent retrouver quelque chose d'eux dans les hésitations de Hugo. Hugo n'a jamais été pour moi un personnage sympathique, et je n'ai jamais considéré qu'il eût raison par rapport à Hoederer. Mais j'ai voulu représenter en lui les tourments d'une certaine jeunesse qui, bien qu'elle ressente une indignation très proprement communiste, n'arrive pas à rejoindre le Parti à cause de la culture libérale qu'elle a reçue. Je n'ai pas voulu dire qu'ils avaient tort ni qu'ils avaient raison : à ce moment-là, j'aurais écrit une pièce à thèse. J'ai simplement voulu les décrire. Mais c'est l'attitude de Hoederer qui seule me paraît saine...

Entretien sur Les Mains sales *avec Paolo Caruso (1964)*

> Avec, à l'origine, 625 représentations à Paris et 300 en province, ainsi que de nombreuses traductions à l'étranger, *Les Mains sales* reste, à ce jour, l'œuvre dra-

matique de Sartre qui a obtenu le plus grand succès de public. Cependant, Sartre fut très mécontent de voir sa pièce utilisée comme un instrument de la guerre froide et il décida, à partir de 1952, de n'en autoriser la représentation qu'avec l'accord des partis communistes des pays où la pièce devait se jouer. C'est ainsi que *Les Mains sales* fut interdit à Vienne (en 1952 et 1954), en Espagne, en Grèce, en Indochine et à Anvers (en 1966). Ce n'est qu'après 1962 que Sartre autorisa une nouvelle production des *Mains sales* en Yougoslavie, en Italie et en Tchécoslovaquie (1968).

Nous reproduisons ci-dessous le texte d'un entretien accordé le 4 mars 1964 par Sartre à Paolo Caruso, le traducteur italien de la *Critique de la raison dialectique*, pour marquer la présentation d'une version modifiée des *Mains sales* par le Teatro Stabile de la ville de Turin (première le 24 mars 1964). Cet entretien nous semble, malgré certaines redites, essentiel pour une bonne compréhension de la pièce ; on se reportera aux *Écrits de Sartre*, notices 48/145 à 154, pour des renseignements plus détaillés.

Le texte a paru pour la première fois dans le volume : Sartre, Jean-Paul. *Le Mani sporche*. Traduzione di Vittorio Sermonti. Con una intervista a J.-P. Sartre e una testimonianza di Simone de Beauvoir. Torino : Giulio Einaudi editore, 1964. P. 137-149.

Le témoignage de Simone de Beauvoir consiste, en réalité, en un long extrait de *La Force des choses* (p. 150-153) traitant des *Mains sales*.

La traduction française est de Philip Berk.

PAOLO CARUSO : *D'abord je voudrais vous demander ce que vous pensiez des* Mains sales *juste après avoir écrit la pièce, c'est-à-dire avant qu'elle fût présentée au public ; ensuite, ce que vous en avez pensé après les réactions du public et de la critique ; finalement, ce que vous en pensez maintenant, seize ans plus tard. En d'autres termes, y a-t-il eu de votre part une « redécouverte » de l'œuvre quand, sous les yeux du public, elle a acquis une dimension objective, une réalité sociale ? La voyez-vous d'une façon différente maintenant, dans une situation historique modifiée et étant donné les changements survenus dans le monde et en vous-même ? Enfin, votre jugement s'est-il transformé à la lumière de vos idées actuelles, au stade actuel de votre évolution ? Évolution qui est, je crois, très bien soulignée par* Les Séquestrés d'Altona, *votre œuvre théâtrale la plus récente (bien que datant d'il y a plus de quatre ans) et dont quelques thèmes étaient déjà présents dans* Les Mains sales, *mais avec une orientation bien différente.*

Jean-Paul Sartre : Vous faites bien de me poser cette question, parce qu'une œuvre théâtrale appartient beaucoup moins à son auteur que, par exemple, un roman et parce qu'elle peut souvent lui causer des surprises. En effet, ce qui arrive entre le public et l'auteur le jour de la « générale » et les jours suivants, crée une certaine réalité objective de la pièce que, très souvent, l'auteur n'avait ni prévue ni voulue.

Caruso : *Vous faites allusion, si je ne me trompe, à un élément « médiateur » qui existe dans le théâtre mais qui manque dans un livre : la réalisation scénique du spectacle par le metteur en scène, les acteurs, etc.*

Sartre : ... et à la manière dont l'ensemble se manifeste. Il y a aussi le fait que le public — surtout le public engagé et donc sensible à l'influence du moment — vient voir la pièce pour des raisons qui sont justement celles qui l'empêcheront de la comprendre à fond.

Caruso : *Il est inévitable, certes, d'avoir des préjugés ou de s'attendre à quelque chose.*

Sartre : Et, d'autre part, on ne peut nier, objectivement, qu'à un certain moment, étant donné les circonstances dans lesquelles elle sort, une pièce assume un sens objectif qui lui est attribué par un public. Il n'y a rien à faire : si toute la bourgeoisie française fait un succès triomphal aux *Mains sales*, et si les communistes l'attaquent, cela veut dire qu'en réalité quelque chose est arrivé. Cela veut dire que la pièce est devenue par *elle-même* anticommuniste, objectivement, et que les intentions de l'auteur ne comptent plus. Qu'est-ce qui m'intéresse alors, en ce moment ? Eh bien, c'est de faire un essai, car nous sommes dans une autre période, pour interroger de nouveau l'objectivité de cette pièce. En somme, pour parler comme Hegel, j'ai sur la pièce ma certitude subjective, mon point de vue, que j'ai cherché à réexaminer avant d'accepter la proposition du Teatro Stabile de Turin de la représenter au public. Mon point de vue a un peu changé, mais il reste essentiellement le même ; je continue à penser, subjectivement, c'est-à-dire dans la mesure où je l'ai écrite, que ce n'est pas une œuvre anticommuniste et que c'est, au contraire, au moins une œuvre de « compagnon de route ». Mais si la pièce devait se confirmer à Turin comme une œuvre anticommuniste, si mon accord avec les forces de gauche n'empêchait pas la presse de droite et la bourgeoisie de dire qu'elle est anticommuniste, la question serait réglée une fois pour toutes et *Les Mains sales* ne serait jamais plus représenté. C'est pour cette raison que j'attribue une grande importance à la tentative du Teatro Stabile. C'est, comme je l'ai dit, un essai.

CARUSO : *Mais que prévoyez-vous ? Vous avez cru, en 1948, ne pas avoir fait une pièce anticommuniste. Votre opinion actuelle coïncide-t-elle avec celle d'autrefois ? Ou bien, le sens objectif de la pièce est-il resté identique ?*

SARTRE : Précisément non. Mon point de vue est resté en substance le même, sauf que maintenant peut-être je donne un autre sens, ou mieux, une autre valeur pratique au drame. Je retiens, si vous voulez, que l'élément principal du malentendu est venu du fait que l'assassinat politique qui se trouve dans la pièce a été vu comme une constante de la lutte à l'intérieur du P.C. On a pu, par exemple, écrire que, si Thorez se trouvait en désaccord avec un camarade du parti, il devrait payer quelqu'un pour l'assassiner. Mais il est évident que le sens de l'œuvre n'est pas du tout celui-là. Dans une période de résistance armée clandestine — prenons par exemple le cas du F.L.N. — se présentent des cas où la suppression physique d'une opposition est nécessaire, parce que l'opposition représente une menace terrible. Ceci, d'ailleurs, est arrivé en France pendant la Résistance, et pas seulement chez les communistes, naturellement. Ce sont des mesures que, personnellement, je considère comme inévitables. En somme, il n'est pas possible d'imaginer une lutte armée clandestine contre un ennemi plus fort, menée avec les mêmes moyens que ceux d'un parti démocratique, même centralisé, qui fait ses actions en pleine lumière ; car ce sont deux choses tout à fait différentes. Or, c'est justement le crime politique qui est mis en avant pour désigner la pièce comme étant « de gauche » ; malgré le fait, d'ailleurs, que Hoederer, le héros positif, dise à un certain point : « Je n'ai rien contre le crime politique ; il s'accomplit toujours quand les circonstances l'exigent[4]. » Autrement dit, on a fait du crime politique un moyen de lutte adopté exclusivement par les partis de gauche et typique de leur action, alors qu'il est absolument certain que ces partis ont habituellement une technique bien différente. Ce serait comme si vous aviez montré un sabotage pendant une résistance et comme si on était venu vous dire : « Selon vous, ce sont les communistes qui sont les saboteurs », alors qu'en réalité tout le monde sait que la méthode du sabotage dans les usines est rejetée comme inefficace par le Parti communiste.

Caruso : *Je dirais qu'on pourrait reprocher aux partis communistes le défaut contraire, d'éviter le sabotage même dans les cas où il apparaît comme l'unique forme de lutte possible, et certainement pas d'être des « saboteurs systématiques ».*

Sartre : Sans aucun doute. Ils ont toujours désapprouvé le sabotage comme une méthode erronée parce que trop individuelle. Pour les mêmes raisons, ils ont pris position contre l'assassinat politique, même dans des circonstances où la lutte était suffisamment difficile pour l'exiger. Ceci dit, dans le contexte d'une résistance tout change et, dans ce cas particulier, ce n'est plus un communiste qui est contraint d'avoir recours en cas de nécessité à l'assassinat politique, c'est un « résistant ». Parce qu'en de telles circonstances, il y a eu aussi de célèbres cas d'assassinat politique du côté adverse.

Caruso : *Ceci donc était une première équivoque à éclaircir. Mais comment est-elle possible ? Vous avez présenté le phénomène à la suite duquel la pièce est devenue aux yeux du public et de la critique, objectivement, une pièce anticommuniste colorée en quelque sorte d'un sens réactionnaire, et ce phénomène n'a pas de cause déterminée, mais est le résultat de plusieurs facteurs. Simone de Beauvoir, cependant, a indiqué dans* La Force des choses *une succession nettement chronologique : dans un premier temps la presse bourgeoise n'était pas sûre de pouvoir louer la pièce, elle a attendu la réaction des communistes, et c'est seulement lorsque ceux-ci se sont à grands cris prononcés contre, qu'elle s'est mise à prodiguer des éloges.*

Sartre : Il est certain, en effet, que le malentendu est né d'abord parmi les communistes, et ceci pour deux raisons, l'une profonde, l'autre, occasionnelle. La raison profonde est le stalinisme, c'est-à-dire le fait qu'un « compagnon de route » *critique* n'était pas toléré à cette époque ; un compagnon de route d'accord en tout, oui, mais un compagnon de route critique était un ennemi. Or, vous savez très bien que j'ai toujours voulu — et je le veux encore — être vis-à-vis des communistes un compagnon de route critique. Il me semble d'ailleurs qu'à un intellectuel le devoir s'impose d'unir la discipline et la critique ; c'est une contradiction, mais une contradiction dont nous avons la responsabilité, et c'est à nous de concilier les deux choses. La critique sans une discipline, sans un accord de base, ne marche pas ; mais l'accord sans critique ne marche pas non plus (il peut marcher, mais là n'est pas la tâche particulière de l'intellectuel). Un intellectuel est justement celui qui, au nom de sa propre finalité et à partir d'un processus objectif, voit se définir devant lui une forme de réaction positive, qu'il a le devoir d'exprimer.

Caruso : *Et la raison occasionnelle ?*

Sartre : C'est ce que je considère maintenant comme une erreur, quoique légère : la constitution du R.D.R., c'est-à-dire d'un groupement auquel j'ai adhéré *de la gauche* (cela est si vrai que c'est moi qui en ai provoqué la désintégration, pour des raisons de gauche). En somme, du moment que nous étions repoussés par le Parti, nous avons voulu alors constituer un groupe de gauche qui aurait eu sa propre autonomie, mais à côté du Parti. Il y a eu des erreurs, comme je l'ai signalé dans mon essai sur Merleau-Ponty (« Merleau-Ponty vivant ») : la première était que, même si nous avions réussi, nous n'aurions pu attirer qu'une clientèle paracommuniste, donc priver les communistes d'adhérents possibles.

CARUSO : *Et il est donc naturel que le P.C. vous ait considérés comme des concurrents, c'est-à-dire des adversaires.*

SARTRE : Tout à fait naturel. En plus, il y avait à l'intérieur de ce groupe des personnes qui voulaient en profiter pour des raisons d'arrivisme personnel. Le groupe était déjà constitué depuis longtemps quand *Les Mains sales* a été monté[5], et il était inévitable que la pièce obtînt l'étiquette R.D.R. et qu'elle devînt donc anticommuniste.

CARUSO : *Vous m'avez donné deux raisons qui sont quand même toutes les deux extérieures à l'œuvre. À ces raisons, j'ajouterais que la pièce en elle-même est construite d'une façon telle que, par nécessité interne, elle conduit le public, et même vous, à s'identifier avec Hugo. Non pas à* sympathiser *avec lui, et encore moins à lui donner raison : Hugo a tort du début jusqu'à la fin. C'est à Hoederer d'avoir raison. Mais il a raison pour Hugo ; et, naturellement, pour le public et pour l'auteur, en tant qu'ils s'identifient sur un certain mode avec Hugo. En effet, Hugo était le protagoniste, il est inévitable de se mettre dans ses souliers, d'adhérer de quelque façon à son drame et de ressentir personnellement ses contradictions, tout en éprouvant de l'antipathie pour le personnage. Alors les dernières paroles par lesquelles Hugo voudrait justifier son propre suicide (« Un type comme Hoederer ne meurt pas par hasard. Il meurt pour ses idées, pour sa politique ; il est responsable de sa mort ») sont une protestation contre la tentative des dirigeants du parti de déformer le passé, protestation à laquelle le public ne peut pas rester insensible. Ainsi, par horreur de cette « mystification exercée avec violence idéaliste » que vous avez repro-*

chée à certains pseudo-marxistes, le public, à juste titre, donne à la fin raison à Hugo et tort à ceux qu'il désigne d'une façon simpliste comme « les communistes ». Je crois que c'est là le motif interne *pour lequel* Les Mains sales *a pu être considéré comme anticommuniste. De plus le public de gauche ne pouvait pas condamner le geste final de Hugo et accepter la thèse de ses camarades du parti. La praxis et le réalisme politique ont leurs exigences : mais pour l'avenir, et non pour le passé. Personne ne peut approuver quelqu'un qui falsifie des documents et qui dénature la signification de l'histoire passée.*

SARTRE : Certes. Et ceci est incontestablement la raison de l'hostilité des communistes, *à cette époque*, envers *Les Mains sales*. Ma pièce, en effet, n'a pas d'intentions apologétiques, c'est plutôt une *adhésion critique* au mouvement socialiste et elle exerce sa critique, justement, en s'attaquant aux méthodes staliniennes alors en vigueur. La falsification du passé a été une pratique systématique du stalinisme. Par exemple, n'importe quel procès fait sous ce régime entraînait tout le passé de l'accusé, même s'il était question de communistes très connus. Quiconque à un certain point trahit, a dû forcément toujours être un traître. Aujourd'hui il n'en est pas ainsi, mais alors, oui. En vertu de certains principes dogmatiques, pour des raisons dialectiques bien connues, un homme n'a pas pu être un révolutionnaire et puis, à un certain point, ne plus l'être. Du moment qu'il ne l'est plus, il ne l'a jamais été : voilà le principe stalinien. On remonte donc jusqu'à la naissance de l'accusé et « on se rend compte », en falsifiant tout, qu'il a toujours été un contre-révolutionnaire. C'est justement contre cette falsification du passé que Hugo a raison dans ses dernières répliques. Il a raison, mais, d'autre part, il existe au même moment une exigence de *praxis* qui fait que Louis et ses camarades ne peuvent plus reprendre la politique de Hoederer en déclarant que celui-ci était un chien. Au maximum ils peuvent dire qu'au fond on se trompait sur le moment où il fallait commencer la nouvelle tactique.

Caruso : *Bien sûr, selon la logique stalinienne. Mais il est peut-être trop évident qu'ils pouvaient reconnaître leurs propres erreurs, comme ils l'ont fait d'ailleurs dans certains cas...*

Sartre : Oui, mais quand une erreur mène à l'assassinat...

Caruso : *Ils pouvaient toujours se dire de bonne foi, convaincus de servir la cause de la révolution ; la présenter même comme une erreur inévitable. Pour revenir à notre sujet, il me semble que la version de Simone de Beauvoir, sur laquelle vous me paraissez être assez d'accord, ait beaucoup négligé cet aspect de l'affaire, c'est-à-dire ce mécanisme psychologique qui, selon moi, a beaucoup contribué à donner aux* Mains sales *l'étiquette anticommuniste. Je le répète, Hugo a tort. Comme tout intellectuel engagé, ou qui pense s'engager, dans un sens révolutionnaire, avec le prétexte et la velléité de conserver sa « nature » bourgeoise, il est dans une position presque aussi ambiguë que celle des prêtres ouvriers. Il a tort jusqu'à la fin de la pièce. Mais pour le public, le fait que les répliques finales donnent à tout le reste un sens qui justifie Hugo et condamne le parti révolutionnaire est d'une grande efficacité dramatique. Le geste de Hugo est pris au sérieux et il ne peut pas, comme le prétend Simone de Beauvoir, être compris comme une sorte de caprice ou un entêtement gratuit à assumer un assassinat commis sans même savoir pourquoi, sans même avoir établi qui, de Louis ou de Hoederer, avait raison, et presque pour montrer, aux autres et à soi-même, qu'il était capable de le commettre. Il y a cela, naturellement, mais ce que le public suit davantage est autre chose. Hugo a été placé aux côtés de Hoederer pour le tuer ; il était un instrument d'assassinat, ses intentions, ses vacillations et le sens qu'il donnait au crime n'ont plus d'importance sur ce plan, car Hugo n'était que l'arme du crime ; ce qui compte plutôt, c'est le sens que lui donnaient les dirigeants, ceux qui ensuite ont remplacé Hoederer au pouvoir. Ce sens est désormais indissociable de la mort de Hoederer. Le changer est une falsification, et le public condamne non pas Hugo qui veut l'empêcher, mais les autres qui veulent la perpétrer.*

Sartre : Attention. Hoederer lui-même était d'accord pour ne pas laisser apparaître l'assassinat politique. En mourant, il dit : « Je couchais avec la petite », ce qui est faux, mais lui permet de sauver à la fois Hugo et l'unité du parti. Lui aussi veut éviter que ne se créent des divisions au sein du parti, c'est-à-dire que les uns réprouvent l'assassinat et que les autres l'approuvent comme l'élimination d'un dangereux traître.

Caruso : *Sans doute. Mais peut-être cet élément, pour le public, a-t-il été moins important.*

Sartre : Mais il était important pour moi.

Caruso : *Je le sais bien. Mais en ce moment je ne veux pas discuter la signification de la pièce, je cherche tout simplement à m'expliquer comment on a pu la voir de cette façon. Comment un sens a-t-il prévalu sur les autres ? Comment ce sens-là et non un autre ? Je ne crois pas qu'il y ait seulement les deux raisons « extérieures » que vous avez signalées. Je crois au contraire qu'une autre raison, non moins importante, réside dans le fait que le public, comme je l'ai dit, s'identifie* davantage avec Hugo qu'avec Hoederer. Hoederer est presque un idéal incarné, c'est le révolutionnaire pour qui le public éprouve une grande admiration. Il est le rôle positif. Mais le drame humain, du premier acte jusqu'au dernier, est celui de Hugo. Ce que le public suit surtout, c'est ce qui arrive à Hugo, et il voit le monde de la pièce par ses yeux.

Sartre : C'est vrai. Mais ceci étant établi, le sens de la pièce ne coïncide pas avec le destin de Hugo. J'ai voulu faire deux choses. D'une part, examiner dialectiquement le problème des exigences de la *praxis* à l'époque. Vous savez que chez nous, en France, il y a eu un cas analogue à celui de Hoederer, le cas Doriot, même si cela ne s'est pas terminé par un assassinat ; Doriot voulait un rapprochement du P.C. avec les sociaux-démocrates de la S.F.I.O., et pour cette raison il a été exclu du parti. Un an après, pour éviter que la situation française ne dégénère en fascisme et en se basant sur des directives soviétiques précises, le P.C. a parcouru le chemin que Doriot avait indiqué, mais sans jamais pourtant reconnaître que celui-ci avait raison ; et il a établi les bases du Front populaire. C'est ceci qui m'intéresse : la nécessité dialectique à l'intérieur d'une *praxis*.

Il y a aussi un autre point que je tiens à préciser : j'ai la plus grande compréhension pour l'attitude de Hugo, mais vous avez tort de penser que je m'incarne en lui. Je m'incarne en Hoederer. Idéalement, bien sûr ; ne croyez pas que je prétende être Hoederer, mais dans un sens je me sens beaucoup plus réalisé quand je pense à lui. Hoederer est celui que je voudrais être si j'étais un révolutionnaire, donc je suis Hoederer, ne serait-ce que sur un plan symbolique.

Caruso : *Mais dans un autre sens, vous êtes aussi Hugo.*

SARTRE : Non. Hugo, ce sont mes étudiants, ou bien mes anciens étudiants : ce sont les garçons qui, entre 1945 et 1948, ont eu les pires difficultés à adhérer au communisme, dans la mesure où, avec leur formation petite-bourgeoise, ils se trouvaient en face non d'un parti qui pouvait les aider, mais d'un parti qui, avec son dogmatisme, ou bien utilisait les défauts qu'ils avaient et les rendait radicaux, extrémistes, etc., ou bien les repoussait, les plaçant ainsi dans une situation tout à fait insoutenable. Les choses étant ainsi, j'ai voulu indiquer la contradiction entre une jeunesse intellectuelle (avec tous les défauts d'une jeunesse intellectuelle, mais qu'on peut toujours aider à dépasser la phase dans laquelle elle se trouve, parce qu'il peut y avoir des intellectuels révolutionnaires), et un moment dans le développement objectif de la dialectique révolutionnaire qui faisait qu'il n'y avait alors aucune possibilité pour eux. Hugo a donc ma sympathie dans la mesure où je dis : Hoederer aurait pu faire quelqu'un de lui. Et il est évident que sans l'incident (la contingence) que j'ai voulu introduire à dessein avec la scène Jessica-Hoederer, Hugo aurait renoncé à l'entreprise, il n'aurait pas tué Hoederer, et, si Hoederer avait gagné sa bataille, il serait resté son secrétaire, aurait été formé par lui, serait devenu, tant bien que mal, un vrai révolutionnaire. Mais Hugo est entré au parti attiré par Louis, par des gens comme Louis, ce qui signifie qu'au fond le dogmatisme de Louis, qui n'est pas un dogmatisme d'extrême gauche, s'est trouvé traduit en « gauchisme » par Hugo.

CARUSO : *C'est en somme un dogmatisme qui se conciliait mieux avec l'idéalisme de Hugo.*

SARTRE : Naturellement. Pour en revenir aux motifs pour lesquels *Les Mains sales* a pu être interprété de cette manière, je crois qu'il y a une autre raison, encore plus objective que les autres. Si, dans une situation dramatique, il y a un jeune homme (un jeune à la Musset) qui a affaire à des personnes mûres et qui lutte avec de grandes difficultés, le public est tenté de s'identifier avec le jeune homme.

CARUSO : *Dans le cas qui nous concerne, pourtant, sans le vouloir. Parce que Hugo est présenté comme un élément négatif, un velléitaire.*

SARTRE : Il y a un critique de droite, Jean-Jacques Gautier, qui l'a appelé une sorte de Hamlet[6]. Pas tout à fait à tort, me semble-t-il. Quand on assiste à *Hamlet*, en effet, on a de la sympathie pour le protagoniste, parce qu'il est jeune, parce qu'il est submergé par des difficultés, etc. Et pourtant il a tort, vu que la pièce en fin de compte lui donne tort : il aurait dû se décider à tuer l'usurpateur, sans tant d'histoires et de complications. Néanmoins, c'est un fait que nous autres spectateurs, nous nous sentons accablés avec lui dans sa situation, et que nous le comprenons, non sans sympathie, même s'il a tort. Je ne me rappelle pas avoir jamais entendu quelqu'un dire : les hésitations de Hamlet m'ennuient, Hamlet est simpliste, ou des choses de ce genre ; on le prend comme il est, ce n'est pas un héros positif, mais nous nous identifions à lui. Or, de ce point de vue, il me semble que c'est comme ça que les bourgeois ont toujours vu *Les Mains sales*. D'autre part, il ne faut pas oublier que Hugo est quelqu'un qui vient de leur monde. Et qu'arrive-t-il ? Venant de leur monde, désespérant de la gauche, il ne peut plus s'évader, il doit mourir. Voilà la « propagande bourgeoise » qu'on peut trouver dans *Les Mains sales*. Les bourgeois ont vu à peu près cela comme le père qui dit à son fils : « Moi aussi j'ai été révolutionnaire en mon temps, et puis ça m'est passé. » Il a dû se passer quelque chose de ce genre.

Ils voyaient le spectacle et se disaient entre eux : « Que va faire ce garçon parmi ces gens-là ? »

Caruso : *C'est néanmoins une propagande un peu dangereuse pour la bourgeoisie, car, au fond, les raisons pour lesquelles Hugo a abandonné sa classe sont ce qu'il y a de plus valable en lui, et ceci est rendu avec beaucoup d'efficacité dans la pièce. Je comprends donc très bien que la presse de droite n'ait pas eu une réaction positive aussi spontanée et qu'elle ait attendu que se prononcent les communistes. Ensuite, pour s'annexer la pièce, pour orienter le public, pour faire que celui-ci voie dans l'œuvre une certaine morale (la sienne), elle a décrété le triomphe.*

Sartre : Je veux vous raconter à ce propos une petite anecdote qui vous expliquera jusqu'à quel point le cas de ce jeune radical a jeté de la poudre aux yeux des bourgeois, les empêchant de voir le vrai sens de la pièce. Camus a assisté avec moi à l'une des dernières répétitions — il n'avait pas encore lu le texte — et à la fin, en me raccompagnant, il m'a dit : « C'est excellent, mais il y a un détail que je n'approuve pas. Pourquoi Hugo déclare-t-il : "Je n'aime pas les hommes pour ce qu'ils sont, mais pour ce qu'ils devraient être[7]", et pourquoi Hoederer lui répond-il : "Et moi, je les aime pour ce qu'ils sont" ? Selon moi, cela aurait dû être le contraire. » En d'autres mots, il croyait vraiment que Hugo aimait les hommes pour ce qu'ils sont, car il ne voulait pas leur mentir, tandis que Hoederer, au contraire, devenait à ses yeux un communiste dogmatique, quelqu'un qui considérait les hommes pour ce qu'ils devraient être et qui les trompait au nom d'un idéal. Exactement le contraire de ce que je voulais dire.

Caruso : *Il est presque incroyable que quelqu'un comme Camus, qui n'était pas stupide, qui vous connaissait bien, vous, vos idées et vos écrits, qui avait discuté cent fois avec vous, ait pu faire une erreur de ce genre.*

Sartre : Et pourtant il en est ainsi, et vous comprenez d'ailleurs comment cela a pu arriver. Le refus du mensonge est chez Hugo un fait radical. En ce qui me concerne, je pense que le mensonge doit être réduit le plus possible *dans les limites imposées par les exigences de la praxis*. Le mensonge ne doit pas être condamné ni, naturellement, approuvé *a priori* (en en faisant par exemple une technique machiavélique), mais il n'est pas anormal qu'il apparaisse quand les circonstances l'imposent. Quand Hoederer dit : « Le mensonge, ce n'est pas moi qui l'ai inventé, et je m'en servirai si c'est nécessaire[8] », je lui donne entièrement raison. On n'a jamais eu de situation politique où le mensonge par omission, au moins, ne se révèle comme absolument indispensable. Je retiens qu'il faut aussi lutter, *en plus de tout le reste*, pour nous libérer des mensonges ; il faut lutter contre le mensonge en luttant pour l'instauration d'une société sans classes, mais je ne pense pas qu'on puisse radicalement nier la nécessité de mentir dans certaines circonstances. Quand Hugo dit qu'on ne ment pas aux camarades, cette affirmation même est méprisée par le spectateur bourgeois. Parce que le bourgeois, avec sa morale idéaliste, ment continuellement, mais *déclare* qu'il ne faut pas mentir ; tandis que Hugo est un personnage qui croit à ce qu'il dit. Pour lui, mentir aux hommes signifie à tous les coups les humilier. Hoederer, lui, cherche le plus possible à dire la vérité ; il n'est pas dans sa nature de mentir, sauf qu'il ne recule ni devant le mensonge ni devant l'assassinat politique quand ils sont des exigences de la *praxis*. Entre parenthèses, ceci est la thèse que, sur un plan philosophique, j'exposerai à l'Institut Gramsci à Rome au mois de mai, au cours d'un colloque qui traitera précisément de « Morale et praxis[9] ». Je chercherai à expliquer dans quel sens la morale n'existe pas en dehors de la *praxis*. La morale n'est pas autre chose qu'un certain autocontrôle que la *praxis* exerce sur elle-même, mais toujours à un niveau objectif ; elle est, par conséquent, fondée sur des valeurs constamment dépassées, parce que posées par la *praxis* antérieure. Or, c'est justement cela que veut dire Hoederer. Mais naturellement les bourgeois disent : « Ce garçon a raison, il ne faut pas mentir, et les staliniens ne font rien d'autre que de mentir. »

Caruso : *Je crois, cependant, qu'aujourd'hui beaucoup de spectateurs « de droite » éprouveront inévitablement un sentiment de sympathie pour Hoederer, et une critique qu'on pourrait faire des* Mains sales *est justement ceci : une certaine idéalisation du personnage de Hoederer et, parallèlement, une certaine idéalisation de la lutte des classes. Il est grotesque qu'on ait cru le contraire. Tout dans la pièce est anobli par rapport à la réalité : dans la politique, on se salit les mains bien davantage, les conflits sont souvent à un niveau plus bas, les situations sont plus ambiguës et plus corruptrices.*

Sartre : Mais vous savez que quelques trotskystes m'ont attaqué précisément sur ce point ? Ils disent que j'ai idéalisé la lutte révolutionnaire à l'époque du stalinisme.

Caruso : *En tout cas, cela me semble une critique plus intelligente.*

Sartre : Et d'autres m'ont expliqué, en appliquant certaines conceptions des *Séquestrés d'Altona* au cas des pays socialistes, que cette pièce, au fond, dans son tragique noir, est beaucoup plus *vraie* que *Les Mains sales*. On peut en effet interpréter Frantz comme un jeune militant qui se réveille, au lendemain du XXe Congrès, avec les mains couvertes de sang, et qui, à sa façon, réagit à cette révélation. Il me semble, du reste, que vous avez vous-même indiqué au début une profonde analogie de thèmes entre *Les Séquestrés d'Altona* et *Les Mains sales*.

CARUSO : *Oui, en effet. Et je faisais allusion aussi, en termes très généraux, au conflit entre l'individu et l'histoire.*

SARTRE : Pourtant, aux critiques des trotskystes, je réponds qu'un texte théâtral doit être un mythe. En conséquence, s'il y a des petits faits sordides dans la lutte quotidienne, ils ne m'intéressent pas *directement* dans la mesure où j'écris un texte de théâtre.

CARUSO : *Ceci me semble incontestable. Il reste pourtant un point sur lequel je ne me sens pas d'accord avec vous : c'est que, de votre part, il n'y ait aucune identification avec Hugo. Je penserais plutôt que Hugo et Hoederer représentent un peu les deux pôles, ne serait-ce que chronologiques, de votre évolution. Parce que vous êtes parti de la position de Hugo : vous aussi, quand vous étiez jeune, vous vous sentiez attiré par le prolétariat d'une manière un peu irrationnelle. Vous l'avez écrit bien des fois.*

SARTRE : Oui, mais jamais à ce niveau d'idéalisme.

CARUSO : *Non, certainement. Mais, par exemple, dans une note inédite qui remonte au lendemain du pacte germano-soviétique et qui est citée par Simone de Beauvoir dans* La Force des choses, *vous dites à peu près : « Me voici guéri d'une maladie infantile, c'est-à-dire d'une adhésion irrationnelle au P.C.* [10] *. »*

SARTRE : Vous n'avez pas tort. En tout cas, ma tendance réelle est, comme je l'ai dit, d'être un « compagnon de route » critique. J'ai commis bien des erreurs, mais je crois que cette *tension* entre la critique et la discipline est la situation caractéristique de l'intellectuel « compagnon de route ». Et je crois qu'il devrait être désormais possible de l'être à l'intérieur du parti[11].

NOTES

1. Le mot de Saint-Just a en fait un sens tout différent puisqu'il se lit en réalité : « On ne peut *régner* innocemment » et continue ainsi : « la folie en est trop évidente. Tout roi est un rebelle et un usurpateur. » Il s'agit d'un argument pour demander la mort du roi. Il se trouve dans le premier Discours sur le jugement de Louis XVI, prononcé à la Convention le 13 novembre 1792.

2. Rappelons que pendant les combats pour la libération de Paris, en août 1944, une trêve fut négociée entre les insurgés et le commandement militaire allemand. Au sein de la Résistance, de sérieux désaccords sur la question de la trêve se firent jour : les gaullistes de la Délégation générale l'appuyaient sans réserves et menaient les pourparlers avec de Choltitz grâce aux bons offices du consul suédois Nordling, alors que le Comité parisien de libération, dominé par les communistes, s'y opposait. Négociée à partir du 19 août, conclue le 20, la trêve ne fut pas entièrement respectée et fut dénoncée le 21 par le C.P.L. L'enjeu politique des désaccords à l'intérieur de la Résistance était évidemment la question : Paris libéré sera-t-il ou non sous l'influence communiste ? (Voir à ce sujet Robert Aron, *Histoire de la libération de la France*, Quatrième partie, Ch. III, Fayard, 1959.)

La position de Hoederer, dans *Les Mains sales*, se rapprocherait donc de celle qui a pu être prise, au moment de ces négociations, par certains communistes qui, prévoyant qu'il leur faudrait composer avec les forces bourgeoises au sein du gouvernement issu de la libération, en vue d'une reconstruction économique qui ajournait la prise du pouvoir par le P.C., se seraient prononcés en faveur de la trêve.

3. Qui, à la création, jouaient, la première le rôle d'Olga, la seconde celui de Jessica.

4. Hoederer dit dans la pièce (4ᵉ tableau, scène 3) : « Je n'ai pas d'objection de principe contre l'assassinat politique. Ça se pratique dans tous les partis. »

5. La constitution du Rassemblement Démocratique Révolutionnaire date de fin 1947-début 1948. La première des *Mains sales* a eu lieu le 2 avril 1948.

6. Dans un article d'ailleurs entièrement élogieux, paru dans *Le Figaro*, 3 avril 1948. Gabriel Marcel, lui, dans un article des *Nouvelles littéraires* (13 mai 1948) reprend cette comparaison avec Hamlet et signale aussi une analogie avec *Lorenzaccio* de Musset.

7. Hugo déclare en réalité (5ᵉ tableau, fin de la scène 3) : « Quant aux hommes, ce n'est pas ce qu'ils sont qui m'intéresse, mais ce qu'ils pourront devenir. »

8. Hoederer dit exactement (5ᵉ tableau, scène 3) : « Le mensonge, ce n'est pas moi qui l'ai inventé : il est né dans une société divisée en classes et chacun de nous l'a hérité en naissant... »

9. Sartre a, en effet, participé à un colloque « Morale et société » organisé à l'Institut Gramsci du 22 au 25 mai 1964. Voir des extraits de son intervention dans *Les Écrits de Sartre*, p. 735-745.

10. Cette note citée par Simone de Beauvoir, et datée du 14 septembre 1939, se lit en réalité ainsi : « Me voilà guéri du socialisme si j'avais besoin de m'en guérir » (cf. *La Force des choses*, p. 15).

11. Du vivant de Sartre, en 1978, une adaptation télévisée des *Mains sales* d'une durée de quatre heures a été réalisée par Elio Petri pour la R.A.I. (télévision d'État italienne), avec Marcello Mastroianni dans le rôle de Hoederer. Sartre était resté complètement étranger à cette réalisation. Le téléfilm, d'une conception originale, a été diffusé en novembre 1978, dans un contexte de crise politique en Italie. Il a suscité de vives polémiques, le P.C.I. accusant Petri de faire le jeu des terroristes à travers le personnage de Hugo (l'ancien président du Conseil Aldo Moro avait été assassiné cette année-là) et la Démocratie Chrétienne reprochant à cette adaptation de faire du secrétaire général du Parti communiste, Enrico Berlinguer (qui venait de passer avec la D.C. le « compromis historique »), un héros à travers le personnage de Hoederer, auquel le charisme de Mastroianni donnait un caractère fortement « positif ».

En France, une adaptation cinématographique des *Mains sales*, avec Pierre Brasseur (Hoederer) et Daniel Gélin (Hugo), réalisée en 1951, avait suscité une violente campagne communiste contre le film et Sartre s'était désolidarisé de cette production (voir *Les Écrits de Sartre*, p. 487-488).

LE DIABLE ET LE BON DIEU

Sous le titre « Le Diable et le Bon Dieu c'est la même chose... moi, je choisis l'homme », l'hebdomadaire à grand tirage *Samedi-Soir* (2 juin 1951) publia une interview de Sartre par Marcel Péju dont voici les principaux passages :

— ... L'anecdote, pour tout avouer, s'inspire d'une pièce de Cervantès[1] que me conta jadis Jean-Louis Barrault. Un truand, las de faire le Mal, décide un jour de jouer aux dés sa conduite future. Coup de tonnerre, grondement céleste et sourd, éclair... Le truand perd : il se consacre au Bien. On le retrouve plus tard, à peu près moine, au chevet d'une vieille prostituée, décidant d'attirer ses péchés sur lui, grâce à une sorte de gangrène.

— *Et Dieu envoie la gangrène. C'est ce qu'on appelle un miracle.*

— Exactement. Rien de tel chez moi, bien entendu. Sans doute Goetz, mon héros, fait-il d'abord le Mal ; puis sur un coup de dés, il décide de se vouer au Bien avec la même résolution. Mais en réalité, il a triché : c'est lui qui a choisi, pas Dieu. De même, à la fin, quand il appelle sur lui, pour sauver une femme, une manière de gangrène, il triche une seconde fois.

Toute la pièce est précisément l'histoire d'un miracle qui ne survient jamais.

— *C'est pourquoi Goetz triche...*

— Goetz triche parce que le problème est faux. Les événements le lui montrent. Qu'il fasse le Bien ou le Mal, les résultats sont les mêmes et les mêmes désastres l'accablent. Pourquoi ? Parce que dans les deux cas ses actes sont déterminés par des rapports à Dieu, non par des rapports à l'homme. Il exerce d'abord la violence pour défier Dieu ; et les paysans, par exemple, souffrent de ses pillages. Puis il se l'interdit pour lui obéir, mais il les voue de même au malheur en refusant d'organiser leur révolte. Sur un plan personnel d'autre part, en observant les lois divines, il n'aboutit qu'à détruire systématiquement l'humain en lui. L'homme n'est qu'une pauvre chose lorsqu'on croit en Dieu : il faut le perdre pour qu'Il surgisse de ses ruines. Et Goetz, pour avoir choisi le Bien, n'arrive qu'à se ruiner jusqu'au gâtisme.

— *Jusqu'au gâtisme ? Conclusion déprimante...*

— Jusqu'au gâtisme exclusivement. Car il y a un dernier tableau. Nous sommes arrivés deux fois dans une impasse : Dieu détruit l'homme aussi sûrement que le Diable. Alors un choix plus radical s'offre à Goetz : il décide que Dieu n'existe pas. Cela c'est la conversion de Goetz, la conversion à l'homme. Rompant avec la morale des absolus, il découvre une morale historique, humaine et particulière. Il avait chéri la violence, d'abord, pour braver Dieu, puis l'avait bannie pour lui plaire. Il sait maintenant qu'il faut parfois être violent, parfois se montrer pacifique. Il entre donc parmi ses frères et se joint à la révolte des paysans. Entre le Diable et Dieu, il choisit l'homme.

— *Ainsi, pour la première fois, vous présentez une solution. Votre « Morale » annoncée depuis huit ans*[2], *cette conclusion future des* Chemins de la liberté, *seraient préfigurées ici ? Et ce problème de l'action qui se trouve au centre des* Mains sales, *sans être résolu...*

— Contrairement à ce qu'on a cru généralement, c'est à Hoederer, le militant, plutôt qu'à Hugo, qu'allait ma sympathie. Hugo est un jeune idéaliste bourgeois qui ne comprend pas les nécessités de l'action concrète. Goetz, c'est un Hugo qui se convertit.

— *Vos personnages, alors, doivent exprimer les différentes attitudes possibles en face des réalités sociales.*

— Assurément. Mais ces attitudes sont brouillées par rapport à nous, il importe de le noter, en raison des conditions particulières au XVIe siècle, et que j'ai voulu respecter. Tous les personnages, notamment, se meuvent dans une atmosphère religieuse. Le chemin que suit Goetz est un chemin de la liberté : il mène de la croyance en Dieu à l'athéisme, d'une morale abstraite, sans lieu ni date, à un engagement concret. Un autre personnage à côté de lui, Nasty, serait le révolutionnaire. Mais, parce qu'il vit au XVIe siècle, il a une dimension religieuse. Aussi se dit-il prophète ; en d'autres temps il eût fondé un parti politique.

Ce qui m'a frappé, quand j'étudiais la Réforme, c'est qu'il n'y a pas d'hérésie religieuse dont la clé ne soit en définitive un malaise social, mais qui se traduit à travers des idéologies propres à l'époque. Cathares, anabaptistes, réformés, etc., il s'agit toujours d'un groupe opprimé qui cherche à s'exprimer : il le fait sous une forme religieuse parce que l'époque le veut ainsi.

— *Ainsi, transposée aujourd'hui, l'opposition de Goetz et de Nasty serait celle de l'aventurier et du militant.*

— Goetz est un aventurier dont l'échec ne fera jamais un militant mais qui s'alliera au militant jusqu'à la mort. Goetz et Nasty se réconcilient finalement à travers une double défaite : le militant comprend le sens du risque et qu'il peut se tromper. L'aventurier s'aperçoit qu'il ne fait, au fond, que conserver l'ordre ancien. L'échec de Goetz est un peu celui de l'anarchisme des maîtres. Il décide, par exemple, de distribuer ses terres aux paysans. Mais il échoue parce que son action, toute individuelle, est coupée de l'ensemble de la situation concrète. Il n'est de solution que totale.

— *Autour du couple Goetz-Nasty...*

— À côté de lui, il y a surtout le prêtre Heinrich. Avec Goetz la pièce est plutôt optimiste. Avec Heinrich surgit son côté nocturne. Nos pères croyaient volontiers qu'on pouvait rester pur quelles que soient les circonstances. Nous savons aujourd'hui qu'il est des situations qui pourrissent jusqu'au plus intime de l'individu. J'ai choisi l'une d'elles : Heinrich est un curé pauvre du XVIe siècle, élevé par l'Église, entré dans l'Église, qui a la foi, et dont toutes les fidélités sont du côté de l'Église. Or, étant donné ce qu'est celle-ci, à Worms, au XVIe siècle, il se trouve dans une impasse : s'il va vers les pauvres, il trahit l'Église. S'il va vers l'Église, il trahit les pauvres. Ce n'est pas assez de dire qu'il y a conflit en lui. Il est lui-même conflit. Et le problème, pour lui, est absolument sans solution, car il est mystifié jusqu'à la moelle. Alors, dans cette horreur de lui-même, il se choisit méchant. Il peut y avoir des situations désespérées.

— *On dit que vous avez songé à Genet pour ce personnage.*

— Mais pas du tout ! Genet c'est plutôt Goetz dans sa première période. Ce qui m'a frappé en lui, c'est la morale rigoureuse qu'il s'impose pour le Mal. De même Goetz.

— *Il y a aussi des femmes, évidemment.*

— Deux, qui précisent la figure de Goetz d'abord

dans le Mal, puis dans le Bien. Hilda, la seconde, tente de réaliser avec lui des rapports humains ; mais elle échoue parce qu'il tue l'homme en lui, n'étant en rapport qu'avec Dieu. Il parle à la femme comme Claudel : « Si tu m'aimes, torture-moi. »

> Un autre entretien, paru dans *Paris-Presse-L'Intransigeant* du 7 juin 1951 (les interlocuteurs de Sartre étant Louis-Martin Chauffier, Marcel Haedrich, Georges Sinclair, Roger Grenier et Pierre Berger), comporte d'intéressantes précisions. Les premières lignes en ont d'ailleurs été reprises en guise de prière d'insérer au dos de la couverture de l'édition blanche Gallimard.

— Cette pièce peut passer pour un complément, une suite aux *Mains sales*, bien que l'action se situe quatre cents ans auparavant. J'essaie de montrer un personnage aussi étranger aux masses de son époque, que Hugo, le jeune bourgeois, héros des *Mains sales*, l'était, et aussi déchiré. Cette fois, c'est un peu plus gros. Goetz, mon héros, incarné par Pierre Brasseur, est déchiré, parce que, bâtard de noble et de paysan, il est également repoussé des deux côtés. Le problème est de savoir comment il lâchera l'anarchisme de droite pour aller prendre part à la guerre des paysans. J'ai voulu montrer que mon héros, Goetz, qui est un genre de franc-tireur et d'anarchiste du Mal, ne détruit rien quand il croit beaucoup détruire. Il détruit des vies humaines, mais ni la société, ni les assises sociales, et tout ce qu'il fait finit par profiter au prince, ce qui l'agace profondément. Quand, dans la deuxième partie, il essaie de faire un Bien absolument pur, cela ne signifie rien non plus. Il donne des terres à des paysans, mais ces terres sont reprises à la suite d'une guerre générale, qui d'ailleurs éclate à propos de ce don. Ainsi, en voulant faire l'absolu dans le Bien ou dans le Mal, il n'arrive qu'à détruire des vies humaines. La pièce traite entièrement des rapports de l'homme à Dieu, ou, si l'on veut, des rapports de l'homme à l'absolu.

— *Si vous étiez un écrivain catholique, vous auriez pu écrire la même pièce en traitant du péché d'orgueil ?*

— Oui, avec cette seule différence que, pour moi, l'orgueil c'est Dieu. Goetz estime que le jugement de Dieu porte sur lui, lui ôte son caractère d'homme. Vos rapports avec Dieu peuvent être bons ou mauvais, en tout cas ils vous isolent des autres hommes, même si votre principe est l'amour des hommes.

— *Pouvez-vous définir votre morale par rapport aux morales chrétiennes ?*

— Pas en deux mots. C'est une des préoccupations du prochain tome des *Chemins de la liberté*. En gros, je veux dire ceci. D'abord tout amour est contre Dieu. Dès que deux personnes s'aiment, elles s'aiment contre Dieu. « Tout amour est contre l'absolu puisqu'il est l'absolu lui-même. » Ensuite : « Si Dieu existe, l'homme n'existe pas, et si l'homme existe, Dieu n'existe pas. » Une réplique essentielle de la pièce est la suivante : « On n'aime rien si on n'aime pas tout[3]. » J'ai pensé à un texte latin qui dit : « Seigneur, donnez-moi le regard du lynx pour que je voie ce qui se passe dans les narines et les oreilles d'une femme... Comment moi, qui ne peux pas tenir un fumier dans mes doigts, puis-je serrer entre mes bras le sac d'excréments lui-même[4]. »

Dans une interview accordée à Claudine Chonez et publiée par *L'Observateur* (31 mai 1951) on relève ce propos :

— ... Goetz s'aperçoit de la totale indifférence de Dieu, qui le laisse agir sans jamais se manifester. Aussi lorsque Heinrich, qui a perdu la foi, le lui fait remarquer, il est obligé de conclure à la non-existence de la divinité. Alors il comprend, et se retourne vers les hommes. La morale suspendue à Dieu ne peut aboutir qu'à un antihumanisme. Mais Goetz, au dernier tableau, accepte la morale relative et limitée qui convient à la destinée humaine : il remplace l'absolu par l'histoire.

> À quelque temps de la première (qui eut lieu le 7 juin 1951), Sartre donnait une interview à Jean Duché pour répondre à certains arguments employés contre la pièce par une partie de la critique. En publiant cet entretien, *Le Figaro littéraire* (30 juin 1951) précisait que les déclarations de Sartre étaient antérieures à l'éditorial de François Mauriac, « Jean-Paul Sartre, l'athée providentiel », paru dans *Le Figaro* du 26 juin.

— On a dit que j'avais voulu faire la démonstration que Dieu n'existe pas, et que j'ai échoué. Mais je suis un polygraphe, comme tout écrivain : pour prouver la non-existence de Dieu, j'ai à ma disposition l'essai.

— *C'est que l'on vous tient pour un philosophe qui écrit des romans et des pièces de théâtre.*

— Cela me fait du tort...

— *... Et l'évolution de Goetz ressemble beaucoup à un raisonnement qui arrive à sa conclusion sur l'affirmation que l'homme est seul.*

— Je n'ai rien voulu prouver. Dans *Huis clos*, il y avait un bronze de bazar. Je l'avais mis là parce qu'il me paraissait bien qu'en enfer un homme n'ait rien où poser son regard qu'un objet laid. Eh bien ! on m'a demandé quelle était la signification philosophique du bronze en question ! Non, je n'ai rien voulu prouver. J'ai voulu traiter le problème de l'homme sans Dieu, qui est important non point par une quelconque nostalgie de Dieu, mais parce qu'il est difficile de concevoir l'homme de notre temps entre l'U.R.S.S. et les États-Unis, et dans ce qui devrait être un socialisme. C'est le problème actuel, mais les hommes du XXe siècle s'en inquiètent sourdement, sans le penser. Au XVIe siècle, on retrouve des problèmes analogues, incarnés dans des hommes qui pensaient à Dieu. J'ai voulu transposer ce problème dans une aventure personnelle. *Le Diable et le Bon Dieu*, c'est l'histoire d'un individu.

— *Il n'en reste pas moins que tous, critiques et public, voient dans votre pièce une machine de guerre contre Dieu.*

— L'erreur vient, je crois, de ce qu'il y a très peu de critiques qui soient de vrais athées. Ils ont été scandalisés, sauf deux catégories : les anarchistes de droite et l'extrême gauche communiste. Quant aux critiques de la classe moyenne — laquelle déborde largement les seuls catholiques — ma pièce ne porte pas sur eux, parce qu'ils sont obnubilés par le scandale. Il n'est pas mauvais d'être scandalisé, mais après, pas pendant le spectacle, parce que le scandale gêne l'illusion dramatique. Le grand public est plus ouvert.

— *Vous ne croyez pas qu'il suivra la critique ?*

— Je n'en sais rien encore. En tout cas ce ne sera pas faute d'avoir été averti. Les critiques s'arrogent un droit de souveraineté, ils se croient obligés de mettre en garde — ainsi Daniel-Rops, qui a demandé à venir voir la pièce le jeudi, quatre jours avant la générale, ce qu'on lui accorda. Il publia, le samedi, son article, qui voulait donner le ton. Il faut dire qu'il se crée dans le public des réactions types. Dans *Les Mains sales*, une tirade de François Périer fut accueillie tantôt froidement, tantôt avec applaudissements, pendant les quinze premiers jours. Après quoi elle fut régulièrement applaudie.

— *En ce moment, après quinze jours de représentation, que fait le public du théâtre Antoine ?*

— Tenez, un exemple de réaction imprévue, et qui se renouvelle tous les soirs. Goetz, avant de massacrer les habitants de Worms, dit à l'envoyé de l'Archevêque : « Je les tuerai conformément à mon office et l'Archevêque leur pardonnera, conformément au sien. » C'était cela qui me paraissait d'un humour noir, l'Archevêque bénissant les massacres. Mais on n'entend pas cette réplique, parce qu'on rit déjà. Et pourquoi rit-on ? Parce que Goetz vient de dire : « Je suis militaire, donc je tue. » Or c'est une phrase toute naturelle dans la bouche d'un mercenaire du XVIᵉ siècle, et je n'ai jamais eu l'intention d'envoyer une flèche aux militaires contemporains, de Corée ou d'autres lieux, sur lesquels mes idées ne sont pas si simplistes.

— *Est-ce que le public n'arrive pas avec des idées préconçues ?*

— Sans doute. Le premier jour, qui était une représentation avant les critiques, la salle avait peur. Dans la scène des stigmates, lorsque Goetz apostrophe le Christ en croix, le public se demandait s'il allait le frapper. On ne savait pas « jusqu'où j'irais trop loin », comme dit Cocteau. Aujourd'hui, ce n'est pas encore le vrai public. Il y a beaucoup d'étrangers, des séquelles du « Tout-Paris », des esprits alertés, des étudiants. Ce qui est établi, c'est le silence pendant les tableaux ; pas de toux et de mouchoirs. Ce qui veut dire que les gens font attention, ils viennent là avec l'idée qu'il y a des trucs à comprendre. Je ne suis pas tellement content de cette attention, d'ailleurs, parce qu'ils ne se laissent pas aller. Mais enfin ils ne sont pas comme les critiques qui pensent à l'auteur, se doivent de répondre à la question : « Que vaut cette pièce ? », et répondent que c'est du « nietzschéisme hégéliénisant ». Le public que j'aime, c'est cette femme qui disait à la sortie : « Si Goetz avait réussi à être bon, est-ce qu'il aurait continué ? » Je voudrais que le public se sente simplement devant l'énigme d'un homme et qu'il ne se pose que cette question : « Qu'est-ce qui va se passer ? »

Au premier acte, la question est : Fera-t-il le mal ? Au deuxième et au troisième : Fera-t-il le bien ? En fait, le premier est un hors-d'œuvre. Les trois premiers tableaux du deuxième acte (tableaux 4, 5 et 6) sont une nouvelle exposition ; j'ai ménagé là un temps faible où le spectateur peut n'écouter que d'une oreille. L'action se noue au septième tableau, pour atteindre son point culminant au tableau 10, entre Brasseur et Vilar[5]. Je voudrais que le spectateur réserve tout son pouvoir d'attention pour les tableaux 8 à 11.

— *On a dit aussi que vous aviez voulu écrire l'anti-Soulier de satin.*

— Écrire des anti-quelque chose n'est pas dans nos mœurs littéraires. Mais puisque vous en parlez, *Le Soulier de satin* est beaucoup plus insultant pour un athée, pour le radical-socialiste de l'époque, visé par Claudel, que ne l'est *Le Diable et le Bon Dieu* pour un catholique. Or le radical-socialiste n'a pas poussé les hauts cris. Le catholique, oui.

— *Parce que le catholique dit : « Hors de l'Église point de salut. » Il est totalitaire.*

— Oui. Quel extraordinaire privilège reconnu aux gens de la tradition contre ceux qui n'en sont pas ! Sa croyance en Dieu ne fait verser ni sang ni larmes à M. Daniel-Rops. Mais moi, il veut que j'exprime un besoin refoulé ; si je dis que Dieu n'existe pas, il faut que j'aie souffert sang et larmes ; il n'y aurait pas dans ma pièce ces blasphèmes, ces insultes à Dieu si je n'y croyais pas. Il oublie que je fais parler des hommes du XVIᵉ siècle. Au XXᵉ siècle, on discute posément de ces choses. Mais ces violences ne sont pas les miennes. « L'Église est une p... », dit Nasty. C'est une phrase de Savonarole. « Tu es un bâtard. — Oui, répond Goetz, comme Jésus-Christ[6]. » Je l'ai pris à Clément VII. Vous verrez à la lecture un monologue très peu orthodoxe, qui a été coupé à la scène : il est de saint Jean de la Croix[7]. Et cette sortie de Goetz devant Hilda, est-ce que ce n'est pas horriblement « existentialiste » : « Seigneur, donnez-nous les yeux du lynx de Béotie pour voir ce qui se cache dans la gorge et dans les oreilles des plus belles femmes ! Nous qui sommes si dégoûtés que nous ne voulons pas toucher du doigt le fumier, comment pouvons-nous prendre dans nos bras le sac d'excréments lui-même ? » C'est une citation d'Odilon de Cluny, moine de la réforme clunisienne, que j'ai copiée dans Huizinga, *La Fin du Moyen Âge*[8].

— *J'ai d'autres objections à vous faire. Le retournement de Goetz à la fin du premier acte, jouant à pile ou face le Bien et le Mal, paraît arbitraire. Est-il historique ?*

— Non, et je n'ai pas prétendu écrire la vie de Goetz de Berlichingen. J'ai pris cet épisode à Cervantès, dans *El Rufián dichoso*, que m'avait raconté Jean-Louis Barrault. Seulement je l'ai fait tricher.

— *De sorte que c'est bien lui qui choisit brusquement la voie du Bien. Il me semble — et c'est ici la plus grave critique — que l'expérience était vouée à l'échec, parce que artificielle, et fondée sur l'orgueil, c'est-à-dire contre Dieu.*

— Je vous répondrai que, justement, son orgueil, c'est Dieu. L'homme se croit beaucoup trop intéressant quand il se confronte avec Dieu (songez donc : encourir la colère d'un être infini !) ; beaucoup trop intéressant encore quand il se prosterne devant Dieu : Jean Genet a très bien dit que le pire orgueil est l'humilité. Goetz apprendra la modestie.

— *Êtes-vous sûr que Dieu n'existe pas ?*

— J'en ai la conviction.

— *La conviction, ou la certitude ?*

— La certitude. Je suis né dans une famille mi-protestante, mi-catholique. Devant les contestations, dès l'âge de onze ans, ma conviction était faite. Là-dessus se sont brochées des réflexions qui en ont fait une certitude...

Je pourrais vous le prouver, mais c'est un raisonnement philosophique qui nous entraînerait loin.

[...] Goetz apprendra que ses rapports ne sont pas avec Dieu, mais avec le paysan ou le pauvre seigneur de village. C'est ça, le problème.

— *Là est peut-être aussi une équivoque dont vous êtes responsable. Le drame ne se joue pas entre le Diable et le Bon Dieu, mais entre le Bien et le Mal.*

— C'est vrai. Le problème est le même, que Dieu existe ou non. De toute façon, il ne s'agit pas de fonder une morale pour lui plaire, mais une morale sur soi, et, s'il existait, l'homme lui plairait en étant lui-même, en s'acceptant et en acceptant les autres dans leur finitude. Cette phrase d'Odilon de Cluny, que dit Goetz, signifie que l'amour de Dieu lui interdit d'aimer la femme dans sa finitude. Hilda lui répond : « Tu n'aimes rien si tu n'aimes pas tout. » Goetz n'aime pas les hommes. Mais Jouhandeau a très bien dit qu'il ne pouvait pas aimer les hommes s'il ne les aimait pas contre Dieu, jusque dans leur abjection qui est contre Dieu. Et Malraux, dans *La Condition humaine*, fait dire à Kyo : « Les hommes ne sont pas mes semblables, ils sont ceux qui me regardent et me jugent ; mes semblables, ce sont ceux qui m'aiment et ne me regardent pas, qui m'aiment contre tout, qui m'aiment contre la déchéance, contre la bassesse, contre la trahison, moi et non ce que j'ai fait ou ferai, qui m'aimeraient tant que je m'aimerais moi-même[9]. » C'est ça que Goetz finit par comprendre. De sorte qu'il est absurde de dire que Goetz retourne au Mal. Il découvre la voie d'une vérité humaine.

Il est une critique catholique qui me paraît plus vraie : que le règne de l'homme sans Dieu commence par la violence. Je le sais bien. Mais l'histoire montre assez que la violence va aussi avec le règne de Dieu.

NOTES

1. Il s'agit de *El Rufián dichoso (Le Rufian bienheureux)*.
2. La « Morale » annoncée par Sartre à la dernière ligne de *L'Être et le Néant* a été écrite sous la forme de plusieurs cahiers de notes, de 1947 à 1949. À l'époque de la première édition du présent ouvrage (1973), Sartre estimait ses positions philosophiques du temps de l'après-guerre complètement dépassées, et il n'envisageait pas de laisser publier ces notes de son vivant, comme nous le lui avions proposé (voir Sartre, *Situations X*, p. 207). Dans les dernières années de sa vie, une fois consommée sa rupture intellectuelle avec le marxisme, il voyait moins négativement son effort inabouti des années 40. Après sa mort, Arlette Elkaïm-Sartre s'est chargée de cette publication pour les deux cahiers qui étaient à sa disposition : J.-P. Sartre, *Cahiers pour une morale*, Bibliothèque de philosophie, Gallimard, 1983. D'autres restent à l'heure actuelle inédits ou non localisés. Pour ce qui concerne les conférences et les notes inédites qui constituent ce que Sartre a parfois appelé sa « morale dialectique », on trouvera l'information à l'heure actuelle la plus étendue dans Pierre Verstraeten (éd.), *Sur les écrits posthumes de Sartre*, Éditions de l'Université de Bruxelles, 1987 (articles de P. Verstraeten, Robert V. Stone et Elizabeth Bowman, Juliette Simont) et, en langue anglaise, dans R. V. Stone, « Sartre's *Morality and History* : A First Look at the Notes for the Unpublished 1965 Cornell Lectures », in Aronson & Van den Hoven, eds., *Sartre Alive*. Detroit : Wayne State University Press, 1991, 53-82. Voir aussi P. Verstraeten, « Y a-t-il une morale dans la *Critique de la raison dialectique* ? », *Cahiers de sémiotique textuelle*, n° 18 (*Études sartriennes*, n° IV), juin 1990, p. 45-68 (Nanterre : Publidix).

3. Réplique de Hilda au dixième tableau, scène II, p. 253.
4. Voir ci-dessous note 8.
5. Vilar jouait le rôle de Heinrich.
6. Quatrième tableau, scène IV, p. 132.
7. Huitième tableau, scène II, p. 235-236.
8. Cf. Johan Huizinga, *Le Déclin du Moyen Âge*, traduit du hollandais par Julia Bastin, Payot, 1932, p. 167-168.

La citation d'Odon de Cluny est la suivante : « La beauté du corps est tout entière dans la peau. En effet, si les hommes voyaient ce qui est sous la peau, doués comme les lynx de Béotie d'intérieure pénétration visuelle, la vue seule des femmes leur serait nauséabonde : cette grâce féminine n'est que saburre, sang, humeur, fiel. Considérez ce qui se cache dans les narines, dans la gorge, dans le ventre : saletés partout... Et nous qui répugnons à toucher même du bout du doigt de la vomissure ou du fumier, comment donc pouvons-nous désirer de serrer dans nos bras le sac d'excréments lui-même ? »

Huizinga note que ce thème et son développement sont empruntés à Jean Chrysostome : « Sur les femmes et la beauté », in *Opera*, Paris, 1735, t. XII, p. 523.

9. *La Condition humaine*, p. 66 (édition Folio : p. 50).

KEAN

> Pour le programme de son adaptation de la pièce d'Alexandre Dumas, *Kean ou Désordre et génie*, au théâtre Sarah-Bernhardt (première le 14 novembre 1953), Sartre a écrit le texte suivant, daté du 8 novembre 1953 et intitulé « À propos de Kean » :

Lorsque le célèbre Kean, de passage à Paris, jouait Shakespeare en anglais sur la scène de l'Odéon, Frédérick Lemaître lui faisait faire le tour des cabarets. Kean buvait et lui racontait sa vie ; Lemaître buvait et l'écoutait, pensant : « Il n'y a que deux acteurs au monde, lui et moi. » Kean s'en retourna en Angleterre et, peu après, mourut. Frédérick Lemaître pensa : « Il n'y a plus qu'un seul acteur au monde » et, pour en mieux persuader le public, il conçut le désir insensé de s'identifier au mort. M. de Courcy, polygraphe en renom, reçut donc commande d'une pièce sur Kean dont Lemaître interpréterait le principal rôle. Et Alexandre Dumas ? Que vient-il faire dans cette histoire ? Je suppose qu'on ne le saura jamais : ce qui est sûr, c'est qu'il signa et toucha de l'argent ; la pièce figure aujourd'hui dans ses œuvres complètes avec sa seule signature. Le succès acheva de tourner la tête du comédien français qui finit par se confondre tout à fait avec son confrère anglais : à la fin de sa vie, il eut la douleur d'apprendre qu'on reprenait *Kean* — à l'Odéon, je crois — mais avec un interprète italien ; dans sa rage, il couvrit Paris d'affiches qui portaient ces mots : « Le véritable Kean, c'est moi. » Plus tard, le rôle séduisit d'autres comédiens, en particulier Lucien Guitry ; après la Première Guerre mondiale, Ivan Mosjoukine fut Kean au cinéma[1]. La raison de ce succès persistant, c'est que la pièce est toujours actuelle : elle permet tous les vingt-cinq ans à un acteur célèbre de « faire le point » ; Lemaître, Guitry, Mosjoukine, à tour de rôle, sont venus parler au public de leur art, de leur vie privée, de leurs difficultés et de leurs infortunes, mais selon les règles de leur métier : discrètement, pudiquement, c'est-à-dire en se glissant dans la peau d'un autre. Tous ces grands morts qui l'ont joué successivement ont enrichi le rôle de leurs souvenirs. Aujourd'hui, Kean, avec ses désordres, son génie et ses malheurs, a cessé d'être un personnage historique ; il s'est élevé au rang des mythes : c'est le patron des acteurs. Ce soir, si Pierre Brasseur a la chance que je lui souhaite, le miracle se reproduira, qui depuis cent ans fait la fortune de la pièce : vous ne saurez plus si vous voyez Brasseur en train de jouer Kean ou Kean en train de jouer Brasseur. La tâche de l'adaptateur était modeste : il fallait ôter la rouille et quelques moisissures, bref nettoyer, émonder, pour permettre au public de prêter toute son attention à ce spectacle exceptionnel : un acteur dont le rôle est d'incarner son propre personnage.

Extraits d'interviews

— *J'aime beaucoup Hernani* ; or devant une représentation d'*Hernani*, le public a ri il y a six mois. Qui est coupable ? Ni le public, ni Victor Hugo, mais ce décalage d'un siècle qui fait que nous ne réagissons pas comme le public romantique. Il y a là un problème qui m'a intéressé : c'est sans doute pourquoi j'ai adapté le *Kean* d'Alexandre Dumas. [...] J'ai tenté de résoudre un problème, je n'ai pas voulu me contenter de l'esquiver : j'ai essayé d'actualiser le mélodrame sans, à aucun moment, vouloir faire une parodie. [Cette tentative] m'a fait réfléchir à la personnalité de ce qu'on appelle un acteur.

— *Allez-vous faire un traité sur la question ?*

— Non, je ne crois pas. Si j'ai fait un traité, c'est mon adaptation ! L'acteur c'est l'opposé du comédien qui, lorsqu'il a fini de travailler, redevient un homme comme les autres, alors que l'acteur « se joue lui-même » à toutes les secondes. C'est à la fois un don merveilleux et une malédiction : il en est la propre victime, ne sachant jamais qui il est vraiment, s'il joue ou s'il ne joue pas...

(*Combat*, 5 novembre 1953).

— *Sur les affiches de* Kean, *on peut lire que vous avez « adapté » la pièce d'Alexandre Dumas et dans le fauteuil du théâtre Sarah-Bernhardt on se demande sans cesse qui l'on applaudit, vous ou le père de* Monte-Cristo *?*

— Eh bien voilà : c'est Brasseur d'abord qui a eu l'idée. Il m'en a parlé. Moi, j'aime beaucoup Dumas, que je considère comme un excellent romancier et qui a fait de très bonnes pièces. Le projet m'a tenté. Mais il fallait adapter certaines choses à un changement de goût du public. Sans faire de rapprochement entre Dumas et Sophocle, j'ai récrit *Kean* comme Cocteau a « resserré » *Antigone*. D'autre part, j'ai totalement modifié le caractère de la jeune Anna qui, selon Dumas, s'étiolait, rongée par un mal secret. Cette conception de la femme poitrinaire ne convient plus à notre siècle et la guérison par le théâtre, plus efficace que toutes les médications, eût pu prêter à rire. Quant à Éléna, je l'ai simplement rendue plus coquette, tandis que dans le personnage du prince de Galles j'ai accentué l'aspect. Près du roi, le prince ne fait que représenter. Remarquez que je ne fais là que tirer la conclusion moderne d'une idée de Dumas qui ne pouvait aller jusqu'au bout, car, bien que libéral et homme de progrès, il était un peu séduit par la pompe royale... Autre modification, le deuxième acte. Primitivement, Kean exposait à Anna les grandeurs et les servitudes de l'acteur. Vous comprenez que, bien que nouveau au XIXe siècle, cela eût été ennuyeux maintenant, après plus de cinquante pièces sur le même sujet, dont celles de Guitry... Tout ce travail a été très amusant. À la vérité, je n'ai que changé ce qui a un peu vieilli et la réplique que chaque soir l'on applaudit le plus, vous savez... « Va-t'en labourer ton Shakespeare » est de Dumas !

— *Parmi tant d'éloges décernés à* Kean, *le dernier acte a seul suscité des réserves. Il semble pourtant qu'il soit de Dumas et qu'il soit en même temps absolument nécessaire au déroulement de la pièce.*

— Parfaitement. Comment vouliez-vous autrement terminer l'intrigue ? Dumas a bouclé sa pièce. Scène par scène, j'ai respecté ce dernier acte. J'aime que la fin en soit optimiste. Tant pis pour ceux qui auraient voulu tout laisser en suspens et rendre l'ensemble pessimiste. Avec *Tartuffe*, Molière a bien terminé sur un ton optimiste une pièce qui pouvait sembler pessimiste. Pourquoi le reprocher à Dumas ?

— *Selon certains,* Kean *vous aurait été l'occasion, à travers le personnage incarné par Pierre Brasseur, de réaffirmer certaines de vos idées philosophiques. Était-ce là votre but ?*

— Dumas existentialiste ! Mais c'est une plaisanterie. Cette idée de l'acteur se jouant parfois la comédie à lui-même m'est venue de conversations avec certains grands acteurs, tels que Brasseur notamment. Pour eux, c'est un problème. Mais il ne faut absolument pas en conclure que tout le monde joue la comédie, et surtout pas en tirer une théorie. Si le personnage d'Éléna joue lui aussi la comédie, c'est qu'il appartient au monde des oisifs. Il n'y a là aucun thème philosophique d'aucune sorte.

(Interview anonyme
parue dans un journal non identifié).

Dans une interview accordée à Renée Saurel et publiée dans *Les Lettres françaises* (12 novembre 1953), Sartre donne notamment les précisions suivantes sur la personnalité de Kean :

- ... Ce qui est intéressant, c'est le « vrai » Kean, bâtard — c'est-à-dire coupable dans l'Angleterre puritaine, humilié. Kean clown, saltimbanque, enfant de la balle. Il est né, comme vous savez, à Londres, en 1787. Sa mère était un peu prostituée et il en a souffert pas mal. Il était très orgueilleux. Son comportement, pendant sa vie entière, s'expliquera par cette enfance humiliée : un jour, alors qu'il était jeune, on lui a refusé l'entrée d'une loge. Il s'est caché pendant huit jours.

— *Il a débuté très jeune au théâtre ?*

— Oui, on lui a fait jouer le rôle d'Hamlet, à treize ou quatorze ans, pour amuser le roi. À Drury Lane, il a tenu de petits rôles, mais il n'a vraiment commencé sa carrière qu'avec Shylock, en doublant un acteur. Il a fait sensation dans ce rôle, qu'il jouait de façon tout à fait différente. Du temps de Garrick on donnait une représentation classique du juif de ghetto. Kean en a fait un type riche, bien vêtu, d'une quarantaine d'années, malheureux et méchant. Ou plutôt : méchant parce que malheureux. Il avait mis dans ce rôle de Shylock son personnage de bâtard. L'essentiel de son apport au théâtre c'est cela : il a joué en *lyrique* un rôle de composition. Pour la première fois dans le théâtre traditionnel anglais, un type joue avec sa nature et son individualité. De ce point de vue sans doute, c'est un mauvais acteur ou plutôt, c'est vraiment un acteur, et pas un comédien. Le contraire d'un Fresnay, par exemple, qui est toujours aussi bon, du début à la fin, parce qu'il travaille convenablement son rôle. Ses succès, d'ailleurs, furent toujours très contestés. Parfois, il était exécrable pendant une moitié de la pièce — et il le savait — et puis, quand arrivait « sa » scène, il était sensationnel. [...]

Il est mort tuberculeux, à quarante-six ans, après une représentation d'*Othello*. Il jouait d'ordinaire Iago. Cette fois-là, exceptionnellement, il avait accepté d'être Othello pour permettre à son fils — qui fit une carrière obscure — de débuter dans le rôle de Iago. Il mourut, une huitaine de jours après, épuisé par la vie bagarreuse et débauchée qu'il avait menée. La fin de sa vie, d'ailleurs, est sensationnelle. À partir de Shylock, il a toujours joué ses rôles en lui-même. C'est le Mythe même de l'Acteur. L'acteur qui ne cesse de jouer, qui joue sa vie même, ne se reconnaît plus, ne sait plus qui il est. Et qui, finalement, n'est personne. Tous les personnages de *Kean* sont plus ou moins ainsi : des grands qui sont aux prises avec des ombres qui sont leur propre personnage. Il n'y a guère qu'un personnage à peu près authentique : c'est celui d'Anna Damby, la jeune fille pure et chlorotique que Kean finira — dans la pièce — par épouser. Mais revenons à la vie de Kean. Les dernières années furent assez mouvementées. Il était marié, et il trompait sa femme. Il divorça même, ce qui était proprement scandaleux. Il était turbulent, il se saoulait, il faisait, pour s'amuser, des attaques à main armée. Des amis l'excitèrent en fondant le « Club des Loups », qui faisait parler de lui. Mais c'était l'époque où l'Angleterre bien-pensante chassait Byron. On l'a exilé lui aussi...

— *En Amérique ?*

— Oui, et je voudrais vous parler un peu de son odyssée américaine qui met en lumière certaines constantes du caractère américain. Avant son exil, Kean avait déjà été en Amérique. La tournée qu'il avait faite lors de ce premier voyage devait se terminer à Boston, où le théâtre était retenu pour quinze représentations. Il vint très peu de monde. Des demi-salles, des tiers de salle. À la « quatrième », moins de monde encore : il refusa de jouer, et s'en retourna chez les amis qui l'hébergeaient. Les Bostoniens, pendant ce temps, arrivaient au théâtre. La salle peu à peu se remplit. Le public de Boston, qui se voulait le plus évolué d'Amérique, fut ulcéré. À juste titre, d'ailleurs. Kean fut attaqué dans les journaux. Il répondit avec hauteur. Le voici donc qui revient, exilé, malheureux, chez les Américains. On lui dit : « Vous voulez jouer ? D'accord, mais la température sera donnée par Boston... » Il consent à publier une lettre dans laquelle il exprimait ses regrets de l'incident de jadis. Et il reparaît sur cette même scène, dans le *Richard III* qu'il avait refusé de jouer. Mais on avait « fait » la salle, il y avait des provocateurs. Cris, sifflets, pommes cuites. On grimpe sur la scène, on tape sur les acteurs, les Bostoniens veulent mettre le feu au théâtre. On parvient à les en dissuader, en leur rappelant que c'est *leur* théâtre. Ils cherchent Kean en ville, fouillent les maisons, comme pour un lynchage de nègre. Kean était caché sous un lit, chez ses amis. Et, sur ce lit, la femme de son ami était en train d'accoucher ! Il parvient à quitter Boston, à gagner New York, où il arrive, malade, épuisé. Il a tenté ensuite une tournée dans le Sud. Les esclavagistes l'ont mieux accueilli ! Il a pu y jouer tout son répertoire. Puis, il a regagné Londres. Le scandale de sa vie privée était un peu oublié. Mais lui aussi, du même coup. Il lui fallut, une fois de plus, recommencer. Il l'a fait, courageusement, et a réussi à s'imposer de nouveau au bout de trois ou quatre ans... Il a retrouvé ce public avec lequel il avait des contacts admirables, ce public de jadis qui lui criait, quand il entrait en scène : « Salaud ! Tu plaques ta femme ! » Dumas et Lemaître ont revu cela, en romantiques.

— *Il est mort peu après son retour ?*

— Oui, après avoir, comme je vous l'ai dit, aidé son fils débutant. Ses derniers mots furent d'ailleurs : « Est-ce qu'il a eu du succès ? »

— *La pièce de Dumas fut créée peu après la mort de Kean ?*

— En 1836, c'est-à-dire trois ans après. Aux Variétés. La pièce, d'ailleurs, a une histoire. Lemaître, donc, s'était dit : « Kean, c'est moi. » Lui en plus international. Lui s'il avait joué Shakespeare. Il semble que Lemaître ait chargé un certain de Courcy — qui passe, à tort ou à raison, je ne sais pas, pour le fondateur du *Figaro*, d'écrire la pièce. J'ai reçu à ce sujet une lettre de Mme Masson de Tourbet, née de Courcy, accompagnée de la photocopie d'un document qui semble prouver en effet que de Courcy, aidé d'un certain Théaulon, travailla à la pièce, qui fut peut-être « supervisée » par Dumas, lequel y mit sa signature. Vous savez que Dumas, très souvent, eut recours à des « nègres »...

— *Qu'avez-vous fait de cette pièce ? Avez-vous conservé l'intrigue et les personnages, fidèlement ?*

— Le plus fidèlement possible. J'ai seulement supprimé une ou deux scènes par trop rocambolesques. Telle qu'elle est, la pièce me semble intéressante, non par l'intrigue elle-même, mais parce qu'elle est une sorte d'occasion unique pour un acteur, un « piège à acteur ». J'ai respecté le plus possible l'œuvre de Dumas, enfin... de Dumas, de Courcy et Théaulon, si vous voulez. Il y a tout de même un changement de registre. À notre époque, les gens sont plus lucides, plus conscients des problèmes. On est aussi déchiré, aussi contradictoire, mais moins « agi » qu'à l'époque de Kean, où il n'y avait pas de prise de conscience. J'ai essayé de rendre cela sensible.

— *En dehors de l'intérêt que présente le héros de la pièce, y a-t-il un autre intérêt, social, par exemple ?*

— *Le Figaro* vient de me reprocher... d'avoir supprimé le côté social de l'œuvre ! Son côté... progressiste ! Il n'y en a pas dans la pièce de Dumas, je vous l'affirme. Dumas, d'ailleurs, était très snobé par l'aristocratie. Et vous verrez que le prince de Galles, dans *Kean*, a le beau rôle. C'est même lui qui intervient auprès du roi pour atténuer les mesures prises à l'encontre de Kean, après un scandale particulièrement bruyant...

— *Kean interpellant le prince de Galles dans la loge de sa bien-aimée Mme de Koefeld ?*

— C'est cela. Kean adressant publiquement au prince de violentes injures. J'ai récrit la pièce dans un esprit de respect absolu, sans jamais tomber dans la parodie, qui me paraît un genre impuissant, valable seulement pour le cabaret. Et avec sympathie pour ce Kean qui a été un extraordinaire bonhomme, dépassant de loin son époque, ahurissant les critiques d'alors, trouvant des attitudes que l'on eût admises... cinquante ans plus tard. [...]

J'ai pensé que l'histoire pouvait être émouvante, de cet homme qui devint acteur pour s'évader de son ressentiment contre la société, et qui apporta avec lui une sorte de force révolutionnaire. Il y a de l'*Hernani* en *Kean*, et j'aime bien *Hernani*.

NOTES

1. Dans un film soviétique réalisé en 1924 par Alexandre Volkov. L'adaptation de Sartre a été portée à l'écran en 1957, en Italie, par Vittorio Gassmann, qui interprétait lui-même le rôle de Kean.

Kean, dans l'adaptation de Sartre, traduite et mise en scène par Frank Hauser, a été créé en Angleterre par le comédien Alan Badel au Globe Theater de Londres (première le 28 janvier 1971). Une édition scolaire de *Kean* a été publiée en 1973, et la pièce a été reprise plusieurs fois, en particulier à l'Old Vic de Londres en 1990.

Kean, enfin, a été représenté avec un grand succès en 1987 au Théâtre Marigny, dans une mise en scène de Robert Hossein, avec Jean-Paul Belmondo dans le rôle principal.

NEKRASSOV

Extraits d'une interview d'avant-première

— ... Ce que j'ai voulu faire avec *Nekrassov* c'est une pièce satirique. D'abord parce qu'on ne peut s'exprimer sur la société contemporaine que sous cette forme, ensuite parce qu'il y a eu en France une sorte de censure latente qui étouffe ce genre de théâtre. Je sais qu'il existe un excellent *Topaze*[1] de Marcel Pagnol, mais je parle pour ma part d'une satire qui porte sur la structure même de la société. En Grèce, il existait dans l'Antiquité une sorte de fonction satirique, mais de nos jours cela n'existe plus et je m'aperçois d'après les premières réactions qui ont salué les répétitions de *Nekrassov* que le théâtre satirique aura du mal à s'imposer.

— *On a dit que votre pièce était dirigée contre la presse ?*

— Non pas contre la presse, mais contre une certaine presse et ses procédés de propagande anticommuniste. [...] On a dit que j'avais voulu viser Pierre Lazareff. Mais c'est faux, parce que je considère que la presse du soir n'est pas anticommuniste par système. Le malentendu vient : 1. De ce que j'ai choisi un journal du soir par simple commodité scénique ; 2. De ce que l'acteur Louis de Funès qui devait à l'origine interpréter ce rôle est petit, comme l'est aussi Pierre Lazareff. En vérité, et bien que je considère la satire comme pouvant accueillir des noms réels, je n'ai pas voulu m'attaquer à des personnes en particulier. [...]

— *Vous avez parlé de satire, de* Topaze *en particulier, mais il y a aussi* La Tête des autres[2] *de Marcel Aymé ?*

— En effet, mais la différence essentielle, c'est que *La Tête des autres* s'attaquait à un corps constitué réputé pour sa dignité et qui n'a pas réagi, tandis que *Nekrassov* s'en prend à une partie intouchable de la société. La preuve ? Une certaine presse crie déjà avant de connaître le sujet de ma pièce et avant d'avoir été écorchée ! Au train où vont les réactions, je ne suis pas du tout sûr que ma pièce puisse trouver un public.

(*Combat*, interview par Serge Montigny, 7 juin 1955).

Sous le titre « En dénonçant dans ma nouvelle pièce les procédés de la presse anticommuniste, je veux apporter une contribution d'écrivain à la lutte pour la paix », *L'Humanité* (qui devait, comme le reste de la presse communiste, apporter son soutien entier à la pièce) publiait le jour de la première (8 juin 1955) une interview par Guy Leclerc où Sartre déclarait notamment :

— À vrai dire, *[Nekrassov]* devrait s'appeler « farce-satire », car c'est une satire que j'ai voulu faire. Dans une société comme la nôtre, la forme parlée, la forme théâtrale est celle qui se prête le mieux à la satire.

Malheureusement, la satire est passée de mode. Je pense à la Grèce antique où elle avait une fonction régulatrice. Elle a dégénéré en revues, généralement réactionnaires d'ailleurs. La forme de la satire était assez lâche. C'étaient les allusions aux événements contemporains qui la rendaient vivante ; voyez Aristophane. Eh bien ! j'ai voulu retrouver la tradition de la satire en l'adaptant à notre goût pour la pièce construite... Vous connaissez le sujet de *Nekrassov*, un escroc qui se fait passer pour un ministre soviétique en fuite et fait des révélations sensationnelles à la « grande presse » à la veille d'une élection partielle... C'est là une vérité grossie, je veux dire *typique*. Devant Nekrassov, on peut songer à Matusow, le fameux témoin à charge (anticommuniste) des tribunaux américains. En voilà un qui serait un personnage de farce... s'il ne faisait pas mettre les gens en prison. Évidemment, ce genre de pièce peut entraîner quelques réactions... La satire « de droite » est toujours tolérée ; on verra si la satire « de gauche » va l'être...

— *Avant même d'avoir vu le jour, celle-ci a soulevé des remous, n'est-ce pas? Certains ne souhaitent-ils pas des incidents ?*

— *Le Figaro* a publié un article de provocation. Il a dit qu'il s'agissait d'une pièce « crypto-communiste ». On a perdu le sens du grec au *Figaro*. « Crypto » veut dire « caché ». Or, je ne cache nullement mon intention : je veux montrer, dans *Nekrassov*, le mal que peut faire une campagne de presse anticommuniste. Appeler à manifester contre ma pièce, sans même la connaître, sur la base de ragots, c'est une chose inadmissible.

— *Il ne s'agit pas de « vérité grossie », cette fois,*

mais de vérité déformée, mais le procédé est tout de même typique... du Figaro. *Donc, votre objectif...*

— Je veux apporter une contribution d'écrivain à la lutte pour la paix. Nous avons pris des engagements à Vienne ; il faut les tenir[3]. Au moment où la détente s'accentue, où la conférence à quatre s'annonce, un des freins les plus puissants à nos espoirs, à nos entreprises réside dans l'action de cette presse qui envenime les choses. J'ai voulu mettre noir sur blanc ses procédés, dessiller les yeux des hommes de bonne volonté, parmi ses propres lecteurs... C'est un peu négatif. Mais, ici et maintenant, le théâtre doit être plus utile par son aspect négatif, c'est-à-dire par la satire.

— *C'est un « négatif » fort positif, en fin de compte. Sans doute ne repousserez-vous pas le mot « démystification » ?*

— Absolument pas. C'est bien d'une démystification qu'il s'agit. Cette pièce marque ma volonté d'aborder la réalité sociale sans mythes. Dans *Le Diable et le Bon Dieu*, j'abordais bien cette réalité, mais à travers des mythes. Je veux être tout à fait clair. Mais, il faut bien le dire, il y a un divorce entre les sujets que je veux traiter et le public actuel des théâtres parisiens. Au fond, c'est un paradoxe que de faire jouer une telle pièce dans des conditions pareilles...

Dans *L'Humanité-Dimanche* (interview par J.-F. Rolland, 19 juin 1955), une dizaine de jours après la première, on put lire les propos suivants où Sartre examinait les réactions suscitées par sa pièce :

— J'ai pu remarquer une déception chez certains spectateurs parce qu'ils n'ont pas trouvé la pièce assez méchante. Mais j'ai voulu, précisément, que mes personnages ne soient pas complètement noirs : Sibilot n'est pas un simple journaliste vendu. Il est aussi mystifié, victime de l'idéologie que défend son journal. Palotin a un goût passionné pour son métier : l'information ; Nekrassov, l'escroc individualiste, s'amuse, croit qu'il tire les ficelles dans le jeu, alors que, lui aussi, n'est qu'un simple rouage du système et, comme les autres, il doit en arriver aux dernières compromissions. Tous ne font qu'exprimer un certain état de choses. Ce sont les institutions, les structures qui déterminent les hommes. J'ai montré mes personnages victimes d'une situation plutôt que d'un caractère. Dans un autre contexte ils pourraient être différents. C'est pourquoi une satire de gauche doit être une satire des institutions et non des individus.

— La Tête des autres, *de Marcel Aymé, n'entre-t-elle pas dans ce dernier cas ?*

— C'est un exemple. Il s'agissait là d'une satire assez virulente, mais elle n'a pas provoqué une indignation générale, parce qu'elle ne visait que des individus ou un groupe d'individus. Il s'agissait de magistrats déformés par leur métier, devenus méchants, mais ce n'était pas l'ensemble de la justice, une justice de classe, qui était en cause. Le scandale aurait éclaté si la pièce avait montré des juges, pas plus mauvais que d'autres, amenés à commettre des infamies par nécessité ; contraints par la logique du système, de la classe qui les emploie. Certes, il y avait bien l'amorce d'une critique sociale chez Marcel Aymé, mais elle n'allait pas jusqu'au bout. Que l'on trouve de meilleurs juges et la justice sera meilleure. La situation est inverse dans *Nekrassov*. Mes journalistes ne sont pas de méchants hommes. C'est la cause qu'ils servent qui est mauvaise.

— *Il en est qui vous ont cependant reproché de « noircir » Demidov.*

— Mais, lui non plus, n'est pas antipathique. C'est aussi une victime. Il a fait une faute : il a écrit quelques articles malhonnêtes, qu'on lui a plus ou moins bien payés et le voilà mis au rancart, sans ressources, condamné à crever de faim, épave de la guerre froide. J'ai voulu dépeindre chez lui le glissement vers une position de plus en plus impuissante, sans avenir.

— *Inversement, certaines critiques ont trouvé « édifiant » le 7ᵉ tableau, découvrant une « Jeanne d'Arc », une héroïne de patronage, dans le personnage de la journaliste progressiste.*

— C'est ce qui m'a le plus surpris. Alors qu'on ne sait pas grand-chose d'elle, et qu'elle ne fait rien de très héroïque ou de très dangereux ! [...]

— Le théâtre d'aujourd'hui appartient entièrement à la bourgeoisie. J'ai fait un jour une conférence sur le théâtre dans une université populaire, j'ai demandé à mes auditeurs ce qu'ils pensaient de la dernière pièce qu'ils avaient vue. Eh bien ! Ils n'en avaient pas vu, parce qu'ils n'allaient jamais au théâtre ! Paris est à l'image de la lutte des classes. La bourgeoisie s'est installée au centre après avoir repoussé les ouvriers dans la banlieue. Les théâtres sont loin, et ils sont chers. Le T.N.P. a fait un gros effort, mais il reste bridé par des conventions officielles. Aux mains de la bourgeoisie, le théâtre ne peut plus exprimer que des sujets limités, tolérés : des pièces légères, anodines qui ne mettent rien en cause. Il y a eu, à la fin du XIXᵉ siècle, un théâtre bourgeois réaliste, assez fort parfois. À cette époque, la bourgeoisie ne se sentait pas encore menacée directement. Il n'y a même plus de pièces sur l'amour vrai, le sujet impliquerait trop de choses.

On badine sur l'amour, on n'en parle pas profondément. Pirandello a donné encore quelques thèmes frais, chargés d'une certaine virulence. Plus rien de tel aujourd'hui. D'où une crise du théâtre : l'auteur doué, sollicité par la recherche du succès, doit couler son sujet dans les moules adaptés aux exigences.

<blockquote>Sartre devait plus tard porter sur Nekrassov un jugement assez sévère, étant donné la qualité de la pièce :</blockquote>

[C'est] une pièce à demi manquée. Il aurait fallu centrer sur le journal, et non sur l'escroc qui n'est pas intéressant en soi. Il aurait mieux valu le montrer pris dans l'engrenage du journal. Mais ce n'est pas seulement pour cela que la critique a jugé la pièce mauvaise. J'attaquais la presse, la presse a contre-attaqué.

(Les Cahiers libres de la jeunesse,
n° 1, 15 février 1960).

<blockquote>Nekrassov n'a plus été représenté à Paris entre sa création, en 1955, et 1978. Dans le contexte politique d'élections législatives, du 7 février au 25 mars 1978, le Théâtre de l'Est Parisien, proche du Parti communiste, en a donné une mise en scène de style « théâtre populaire », due à Georges Werler, dans des décors d'André Acquart. Le dossier sur la pièce distribué aux spectateurs (T.E.P., dossier n° 25, février 1978, supplément à T.E.P.-Actualités) comportait le texte suivant, signé de Sartre et daté de décembre 1977 :</blockquote>

Avant la guerre de 39, les journaux étaient remplis d'histoires tragiques et bouffonnes dont on attribuait la responsabilité aux services secrets. J'avais été frappé comme tous les Français par les disparitions successives de deux généraux russes, Koutepiov et Miller qui vivaient en France et dont personne ne devait plus jamais entendre parler. On les disait enlevés par la police secrète soviétique. Je songeais à m'inspirer de ces événements pour écrire une pièce ou un roman. Mais ils concernaient essentiellement l'U.R.S.S. et, réflexion faite, il me parut difficile qu'un Français les racontât. Beaucoup plus tard, après la guerre, j'eus de nouveau l'idée de mettre en question la police secrète, d'une manière inquiétante et comique. Je décidai qu'en cette occurrence, l'U.R.S.S. fût innocente et que le scandale vînt essentiellement de la presse française. Elle avait propagé la nouvelle qu'un haut fonctionnaire soviétique, disparu depuis quelques jours, Nekrassov, s'était réfugié à Paris. Le prétendu Nekrassov n'était même pas russe : c'était un escroc nommé Georges de Valera, qui s'amusait à jouer ce rôle. Comment il se présentait au directeur d'un grand quotidien parisien, comment il le convainquait de sa fausse identité : cela m'amenait à décrire les principales structures d'une feuille à sensation. C'était là mon véritable propos : la dénonciation de cette presse. Sans doute, aujourd'hui, choisirais-je un autre prétexte, mais comme hier, je m'attaquerais volontiers à un certain journalisme qui abuse sans scrupule de la confiance de ses lecteurs en montant de toutes pièces de faux scandales.

NOTES

1. Pièce datant de 1928.
2. Créé à l'Atelier en 1952.
3. Sartre a participé, du 12 au 19 décembre 1952, au Congrès des Peuples pour la Paix, organisé à Vienne par le Conseil mondial de la Paix. Cette participation marque en quelque sorte le point culminant de son accord avec les communistes. Un « Appel des

écrivains réunis à Vienne », signé par Sartre avec cent trois écrivains, déclarait notamment : « Nous qui croyons dans la puissance de la parole écrite et dont le métier est de porter témoignage pour nous-mêmes et pour d'autres, qui nous ressemblent, nous avons décidé de mettre nos œuvres en accord avec notre volonté de paix et nous disons que nous combattrons la guerre par nos écrits. » (Pour plus de détails sur ce congrès, voir *Les Écrits de Sartre*, p. 252-259.)

LES SÉQUESTRÉS D'ALTONA

Les interviews données par Sartre sur *Les Séquestrés d'Altona* sont plus nombreuses que pour aucune de ses autres pièces. L'entretien le plus intéressant est celui qu'il a accordé au critique brechtien Bernard Dort pour la revue *Théâtre populaire* (n° 36, 4ᵉ trimestre 1959). Daté du 4 janvier 1960, cet entretien a donc été réalisé plusieurs mois après la première (qui eut lieu le 23 septembre 1959). Étant donné son importance, nous le reproduisons ici *in extenso* avant un certain nombre d'extraits d'interviews parues précédemment.

— *En 1955, après* Nekrassov, *vous nous aviez déclaré :* « Pour moi, maintenant, je n'ai plus rien à dire aux bourgeois[1] », *et vous n'envisagiez pas d'écrire encore pour le théâtre, dans les conditions actuelles de son fonctionnement. Mais les conditions de représentation des* Séquestrés d'Altona *ne sont guère différentes de celles de vos œuvres dramatiques antérieures. Auriez-vous donc changé d'opinion ou pensez-vous que quelque chose, dans le monde ou dans le théâtre, a changé ?*

— Ce n'est pas moi qui ai changé, c'est la situation. Lorsque j'ai fait représenter *Nekrassov*, la violence physique n'était pas répandue en France comme elle l'est aujourd'hui : elle n'était pas promue au rang des formes de répression. Il y avait certes un appareil répressif, mais c'était l'appareil traditionnel, normal si l'on ose dire.

Ce qui m'a paru grave, c'est la mise en place, en Algérie, en France même, d'un nouvel appareil répressif dont personne ne peut prétendre qu'il soit nécessité par la situation. Car le développement du système capitaliste n'est pas lié aux tortures pratiquées en Algérie. On pourrait même soutenir le contraire. Ces tortures compromettent la cause du capitalisme : les plus lucides parmi les bourgeois le comprennent.

C'est pourquoi il m'a paru nécessaire d'évoquer le problème ainsi posé — de l'évoquer au théâtre, c'est-à-dire pour tous, pour le plus grand nombre, pour des bourgeois aussi.

Lorsqu'on veut mettre en question l'intérêt foncier de la bourgeoisie, il est inutile de s'adresser à des bourgeois. Les mystifications liées au capitalisme apparaissent de plus en plus clairement : les bourgeois les connaissent et s'en accommodent. S'ils tolèrent, exceptionnellement, qu'on les leur montre, ils dévaluent aussitôt le fait de les montrer. Marx le remarquait déjà : la bourgeoisie a pris conscience d'elle-même en tant que classe. Aujourd'hui, elle a adopté une attitude lucide et cynique vis-à-vis de son développement historique.

Mais du moment qu'on veut évoquer un phénomène marginal par rapport à ce développement historique, il est possible de le faire devant un public bourgeois : cela vaut, je pense, pour le colonialisme français qui est, par tradition, marginal (nos colonies nous ont toujours coûté plus qu'elles ne nous rapportaient).

Je ne veux pourtant pas dire que j'ai écrit *Les Séquestrés* pour un public exclusivement bourgeois.

J'estime que l'on doit montrer ces phénomènes marginaux à toute la population — d'autant plus que dans notre pays le racisme n'est pas l'apanage de la classe bourgeoise, mais une réaction commune à des milieux fondamentalement opposés, en lutte les uns contre les autres, défendant des intérêts contradictoires. Pourquoi, alors, ne pas essayer de susciter une contre-réaction dans ces milieux ?

C'est pourquoi je pense que *Les Séquestrés* pourraient être représentés aussi bien devant un public populaire que devant des spectateurs bourgeois : dans cette pièce j'ai essayé de démystifier l'héroïsme (militaire) en montrant le lien qui l'unit à la violence inconditionnée. Cela concerne tout le monde.

— *Pourquoi donc avoir situé votre pièce en Allemagne, alors qu'elle est aussi spécifiquement française ?*

— D'abord, parce que je tenais à avoir une assez large audience et que cela aurait été impossible si j'avais abordé de front le problème de la violence, tel qu'il se présente aujourd'hui dans la société française. Je ne dis même pas que ma pièce aurait été un « four » ou que ses représentations auraient été interdites... L'autocensure aurait joué avant et je n'aurais pas trouvé de directeur pour la monter : il n'y aurait même pas eu scandale, rien qu'un étouffement...

Mais ce n'est pas la seule raison : quoique nous ne soyons pas les Allemands, quoique nos problèmes diffèrent de ceux qui étaient les leurs au moment du nazisme, il y a entre les Allemands et nous des liens très particuliers. Nous nous sommes trouvés, vis-à-vis d'eux, exactement dans la situation où se trouvent les Algériens vis-à-vis de nous aujourd'hui.

Si ma pièce est bien celle que j'ai voulu faire, je voudrais que la première réaction du spectateur soit de condamner ces gens qui lui sont montrés, les mêmes que ceux qui opérèrent rue des Saussaies[2]. Puis que, petit à petit, ce spectateur soit gagné par un malaise, pour finalement reconnaître que ces Allemands, c'est nous, c'est lui-même. Disons que le mirage théâtral devrait s'effacer pour laisser la place à la vérité qui est derrière ce mirage.

Cela correspond à ce que je crois être une exigence esthétique du théâtre : la nécessité de prendre une certaine distance vis-à-vis de l'objet évoqué, en le déplaçant dans le temps ou dans l'espace. D'une part, les passions mises en scène doivent être suffisamment amorties pour ne pas gêner la prise de conscience ; d'autre part, doit se produire ce que j'appellerai l'évanouissement du mirage théâtral, de l'*illusion comique* au sens que Corneille donnait à ce terme. Il faut que le spectateur soit dans la situation de l'ethnographe qui s'installe parmi des paysans d'une société arriérée. Au début, il les traite presque en objets. Puis, peu à peu, au cours de l'étude, son point de vue se modifie, et il finit par découvrir qu'en étudiant ces paysans, c'est lui-même qu'il étudie et découvre.

— *Ne craignez-vous pas que, dans la réalité du théâtre parisien, ce mécanisme un peu subtil ne fonctionne pas ? Et qu'il se passe le contraire, que les spectateurs sortent des* Séquestrés *rassurés, justifiés, convaincus qu'ils sont différents de Frantz ? N'aurait-il pas fallu leur présenter plutôt le cas d'un soldat banal, avec lequel ils se seraient au départ identifiés, et qui serait devenu progressivement, de façon logique, normale, un bourreau ? Ou le cas d'un soldat allemand qui se retrouverait en Algérie et recommencerait à y faire le « métier » qu'il a fait autrefois ?*

— Non, ce dernier cas tendrait à prouver le

contraire de ce que je veux montrer : à savoir que, pour torturer en Algérie, il faut avoir déjà torturé avant. Ce que je soutiens dans *Les Séquestrés*, c'est que personne, dans une société historique qui se transforme en société de répression, n'est exempt du risque de torturer...

Cela, je crois que les spectateurs des *Séquestrés* l'ont compris : aucun d'entre eux n'a pris au pied de la lettre l'Allemagne que je montre, aucun n'a cru que je voulais réellement parler de ce qui arrive à un ex-soldat allemand en 1959. Derrière cette Allemagne, tous ont lu Algérie — tous, même les critiques.

— *N'avez-vous pas cependant choisi des données à la fois trop exceptionnelles et trop précises ? Nous voulons dire : en prenant comme protagonistes des rois, des princes de l'industrie, les Gerlach, n'avez-vous pas conféré à vos héros une sorte d'auréole romantique qui permet mal l'évanouissement du mirage dont vous parlez ? Et à l'inverse, en situant de façon précise votre pièce à Hambourg, dans une société capitaliste où l'ère des directeurs succède à celle des propriétaires, n'avez-vous pas rendu presque impossible la transposition que devrait faire le spectateur ?*

— J'ai fait exprès de prendre ces von Gerlach, c'est-à-dire une grande famille industrielle, à demi noble ou qui a été anoblie pendant le IIe Reich. Car ce que je voulais marquer c'est que ces gens-là n'étaient pas nazis, qu'ils n'ont fait que se servir de l'étiquette nazie alors qu'ils méprisaient les nazis, coupables à leurs yeux d'avoir amené, comme auraient pu le faire des communistes ou des socialistes, « la plèbe au pouvoir ». Et de telles familles ont réellement existé. Ce qui m'a intéressé aussi, c'est que je pouvais, en toute vraisemblance, leur prêter un orgueil protestant quasi pur.

Si j'avais pris des petits-bourgeois non nazis, tout aurait été faussé : le problème de leur collaboration avec les nazis ne se serait pas posé. Le fait qu'ils ne soient pas nazis eût été un fait de hasard, un fait psychologique. De plus, le nazisme disposait vis-à-vis d'eux de moyens fort puissants pour les forcer à devenir ou à paraître nazis. Nous serions retombés dans un théâtre de cas, de raisons individuelles.

Avec des personnages comme les Gerlach, j'avais d'emblée à ma disposition une contradiction fondamentale : celle qui existe entre la puissance industrielle de ces gens, leur titre nobiliaire, leur passé, leur culture, et leur collaboration avec les nazis qu'ils méprisent. Ils pensent contre et ils agissent pour. Ainsi pouvais-je poser en clair le problème de la *collusion*, qui est essentiel si l'on veut comprendre les hommes.

Avec *Grand' Peur et Misère du IIIe Reich*, j'estime que Brecht a échoué dans la mesure où il n'a pas montré la collusion. Il a évoqué la peur, de façon parfois saisissante, mais c'est tout. Ce qui ne suffit pas.

Je crois même que des petits-bourgeois peuvent mieux se comprendre à travers des personnages de théâtre aussi différents d'eux que le sont ces Gerlach, qu'à travers des petits-bourgeois comme eux : ils ont tôt fait de se désolidariser des petits-bourgeois qu'on leur montre, de se refuser à comprendre. Nous retrouvons la nécessité d'une distanciation...

— *N'aurait-il pas été préférable alors de traiter les Gerlach sur le mode comique ? C'est d'ailleurs une des idées chères à Brecht : il pensait que la comédie est plus apte que la tragédie à représenter le monde contemporain sur la scène ; il soutenait même qu'elle traite moins que la tragédie « les souffrances des hommes par-dessous la jambe ».*

— Oui, Adamov pense aussi que la bourgeoisie ne peut être que comique sur la scène. Et Lacan dit que l'homme est comique alors que la femme ne l'est pas. Cela peut se discuter... Seulement, n'oubliez pas qu'il n'y a pas de bourgeois sans ouvriers, pas plus qu'il n'y a de colons sans colonisés, ni d'exploiteurs sans exploités, et que si les uns sont comiques les autres peuvent difficilement l'être.

Là, j'étais obligé de me tenir à la lettre de ma pièce. Des millions de juifs morts dans les camps, dans les fours crématoires, voilà le nazisme. Il était impossible de montrer sur le mode comique des choses qui évoquent cela.

Une fois j'ai essayé de traiter un sujet grave, puisqu'il s'agissait d'un lynchage, sur le mode comique : j'ai écrit *La Putain respectueuse*. Mais même dans cette pièce, le comique, une espèce d'humour noir, n'allait pas de soi. À Paris, *La Putain* a été jouée en bouffe : j'y tenais. À Londres aussi, grâce à Peter Brook. Mais partout ailleurs, on en a fait un drame, et cette pièce bouffe est devenue un ridicule mélodrame. Ajoutez que ce qui est possible pour une pièce en un acte ne l'est pas pour une pièce plus longue.

Paolo Paoli[3] d'Adamov est comique, et je suis tout à fait d'accord avec le ton grinçant de cette œuvre qui montre en effet des choses graves : l'exploitation de l'homme par l'homme (ces hommes étant d'abord des Chinois, des bagnards, puis devenant des hommes plus proches de nous, des personnages de la pièce : Marpeaux par exemple). Mais l'époque choisie, la Belle Époque, s'y prêtait. Adamov écrit maintenant une pièce sur la Commune[4] : j'imagine mal qu'il en fasse quelque chose de comique.

Il faudrait d'ailleurs analyser cela de plus près : évidemment, il y a une distanciation par le comique. Mais cette distanciation aboutit-elle à l'évanouissement de l'illusion théâtrale dont je parlais ? Je crains que non : dans des personnages de comédie, le spectateur ne se reconnaît pas, il reconnaît son voisin.

La distanciation ne doit pas détruire l'*Einfühlung*[5] chère aux expressionnistes. Les deux doivent aller de pair. Pour faire comprendre au public ce que c'est que de revenir d'une guerre et de se rappeler qu'on y a été un bourreau, il faut que ce public puisse s'identifier au héros en question. Il faut qu'il puisse *se haïr en lui*.

Imaginez que j'aie pris pour sujet l'histoire d'un sous-officier qui a commis des violences inacceptables en Algérie et qui se trouve, de retour chez lui, en permission, dans une atmosphère comique... Personne n'accepterait de s'identifier, ni même d'être assimilé à ce personnage. Et puis, théâtralement, cela ne vaudrait rien : un Feldwebel comique, c'est un insecte ; on ne peut le voir que du dehors ; c'est un homme imperméable. Au théâtre, les hommes imperméables ne servent à rien. Surtout pas quand on veut aborder ce problème de la collusion dont je vous parlais tout à l'heure, celui de la perversion de toute une jeunesse.

Mon sujet, c'est un jeune qui revient d'Algérie, qui a vu là-bas certaines choses, qui y a peut-être participé, et qui se tait. Impossible de le mépriser, de l'éloigner de nous par le comique — impossible théâtralement et même politiquement. Car enfin la situation politique française exige aussi que l'on récupère de tels hommes, en dépit des saloperies qu'ils ont pu faire.

Je ne m'intéresse pas aux brutes. Du reste, des brutes, il y en a dans toutes les guerres ; pendant la guerre de 14 il y en a eu, mais ce qu'il n'y a pas eu, c'est ce dont je veux parler et qui est notre problème aujourd'hui : une jeunesse démoralisée par la complicité qui lui est imposée.

— *Pourquoi, dès lors, ne pas avoir montré le déroulement temporel de cette démoralisation : au lieu des résultats de la collusion, cette collusion elle-même ?*

— Encore s'agit-il de savoir *où* l'on montre ce que l'on veut montrer. Montrer la collusion elle-même ne me paraît pas possible au théâtre. Dans un roman, oui, à condition que cela ne fasse l'objet que d'un chapitre, que d'une partie de ce roman. Au théâtre, montrer la collusion, c'est en faire un mécanisme, quelque chose de sommaire et que nous connaissons déjà.

Du reste, il n'est pas intéressant de faire une œuvre, un roman ou une pièce, à partir d'une défaite, d'y montrer seulement la dégradation de ce qui est donné au départ. Aussi, en général, on essaye, pour compenser, de trouver une contrepartie à cette défaite et on invente des héros positifs. Vous voyez à quelles simplifications on en arrive.

Il est inutile de consacrer une pièce à montrer comment un soldat qui, après avoir commencé par refuser d'enterrer les fusillés, l'accepte, puis, sous la pression d'un milieu, d'une propagande, en vient à assister à des séances de torture et à y participer lui-même...

Par contre, il faut montrer les gens *après*. Ils ont été des bourreaux, ils ont accepté de l'être : comment vont-ils s'en arranger ou ne pas s'en arranger ? Mon sujet idéal, c'eût été de montrer non seulement celui qui revient, qui s'est constitué tel qu'il est, mais sa famille autour de lui, autour de son silence. Il est là comme un ferment grâce auquel les contradictions se multiplient, et lui-même n'est que contradictions... À partir de là, il serait possible d'esquisser, théâtralement, une véritable étude sociale.

Dans *Les Séquestrés*, j'ai gonflé ce sujet jusqu'au mythe.

— *Nous revenons à la même question : ce mythe ne fait-il pas oublier la réalité du sujet que vous avez voulu traiter : la réalité de cette guerre d'Algérie dont une des caractéristiques est justement de paraître s'intégrer à notre vie sociale sans y apporter de bouleversements visibles ?*

— Au théâtre, il faut rendre les choses visibles ; il faut généraliser. Je l'ai fait pour pouvoir aborder la question générale de la violence, dans son lien avec l'héroïsme militaire.

Vous pensez que mes personnages sont par trop exceptionnels. Mais c'est une illusion d'optique : au théâtre, tous les personnages sont, apparaissent comme exceptionnels, Mère Courage comme Galilée.

Nous en revenons à la transposition. Évidemment, si j'avais situé ma pièce en France actuellement, j'aurais pu prendre une famille de petits-bourgeois. Ceux-ci, à la différence des petits-bourgeois allemands sous le nazisme, ne subissent pas encore une trop forte pression. Lorsqu'ils sont contre la guerre d'Algérie, ils peuvent le dire. En Allemagne, seuls quelques gros industriels étaient dans cette situation. La situation des Gerlach correspondant à la situation des Dupont ou des Durand français d'aujourd'hui, les Gerlach renvoient le spectateur petit-bourgeois français à lui-même.

Ce n'est d'ailleurs qu'une question préjudicielle : une fois posée la situation de ces gens qui pensent contre et qui sont amenés (ou qui ont été amenés) à agir pour, la pièce peut commencer.

— *Un rapport essentiel ne s'en trouve-t-il pas néanmoins faussé : celui du conditionnement social, économique, des personnages ? Les Gerlach ne sont-ils pas fondamentalement plus libres que des petits-bourgeois français ?*

— Ne définissons pas seulement le conditionnement économique en termes de rareté (ou d'abondance contre la rareté). Les contraintes économiques jouent aussi bien sur ces industriels que sur de petits-bourgeois français : autant que des prolétaires sont conditionnés par la misère, les Gerlach sont conditionnés par les nécessités de la production, par l'élévation de la productivité qui leur retire des mains les leviers de commande.

Dans cette perspective, le cas de Frantz n'apparaît plus comme psychologique : c'est celui d'un homme voué à l'impuissance par la puissance de son père. Celui-ci a « arrangé » toutes les folies de jeunesse de Frantz. Ne l'eût-il pas fait qu'elles se seraient « arrangées » d'elles-mêmes — parce que Frantz est un Gerlach, le fils d'un des plus gros industriels du monde. Ainsi Frantz ne peut échapper à cette contradiction objective : il est un futur chef et il est irresponsable.

D'autre part, l'évolution de la société allemande amène le père à voir ses pouvoirs réels lui échapper. Les directeurs se substituent aux propriétaires. Sans doute garde-t-il une influence certaine sur la marche de son entreprise, mais il n'en décide plus : d'autres calculent, prévoient, choisissent à sa place. Là aussi, nous nous trouvons en présence d'une évolution objective.

— *N'aurait-il pas été possible de faire voir cette évolution ? Dans* Les Séquestrés, *vous ne faites que la suggérer.*

— La faire voir, mais comment ? En écrivant une scène où un technicien eût démontré au vieux Gerlach que ce qu'il veut n'est plus réalisable ? Cela eût été inaudible, fastidieux. Trouver une façon symbolique de le montrer : par exemple, en suggérant que les subordonnés des Gerlach n'ont pas l'attitude servile qu'ils avaient autrefois ? C'est bien élémentaire... et pire, ce n'est pas vrai : les rapports visibles de subordination n'ont pas changé, c'est le contenu de ces rapports qui a évolué.

Il y a des choses qu'il est impossible de montrer au théâtre : on ne peut que les dire. Je pense à trois de ces choses : le génie, l'activité scientifique et le travail. Certes, on a souvent montré des génies sur la scène : les résultats ont toujours été médiocres. Au mieux, on réussissait à camper une pittoresque silhouette romantique, jamais à évoquer le travail, un travail génial. Il en va de même pour l'activité scientifique : Brecht lui-même ne convainc guère quand il veut nous montrer Galilée au travail. Et le travail (qui, au fond, comprend les deux autres choses), on n'a jamais pu le montrer en soi. On ne peut que le saisir du dehors, comme une activité spectaculaire, ou en montrer les répercussions sur un milieu humain : une famille par exemple.

Je crains que nos jeunes brechtiens ne se rendent pas assez compte de ces impossibilités.

— Sans doute. Mais ne croyez-vous pas que ce que l'écrivain, le dramaturge ne peut réussir à montrer, lorsqu'il écrit sa pièce, lorsqu'il élabore des dialogues (y ajouterait-il force indications scéniques), le metteur en scène, lui, peut, sinon le montrer, au moins le suggérer ? Il ne nous semble pas que, jusqu'alors, vous ayez assez fait crédit à un metteur en scène, que vous ayez accordé l'importance qu'elle mérite à la représentation scénique de vos œuvres — à leur réalisation. Sur la scène, une œuvre dramatique peut « s'augmenter ». Entre les choses et les personnages peut être créée — et c'est là le travail du metteur en scène — une sorte de dialectique...

— Je vous arrête à ce terme de dialectique. Il ne

peut pas y avoir une dialectique entre les choses, les objets scéniques, et les personnages. Au théâtre, l'action de l'homme sur la chose diffère fondamentalement de celle de cette chose sur l'homme : l'une est subordonnée à l'autre, elle ne lui est pas liée dialectiquement.

— *Parlons alors d'une dialectique entre les significations des choses et celles des personnages, telle que nous la trouvons par exemple dans les spectacles du Berliner Ensemble...*

— Mais ce n'est pas neuf, c'est même très ancien... Et puis je crois que c'est surtout valable pour le cinéma, beaucoup moins pour le théâtre.

Au théâtre, il ne faut pas trop attirer l'attention sur les choses en tant qu'elles sont une réalité objective : le spectateur, lui, sait bien qu'elles n'existent pas, qu'elles sont fausses. Au cinéma, par contre, les choses sont à la fois plus réelles et plus irréelles : elles nous sont données à travers tout un jeu d'illusions ; une fois que nous sommes entrés dans ce jeu, nous pouvons les tenir pour réelles. Prenons comme exemple la scène, que j'ai trouvée remarquable, du vol de la machine à écrire dans *Les Quatre Cents Coups*[6] ; le gosse qui entre dans cette bâtisse ultramoderne, son dépaysement, la façon dont il s'empare de cette machine, dont il se l'approprie, quand tout, autour de lui, lui est étranger... cela, vous ne pouvez pas le faire au théâtre.

Au théâtre, le geste de l'acteur compte plus que les objets. Plus exactement, les objets naissent de ce geste. Jean-Louis Barrault avait raison lorsqu'il disait que mimer la montée d'un escalier c'est faire naître cet escalier. Évidemment, dans la pratique, il a exagéré... Mais voyez aussi le théâtre chinois. L'objet n'a pas besoin d'être là, au théâtre. Il est quelque chose de superfétatoire. Le geste l'engendre dans sa simplicité, en s'en servant.

— *N'aurait-il pas été possible néanmoins de mieux préciser l'environnement de vos personnages, de mieux montrer, par cet environnement même, leurs contradictions objectives ?*

— Il est vrai : nous avions pensé que le troisième acte des *Séquestrés* se passerait dans une pièce du même style que celle du premier acte, mais où le mobilier eût été moderne, avec des objets genre scandinave, un bar, des tables de verre... C'est l'appartement de Werner et de Johanna, d'une autre génération, mal à l'aise ici. Si nous y avons renoncé, c'est pour des raisons financières.

De telles *indications* par le décor, par les objets, me paraissent nécessaires. Mais faut-il aller plus loin ? Faut-il esquisser à partir de là une esthétique théâtrale, comme vous avez tendance à le faire, sur l'exemple de Brecht et de son travail au *Berliner Ensemble* ? Je ne le pense pas. Pour faire du décor, des objets, un contrepoint à l'action théâtrale, il faut agir avec beaucoup de discernement. Et surtout réfléchir à la philosophie qui peut sous-tendre cette esthétique.

Que Brecht ait réussi dans sa mise en scène de *Mère Courage* à traduire matériellement la guerre, sa durée, ce n'est pas douteux. Mais doit-on procéder ainsi dans tous les cas ?

— *La question que vous posez ainsi est peut-être plus large que celle du rôle du décor et des accessoires. Au fond, n'est-ce pas celle du choix entre ce que Brecht appelait le théâtre dramatique, c'est-à-dire un théâtre de conflits, et le théâtre épique, c'est-à-dire un théâtre qui montre des contradictions dans le temps, qui décrit une société de l'extérieur ?*

— Peut-on décrire une société, sa société, de l'extérieur ? Je ne le crois pas. On ne peut le faire que de l'intérieur. La description de la société par le théâtre est donc toujours une pseudo-description, puisque celui qui décrit est à l'intérieur de l'objet qu'il décrit.

L'objectif et le subjectif ne peuvent qu'être mêlés : ils le sont dans *Les Séquestrés d'Altona* où, je vous le concède, il y a beaucoup de subjectif.

Shakespeare lui-même, Shakespeare surtout, ne décrit pas du dehors : ses personnages sont profondément liés aux spectateurs. Et c'est pour cela que son théâtre constitue le plus grand exemple qui soit de théâtre populaire : dans ce théâtre, le public retrouvait, retrouve encore, ses propres problèmes, et les revit.

N'oubliez pas que le rapport du spectateur à ce qui lui est représenté est comparable à celui d'un homme à son image dans une glace. Le visage qui apparaît dans la glace n'a rien de commun avec ce que l'homme qui se regarde est objectivement pour autrui. Cet homme, donc, ne s'y voit pas, et ne peut pas porter de jugement sur soi-même.

Quant à la nécessité de ce que vous appelez après Brecht un théâtre épique, elle m'apparaît bien dans la mesure où je pense que le théâtre doit représenter l'homme tel qu'il est changé par le monde et le monde tel qu'il est changé par l'homme, mais j'estime qu'on ne peut l'ériger en une loi générale. Comme je vous le disais tout à l'heure : toute dramaturgie suppose une philosophie.

On peut très bien imaginer, sur un même sujet, deux pièces épiques fondamentalement différentes : sur la conquête de l'Algérie, par exemple. L'une de ces pièces représenterait, dans un grand mouvement de sympathie, le courage et les cruautés, les contradictions des petits colons s'installant en Algérie ; l'autre témoignerait de leur dureté individuelle, de leur rapacité collective. Oui, je vois la possibilité de pièces épiques de droite (à condition que les écrivains de droite soient plus intelligents qu'ils ne le sont). Je dirai plus : certaines œuvres épiques écrites par des écrivains de gauche me paraissent, contre la volonté même de leurs auteurs, « virer » à droite. Prenons par exemple cette pièce de Michel Vinaver que je trouve intéressante à plus d'un titre : *Les Coréens*[7]. Elle exalte un humanisme tranquille et quasi spontané où la guerre n'intervient que comme un dérangement provisoire. Ce village de la brousse coréenne, partagé entre le Nord et le Sud, ne rend pas compte de la féroce oppression des paysans et des prolétaires de la Corée du Sud par le gouvernement de Syngman Rhee. Placez cette pièce dans le contexte de la guerre d'Algérie : elle perdrait tout sens.

— *Nous n'avons jamais voulu faire du théâtre épique une catégorie esthétique formelle. Brecht luimême s'en est défendu : son théâtre épique repose sur une analyse des contradictions de la société capitaliste et le* Verfremdungseffekt *(effet de distanciation) est pour lui le moyen de mettre au jour ces contradictions, de montrer ce qu'il appelle le « gestus social » de tout acte.*

— Oui, mais nous revenons à cette question préalable de la philosophie, du système de valeurs qui sous-tend l'œuvre. Brecht était sans doute marxiste, mais il ne suffit pas de le dire. Ce qui fonde son œuvre, c'est une certaine idéologie marxiste, qui s'est éteinte avec Brecht. Maintenant il faut refaire cette idéologie, c'est-à-dire en faire une autre, proche sans doute mais forcément (les temps ont changé) différente de celle de Brecht.

Quant à l'analyse des contradictions de notre

société, bien sûr c'est la tâche de tout théâtre. Le théâtre est un lieu où apparaissent nos contradictions : Hegel a été le premier à le constater, mais le fait remonte à l'Antiquité. Un seul changement depuis : dans le théâtre antique, les différents termes des contradictions étaient représentés par des personnages différents : dans le théâtre moderne, ces contradictions se sont intériorisées, elles peuvent coexister dans un même personnage.

Brecht a mis de nouveau l'accent sur la nécessité de montrer en clair nos contradictions. C'est en quoi il me paraît proche des Grecs et de nos classiques — beaucoup plus proche d'eux que de Shakespeare, auquel on a pris l'habitude de le comparer.

Mais ces problèmes sont trop vastes pour que nous puissions faire plus que de les aborder. Dans ce domaine de la réflexion esthétique, disons de la réflexion sur les moyens d'expression spécifiques à telle ou telle forme d'art, la confusion qui règne actuellement nous interdit d'examiner ici ces problèmes à fond. Peut-être faudra-t-il que nous les reprenions un jour.

Extraits d'interviews

— Ce fut beaucoup plus difficile que pour *Huis clos*. Dans *Huis clos* il y avait trois personnes à faire avancer — ici il y en a cinq — et il n'y avait pas d'événements : tout résidait dans le mouvement que se donnaient ces personnes en agissant les unes sur les autres. Ici, c'est pareil, mais il y a cinq personnes à faire évoluer au lieu de trois, cinq personnes qui sont tenues les unes par les autres et se commandent mutuellement. Les difficultés sont multipliées. Deux d'entre elles, le père et le fils, communiquent à distance, sans se voir. Ce mouvement — qui peut être différent pour chaque pièce, sinusoïdal, en hélicoïde — je le vois ici en spirale. Ça n'a pas été facile à mettre au point. En plus j'ai voulu introduire dans *Les Séquestrés* une dimension qui ne se trouvait pas dans *Huis clos* : le passé. On parlait du passé dans *Huis clos*, mais il n'intervenait pas pour modifier le présent. Ici les personnages sont tout le temps commandés, tenus par le passé comme ils le sont les uns par les autres. C'est à cause du passé, du leur, de celui de tous, qu'ils agissent d'une certaine façon. Comme dans la vie réelle.

— *Quelle émotion particulière entendez-vous donner par* Les Séquestrés *?*

— Le sentiment de l'ambiguïté de notre temps. La morale, la politique, plus rien n'est simple. Il y a cependant des actes inacceptables.

(*L'Express*, entretien avec Madeleine Chapsal, 10 septembre 1959).

— Il s'agit d'une famille de gros industriels allemands, anoblie sous Guillaume II, qui disposait de très importantes constructions navales, héritées au moment où le chef d'entreprise et le propriétaire ne faisaient qu'une même et unique personne. Quand les nazis gouvernent, von Gerlach, un homme dur, cynique, considérait que c'était la plèbe qui s'emparait du pouvoir. Mais, objectivement, l'hitlérisme cherchait des débouchés extérieurs. Malgré les réserves qu'il pouvait faire à son propos, Gerlach compose avec lui. Comment ? Dans une contradiction qui sera le noyau de l'âme de Gerlach ! Il ne peut pas admettre, son éducation s'y oppose, les camps de concentration, mais il raisonne ainsi : « Je ne peux pas souffrir les exactions hitlériennes, mais ce n'est pas moi qui crée les camps, je vends seulement les terrains sur lesquels ils sont construits. »

Sa fortune est fabuleuse. C'est un magnat. Il est le fruit de son milieu qui change et qui fait que, tout en collaborant avec le nazisme, sur le plan moral il en a horreur. Une horreur impuissante, d'ailleurs. Le luthérianisme y est pour quelque chose, et surtout le spectacle tragique — tout intérieur — de ne pouvoir exercer le pouvoir — dans tous les sens du terme — comme naguère.

Après la guerre, quand tous les crimes furent consommés et acceptés, la même contradiction profonde entre sa formation psychologique et la réalité allemande s'impose de nouveau à lui. Des projets de reconstruction de la flotte marchande en Allemagne occidentale entrent dans le cadre de la politique américaine en Europe, de la guerre froide. Gerlach collabore avec les capitalistes américains. De nouveau, son entreprise échappe à son contrôle, parce qu'il y a d'autres participants, d'autres phénomènes qui tissent la complexité de la vie économique actuelle du capitalisme, tout engagé qu'il est dans la technocratie. Les fonctions de propriétaire et celles de gestion sont séparées, la puissance — ou plutôt les éléments de la puissance — personnelle disparaissent.

Telle est l'atmosphère dramatique dans laquelle se débat Gerlach. Il a un fils. Il l'avait eu trente-cinq années plus tôt, c'est-à-dire quand il était le maître incontesté de ses constructions navales. Il l'a élevé comme devant être un futur chef. Il lui a transmis un rôle, une notion de la responsabilité à un moment où il ne pouvait plus l'exercer, ni lui ni son fils. C'est son destin de s'affronter à son état de culture, avec un commandement qui se dérobe. Élevé en grand capitaliste, à la manière du rêve florentin d'une éducation italienne conquérante et artistique, le fils, Frantz, tente de sauver son puritanisme protestant en tentant de soustraire aux nazis un prisonnier pourchassé par eux. On tue la victime devant lui et l'on exige qu'il se rachète par un engagement volontaire dans la Wehrmacht à l'âge de dix-neuf ans. Nous voici dans la guerre. Sur le front russe, coupé de ses arrières, Frantz a un pouvoir absolu de vie et de mort sur les populations. Puissance enivrante et provisoire ! Il assiste aux crimes dont il a horreur, son régiment est anéanti. Il revient chez lui, après avoir traversé des pays dévastés par la guerre : l'U.R.S.S., la Pologne et l'Allemagne. Il pense à ce qu'il faudrait faire pour qu'il n'y ait plus de telles ruines. Il pense surtout à son avenir, par-delà l'avenir de l'Allemagne. Si elle se relève et change, il n'est, lui, qu'un criminel de guerre. Il s'enferme donc, il se séquestre pendant treize ans pour ne pas voir cette résurrection, parce qu'elle liquide complètement ce qu'il était, ce qu'il est à ses propres yeux. Il refuse de voir son père qui l'adore, et qui n'ignore pas que c'est sa propre image que reflète la personnalité de son fils. Faut-il le mettre en face de la vérité ? C'est risquer de le perdre. Le père a des sentiments ambivalents à son égard. On voit que le drame est joué d'avance. Gerlach retrouve son fils et lui raconte la vérité, avec l'intention que tous les deux se décideront à se suicider. Ils vont en auto sur l'Elbe et se tuent.

[...] Pour moi, le monde fait l'homme et l'homme fait le monde. Je n'ai pas voulu seulement mettre en scène des caractères, mais suggérer que des circonstances objectives conditionnent la formation et le comportement de tel ou tel individu, à un moment donné. J'avais pensé donner un autre titre à ma pièce : par exemple, « Qui perd gagne[8] », mais il lui aurait manqué l'autre face de la médaille qui me paraît aussi importante : « Qui gagne perd. » [...] J'ai voulu décrire une situation qui existe réellement, établir le constat de décès d'un monde. [...] J'ai mis en mouvement des hommes par qui, selon la formule de Marx, le capitalisme s'exprime. [...] Quand je parle de l'ambiguïté de notre temps, je veux dire par là que jamais l'homme n'a été aussi prêt qu'aujourd'hui à conquérir sa liberté, et qu'il se trouve en même temps plongé dans les combats les plus graves. [...] Jusqu'alors, j'avais fait des pièces avec des héros et des conclusions qui, d'une manière ou d'une autre, supprimaient les contradictions. C'est le cas du *Diable et le Bon Dieu*. Mais dans la société bourgeoise où nous vivons, il est très difficile de faire autre chose, pour un auteur comme moi, que du réalisme critique. Si un héros à la fin se réconcilie avec lui-même, le public qui le regarde faire — dans la pièce — risque aussi de se réconcilier avec ses interrogations, avec les questions non résolues.

(*France nouvelle*, 17 septembre 1959).

Je ne pense pas que l'on puisse établir de comparaison terme à terme entre notre situation actuelle et celle de nos voisins [allemands]. Elles sont radicalement différentes. Reste alors un problème d'ordre général : la responsabilité du soldat que les circonstances ont conduit à aller trop loin, un cas de conscience comme il en existera toujours et partout. La situer, la dater en France aujourd'hui entraînait trop de risques. Dont le moindre n'était pas de tomber dans le réalisme socialiste, négation même du théâtre. Il ne s'agit pas d'une pièce politique, notez-le, mais d'un sujet d'actualité vis-à-vis duquel j'ai tenu à garder mes distances, pour le dépasser et réserver ainsi la part du mythe. Dans *Nekrassov*, la seule de mes pièces dont l'action se déroule dans notre pays, de nos jours, le recul était obtenu, je crois, par le comique, le grotesque de la situation. Tout le reste de mon théâtre, à la seule exception des *Morts sans sépulture*, témoigne de ce même désir d'éloignement.

(*Le Monde*, 17 septembre 1959).

Je n'ai voulu montrer que le négatif. Ces gens-là ne peuvent pas se renouveler. C'est la déconfiture, le « crépuscule des dieux ».

(*Les Lettres françaises*, 17 septembre 1959).

— J'aimerais vous demander comment vous jugez les rôles de Leni et de Johanna, il me semble qu'elles sont l'une et l'autre des sortes de vampires.

— C'est tout à fait mon idée. Leni et Johanna tuent Frantz. L'une à petit feu, en le maintenant certes en vie, mais en le tuant lentement quand même ; l'autre tout à fait puisqu'elle est à la base de la vérité, et que la vérité tuera Frantz. Autrement dit, c'est un homme qui ne peut ni supporter le mensonge parce que alors c'est la folie, ni supporter la vérité parce que alors c'est la mort. Donc, en effet, je les considère l'une et l'autre des espèces de vampires, mais je n'exprime pas par là le point de vue général sur ce que peut être une femme.

Pour Kafka, par exemple, il est certain qu'il y avait, dans *Le Procès*, des femmes qui jouaient des rôles assez bizarres et qui devaient représenter plus ou moins la conception personnelle de l'auteur à propos des liens de l'homme et de la femme.

Ici ce n'est pas du tout le cas. Leni et Johanna sont également faites par Frantz puisqu'il exige qu'on lui mente, et, lorsque Johanna monte le voir, décidée à lui dire la vérité, c'est lui, Frantz, qui, par un système d'enjôlement, en essayant de découvrir son propre mensonge à elle, finit par créer cette fascination qui oblige la jeune femme à mentir. Et ce sont, à partir de là, les circonstances qui imposent cette espèce de délire à deux parce que ce n'est pas tenable autrement. Il est vrai, ces deux femmes ne peuvent être que des vampires. Au fond, le seul rapport humain de Frantz s'établit avec son père. Toute l'histoire ne fait que résumer un rapport de quinze ans et Frantz usera de Leni, sa sœur, contre le père.

— *Mais ces femmes que sont-elles vraiment ?*

— Chacune d'elle cherche son intérêt, qui n'est pas rigoureusement celui de Frantz. La passion monstrueuse de l'une — j'ai voulu cet inceste pour de multiples raisons, en particulier pour montrer qu'il ne s'agissait pas, qu'il ne pouvait pas s'agir, parce que alors, cela aurait été incompréhensible, d'une femme simplement dévouée à Frantz et comprenant mal ses intérêts. Il fallait un élément égoïste, plus ou moins aveugle.

Pour Leni, il est certain que son point de vue est tout à fait en deçà du problème éthique. Elle pense de Frantz : « Tu as fait cela, tu as torturé, maintenant, tu n'as plus qu'à l'assumer. Bon. Tu dis : j'ai torturé. Et puis voilà, c'est fini. » Leni ne se rend pas compte que c'est précisément là que le problème se pose. Est-ce qu'on peut accepter l'horreur comme cela quand on est Frantz ? Et Leni demeure toute fière d'accepter, elle, son inceste, en criant : « Moi, j'accepte. Pourquoi n'en fais-tu point autant ? » Elle ne voit pas du tout que ce n'est absolument pas la même chose de revendiquer son inceste dans une famille déjà pas mal détruite, à une époque où la moralité est très assouplie, ou de revendiquer tranquillement le fait d'avoir fait souffrir des hommes jusqu'à la mort. Leni, donc, mentira tant que Frantz ne sera pas capable de dire : « Moi, j'ai fait cela et je l'assume. » Et en même temps, Leni sait très bien que Frantz ne le dira jamais. On est donc dans un perpétuel provisoire où Leni est à la fois celle qui domine et celle qui est dominée. Car, naturellement, Frantz se sert aussi de sa sœur.

Pour Johanna, c'est différent. Sans aucune sympathie particulière, quoique déjà l'esprit un peu hanté par l'image qu'on lui avait fait de Frantz au premier acte, elle se présente au départ avec l'intention sincère de lui dire : « Écoutez, voilà les faits, maintenant rendez-nous notre liberté. » Seulement, elle a cette faille d'être de la même espèce que lui. Lui a été atteint au cœur. Cet homme qui voulait la grandeur, se retrouve ayant torturé. Il est possible, peut-être, que ce soit plus acceptable pour un homme modeste de se dire : « J'y ai été entraîné », que l'on puisse davantage récupérer quelqu'un qui a fait ce genre de choses et reconnaît : « Bon Dieu, c'est dégoûtant, mais je n'aurais su faire mieux », que récupérer un homme qui a tout misé sur la grandeur, qui a même, à un moment donné, cru que la grandeur exigeait d'aller jusque-là, et qui, tout d'un coup, constate que son action n'a servi à rien et que, d'ailleurs, c'était de la fausse grandeur et du vide. Quant à Johanna, de son côté, elle trouve l'équivalent de la grandeur qui est la beauté. Autre forme de vide, car la beauté demande, au niveau où se place Johanna, le niveau d'une star, une reconnaissance, une reconnaissance publique. Autrement, cette beauté n'existe pas. Autrement, c'est une jolie femme, qui plaît à beaucoup d'hommes, mais ce n'est pas une belle femme. Une belle femme, c'est la star dont on dit par exemple : la belle Ava Gardner ; Johanna a eu, à un moment, sa reconnaissance ; et puis, comme cela arrive souvent au cinéma, elle ne l'a plus eue ensuite. On ignore si c'est parce qu'elle n'était pas tout à fait belle, ou parce qu'elle ne jouait pas tout à fait assez bien, ou parce que le goût du public s'est porté vers les filles de dix-sept ans alors qu'avant c'était celles de vingt-cinq ans. Bref, Johanna a été déclassée et puis, rien, le vide. La beauté lui paraissait une justification, comme la grandeur. Il s'agit là, évidemment, de ce qu'on appelle une « aliénation ». On ne peut pas aliéner une femme qui n'est que jolie à sa joliesse. Cela n'a pas de sens. Oui, elle sera peut-être un peu trop coquette, mais ce n'est pas une aliénation. Mais, quand on parle à une femme de sa beauté, d'une certaine façon, alors, elle est aliénée. Et si la beauté se déplace, il reste du vide ; car c'est du vide, en fait, puisque c'est l'opinion d'autrui. Johanna ne s'est jamais vue belle. Elle savait qu'on la trouvait belle, puis elle a su qu'on la trouvait moins belle. Mais, elle se voyait toujours de la même façon dans la glace ; c'est-à-dire ni belle, ni pas belle, mais une matière à travailler.

— *Tout comme Frantz, ni coupable, ni pas coupable, mais une conscience à éclairer.*

— L'un et l'autre se retrouvent à partir de là. Frantz oblige Johanna à un « délire à deux ». Si elle lui dit que l'Allemagne est morte et que, par conséquent, elle sert la grandeur de Frantz, alors, à ce moment-là, lui, lui dira qu'elle est belle. Et comme ce sera un homme assez exceptionnel qui le lui dira, alors Johanna servira Frantz. Elle le croira. Autrement dit, Johanna considère que cet individu (dans le texte imprimé, j'avais beaucoup insisté, mais nous avons dû faire des coupures, sur le côté prophète de Frantz) peut la convaincre. Cela engendre donc un délire, mais qui ne peut durer. Et c'est l'écroulement de ce délire qui rendra Johanna de nouveau vampire. On m'a reproché le caractère de Johanna. En effet, la sœur vient par jalousie et dit : « Frantz a torturé. » Johanna, au lieu de répondre : « Bon, il a torturé, mais enfin, après tout, c'est ainsi » ; au lieu de cela, elle abandonne tout de suite. Elle aurait pu essayer d'aller plus loin, ou demander des explications ou aider Frantz. Non, elle le lâche immédiatement. C'est que, dans mon idée, cette scène doit sortir de la façon suivante : dès que Leni parle de la torture, Frantz ne veut plus convaincre. La chose est dite, c'est terminé, il abdique. Le fait est connu, plusieurs personnes le savent, donc c'est la paix. Maintenant, il faut aller au père. Et en réalité Frantz refuse toute assistance. Il s'arrange pour faire horreur. Il ne s'écrie pas : « Eh bien, je vais tout raconter. » Johanna est donc pardonnable de s'en aller. Frantz ne veut plus d'elle.

— *Démission du monde des femmes.*

— Voilà. Tout à fait. Tout de suite. Parce qu'il y a de la publicité maintenant qui est donnée au fait. Leni le savait mais n'en parlait jamais. Johanna ne le savait pas. Maintenant, c'est dit et Frantz ne pense qu'à son père, se prépare à affronter son père.

— *Ce qu'en somme, il a toujours voulu d'une certaine manière.*

— Oui, essentiellement.

— *Sur un autre plan, il m'a semblé que dans* Les Séquestrés d'Altona, *justement se dessinait une amorce vers ce qu'on pourrait, assez grossièrement, nommer une impression d'en haut. Dans* Huis clos, *on parlait des vivants et de la terre, on parlait du bas. Actuellement, on parle des crabes, mais ils sont au-des-*

sus, d'où, entre ces deux rapports, une espèce d'élévation, de verticalité. Est-ce que vous estimez que l'on puisse voir se dégager dans Altona, *une recherche du divin ? Vos personnages sont tous rigoureusement protestants.*

— Ils le sont. J'ai voulu qu'ils le soient totalement. C'est une histoire protestante. Elle ne pourrait pas se passer de la même manière avec des catholiques. En particulier, les catholiques ont trop encore, même s'ils ne croient plus au sens des hiérarchies de l'Église, le besoin de trouver des intermédiaires entre eux-mêmes et leurs fautes. Là, c'est tout à fait autre chose. Il y a les crabes ou Dieu, peu importe. Ou bien alors, rien. Donc, c'est, en effet, parfaitement protestant : c'est ce que j'ai voulu. Je connais d'ailleurs un peu les protestants et ce qui m'a toujours frappé chez eux, c'est ce côté à la fois rigoureux et princier qui fait qu'ils se sentent partout fort bien. Mais lorsqu'ils ont commis une faute, alors c'est absolument intraitable parce qu'il faut en rendre compte directement, sans intercesseur. Ils n'ont pas la vieille pratique du directeur de conscience, du confesseur, etc., qui sont des organismes de liaison dans un monde où l'on croit. Et, même les non-croyants mais qui sont d'origine catholique, retrouvent des tas d'intercessions, ils ont l'idée de personnes qui peuvent être plus sages ou plus éclairées qu'eux. Tandis que là, rien. Vous avez donc tout à fait raison, ils sont protestants. Et l'appel d'en haut dissimule, pour eux, un appel à ce Dieu auquel ils ne croient plus. Ce n'est pas douteux. Pour eux, mais pas pour moi. Voilà qui fait toute la différence. J'ai voulu que l'on pense sans cesse à un Dieu qu'ils n'ont plus pour les caractériser à la fois comme des protestants, et comme des gens de notre époque. Ils sont désarmés devant une faute absolue. J'ai voulu cela. Mais, d'un autre côté, j'ai voulu marquer autre chose et qui est un point de vue complètement différent, qui est notre point de vue, à ceux que je nomme « nous » parce qu'ils sont incroyants comme moi : c'est le point de vue vis-à-vis de l'Histoire. Non pas que je considère l'Histoire comme la seule maîtresse, mais simplement parce qu'aujourd'hui nous avons une conscience historique. Tous. Nous savons que nous voyons les gens du passé et nous les jugeons. Nous savons ce que nous devons penser, mettons de la bourgeoisie française au temps de la Commune, ou des réactions de Versailles, etc., et dans ces conditions, nous ne pouvons pas ne pas savoir que nous serons jugés et jugés par des gens qui restent fort ambigus pour nous. C'est pour cela que je les appelle des crabes. Comment seront-ils ? De toute façon, ils auront des principes de jugement que nous ne comprendrions pas, ou que nous n'accepterions pas, faute d'en avoir suivi tous les développements. Nous serons donc jugés par des êtres qui nous échappent, et au nom de principes qui ne sont pas tout à fait les nôtres, et en même temps sans doute, aussi comme nous le faisons, au nom de nos propres principes. Ainsi ces sentiments d'être à découvert vis-à-vis, en effet, d'une espèce de verticalité de siècle, est un sentiment qui existe, je crois, chez pas mal de gens aujourd'hui.

— *Cette colonne historique qui pèse sur Frantz serait donc une équivalence d'un Dieu qu'il n'a pas ?*

— Oui, mais, dans les deux cas, il n'y a pas de recours. Vis-à-vis du Dieu protestant, aucun, pas d'intercession. Rien. Il juge. Et vis-à-vis de cette Histoire que nous faisons mais qui nous échappe au fur et à mesure que nous la faisons, il n'y a pas de recours non plus, nous ne savons absolument pas ce que les générations futures diront. Elles seront, à un autre niveau, ayant d'autres perspectives. Ainsi, quand le père dit : « Dieu n'existe pas, c'est quelquefois bien embêtant » (cette phrase a fait supposer que j'étais « taquiné » par quelque chose d'en haut), c'est simplement une constatation faite par un protestant qui a l'incroyance dont je viens de parler, et c'est en même temps la définition de l'athéisme d'aujourd'hui. C'est en effet « embêtant » pour les incroyants que Dieu n'existe pas, en ce sens qu'avec un certain nombre d'idées qui leur paraissaient fausses ont disparu aussi certains apaisements, certaines sécurités ; après tout, un être absolu et absolument bon peut juger. Ceci a disparu et l'on est remis complètement dans le désordre. J'ai donc voulu indiquer non pas qu'il faille recommencer à croire en Dieu, mais que notre athéisme d'aujourd'hui, je l'ai écrit un peu partout, n'est pas un athéisme satisfait. C'est un athéisme, en fait, peu éloigné du temps où Nietzsche disait « Dieu est mort ». Nous sommes encore des survivants.

— *Pensez-vous alors que l'homme protestant soit plus près d'être un homme conscient que l'homme catholique ? Croyez-vous que cette position, si j'ose dire, « branchée en direct », l'autorise, lui permette d'avoir une conscience plus éveillée, plus présente ?*

— Je crois qu'il comprend mieux. Mais je crois aussi que le protestantisme s'est arrêté trop tôt. Par exemple, cette phrase fort belle : « Tous les hommes sont prophètes. » C'est très probablement une idée égalitaire. Seulement, il était infiniment trop tôt, le progrès social ne permettait pas une réelle application d'un principe de ce genre — ce qui conduirait alors précisément à des vues socialistes — il en résulte que l'égalité protestante reste très formelle. À mon avis, les meilleurs démocrates se trouvent encore parmi les protestants. C'est aussi parmi eux que se sont trouvés des fascistes, mais ce n'est pas la question. Quand un protestant est démocrate, il l'est réellement. Mais la démocratie, j'entends la démocratie bourgeoise, est une démocratie abstraite. En ce sens justement que nous traitons notre voisin comme un prophète, c'est-à-dire qu'il a le droit de mettre son bulletin dans l'urne mais qu'il peut, par ailleurs, mourir de faim puisque après tout les prophètes peuvent mourir de faim. Donc le problème reste entier. Mais cependant, il y a dans la révolution protestante une tendance très profonde à la responsabilité de tout, et seul vis-à-vis de Dieu. Cela peut conduire à une responsabilité sociale, seul vis-à-vis d'une société, sans les intermédiaires obligés.

Il est certain qu'en général je me suis plutôt mieux entendu, dans la vie littéraire, avec des protestants ou avec des lecteurs protestants, qu'avec des lecteurs catholiques. Ces protestants étaient, tout en faisant les réserves que vous pouvez imaginer puisqu'ils étaient croyants, beaucoup plus près d'accepter des idées comme l'idée de la solitude et du délaissement de l'homme. Nous nous sommes trouvés tout à fait en accord quand il s'agissait de l'homme seul. [...]

— Je ne pense pas, ou alors il faut préciser, que le théâtre soit un « véhicule philosophique » pour reprendre votre expression. Je ne pense pas — pas plus d'ailleurs que dans le roman ou au cinéma — qu'une philosophie, dans sa totalité et en même temps dans ses détails, puisse s'exprimer sous une forme théâtrale. Car, au fond, elle ne peut s'exprimer que par des ouvrages philosophiques. Mais, bien sûr, chaque forme littéraire peut donner, mettons, une sensibilité ou être chargée d'une sensibilité philosophique. Le roman a sa manière de traiter les questions.

À mon avis, ce qui échappe à la philosophie, c'est toujours le singulier en tant que tel, c'est-à-dire ce qui arrive à un individu. Même si elle va aussi loin que possible, la philosophie est obligée, à un moment donné, de s'accompagner si on la prend dans le sens précisément d'aller le plus loin possible dans la recherche individuelle du singulier, de recherches vers le roman. [...]

Il me semble que le théâtre ne doit pas dépendre de la philosophie qu'il exprime. Il doit exprimer une philosophie, mais il ne faut pas qu'on puisse à l'intérieur de la pièce poser le problème de la valeur de la philosophie qui s'y exprime. Il faut que la pièce donne une vision totale d'un moment ou d'une autre chose, mais il faut en même temps que ce qui s'y révèle, se révèle d'une manière entièrement théâtrale. Si nous ne croyons pas d'une manière ou d'une autre au marxisme, — et je dois dire que, personnellement, je crois sous la forme brechtienne tout à fait au marxisme —, si nous ne croyons pas au marxisme pour constituer, d'une certaine façon, la « montre » brechtienne, nous pouvons dire alors : ce n'est pas de la sorte que les choses se passent. Le mythe ainsi, à mon avis, doit être beaucoup plus insinuant, c'est-à-dire qu'il doit être tel qu'on ne s'aperçoive même pas que c'est une philosophie. [...]

Ce que j'appelle le mythe philosophique, c'est autre chose. C'est une façon de donner en totalité, dans un drame, un moment de la réalité sociale et individuelle. Mais il faut que ce soit tellement enveloppé dans l'histoire, dans le côté dramatique de l'histoire, dans son développement, qu'on ne puisse pas déclarer que la pièce est valable à partir de certains principes, ni que l'on accepte une chose et en refuse une autre.

— *Ainsi le théâtre serait une vision globale, uniquement globale ?*

— Absolument. Le problème du singulier me semble être celui de roman. Je ne pense pas qu'il y ait des individus au théâtre. Hamlet naturellement est un individu, mais il est surtout un mythe. C'est le mythe de l'individu à un moment précis. Mais l'auteur dramatique ne peut pas faire la recherche fouillée qui donnerait alors un caractère extrêmement complexe comme celui d'un héros de Proust par exemple. Un certain théâtre s'y est essayé, mais en perdant sa valeur théâtrale au profit alors de très peu de gains. Il faut, malgré tout, pouvoir longuement développer, savoir mesurer les allusions pour créer des individus. D'ailleurs, il n'est pas certain que le public du roman soit exactement le même. Surtout le public de théâtre tel qu'on pourrait le souhaiter, c'est-à-dire un public également total, autrement dit populaire. Ce qui ne veut pas dire uniquement constitué par des personnes peu argentées, mais constitué par tous. Eh bien ce public-là, pris en tant que public, il n'est pas certain que l'on puisse étudier devant lui les réactions d'un individu en tant qu'individu. Nous trouverons peut-être des gens ne s'intéressant pas du tout à cela pour telle ou telle raison. Par contre, le mythe exprimera beaucoup pour un certain type d'individus précisément plus mythiques que psychologiques, contenant si vous voulez le mythe d'une psychologie.

Autrement dit, il ne peut pas y avoir de théâtre philosophique qui soit inconditionnellement bon. Il ne peut y avoir qu'un théâtre mythique. Exemple, dans la mesure où le personnage de Mère Courage est un personnage frappant, il est effectivement au niveau du mythe car ce qu'il représente n'est pas les mésaventures d'une femme au temps de la guerre de

Trente Ans, ce qui n'aurait qu'un intérêt strictement historique, mais quelque chose de beaucoup plus dense, c'est-à-dire les contradictions vis-à-vis d'une guerre de presque chacun de nous.

— *Il est donc essentiel au théâtre qu'il y ait des personnages ?*

— Il le faut nécessairement. Et ces personnages ne seront ni des personnages typiques, ni des personnages individuels au sens singulier du terme. Ce ne sera ni la duchesse de Guermantes ou Albertine, ni non plus des êtres complètement abstraits comme on en voit au XVIIIe siècle et qui représentent un trait de caractère grossi. Ce n'est évidemment pas ainsi qu'est né *L'Avare* de Molière, je ne pense pas à cela mais plutôt à la corruption dans le XVIIIe siècle de l'équilibre classique. Personnages contenant en eux-mêmes le mythe de la singularité, le mythe de la psychologie, mais ils ne sont pas, en fait, sur le plan psychologique. La psychologie, à ce niveau, ou si vous voulez les connaissances objectives, devant uniquement servir le mythe. Il s'agit plutôt de trouver un personnage qui contienne, d'une façon plus ou moins condensée, les problèmes qui se posent à nous à un moment donné. Et naturellement, il faut que ces problèmes ne soient pas des problèmes particuliers ou très particuliers, mais des problèmes concernant une société à un moment donné.

— *Le théâtre serait-il donc « le » moyen de pénétrer l'individu ? Moyen plus intense que le roman, la poésie ou le livre philosophique. Est-ce que vous pensez qu'un spectateur, à la représentation d'une œuvre dramatique, est plus influençable, plus touché qu'un individu, par exemple, installé dans le secret du livre et de la lecture ? Autrement dit, l'élément « existence » serait-il plus pénétrant au théâtre qu'ailleurs ?*

— La manière la plus pénétrante, pour l'individu en tant que tel, reste tout de même le cinéma. Je ne vois pas une pièce de théâtre valable qui donnerait *Citizen Kane*[9]. Malgré tout, Citizen Kane n'est pas uniquement un personnage qui se borne à être une totalisation de ce qu'Orson Welles pouvait voir comme un directeur de grande presse américaine, c'est un personnage très individualisé et dont les histoires sont très particulières, qui a des traits très particuliers. Je ne sais si cela passerait au théâtre. Il faut y être moins nuancé. Dès qu'on nuance trop, la critique vous dit — et non sans raison — « ça va vers le roman ». Au théâtre, le personnage doit être individualisé par le drame. Je ne dis pas l'intrigue, mais le drame, rien de plus. Un être se trouve dans une certaine situation avec ses conflits, et — à partir de là — il est individu. Mais, en fait, les individus sont beaucoup plus compliqués que cela et se trouvent dans une situation avec des passés, des contradictions, des influences diverses. Cela, le roman peut le rendre mais c'est trop complexe pour qu'en deux heures et demie de spectacle, on puisse le rendre au théâtre. Par contre, ce que vous donnez comme individualité immédiate, mais alors par une action immédiate, c'est le drame. Telle personne se définit parce qu'elle se trouve dans tel conflit, bien délimité.

Prenez Antigone. C'est uniquement son drame précis qui l'individualise. Nous ne savons absolument pas ce qu'elle aimait, ses souvenirs d'enfance. Nous pouvons bien supposer qu'elle a des souvenirs mais tout a disparu englouti par le seul problème d'ensevelir son frère. De même pour Créon, il y a aussi une vie de Créon, mais la manière dont Créon sera un personnage individualisé c'est à partir du problème de la cité. Nous trouverons des traits psychologiques chez lui, ces traits devront être déduits du fait même que, pour conduire une cité, il faut admettre des compromis, faire des concessions, concevoir une morale particulière. Puis, nous retrouvons à ce moment-là des traits de l'homme politique, mais à partir justement des problèmes qui se posent à lui.

Si une pièce de théâtre est réussie, nulle part, dans aucune forme de fiction, le personnage n'a plus d'action sur le public. Nulle part. Y compris le cinéma. Néanmoins, cette action est d'un type très particulier. Encore une fois, le théâtre prend toujours les choses au niveau du mythe. Et bien évidemment, il vaut mieux voir jouer *Phèdre* qu'un vaudeville, dans la mesure où l'amour en tant que passion de Phèdre est mythique. Ce n'est pas, comme on le prend souvent en classe, le démontage psychologique qui intéresse mais le mythe. Même si, à l'époque, les développements de la psychologie existaient réellement, même si Racine ne s'intéressait pas, plus particulièrement, à ce qui était neuf, à une psychologie rationaliste des passions, même comme cela, il n'en reste pas moins que Phèdre, c'est l'amour ou une certaine forme mythique de l'amour. Après cela, la psychologie n'est qu'une espèce de description interne du mythe.

— *Ce qui introduirait ou non la nécessité que les spectateurs « pensent » les personnages ? Brecht demandait au public un certain complément. Croyez-vous qu'il vaille mieux présenter une œuvre entièrement construite, accomplie, ou faut-il laisser au spectateur une marge dans laquelle, justement, il infiltrera toute sa dimension personnelle ?*

— Je crois qu'il faut laisser une marge au spectateur. Mais j'irais dans le sens inverse du théâtre brechtien. Non que je ne considère pas ce théâtre comme l'événement essentiel d'aujourd'hui et correspondant à notre époque, mais simplement, je crois qu'il y a place pour différentes espèces de rapports avec le public. Non parce que je ne suis pas d'accord avec un théâtre épique, mais parce que j'estime que c'est en établissant une communication entre les spectateurs et le personnage que nous arriverons à prendre le spectateur au piège des contradictions du personnage. Seulement, à mon idée, ce n'est pas l'admiration qui compte le plus, c'est plutôt une participation au personnage.

Dans *Les Séquestrés d'Altona*, je ne pense pas, en effet, que personne ait l'idée d'admirer Frantz qui est une victime dans la mesure où l'on veut l'excuser, et un bourreau dans la mesure où l'on veut le condamner. Je souhaite simplement que les scrupules de conscience et les contradictions intérieures de Frantz, poussés au plus fort, au mythe, puissent donner des moyens aux spectateurs, pendant un moment, de participer à ce Frantz, d'être lui-même. (C'est pour cela, et non pas pour des raisons strictement dramatiques, que je réserve jusqu'au quatrième acte, la révélation que Frantz a torturé. C'est parce que je souhaite qu'au moment où les choses vont se dégrader et où Frantz va être en plein dans ses contradictions, je souhaite qu'alors Frantz soit le personnage auquel le spectateur participe. À ce moment-là, le public ressentira en lui-même la contradiction d'en face, et il la sentira de telle sorte qu'elle deviendra la sienne.) Naturellement, le spectateur n'a pas torturé, mais ce n'est pas la question ; il a été comme nous tous complice de ceci ou de cela, vous connaissez toutes les complicités objectives que l'on peut avoir, et, par conséquent, si le spectateur est atteint, il l'est dans ce genre de complicité forcée, objective, etc. Mais cela parce qu'au départ, on lui a donné la possibilité de s'assimiler au personnage. Si l'on présente une brute nazie dont on sait dès le début qu'elle est répugnante et qu'elle a agi par sadisme ou par total abrutissement, personne ne sera intéressé. Il s'agira d'un insecte. Nous pouvons être touchés, touchés non pas au sens d'émus mais touchés vraiment, par un personnage si nous pensons « c'est peut-être quelqu'un comme nous », et s'il nous présente même — on ne peut pas être totalement innocent — une possibilité permanente de dégradation qui est toujours la nôtre, étant donné qu'une société vit autour de nous et que l'on ne sait rien d'elle. Vous voyez donc en quel sens je dirais qu'il faut laisser au spectateur une liberté. Il ne s'agit pas de l'écraser sous des personnages multiples et trop purs.

— *Vous écartez d'emblée la notion de « héros ».*

— Il ne faut pas de héros. Surtout pas aujourd'hui. Mais le problème se pose quelquefois en termes de héros. Par exemple, la contradiction qu'il y a dans *Antigone* vient d'une lutte assez froide entre les vieilles familles et la cité. À cette époque, la cité venait à peine de se constituer et, par conséquent, de se dissocier des vieilles familles. C'était donc un problème réel et il était naturel que quelqu'un, Antigone, représente la famille patriarcale, et que quelqu'un d'autre, Créon, représente la cité. Et Sophocle vraisemblablement était du côté de ces familles, plutôt aristocrate à ce moment-là que démocrate, du moins d'après cette pièce. C'est alors normal qu'il y ait deux héros. La contradiction est extérieure. Mais à notre siècle, les contradictions étant intérieures aussi bien qu'extérieures, nous n'avons plus besoin de deux personnages, elles sont à l'intérieur d'un seul. Il n'y a plus de héros au sens où ils représenteraient un point de vue strict, rigoureux, simple et vécu jusqu'au bout, jusqu'à la mort, jusqu'à la victoire. Il y a, au contraire, des contradictions intimes, ce qu'il faut essayer de faire passer plus ou moins au mythe. Et la liberté qui est celle du spectateur viendra précisément de ce malaise du personnage qui en face ne l'écrase pas mais l'attire. Et le spectateur se trouvera ainsi par rapport à lui-même en malaise jusqu'au bout.

(Interview par Alain Kœhler,
Présence du théâtre, n° 3,
mars 1960 et n° 4, avril 1960).

L'entretien suivant, intitulé « Wir alle sind Luthers Opfer » (« Nous sommes tous des victimes de Luther »), a été réalisé en 1960 par Walter Busse et Gunther Steffen à l'occasion de la création allemande des *Séquestrés d'Altona* (« Die Eingeschlossenen », représentés cette année-là sur quinze scènes allemandes différentes). Inédit en français, le texte publié par *Der Spiegel* (11 mai 1960) est de toute évidence une traduction mot à mot de la sténographie de l'entretien. Nous l'avons retraduit intégralement en en respectant le tour parlé. Cette retraduction est de Michel Contat.

— *Monsieur Sartre, votre nouvelle pièce* Les Séquestrés d'Altona *se situe en Allemagne, mais le sujet de cette pièce, ou du moins l'un de ses sujets, est le problème de l'Algérie.*

SARTRE : En réalité il ne s'agit exactement ni de la culpabilité nazie ou de la culpabilité allemande ni des fautes commises dans la guerre d'Algérie, bien que ces deux thèmes soient abordés dans la pièce. Il s'agit au contraire surtout de montrer comment vit l'homme d'aujourd'hui, comment il se débrouille dans la situation où il se trouve. Dans l'époque que nous avons vécue, dans notre siècle de violence et de sang, l'homme adulte d'aujourd'hui — même s'il n'a que trente ou trente-cinq ans — est forcément témoin ou complice et il a une responsabilité à assumer ; qu'il s'agisse de ceux qui, en France, n'ont pu protester contre certains excès commis dans le cours de la guerre d'Algérie ou ont même plus ou moins été entraînés, ou qu'il s'agisse de ceux qui ont toléré dans la guerre de 39 des excès ou y ont pris une part active, ou qu'il s'agisse encore de gens qui ne sont ni allemands ni français. On peut en tout cas constater dans presque tous les pays l'existence d'une complicité passive ou active qui peut s'assimiler à de tels excès. Le fait est que nous vivons dans un siècle de violence et de sang, et d'une certaine manière nous avons intériorisé cette violence et cette injustice. C'est pourquoi le problème est de représenter ce que nous sommes aujourd'hui.

— *Le problème est universel, le décor est allemand. Si nous vous comprenons bien, l'Allemagne sert en quelque sorte d'arrière-plan mythologique pour représenter le problème de la culpabilité, de la collusion en général.*

SARTRE : Il y a deux raisons pour lesquelles j'ai pris ce sujet allemand. La première, pratique, était d'obtenir une distance pour traiter ce problème. Il est bien évident que si j'avais pris pour sujet des événements politiques de l'histoire française récente, j'aurais provoqué des passions parmi les spectateurs. La scène n'aurait plus été alors une scène mais une tribune politique, et ainsi le théâtre aurait franchi les limites de sa mission qui consiste à montrer et à représenter, peut-être aussi à faire participer, mais certainement pas à fournir une tribune politique. Il est aussi absolument nécessaire de transposer. Pourquoi choisir la forme théâtrale si l'on veut provoquer directement les passions politiques, ce qui exclut la possibilité d'une réflexion ?

— *Vous attendiez-vous à une intervention de Trissotin ?*

Sartre : De ?

— *Trissotin*[10].

Sartre : Ah, Trissotin. Je ne sais pas. Mais en tout cas une intervention du public, de gens qui n'ont pas encore pu se calmer. C'est le vieux problème classique de la distance, de la distanciation. C'est-à-dire, si vous voulez, que si je prends un fait français, l'aspect universel disparaît aussitôt. Ce qui en résulte : des Français qui se battent entre eux.

— *Vous vouliez ainsi un thème universel et vous aviez le choix du décor.*

Sartre : J'ai le choix du décor, et, bien entendu, il y a aussi une intention particulière : le thème général devient un cas particulier. Il s'agissait en fait de parler des Français à nous autres Français. Mais nous ne sommes pas les seuls ; on aurait par exemple aussi pu prendre Chypre où s'est passée toute une série de choses qui n'étaient pas exactement souhaitables ; on aurait pu prendre d'autres faits analogues et qu'on peut noter partout, à l'Ouest comme à l'Est.

— *Vous entendez par là le traitement des prisonniers, la mise à la question, la torture ?*

Sartre : Le héros de la pièce, en définitive, est un tortionnaire. Toute la question était pour moi de montrer que la pratique de la torture s'est généralisée au cours des trente dernières années — c'est un fait qui me paraît d'une importance décisive — alors qu'au XIXe siècle, malgré tout, la torture était méprisée.

— *Vous disiez qu'il y avait deux raisons qui vous avaient fait choisir l'Allemagne comme thème.*

Sartre : La seconde raison est que si au théâtre on

veut captiver les spectateurs, il faut prendre des situations extrêmes. Eh bien il me semble que, après le régime national-socialiste et après la guerre de 40-45, la situation d'un Allemand de quarante ans, qui a fait cette guerre et qui peut par conséquent s'interroger intérieurement sur l'ensemble des motifs qui l'ont conduit à se comporter dans la guerre de la façon dont il s'est comporté, de même que sur sa complicité — la situation de cet Allemand est beaucoup plus radicale que celle des autres. Avec Chypre, par exemple, ou même dans une certaine mesure avec l'Algérie, la situation est moins radicale ; on peut éluder le problème.

— *Et il y a de Gaulle.*

SARTRE : Oui, certainement, il y a de Gaulle. Mais ce n'est pas tellement le problème, il ne s'agit pas tellement de cela. En tout cas, on peut fuir devant la responsabilité, et beaucoup de gens fuient. À mon avis, le problème d'avoir à porter un jugement sur le passé historique récent et d'avoir à en assumer la responsabilité est beaucoup plus aigu, plus clair pour les Allemands. Nous Français aurons vraisemblablement à nous occuper de la même question dans quelques années.

— *Monsieur Sartre, un dramaturge a le droit de représenter une situation générale, une situation ordinaire à travers un cas extraordinaire. Seulement Frantz von Gerlach donne l'impression qu'il est un demi-fou. Est-ce là vraiment un symbole, une figuration, une personnification de la situation d'un homme d'aujourd'hui, qui se sent responsable de son époque ?*

SARTRE : Il s'agit d'une situation que j'appellerais volontiers une situation limite, mais pas une situation extraordinaire. Je voudrais prendre en considération le cas de beaucoup de jeunes soldats qui ont pris part à une guerre ou à des actions militaires qu'à la vérité ils désapprouvaient intérieurement mais dans lesquelles ils ont été complices d'un certain nombre d'excès. Ces jeunes soldats se sont enfermés à leur retour dans une sorte de silence ; ils se sont retirés des milieux politiques dans lesquels ils étaient chez eux jusqu'alors, ils se sont recroquevillés dans leur vie familiale et aussi dans leur métier. Il y a là comme le début d'une séquestration volontaire et quelque chose qui ressemble à une fuite. En même temps cette fuite signifie naturellement une condamnation dont on ne veut pas se rendre conscient et qu'on ne veut pas non plus exprimer. Cette situation existe donc. Elle existe aussi sous cette forme-ci : bien souvent des communautés de jeunes qui ont vécu les mêmes choses cherchent à regagner ces jeunes gens et à les réintégrer à la vie en leur disant par exemple : « Ce que tu as fait était très bien et ce serait à refaire s'il le fallait », ou encore : « En fait oui, tout ça était mal, mais ta participation n'a été qu'accidentelle ; c'était probablement impossible ou en tout cas extrêmement difficile de ne pas prendre part à ces choses et c'est pourquoi tu peux maintenant sans façons redevenir politiquement actif. »

— *Le personnage principal de votre pièce, Frantz von Gerlach, qui a, comme lieutenant allemand à Smolensk, torturé des prisonniers, réclame un juge, même si ce n'est pas un juge ordinaire. Or, en général, le boucher de Smolensk ne cherche pas son juge mais cherche, au contraire, à le fuir.*

SARTRE : Oui, mais son malheur, sa condamnation en quelque sorte est précisément la fuite. Le sens de la pièce est que le Père, qui aime son fils, préfère la mort de son fils à cette fuite. C'est la fuite qui est finalement la pire des condamnations, n'est-ce pas ? Fuir, toujours, toujours fuir, se mentir, fuir... Cette fuite est dégradante, et pour cette raison le Père veut la transformer en suicide.

— *Oui, mais le Père a accepté la situation après la guerre, la prospérité, le fait qu'il n'y a pas eu de punition.*

SARTRE : Le Père l'a accepté. Le Père n'est pas un homme à scrupules : il n'est pas particulièrement moral.

— *Il représente le comportement courant.*

SARTRE : Oui, il représente la morale bourgeoise. Mais il s'est abondamment compromis. Lui aussi pourrait se poser le problème de sa complicité. Par exemple il est évident qu'il a été forcé — en tant que capitaine d'industrie — à transformer son entreprise industrielle en entreprise de guerre. Il est donc aussi responsable. Mais il n'est pas de bonne foi ; il est banal et même de mauvaise foi en ce sens qu'il se refuse obstinément à se poser le problème pour lui-même. La seule chose qui préoccupe le Père, c'est la conscience morale de son fils. C'est cette conscience morale qui pose le problème pour lui, le Père. En d'autres termes : le Père ne se serait jamais permis le luxe d'une conscience inquiète si son fils était mort à la guerre ou s'il avait la conscience tranquille. C'est par le fils que l'inquiétude morale pénètre dans la maison et atteint finalement le Père.

— *Vous dites que le fils est un cas limite ; mais en même temps il représente de toute évidence une certaine catégorie d'Allemands que vous avez voulu décrire ?*

SARTRE : Pour vous dire la vérité, je n'ai en fait voulu décrire aucune catégorie d'Allemands. Les Allemands — remarquez, je ne dis pas ça maintenant seulement parce que je suis interrogé par un hebdomadaire allemand — ne m'ont en l'occurrence intéressé que par rapport à un problème qui se pose aussi à nous de nouveau depuis quelque temps, et justement, comme je vous l'ai dit, en tant que situation limite de ce problème. Et, de plus, ce sont plutôt les Allemands de 1945 qui m'intéressent dans cette pièce, non les Allemands de 1960.

— *Une demi-génération plus tard...*

Sartre : En fait j'ai voulu dire par là qu'il y a des problèmes de générations. Parmi les gens qui comprennent le moins ma pièce je vois par exemple les très jeunes chez nous. Là il n'y a pas d'option du public ; ils ne sont ni pour Frantz — même s'ils ont accepté certaines choses — ni contre lui. Ou alors ils sont contre lui mais sans la moindre passion. Pour eux, ceux qui ont dix-huit ans, il présente un problème quelconque. Ils ne peuvent pas encore se considérer comme responsables de quoi que ce soit — ils n'ont pas encore fait leur service militaire, ils ne sont pas encore entrés en contact avec la réalité algérienne.

— *L'action des* Séquestrés d'Altona *n'est pas prise dans la réalité...*

Sartre : ... parce que la pièce n'est pas conçue de manière réaliste. Si je m'étais représenté cette pièce de façon réaliste — on m'a fait remarquer par exemple que j'avais situé Altona dans une fausse direction...

— *Dans votre pièce la Elbchaussee relie Altona à Hambourg et passe par le Teufelsbrücke, alors qu'en réalité la Elbchaussee part de Hambourg et de Ham-*

bourg-Altona en direction de Blankensee et passe près d'un endroit du nom de Teufelsbrück. Mais tout cela n'a pas grande importance.

SARTRE : Je veux dire que si j'avais vraiment voulu écrire une pièce réaliste, cette erreur serait très grave ; mais pas dans le type de pièce que j'ai écrit — je suppose que le traducteur rétablira l'orientation. Ce qui m'importe ce sont davantage les problèmes allemands que les Allemands. Je me rappelle par exemple que lorsque j'étais à Berlin, c'était en 47 ou 48...

— En 1948.

SARTRE : Je me rappelle avoir parlé en 1948 avec des Allemands qui m'ont beaucoup intéressé pour une raison précise. Les discussions qui eurent lieu là-bas à l'époque sont toujours restées vivantes dans mon souvenir[11]. Je me suis trouvé à propos de ma pièce *Les Mouches* en face de deux catégories d'Allemands. Les uns me reprochaient sévèrement d'avoir déclaré que le repentir n'a pas de fonction éthique, qu'un jugement sur le passé est naturellement inévitable, que le changement par rapport au passé est également inévitable, mais que le repentir au sens propre n'est pas une catégorie éthique. On m'avait reproché cela car ces Allemands désiraient que le repentir entre en quelque sorte dans la vie quotidienne allemande. D'autres, au contraire, qui m'intéressaient beaucoup plus, étaient des gens intérieurement déchirés, problématiques. Ce n'étaient pas des gens comme Frantz, en tout cas à ce qu'il me semble, et ils disaient : « Nous étions contre les nazis, nous avons fait la guerre parce qu'il fallait que notre pays la gagne et nous nous refusons à éprouver des remords. » Ces gens m'intéressaient beaucoup plus parce que c'étaient eux, précisément, qui se battaient avec des problèmes. Car en même temps ils se jugeaient eux-mêmes et se trouvaient par là dans une situation très complexe. J'ai trouvé cette attitude au fond extrêmement sympathique, cette attitude de gens intérieurement déchirés qui se disaient : « Alors quoi ? Je suis allé à la guerre comme soldat, que peut-on me reprocher ? »

— *Frantz par exemple...*

SARTRE : Il y a justement cela aussi chez Frantz.

— *Au début il est un puritain, à partir d'un certain moment il glisse.*

SARTRE : Ah, voilà ! D'abord je pense qu'il glisse déjà dès le début. Dans sa première discussion avec son père — au premier acte, où il y a une discussion quand il est tout jeune et qu'il a découvert le camp de prisonniers, le camp de concentration. Il a glissé à partir du moment où il a éprouvé de l'horreur pour les prisonniers du camp, au moment où, au nom de la dignité humaine, il a non seulement condamné le système des camps de concentration — ce qui était très bien d'un point de vue moral — mais aussi les prisonniers, de façon affective, émotionnelle en quelque sorte, quand il a dit : « Ce ne sont plus des hommes[12]. » À partir de là il a glissé. Son père lui avait dit, pour se moquer de lui (car il n'est pas précisément indulgent avec les hommes, le Père) : « Tu n'aimes pas les hommes, tu n'aimes que les principes, le puritanisme[13]. »

— *Au cours de la pièce Frantz déclare qu'il veut, en tant que représentant de sa génération, prendre sur lui la culpabilité de tous les Allemands, de tout son siècle. Son évolution morale va dans une certaine mesure en sens inverse de celle de son père. Son père, l'image de Dieu le Père, si l'on veut...*

SARTRE : Je refuse cette idée d'image de Dieu le Père. Cela a été écrit à plusieurs reprises par des critiques catholiques, mais je ne vois absolument pas ce que Dieu vient faire ici. En fait le père est simplement le portrait d'une certaine forme de capitaines d'industrie, dont le type est d'ailleurs déjà dépassé au moment où l'histoire commence.

— *Dans la mesure où les conseillers d'entreprise siègent aussi au conseil d'administration.*

SARTRE : Le type est dépassé. Mais l'évolution de Frantz se fait de la manière suivante : son orgueil, qu'il a hérité de son père, son désir de mériter par son comportement moral la haute position de chef d'entreprise que son père va lui donner, l'ont mené à un puritanisme aristocratique. C'est-à-dire qu'il veut au fond mériter ses biens par ses actes. Ce n'est donc pas un rapport direct aux hommes qui l'a déterminé à condamner les camps de concentration ou la torture C'est un rapport direct à la morale protestante ou à un humanisme pratique immédiat et de forme puritaine, si l'on veut. Ce qui lui manquera toujours, c'est..

— *Un contact...*

SARTRE : ... un contact humain qui soit suffisamment fort le jour où il est lui-même tenté de torturer, pour qu'il ne puisse pas le faire, parce que c'est un homme qui se trouve en face de lui. Il entre une bonne part d'abstraction dans l'orgueil de Frantz.

— *Frantz est-il représentatif d'une certaine mentalité allemande, par exemple d'un penchant à l'humanité abstraite, abstraite plutôt que pratique ?*

SARTRE : À mon sens, Frantz est plutôt représentatif d'une certaine morale protestante. Je ne veux pas dire que tous les protestants sont comme cela ; mais je veux dire qu'il existe chez eux une certaine tendance aux idées abstraites, comme la « dignité humaine », un accord avec les principes.

— *Vous dites quelque part dans la pièce : « Nous sommes tous des victimes de Luther*[14]. »

SARTRE : C'est exact.

— *C'est là, au moins pour des protestants, une interprétation surprenante.*

SARTRE : Oui, voyez-vous, selon moi les protestants français incroyants — je dis « incroyants » parce que beaucoup de nos protestants ont perdu la foi religieuse, bien qu'ils gardent très sévèrement le lien moral —, beaucoup de ces protestants pensent ou sont victimes de l'idée que la révolution égalitaire a été accomplie dans l'instant où Luther a dit que chaque homme pouvait être le représentant de sa communauté religieuse. Ces protestants ont une idée formelle de l'égalité, qui les rend souvent inflexibles, au moment où il s'agirait de voir que l'égalité est dans la réalité une pure abstraction et que l'égalité doit être totale. Dès lors — et j'en connais beaucoup qui sont ainsi — ils pensent que chaque idée représente l'homme universel et ils ont tout de suite des jugements universels, et d'une universalité si rigoureuse et si abstraite que souvent la réalité concrète de la situation leur échappe — et que, d'autre part, c'est ainsi qu'on fait un genre de législateurs aristocratiques. Autrement dit, à force de croire à la révolution égalitaire, le protestant devient l'aristocrate de l'universel. Je ne sais pas si vous voyez là une explication. En tout cas c'est le genre d'hommes que j'ai voulu dépeindre.

— *Le Luther français c'est Rousseau?*

SARTRE : C'est Rousseau. Et on observe aussi les influences luthériennes et calvinistes : nous avons nos protestants français. Quoi qu'il en soit, le fait qu'il y a eu la révolution de 1789 est d'une très grande importance pour la France. La Révolution, si vous voulez, a produit une sorte de protestantisme laïque.

— *Selon les Églises évangéliques, Luther a fait apparaître une sorte de responsabilité directe entre les hommes et Dieu, alors que l'Église catholique se perpétue comme institution déléguée entre Dieu et les croyants. Dès lors, cette responsabilité directe doit entraîner des conséquences qui, au fond, vont dans le sens de votre philosophie de la responsabilité existentielle.*

SARTRE : Oui, c'est exact. Je pense que l'existence d'une hiérarchie catholique qu'on a voulu imposer à l'individu, surtout lorsqu'il se confesse à un directeur de conscience, conduit à l'humilité — qui n'est pas une vertu : la modestie est une vertu, mais pas l'humilité — et cela conduit ainsi à une certaine fuite devant la responsabilité. D'un autre côté, je pense que cette totale responsabilité en face de Dieu que l'homme prend sur lui est vraiment admirable dans la religion protestante — pour autant qu'elle est vraiment pratiquée. Par conséquent, à cet égard, il me semble que — lorsque les religions sont pratiquées — la supériorité du protestantisme est tout à fait certaine. Mais un état de tiédeur religieuse ou d'incroyance, d'orgueil dans l'éducation protestante comporte le danger d'éloigner des vrais problèmes et des hommes. Et à ce moment une éducation catholique peut retrouver sa valeur. C'est la complexité du problème. Car lorsque — formé par une éducation catholique — on vit avec le sentiment des énormes charges qu'on porte sur ses épaules, de la modestie qu'il faut à chacun, de la difficulté qu'il y a à édicter des lois, alors on trouve la vraie place de l'homme. Je crois aussi qu'il y a un orgueil protestant qui est considérable lorsque, comme dans le cas de mon héros, il est accompagné d'un orgueil humain et mondain.

— *Pour parler de Frantz von Gerlach : le héros de votre pièce, dans l'affaire du Polonais évadé, ne veut pas tant sauver cet homme que sa propre intégrité morale. Il voudrait garder le sentiment d'être un homme moral — ce qui est aussi du ressort de l'orgueil. Mais il n'a toutefois à cet instant absolument pas le pouvoir de sauver cet homme.*

SARTRE : Il n'avait pas le pouvoir de le sauver. Mais il est très intelligent et ce n'est pas le fait qu'il ne pouvait pas sauver cet homme qui l'a le plus bouleversé, qui l'a rendu le plus malheureux, mais le fait qu'il n'a pas pu payer le prix de son acte. C'est-à-dire que c'est un jeune homme courageux et fier et il n'a pas pu sauver le Polonais : le Polonais est capturé et abattu. Mais lui aussi, Frantz, devait s'attendre à la mort : il s'était opposé à un pouvoir, il savait ce qu'il faisait, il risquait sa vie, il aurait donc dû être tué. Mais la puissance de son père a suffi à empêcher qu'il fût exécuté par les SS.

— *Frantz ne pouvait lui-même rien faire de plus. En revanche, quelque chose a été fait de lui.*

SARTRE : Oui, c'est là qu'est sa véritable impuissance. C'est tout à fait comme quand un fils de famille a une liaison et qu'il a ensuite des ennuis et le père vient avec son argent et règle l'affaire. Ce que Frantz a fait n'a pas plus d'importance que s'il avait eu une petite aventure scandaleuse qu'on aurait cachée. Il comptait quasiment pour rien, et c'est ça qui lui donne le vrai sentiment de son impuissance.

— *Johanna, la femme de son frère Werner, est prête à pardonner au séquestré Frantz certains actes, mais pas d'autres.*

SARTRE : Johanna ne peut pas lui pardonner la torture ; mais elle ne peut pas ou ne veut pas lui pardonner parce qu'il ne veut pas qu'elle lui pardonne. Normalement une femme qui commence à aimer un homme qui a commis une faute très grave, et même effroyable, devrait au moins poser des questions pour voir s'il a une excuse, et essayer d'un peu le comprendre. Elle ne l'ose pas ; mais elle ne l'ose pas parce qu'il ne veut pas qu'elle le fasse. C'est-à-dire qu'elle devrait à cet instant lui donner une foi, éveiller en lui de la confiance. Elle essaie un instant de dire : « Battons-nous ensemble », « Dis-moi que ce n'est pas vrai », « Dis-moi que tu étais prisonnier de tes propres soldats ou que ce sont d'autres qui ont[15]... »

— *Les deux sont « séquestrés ».*

SARTRE : Les deux sont « séquestrés ».

— *Frantz von Gerlach, dans sa séquestration, polémique contre l'idée de culpabilité collective et dit...*

SARTRE : Celui qui plaide au début contre la responsabilité collective ce n'est pas Frantz, c'est le Père. Il dit : « Il faut en prendre sept ou huit ou cent qui sont vraiment coupables », et Frantz répond : « Si vous tuez les chefs auxquels le peuple a obéi, tout en disant : " Mais le peuple n'est pas responsable, parce qu'il a été trompé ", vous agissez comme si vous condamniez le peuple[16]. » C'est son opinion personnelle. Il veut dire ceci : « J'ai exécuté les ordres et c'est pourquoi ma responsabilité est directement liée aux ordres qu'on m'a donnés et à ma libre décision d'obéir. Si on me dit que je suis coupable, on me condamne. Mais si on me dit : " Tu as exécuté les ordres mais tu n'es en aucune façon responsable, ce sont les chefs qui sont responsables et nous les avons exécutés ", on me traite de façon pire que si on me condamne. Car on me considère alors comme totalement irresponsable. J'étais lieutenant sur le front, j'ai obéi à certains ordres, j'ai commis certains actes — si on condamne mes supérieurs militaires mais pas moi, alors on compte pour rien mes tourments de conscience, mes propres décisions d'aller jusque-là et pas plus loin » —, etc. Et par conséquent il trouve que c'est trop facile de se débarrasser des chefs et de ne pas prendre en considération le problème de la collectivité.

— *Les discours que Frantz adresse aux « crabes » ne sont-ils pas une sorte de plaidoyer contre l'idée de culpabilité collective ?*

SARTRE : Oui, en ce sens que la culpabilité collective existe nécessairement dans la mesure où elle représente pour chacun un type d'indifférence ou de volontaire semi-inconscience ou de tolérance. On voit cela tous les jours en France. On peut aussi voir cela dans d'autres pays, à la lecture des journaux. On manque un peu du besoin de savoir, on manque un peu du besoin d'apprendre la vérité, et le résultat, à strictement parler, est qu'on en vient à la culpabilité collective.

— *C'est, par exemple, ce que Karl Jaspers aussi a écrit*[17].

SARTRE : Oui, et je me suis d'ailleurs inspiré dans une certaine mesure de ses idées sur quelques points particuliers, sur des points qui concernent la culpabilité collective en tant que telle. Seulement, il est évident que Frantz, dans son orgueil, ne peut pas prendre en considération le problème de la culpabilité collective. Ça ne l'intéresse pas. Ça ne l'intéresse pas pour cette raison qu'il est un juste qui voudrait libérer moralement ses compatriotes du repentir, et qu'il est trop orgueilleux pour penser que ses fautes ne sont pas autres que celles des simples soldats. Pour lui le problème est celui de sa propre responsabilité, et par cette raison ses rapports avec le problème collectif sont toujours plus ou moins faux ou faussés quand il parle de cela.

— C'est le problème pour lui. Pour nous le problème est qu'il existe des sociétés au nom desquelles des crimes sont commis que la société admet, tolère, mais dont elle ne veut pas convenir. Le cas exemplaire que nous voyons dans votre pièce montre que ceux qui se sont rendus coupables de tels crimes, par exemple le fier Frantz von Gerlach, se suicident. Pourtant, une société ne peut pas s'attendre à ce que les coupables se suicident.

SARTRE : Oui, c'est vrai, c'est tout à fait vrai. Il y a là en fait une contradiction ; mais ce qu'il faut voir aussi ce n'est pas le problème de la responsabilité sous sa forme directe, mais le problème de l'homme seul, qui vit sa responsabilité individuellement, alors qu'elle est en fait liée à des structures collectives. Vous voyez ce que je veux dire, n'est-ce pas ? Par exemple : il peut y avoir des soldats, des soldats français qui ont été amenés à commettre certains excès et lorsqu'ils rentrent — je vous ai déjà dit cela — il y en a parmi eux qui se montrent indifférents aux affaires politiques, qui ne disent pas tout à fait « je n'ai rien à voir là-dedans » mais presque. Ce qui m'intéresse dans la pièce, c'est le problème de ce que des gens comme ceux-là éprouvent, ce qu'ils pensent de la façon dont ils sont eux-mêmes dépendants. S'ils sont conscients de ce qu'ils ont fait et s'ils sont conscients du fait que cette conscience est toujours un peu mensongère. J'ai essayé, en même temps que je montrais le crime de Frantz, de montrer ce crime comme presque inévitable. Il y a un bref instant de liberté mais en fait tout concourait à conduire Frantz à son acte. Naturellement il était libre de choisir autrement, même si ce n'a été qu'un très court instant. Mais au fond Frantz est un homme tellement formé par sa famille, tellement formé par l'horrible expérience de son impuissance, il a en outre été si peu élevé pour l'amour des hommes, pour les liens humains, qu'il devait presque nécessairement faire ce qu'il a fait finalement. Mais il n'était naturellement pas obligé de le faire. C'est là que surgit bien sûr le problème de la liberté, que nous n'avons pas examiné ensemble. Quand Frantz s'accuse en face du Père, il ne sait pas encore ce qu'il aura à payer pour son orgueil. Ce que son père va lui expliquer c'est qu'au fond il ne pouvait rien faire d'autre que ce qu'il a fait, et qu'il était par conséquent aussi impuissant dans le mal que dans le bien. À partir de là, Frantz ne peut rien choisir d'autre que la mort.

— *Le « tribunal des crabes » dont vous parlez est une allégorie. C'est un symbole de quoi ?*

SARTRE : Pour Frantz il est nécessaire que son orgueil, qui a été profondément humilié, puisque rien ne lui a réussi, trouve une surcompensation, comme disent les analystes. D'où l'impulsion à se faire le prophète de sa nation et de son siècle — devant les siècles à venir. Il le fait, et il le fait encore davantage dans le texte non abrégé de la pièce que dans la version pour la scène, car pour celle-ci c'eût été trop long. Je voulais montrer que Frantz, dans ce moment — et c'est le seul élément vraiment pathologique de son cas, si vous voulez —, se prend véritablement, dans son orgueil, pour un témoin du siècle. Autrement dit, il est d'une certaine façon un Luther laïcisé, qui ne témoigne plus devant Dieu mais devant l'éternité des siècles, ce qui est sa manière ici aussi de rencontrer Dieu. Ça c'est donc le premier sens. Mais en même temps il s'agit bien entendu d'une fuite, car Frantz déplace le problème. Le problème n'est pas pour lui qu'il y ait des « crabes » ou qu'il y ait Dieu, ou qu'il y ait n'importe quoi. Il ne s'agit pas non plus de témoigner instantanément des souffrances de son peuple ; il s'agit avant tout, par son témoignage, de se décharger de ce qu'il a fait.

— *Mais il ne se présente pas devant ce tribunal imaginaire comme accusé mais toujours et expressément comme témoin.*

Sartre : C'est sa façon de se retrancher de la société, sa tentative de dire : « Je suis avocat de cette Allemagne », etc., mais en même temps il se met un peu à part. C'est là l'élément un peu pathologique, la fuite et l'orgueil. Mais ce que, de façon générale, j'ai voulu mettre en lumière dans cette pièce, ce que j'ai essayé de faire, c'est de donner au spectateur l'impression — je ne sais pas si j'ai réussi ou non — qu'il y a un jugement des siècles sur nous, comme il y a un jugement de notre siècle sur le XIXe siècle ou sur le XVIIIe ; et je voudrais que le spectateur se sente un peu l'objet de ce jugement. Autrement dit, la pièce entière est en même temps dirigée sur le présent et déplacée vers le passé — passé non pas pour nous, mais passé par rapport à quelque chose qui regarde et dont on ne connaît pas le jugement.

— *Les « crabes » signifient le jugement de l'histoire ?*

Sartre : Ils représentent évidemment le jugement de l'histoire, le jugement...

— *Le jugement définitif ?*

Sartre : Entre nous soit dit, il n'y a pas de jugement objectif ou définitif.

— *Il n'y a pas de « crabes ».*

Sartre : Il n'y a pas de « crabes ». Mais il y a quand même un jugement, un jugement relatif mais perpétuel. Par exemple, le capitaine Dreyfus était innocent ; il n'y a pas là de jugement, mais il est absolument certain, après cinquante ans, que le jugement a été rendu sur cette affaire.

— *Vous avez dit que Frantz von Gerlach n'avait eu de liberté que pendant un très court moment, et qu'au fond ce qu'il a fait était inévitable pour lui. Cette situation vaut-elle selon vous pour celle des Allemands ou des gens de ces années-là ?*

Sartre : Oui, oui, je pense aussi...

— *Il n'y a que de courts moments d'alternative ?*

Sartre : Hm, hm, hm — c'est ce que je pense, c'est bien mon opinion. Il y a des psychanalystes qui disent quelque chose qui me paraît dans une grande mesure juste, à savoir que la responsabilité d'un criminel n'est pas donnée dans l'instant où il tue, mais dans l'instant où il se décide à entrer avec la victime dans un système de relations qui le conduit plus ou moins irrévocablement au meurtre. Je partage tout à fait cette idée. Le moment de la liberté est dans l'instant où le meurtrier a encore une possibilité de changer les rapports. L'exemple donné par un psychanalyste est le suivant : un jeune homme a un complexe d'Œdipe — en bref : sentiments de jalousie, de haine et d'amour pour sa mère — et il sent très bien que tout cela peut le conduire à des actes de violence contre sa mère. En même temps, il ne s'en va pas et reste avec elle. Des gens connaissent ces problèmes et lui font une proposition ; ils sont prêts à lui trouver du travail dans une ville de province, loin de sa mère. Le moment où il est responsable est le moment où il se refuse à accepter cette proposition, où il s'engage à mener cette vie à deux qui le mène au meurtre. Dans le cas de la politique c'est exactement pareil : il y a des moments qui sont « ponctuels » et dans notre situation actuelle il y a aussi de tels moments de décision...

— *En France ?*

SARTRE : Dans le monde également.

— *Nous avons en Allemagne...*

SARTRE : Nous avons d'autres problèmes, mais le reste du monde aussi...

— *Nous avons en Allemagne la définition du théâtre comme institution morale — par Schiller.*

SARTRE : Oui.

— *Dans la tragédie antique le héros n'a pas d'alternative parce qu'il est coupable par décision, par caprice des dieux. Le théâtre conçu comme institution morale devrait à proprement parler donner au héros une alternative. Mais Frantz von Gerlach n'a pas d'alternative.*

SARTRE : Non, il n'a pas d'alternative — en 1959. Il en avait une en 44.

— *Frantz est donc déjà mort, dans une certaine mesure ; c'est un mort qui a survécu.*

SARTRE : D'une certaine manière, oui. Le vrai problème est quand même une alternative, mais cela conduit... Le vrai problème est celui-ci : est-ce que Frantz va continuer dans la déchéance jusqu'à la mort, qui peut le frapper à soixante-dix ans, ou va-t-il un jour affronter la situation telle qu'elle est ? C'est-à-dire va-t-il tirer les conclusions de ses actes et de son impuissance ?

— *Il dit lui-même que mourir n'a pas de sens pour lui, et le fait qu'il meurt dans la pièce n'a pas de sens non plus.*

SARTRE : On m'a reproché de le faire mourir. On m'a dit : pourquoi ne continue-t-il pas à vivre pour se racheter ? Mais c'est une objection assez absurde. Lorsqu'un paysan, marié, père de trois enfants, devient soldat et commet des excès dans une guerre, puis retourne chez lui et est de nouveau pris par les nécessités de son milieu, par le devoir de gagner la vie de sa famille, il peut ainsi lentement se retrouver dans une situation qui est en fait une situation nouvelle. Ce faisant il n'a pas besoin de se racheter — pour moi le rachat est une affaire religieuse. Mais ce qu'il y a de particulier dans le cas de Frantz c'est qu'il ne peut tout simplement rien faire ; il est aussi impuissant avant qu'après — par le fait qu'il a été élevé uniquement en vue de devenir capitaine d'industrie et parce que la place à laquelle on l'a destiné n'existe plus. C'est-à-dire que Frantz devait être le chef autoritaire d'une entreprise familiale à une époque où le propriétaire était vraiment le chef de son entreprise. Mais maintenant il se trouve face à une sorte de complexe géant dans lequel il ne jouera plus qu'un rôle secondaire.

— *Il n'a plus qu'à signer des lettres que d'autres ont écrites pour lui.*

SARTRE : Naturellement il a encore la propriété, mais il n'a plus l'énorme puissance que son père avait vingt ans auparavant et qu'il a perdue depuis. D'un autre côté, Frantz a un tel orgueil, il a de telles difficultés avec les autres — je crois que l'on appelle ça chez vous « Kontaktschwäche » —, il a si peu le sens de la collectivité, qu'elle soit socialiste ou n'importe quoi, qu'il ne sert plus à rien. Il ne se suicide pas parce qu'il a tué ou torturé, mais parce qu'il a découvert qu'il ne peut plus rien faire. C'est son impuissance qui le tue. D'ailleurs son père lui demande : « Est-ce que tu peux encore servir à quelque chose[18] ? » Mais il ne peut plus servir à rien.

— *Le public a-t-il une alternative ?*

SARTRE : Dans la pièce ? Ah oui, ça c'est une autre question.

— *Est-il incité à un choix, un choix moral, à un choix quelconque — en face de gens qui ne font plus rien, qui ne peuvent plus rien changer ?*

SARTRE : Vous savez, à mon avis cette pièce n'est pas tout à fait du type « choix moral », elle n'implique pas de choix moral, en tout cas beaucoup moins que mes pièces précédentes. Si vous prenez par exemple *La Putain respectueuse* : le personnage doit choisir entre le mensonge et la vérité...

— *Excepté* Huis clos *où personne ne peut plus non plus rien choisir.*

SARTRE : Dans *Huis clos* il n'y a pas d'alternative. Et c'est pourquoi j'ai comparé ma nouvelle pièce avec *Huis clos* ; il s'agit en effet plutôt d'une pièce descriptive.

— *Les héros sont morts.*

SARTRE : Oui, dans les deux cas ils sont morts et dans les deux cas c'est, si vous voulez, notre « partie morte » qui est représentée.

— *Frantz ne peut plus rien faire. Mais les spectateurs le peuvent-ils ? Le public peut-il se racheter ?*

SARTRE : Je vous l'ai dit, le rachat d'une faute, cela n'a pas beaucoup de sens pour moi car je ne crois pas au repentir. Mais en principe un soldat qui revient d'Algérie peut naturellement s'arranger avec sa conscience et puis rejoindre un mouvement, par exemple un parti qui exige la paix en Algérie. Il peut dire ce qu'il pense, remplir une fonction de témoin — témoin pour lui-même et témoin pour les autres, il peut agir. Et cela dépend d'ailleurs justement de la manière dont les gens envisagent la paix, de la manière dont ils se comportent avec les soldats — c'est-à-dire s'ils disent : « Oui, d'accord, il faut que ça change, il faut en finir. Tu as fait ceci ou cela, tu as évité ceci ou cela, mais ce n'est pas une raison pour se retirer de la vie. »

— *Le vieux Gerlach, dans votre pièce, a un second fils, Werner, le mari de Johanna, qui hérite de l'entreprise. Il n'est pas très sympathique, mais il est un de ceux qui disent : « Tout cela n'est pas une raison pour se retirer de la vie. »*

SARTRE : Ce que j'ai essayé de faire — selon une construction un peu complexe — c'est d'abord de décrire les rapports de gens placés dans une certaine situation, de montrer comment dans ce groupe chacun est le destin de tous les autres. Dans *Huis clos* c'était différent : c'était l'enfer et chacun était le bourreau des deux autres — mais c'était une situation très extraordinaire. Les gens ont d'ailleurs très mal compris ce que j'avais voulu dire, car on s'est surtout gravé dans la mémoire que « l'enfer, c'est les autres » — ce qui voudrait dire que nous devons passer notre temps à être chacun le bourreau de l'autre. Ce n'est pourtant pas du tout ce que j'ai voulu dire.

— *« L'enfer, c'est les autres » — La phrase n'a pas*

non plus été comprise comme une incitation, inversement, à faire de la vie également un enfer pour l'autre.

SARTRE : Je voulais montrer, dans une situation fermée, comment le maillon le plus faible de la chaîne est en réalité aussi important que tous les autres. J'ai voulu montrer comment dans cette histoire le destin de Frantz dépend de chacun des autres, y compris des décisions du plus faible, Werner. Si le frère, Werner, ne s'était pas décidé, par orgueil et par jalousie — vers la fin du troisième acte —, à rester dans la famille, alors il n'y aurait pas eu de quatrième acte. Peut-être Werner serait-il parti et Frantz aurait continué sa vie, n'est-ce pas — mais la jalousie de Werner contraint sa femme à monter chez Frantz, etc. Après cela le Père intervient lui-même auprès de Leni, et vous connaissez la suite de l'histoire. Ce que je voulais montrer, sur le plan théâtral, c'est une sorte de circularité de l'action. Il ne s'agit pas comme dans *Huis clos* d'une action à trois personnages, dont le schéma serait le triangle, mais plutôt d'une action à cinq personnages, une action qui tourne en rond, et de telle façon qu'elle montre le déplacement du destin de chacun. Chacun est le destin de chacun.

— *Ainsi la famille représente la société, en un certain sens.*

SARTRE : Ici la famille représente en effet la société.

— *Mais, tout compte fait, le plus faible des cinq, Werner, est à nos yeux le seul qui ait la liberté de choisir.*

SARTRE : Oui, c'est exact. Mais si j'avais eu le temps — seulement la pièce serait alors devenue trop longue — j'aurais voulu développer le caractère de Werner. Car, de la façon dont il apparaît dans la pièce, il est le plus faible et par conséquent le plus médiocre. Ce n'est pas du tout comme ça. Si j'en avais eu le temps, je l'aurais fait autrement : j'aurais voulu qu'il soit un homme vraiment humain quand il vit comme avocat à Hambourg. J'aurais voulu qu'il représente jusqu'à la fin la possibilité d'un choix, que ce soit lui qui soit le véritable choix : la famille ou la liberté — mais il hésite à ce moment-là, je dirais même jusqu'au bout. Sa libération, précisément à cause de la mort de son père et de son frère, lui donne la possibilité de penser sa vie à neuf, même sa vie avec Johanna. C'est ainsi qu'eût été la personnalité de Werner si on m'avait donné cinq heures de représentation. Mais il est clair qu'on ne pouvait pas me les donner.

— *Monsieur Sartre, nous vous remercions pour cet entretien.*

Extraits d'interviews

— *J'ai souvent entendu reprocher à votre pièce d'être un « drame bourgeois ». Cela me paraît injuste. À mon avis le premier, le troisième et le cinquième acte sont volontairement « bourgeois » : la réalité « d'en-bas », du rez-de-chaussée. Mais la réalité « d'en-haut », celle de l'étage, est très différente. C'est de l'« avant-garde ». Il y a deux niveaux : physique et métaphysique.*

— Oui. Exactement. C'est exactement ça. Peut-être pas « métaphysique », mais c'est quand même ça. Nous sommes obligés de commencer par le monde bourgeois. Il n'y a pas d'autre point de départ. En ce sens, l'existentialisme est une idéologie bourgeoise, c'est certain. Mais c'est le seul point de départ. Dans un monde différent, le théâtre lui-même serait différent. Et la philosophie aussi. Mais nous n'avons pas atteint ce stade. Dans une société en révolution permanente, le théâtre, la littérature seraient une critique permanente, une contestation permanente. Nous n'en sommes pas là, il s'en faut de beaucoup. Mais il est entièrement faux d'appeler ma pièce un drame bourgeois. Le drame bourgeois n'existe que pour éliminer le problème qu'il traite. Ce n'est pas le cas des *Séquestrés*. Il y a une libération véritable dans les deux suicides. Il n'y a pas de mystère révélé. Il y a une dialectique.

— *Pour en revenir au titre de la pièce, voudriez-vous me dire pourquoi vous avez choisi ce titre ? J'entends presque étymologiquement.*

— Eh bien, vous savez ce que cela veut dire. En France on appelle « séquestré » quelqu'un qui s'enferme volontairement ou qui est enfermé. Je ne sais pas si vous connaissez les *Souvenirs de la Cour d'assises* de Gide. Peut-être vous rappelez-vous *La Séquestrée de Poitiers*[19] ?

— *Oui. Je me demandais s'il y avait un écho de cela.*

— Assurément.

(Interview par Oreste F. Pucciani,
Tulane Drama Review, mars 1961.
Traduit de l'anglais).

En 1965, pour le programme de la reprise des *Séquestrés d'Altona* au Théâtre de l'Athénée, *Théâtre vivant*, Sartre a écrit le texte suivant, intitulé « La Question » :

J'ai écrit *Les Séquestrés d'Altona* pendant la guerre d'Algérie. À cette époque on commettait là-bas en notre nom d'inexcusables violences et l'opinion française, inquiète mais mal informée, ne réagissait guère. C'est ce qui m'avait donné le besoin de présenter la torture sans masque et publiquement. Point de thèse : il me paraissait qu'il suffisait de la montrer nue pour la faire condamner.

— Depuis, cinq ans se sont écoulés, la paix est revenue en Algérie et la pièce a perdu sa trop brûlante actualité. Pourtant je suis heureux que le Théâtre vivant la reprenne. J'écris ces quelques lignes pour donner mes raisons. En 59, je n'ai pas voulu poser ce qu'Alleg appelle « la Question[20] » au niveau des simples exécutants qui, la plupart du temps, ont obéi passivement, par peur ou par insensibilité. Il fallait mettre en cause les vrais responsables, ceux qui donnaient les ordres. Toutefois, pour éviter un déchaînement de passions qui eût obscurci le jugement du spectateur et pour garder la « distance » qu'exige le théâtre, j'ai situé l'action dans l'Allemagne d'après-guerre : mon principal personnage est un ancien officier allemand, auquel j'ai prêté beaucoup (le courage, la sensibilité, la culture, une morale puritaine) et qui prétend avoir été jusqu'au crime pour sauver son pays d'un danger mortel. Son acte est d'autant plus condamnable : on peut lui trouver des explications, pas une seule excuse. D'autre part sa séquestration volontaire, l'empressement qu'il met à se mentir et sa prétendue folie — qui n'est qu'un vain effort pour s'embrumer l'esprit — tout prouve qu'il a depuis longtemps pris conscience de son crime et qu'il s'épuise à se défendre devant des magistrats invisibles pour se cacher la sentence de mort qu'il a déjà portée sur lui-même. Ce changement de lieu, cette ambiguïté de Frantz, son mélange monstrueux de mauvaise foi et de lucidité ont fait que ma pièce a pris, sous ma plume, un sens un peu différent de celui que je lui assignais d'abord. À présent que la guerre est finie, c'est cette signification à demi volontaire et plus générale que je voudrais voir ressortir. Aucun de nous n'a été bourreau mais, d'une manière ou d'une autre, nous avons tous été complices de telle ou telle politique que nous désavouerions aujourd'hui. Nous aussi, nous nous fuyons et nous revenons sans cesse à nous demander quel rôle nous avons joué — si petit qu'il ait été — dans cette Histoire qui est la nôtre, que nous faisons et qui déchire et dévie des actions que nous devons pourtant reconnaître pour les nôtres. Nous aussi, nous oscillons entre un état d'indifférence menteuse et une inquiétude qui s'interroge sans cesse : qui sommes-nous ? qu'avons-nous voulu faire et qu'avons-nous fait pour de vrai ? comment les magistrats invisibles — nos petits-fils — nous jugeront-ils ? En ce sens, Frantz, cas limite, fuyard qui se questionne implacablement sur ses responsabilités historiques devrait, si j'ai de la chance, nous fasciner et nous faire horreur dans la mesure même où nous lui ressemblons. Hier *Les Séquestrés d'Altona* condamnaient une pratique intolérable. Aujourd'hui, avec le retour de la paix, cette pratique, en France, a disparu. Si l'on reprend la pièce aujourd'hui, si, par quelque côté, comme je le souhaite, elle demeure actuelle, c'est — en dehors de toute condamnation et de toute conclusion — qu'elle a posé, presque en dépit de moi-même, et qu'elle pose encore au public — la question principale : qu'as-tu fait de ta vie ?

NOTES

1. Cf. ci-dessus p. 81.
2. Siège de la Gestapo à Paris pendant l'occupation.

3. Créé en 1957 par Roger Planchon à Villeurbanne.

4. La pièce en question, *Le Printemps 71*, achevée en 1961, a été représentée par Claude Martin au Théâtre de Saint-Denis en 1963.

5. Voir ci-dessus p. 164, note 17.

6. Le film de François Truffaut (1959).

7. Créé en 1956 par Jean-Marie Serreau au Théâtre de l'Alliance française.

8. La pièce a été traduite en Angleterre sous le titre *Loser wins*.

9. Rappelons que Sartre avait consacré en 1945 un article assez négatif à *Citizen Kane* : « Quand Hollywood veut faire penser... » (*L'Écran français*, n° 5, 1ᵉʳ août 1945).

10. Cette référence inattendue aux *Femmes savantes* est en fait une allusion à Malraux qui, peu avant cet entretien, au cours d'un voyage officiel en Amérique latine, avait attaqué publiquement Sartre en affirmant qu'il avait indirectement collaboré avec les Allemands pendant la guerre en faisant représenter *Les Mouches* avec l'autorisation de la censure. Sartre avait répondu dans une interview en déclarant : « Une personne privée n'a pas à se défendre contre les diffamations d'un ministre. Pas de querelle de Vadius et Trissotin ! » (*Libération*, 21 septembre 1959).

Notons que dans un article publié dans *Le Monde*, 21-22 janvier 1973, Pierre Viansson-Ponté rapporte ce propos de Malraux, à qui il avait demandé de rencontrer Sartre : « Vous me voyez dialoguer avec Sartre : Vadius et Trissotin ! À faire frémir ! Ces deux vieux messieurs compassés dans leur petite gloire se livrant joyeusement une bataille de fleurs... »

11. Voir ci-dessus la « Discussion autour des *Mouches* », p. 273.

12. Acte I, scène II, p. 47.

13. Le Père dit exactement (Acte I, scène II) : « Tu n'aimes pas ton prochain, Frantz, sinon tu n'oserais pas mépriser ces détenus. »

14. C'est le Père qui déclare (Acte I, scène II) : « ... les Gerlach sont des victimes de Luther : ce prophète nous a rendus fous d'orgueil. »

15. Cf. Acte IV, scène IX. (Sartre donne ici le sens général de la scène et ne cite pas exactement les répliques de Johanna.)

16. Acte I, scène II. Ici encore les répliques de la pièce sont approximativement résumées.

17. Cf. Karl Jaspers, *La Culpabilité allemande*, traduit de l'allemand par Jeanne Hersch, Éd. de Minuit, 1948.

18. Le Père dit à Frantz (Acte V, scène I) : « Ta vie, ta mort, de toute façon, c'est *rien*. Tu n'es rien, tu ne fais rien, tu n'as rien fait, tu ne peux rien faire. [...] Je te demande pardon. »

19. *La Séquestrée de Poitiers* de Gide date de 1930 (Gallimard,

coll. « Ne jugez pas »). Les *Souvenirs de la Cour d'assises* sont antérieurs (Gallimard, 1913).

20. Sartre a écrit un texte important sur *La Question* (Éd. Minuit, 1958), le livre où Henri Alleg relate sa séquestration par les parachutistes et les tortures qu'il a subies. Ce texte, intitulé *Une victoire*, parut dans *L'Express* du 6 mars 1958 et valut à l'hebdomadaire sa saisie immédiate. Il a été repris ensuite en volume, en Suisse, avec *La Question* (Éd. La Cité, Lausanne), puis dans *Situations V*. Voir *Les Écrits de Sartre*, notice 58/302.

LES TROYENNES

La dernière des œuvres théâtrales de Sartre est son adaptation des *Troyennes* d'Euripide. Écrite à Rome au cours de l'été 1964, la pièce a été représentée pour la première fois sur la grande scène du Palais de Chaillot par le Théâtre National Populaire, dans une mise en scène de Michel Cacoyannis. À cette occasion, Bernard Pingaud a recueilli auprès de Sartre des propos qui ont été publiés par le journal du T.N.P., *Bref* (février 1965), puis repris en guise d'Introduction à l'édition Gallimard du texte de la pièce. Nous les reproduisons intégralement ici.

Pourquoi Les Troyennes ? *La tragédie grecque est un beau monument en ruine qu'on visite avec respect, sous la conduite d'exégètes scrupuleux, mais que personne n'aurait l'idée d'habiter. Périodiquement, les dévots du théâtre antique tentent de ressusciter les drames d'Eschyle, Sophocle ou Euripide, tels que pouvaient les voir les Athéniens. Mais il est difficile de croire à des parodies, si pieuses soient-elles. Ce théâtre est loin de nous, parce qu'il s'inspire d'une conception religieuse du monde qui nous est devenue complètement étrangère. Son langage peut séduire : il ne convainc plus. Opinion toute personnelle sans doute, à laquelle l'abus des versions grecques n'a pas peu contribué. Mais puisque Jean-Paul Sartre a choisi d'adapter pour le T.N.P. une tragédie antique, et, parmi toutes les tragédies possibles, la plus statique, la moins « théâtrale » qui soit, celle que les Athéniens eux-mêmes n'ont pas immédiatement admise, j'ai voulu connaître les raisons de son choix. Voici comment il le justifie.*

Contrairement à ce que l'on croit souvent, la tragédie grecque n'est pas un théâtre sauvage. Nous imaginons des acteurs bondissant, rugissant et se roulant sur la scène, en proie à des transes prophétiques. Mais ces acteurs parlent à travers des masques et marchent sur des cothurnes. Le spectacle tragique, représenté dans des conditions aussi artificielles que rigoureuses, est d'abord une *cérémonie*, qui vise, certes, à impressionner le spectateur, mais non pas à le mobiliser. L'horreur s'y fait majestueuse, la cruauté solennelle. C'est vrai d'Eschyle, écrivant pour un public qui croit encore aux grandes légendes et à la puissance mystérieuse des dieux. Mais c'est encore plus vrai d'Euripide, qui marque la fin du cycle tragique et le passage à une autre forme de spectacle : la comédie « moyenne » de Ménandre. Car, au moment où Euripide compose *Les Troyennes*, les croyances sont devenues des mythes plus ou moins suspects. Incapable encore de renverser les vieilles idoles, l'esprit critique des Athéniens est déjà capable de les contester. La représentation a gardé sa valeur rituelle. Mais le public s'intéresse davantage à la façon de dire qu'à ce qui est dit ; et les morceaux de bravoure traditionnels, qu'il apprécie en connaisseur, prennent à ses yeux un nouveau sens. La tragédie devient ainsi une conversation à demi-mot sur des poncifs. Les expressions qu'emploie Euripide sont les mêmes, en apparence, que celles de ses prédécesseurs. Mais parce que le public n'y croit plus ou y croit moins, elles résonnent autrement, elles disent autre chose. Pensez à Beckett ou à Ionesco, c'est le même phénomène : il consiste à utiliser le poncif pour le détruire de l'intérieur, et naturellement la démonstration sera d'autant plus forte que le poncif s'affichera avec plus d'évidence, avec plus d'éclat. Le public athénien « recevait » *Les Troyennes* comme le public bourgeois reçoit aujourd'hui *Godot* ou *La Cantatrice chauve* : ravi d'entendre des lieux communs, mais conscient aussi d'assister à leur décomposition.

D'où une grave difficulté pour le traducteur. Si, fidèle à la lettre du texte, je parle de « l'aurore aux ailes blanches » ou d'Athènes « brillante comme de l'huile », j'aurai l'air d'adopter la langue du XVIIIe siècle. Je dirai le poncif ; mais le spectateur français de 1965, incapable de deviner ce qu'il signifie — parce que le contexte religieux et culturel qu'il évoque n'existe plus pour lui — le prendra au pied de la lettre. C'est l'écueil de la traduction, d'ailleurs excellente, publiée chez Budé[1] : le poncif s'affirme au lieu de se détruire. Dans quatre ou cinq siècles, les comédiens qui voudront jouer Beckett ou Ionesco auront affaire à un problème identique : comment marquer la distance du public au texte ?

Entre la tragédie d'Euripide et la société athénienne du Ve siècle existe un rapport implicite que nous ne pouvons plus voir aujourd'hui que du dehors. Si je veux rendre ce rapport sensible, je ne peux donc pas me contenter de traduire la pièce, il faut que je l'*adapte*.

Un langage de pure imitation était exclu ; la transposition en français parlé moderne l'était également, car le texte doit aussi marquer sa propre distance par rapport à nous. J'ai donc choisi un langage poétique, qui garde au texte son caractère cérémonieux, sa valeur rhétorique — mais qui en modifie l'accent. Parlant à demi-mot pour un public complice, qui, s'il ne croit plus aux belles légendes, aime encore qu'on les lui raconte, Euripide peut se permettre des effets d'humour ou de préciosité. Il m'a semblé que, pour obtenir les mêmes effets, je devais utiliser un langage moins destructeur : que le public prenne d'abord les légendes au sérieux, on pourra ensuite montrer leur inefficacité. L'humour sous-jacent d'Euripide, nous l'acceptons chez Talthybios, parce que Talthybios, c'est le « brave soldat Chveik », l'homme moyen dépassé par les événements, ou chez Hélène à cause d'Offenbach. Partout ailleurs, il risquait de détruire non seulement les poncifs, mais la pièce elle-même. Je ne pouvais donc le retrouver que par la distance, en obligeant le spectateur à prendre un recul par rapport au drame.

Mais il n'y a pas que le problème du langage. Il y a aussi un problème de culture. Le texte d'Euripide contient de nombreuses allusions que le public athénien comprenait immédiatement, mais auxquelles nous ne sommes plus sensibles parce que nous avons oublié les légendes. J'en ai supprimé quelques-unes, et développé d'autres. Ainsi les Grecs n'avaient pas besoin que Cassandre s'expliquât longuement sur le sort final d'Hécube. Ils savaient très bien que, transformée en chienne, elle monterait sur le mât du navire qui devait l'emporter et tomberait à l'eau. Mais lorsque, à la fin du drame, nous voyons Hécube partir avec ses compagnes, nous pouvons croire qu'elle les suivra en Grèce. Le vrai dénouement est beaucoup plus fort. Il signifie que toutes les prédictions de Cassandre seront vérifiées : Ulysse mettra dix ans à retrouver sa patrie, la flotte grecque périra dans un naufrage, Hécube ne quittera pas le sol troyen. C'est pourquoi j'ai ajouté le monologue final de Poséidon.

De même, le spectateur athénien savait que Ménélas, après avoir rejeté Hélène, se laisserait fléchir et l'emmènerait sur son propre bateau. Le chœur, chez Euripide, y fait d'ailleurs une discrète allusion. Mais rien ne permet au spectateur français, qui a entendu les serments de Ménélas, d'imaginer ce revirement. Il faut donc le lui montrer : d'où la plainte indignée du chœur qui assiste au départ du navire emportant les époux réconciliés.

D'autres modifications tiennent au style général de la pièce. Ce n'est pas une tragédie, comme *Antigone*, c'est un *oratorio*. J'ai essayé de la « dramatiser » en marquant des oppositions qui restent implicites chez Euripide : le conflit entre Andromaque et Hécube, la double attitude d'Hécube, qui tantôt s'abandonne à son malheur, tantôt réclame justice ; le revirement d'Andromaque, cette « petite bourgeoise » qui apparaît d'abord sous les traits de l'épouse, puis sous ceux de la mère ; la fascination érotique de Cassandre, qui se précipite dans le lit d'Agamemnon en sachant pourtant qu'elle périra avec lui.

Tout cela, me direz-vous, ne justifie pas le choix de la pièce. Il faut donc dire un mot du contenu. *Les Troyennes* ont été représentées pendant la guerre d'Algérie, dans une traduction très fidèle de Jacqueline Moatti[2]. J'avais été frappé du succès qu'avait obtenu ce drame auprès d'un public favorable à la négociation avec le F.L.N. C'est évidemment cet aspect qui m'a intéressé d'abord. Vous n'ignorez pas que, du temps même d'Euripide, il avait une signification politique précise. Il était une condamnation de la guerre en général et des expéditions coloniales en particulier.

La guerre, nous savons aujourd'hui ce que cela signifie : une guerre atomique ne laissera ni vainqueurs ni vaincus. C'est précisément ce que toute la pièce démontre : les Grecs ont détruit Troie, mais ils ne tireront aucun bénéfice de leur victoire puisque la vengeance des Dieux les fera périr tous. Que « tout homme sensé doive éviter la guerre », comme l'affirme Cassandre, il n'était même pas besoin de le dire : la situation des uns et des autres en témoigne assez. J'ai préféré laisser à Poséidon le mot de la fin : « Vous en crèverez tous. »

Quant aux guerres coloniales, c'est le seul point sur lequel je me suis permis d'accentuer un peu le texte. Je parle à plusieurs reprises de l' « Europe » : c'est une idée moderne, mais elle répond à l'opposition antique entre Grecs et Barbares, entre la Grande Grèce qui développait sa civilisation vers la Méditerranée, et les établissements d'Asie Mineure où l'impérialisme colonial d'Athènes s'exerçait avec une férocité qu'Euripide dénonce sans ménagement. Et si l'expression de « sale guerre » prend pour nous un sens très précis, reportez-vous au texte grec : vous verrez qu'elle s'y trouve, ou à peu près.

Restent les Dieux. C'est l'autre aspect intéressant du drame. Là, je crois avoir suivi très fidèlement Euripide. Mais, pour rendre intelligible la critique d'une religion qui nous est devenue totalement étrangère, il fallait encore marquer la distance. Les Dieux qui apparaissent dans *Les Troyennes* sont à la fois puissants et ridicules. D'un côté, ils dominent le monde : la guerre de Troie a été leur œuvre. Mais, vus de près, on s'aperçoit qu'ils ne se conduisent pas autrement que les hommes et que, comme eux, ils sont menés par de petites vanités, de petites rancunes. « Les Dieux ont bon dos », dit Hécube quand Hélène rejette sur Athéna la responsabilité de sa mauvaise conduite. Le prologue démontre pourtant que la déesse est capable de trahir ses propres alliés pour peu qu'on l'offense. Pourquoi n'aurait-elle pas vendu son sanctuaire afin d'acquérir un prix de beauté ? Comme il n'utilise les poncifs que pour mieux les détruire, Euripide se sert ainsi de la légende pour faire apparaître, toujours sans appuyer, en opposant seulement les mythes les uns aux autres, les difficultés d'un polythéisme auquel son public ne croit déjà plus. Le monothéisme échappe-t-il à cette condamnation ? L'émouvante prière d'Hécube à Zeus, qui étonne Ménélas — et qui laisse pressentir une sorte de religiosité à la Renan, selon laquelle l'histoire, en dernière analyse, obéirait à une Raison suprême — peut le laisser croire un instant. Mais Zeus ne vaut pas mieux que sa femme ou sa fille. Il ne fera rien pour sauver les Troyens d'un sort injuste, et c'est, par un singulier paradoxe, la déraison de tous les Dieux réunis qui vengera les Troyens.

La pièce s'achève donc dans le nihilisme total. Ce que les Grecs sentaient comme une contradiction subtile — la contradiction du monde dans lequel il leur fallait vivre —, nous qui voyons le drame du dehors, nous y reconnaissons une négation, un refus. J'ai voulu marquer ce retournement : le désespoir final d'Hécube, sur lequel j'ai mis l'accent, répond au mot terrible de Poséidon. Les Dieux crèveront avec les hommes, et cette mort commune est la leçon de la tragédie.

NOTES

1. Cf. Euripide, tome IV, *Les Troyennes*, texte établi et traduit par Léon Parmentier, « Les Belles Lettres », 1925.
2. Traduction jouée en 1961 et publiée la même année par L'Arche, coll. « Répertoire pour un théâtre populaire », n° 34.

L'ENGRENAGE

> *L'Engrenage* ne doit pas être compté au nombre des œuvres théâtrales de Sartre. Il s'agit d'un scénario de film, écrit en 1946 et qui n'a jamais été tourné. Publié en 1948 par l'éditeur Nagel, ce scénario a été porté à la scène en février 1969 par Jean Mercure, au Théâtre de la Ville, ex-Sarah-Bernhardt. Il avait précédemment fait l'objet de plusieurs adaptations scéniques à l'étranger. À l'occasion de la création française, Sartre a tenu à Bernard Pingaud les propos suivants, publiés par le Journal du *Théâtre de la Ville* (novembre 1968) :

Le scénario de *L'Engrenage* a été écrit en 1946[1]. Ce qui m'amusait, au départ, c'était de transposer à l'écran une technique que les romanciers anglo-saxons utilisaient couramment avant la guerre : la pluralité des points de vue. L'idée était dans l'air. Rappelez-vous *Citizen Kane* ou *Rashomon*[2] : on essayait de briser la continuité traditionnelle du récit, d'assouplir le « retour en arrière », de décrire un événement sous plusieurs angles. Dans le film que j'imaginais, non seulement la chronologie était bouleversée, mais le même personnage, Hélène, apparaissait sous des dehors tout à fait différents selon le point de vue de qui parlait de lui.

1946, c'était aussi l'époque où, sans connaître encore l'exacte vérité sur les camps, on commençait à découvrir les ravages du stalinisme. Le scénario devait s'appeler « Les mains sales », comme la pièce que j'ai écrite deux ans plus tard. Une question me tracassait : en période de collectivisation, qu'est-ce qui est forcé et qu'est-ce qui ne l'est pas ? Qui gouverne ? La nécessité ou un homme ? En fait, le stalinisme lui-même n'était pas en cause. Je suis seulement parti d'une affirmation très répandue, et en grande partie fausse à mon avis : « Staline ne pouvait rien faire d'autre que ce qu'il a fait. » J'ai pensé à un pays où on ne pourrait vraiment « rien faire d'autre ». Un petit pays riche en pétrole, par exemple, qui vivrait totalement dans la dépendance de l'étranger. Et j'ai imaginé le cas d'un homme qui arriverait au pouvoir avec des intentions révolutionnaires, qui serait vraiment décidé à les réaliser, et qui finalement se résignerait à faire la politique contraire en raison des exigences d'un voisin puissant.

En 1946, la plus grande partie de l'Amérique latine se trouvait dans une situation de ce genre. Depuis, il y a eu Castro qui a su briser le cercle. Castro a compris que le problème n'était pas de prendre le pouvoir, mais de créer, par la guérilla d'abord, la guerre populaire ensuite, des conditions qui permettent de l'exercer vraiment. Aussi, le jour où Jean Mercure m'a proposé d'adapter *L'Engrenage*, mon premier mouvement a-t-il été de modifier le dénouement. Je ne touchais pas à la scène où l'on voit François, victime du même piège, reprendre la politique du dictateur qu'il vient de renverser. Mais je comptais utiliser le personnage de Darieu pour présenter l'autre solution, celle à laquelle ni Jean ni François n'ont pensé : la guérilla. Ainsi l'« engrenage » aurait été rompu par la naissance du castrisme.

Là-dessus se sont produits, à l'Est, les événements que vous savez. La Tchécoslovaquie n'a pas de pétrole, et l'impérialisme soviétique obéit à d'autres lois que l'impérialisme américain. Mais la situation est la même : un grand pays prétend imposer sa loi aux États plus petits situés dans sa zone d'influence[3]. Bien entendu, les Tchèques ne pouvaient pas employer contre les tanks soviétiques la tactique de la guérilla. Ils ont utilisé, avec une ingéniosité extraordinaire, une autre forme de lutte, la résistance passive. Dès lors, il m'a semblé que j'affaiblirais la pièce en mettant l'accent sur des questions de méthode. Dans les circonstances actuelles, l'important est de marquer la permanence et le scandale d'une politique de force qui est pratiquée aussi bien dans le camp socialiste que dans le camp capitaliste. C'est pourquoi j'ai renoncé à modifier mon histoire.

Il faut bien comprendre que l'homme dont on fait le procès tout au long du drame, Jean Aguerra, n'est pas un traître ou un vendu. À Cuba, jusqu'à Castro, les Américains régnaient par la corruption. Le politicien qui arrivait au pouvoir avec des intentions plus ou moins généreuses y résistait plus ou moins longtemps. Et s'il finissait par céder, c'est parce qu'il se rendait compte que la conjonction de forces sociales hostiles et de l'armée avec la pression étrangère rendait toute réforme sérieuse impossible. En choisissant un personnage parfaitement honnête et sincère, qui croit vraiment au socialisme, j'ai voulu montrer que ce n'est pas là une question d'homme ni de caractère : c'est le pouvoir lui-même qui est corrompu, dans un pays où l'étranger règne par personne interposée, et ceux qui le détiennent se font, comme Jean, criminels malgré eux.

Bien entendu, dans la conduite de Jean, interviennent aussi des éléments privés. Pour moi, la vie privée n'est pas foncièrement différente de la vie publique ; elle est une autre manière de se trouver totalement déterminé par le social. Il y a, d'ailleurs, un problème qui m'a toujours fasciné : savoir comment s'opère la jonction du public et du privé dans le cas d'un homme d'État. Qu'un homme soit appelé à jouer un rôle dans l'Histoire ne peut être le simple fait du hasard ou d'une série de coïncidences. En combinant des analyses de types marxiste et psychanalytique, on devrait pouvoir montrer comment une certaine société et une certaine enfance forment quelqu'un qui sera capable de prendre et d'exercer le pouvoir au nom de son groupe. Mais ce problème déborde *L'Engrenage* où il est à peine effleuré. François a un caractère très différent de celui de Jean, ses soucis privés ne sont pas les mêmes, et pourtant il reprendra la politique de son prédécesseur.

Adapter à la scène une histoire écrite pour le cinéma et en songeant aux moyens du cinéma pose évidemment de sérieux problèmes techniques. J'ai fait totale confiance à Jean Mercure pour les résoudre, comme je m'en étais remis à Piscator quand *L'Engrenage* a été monté en Allemagne, et à Strehler pour la représentation du Piccolo Teatro[4]. Je sais que Jean Mercure veut faire un théâtre vraiment populaire et c'est ce qui me plaît dans son entreprise. Le théâtre populaire devrait être avant tout un théâtre d'action : riche en événements et pauvre en paroles, le sens se dégageant en quelque sorte silencieusement de l'ensemble de la pièce, au lieu d'être exposé à l'intérieur. J'ajoute qu'à l'heure actuelle, je ne conçois pas un théâtre populaire qui n'ait une dimension politique. C'est pourquoi je suis content que *L'Engrenage* soit représenté au Théâtre de la Ville[5].

NOTES

1. Le film faillit être réalisé en 1949.
2. Film d'Akira Kurosawa (1952).
3. Pour les textes où Sartre a condamné l'invasion de la Tchécoslovaquie par les troupes du pacte de Varsovie, voir *Les Écrits de Sartre*, notice 68/496.
4. Giorgio Strehler a monté *L'Ingranaggio* au Piccolo Teatro de Milan en 1953.
5. Bien accueilli par le public du Théâtre de la Ville, *L'Engrenage* a été presque unanimement éreinté par la critique.

TEXTES SUR LE THÉÂTRE ET LE CINÉMA NON REPRIS DANS CE VOLUME

- « L'Art cinématographique » [discours de distribution des prix prononcé au lycée du Havre le 12 juillet 1931], *Gazette du cinéma*, n° 2, juin 1950 ; n° 3, septembre 1950. Repris dans *Les Écrits de Sartre*, p. 546-552.
- « Un film pour l'après-guerre », *L'Écran français*, incorporé aux *Lettres françaises* (clandestines), n° 15, avril 1944. Texte non signé.
- « Quand Hollywood veut faire penser... Citizen Kane d'Orson Welles », *L'Écran français*, n° 5, 1ᵉʳ août 1945.
- « Report from France », traduction de Schuyler Watts, *Tomorrow* [New York], August 1945, p. 62-64.
- « Author ! Author ? », interview par Roderick MacArthur, *Theatre Arts* [New York], n° 33, March 1949, p. 11-13.
- « Jean-Paul Sartre et les Allemands », extraits d'une conférence et interview donnée au *Frankfurter Neue Presse*, *Documents*, juillet 1950, p. 766-770.
- « *Les Bonnes* » [étude sur la pièce de Jean Genet], in *Saint-Genet, comédien et martyr*, Appendice III, Gallimard, 1952, p. 561-573.
- « Interview », *Teatr* [Moscou], janvier 1956, p. 156-159.
- « Quand la police frappe les trois coups », *France-Observateur*, 5 décembre 1957. Repris dans *Situations VII*.
- « Le théâtre peut-il aborder l'actualité politique ? Une table ronde avec Sartre, Michel Butor, Roger Vailland, Arthur Adamov, Morvan Lebesque », *France-Observateur*,

13 février 1958. Repris dans Adamov Arthur : *Ici et maintenant*, Gallimard, 1964.

« Jean-Paul Sartre vous présente *Soledad* » [texte du programme de la pièce de Colette Audry, Théâtre de Poche (Comédie Caumartin), avril 1960]. Repris dans *Les Écrits de Sartre*, p. 730-732.

« Interview », *Teatr* [Moscou], septembre 1962, p. 184-185.

« Le cinéma nous donne sa première tragédie : *Les Abysses* » [texte sur le film de Nico Papatakis], *Le Monde*, 19 avril 1963. Repris dans *Les Écrits de Sartre*, p. 734-735.

« Jean-Paul Sartre présente *La Promenade du dimanche* », in Michel, Georges : *La Promenade du dimanche*, Gallimard, coll. « Le Manteau d'Arlequin », 1967.

« Une structure du langage » [interview sur le théâtre d'avant-garde, recueillie par J.-P. Berckmans et J.-Cl. Garot], *Le Point* [Bruxelles], n° 8, février 1967.

Préface pour *Les Mains sales* dans le volume *Dramata* (Prague : Orbis, 1967), qui est la traduction en tchèque par A. J. Liehm de trois pièces de Sartre, avec une postface de Milan Kundera.

« *L'Agression* de Georges Michel », interview par Nicole Zand, *Bref*, n° 103, février-mars 1967.

« Défendez-vous » [allocution prononcée au T.N.P. le 28 décembre 1968 pour protester contre l'interdiction d'une pièce d'Armand Gatti], *Complexe* [Anvers], n° 4, juillet 1969.

« Débat sur le film *Le Chagrin et la Pitié* », *La Cause du peuple — J'accuse*, n° 2, 31 mai 1971.

Préface d'une page au volume *Five Plays*, illustré par Robert Borja, Franklin Center, PA : Franklin Library, 1978. Édition limitée et signée par Sartre.

Simone de Beauvoir, *Entretiens avec Jean-Paul Sartre* (à la suite de *La Cérémonie des adieux*), Gallimard, 1981, p. 236-244.

BIBLIOGRAPHIE SÉLECTIVE

1. OUVRAGES CONSACRÉS AU THÉÂTRE ET AUX SCÉNARIOS DE SARTRE

Jeanson, Francis : *Sartre par lui-même*. Seuil, 1955, 1967, 1974, 192 p.

Verhoeff, J. P. : *Sartre als Toneelschrijver. Een Literair-Kritische Studie*. Groningen : J. B. Wolters, 1962, 322 p.

McCall, Dorothy : *The Theater of Jean-Paul Sartre*. New York : Columbia University Press, 1969, 204 p.

Vezstraeten, Pierre : *Violence et éthique, Esquisse d'une critique de la morale dialectique à partir du théâtre politique de Sartre*. Gallimard, 1972, 447 p.

Lorris, Robert : *Sartre dramaturge*. Nizet, 1975, 368 p.

Larraque, Franck : *La Révolte dans le théâtre de Jean-Paul Sartre, vu par un homme du tiers monde*. Paris : J.-P. Delarge, 1976, 268 p.

Verona, Luciano : *Le Théâtre de Jean-Paul Sartre*. Milano : Cisalpino-Goliardica, 1979, 200 p.

Teroni, Sandra & Vannini, Andrea (a cura di) : *Sartre e Beauvoir al cinema*. Firenze : La Bottega del Cinema, 1989. (Contient une filmographie complète de Sartre et Beauvoir.)

Ireland, John : « L'art déloyal : théâtralité et engagement dans l'œuvre de Jean-Paul Sartre », thèse soutenue en 1990 à New York University et en voie de publication.

2. ARTICLES GÉNÉRAUX SUR LE THÉÂTRE ET LES SCÉNARIOS DE SARTRE

Roubine, Jean-Jacques : « Sartre entre la scène et les mots », *Revue d'esthétique*, nouvelle série n° 2, « Sartre/Barthes », 1981, 59-70.

Virmaux, Odette et Alain : « Sartre scénariste », *Cinématographe* [Paris], n° 120, juin 1986, p. 50-54.

3. ÉTUDES DES PIÈCES

Sur *Bariona*

Mohanty, Christine : « *Bariona*, the germination of Sartrean Theater », *The French Review*, vol. 47, 1974, p. 1094-1109.

Peters, Renate : « *Bariona* entre Brecht et Sartre », *Obliques*, n° 18-19, 1979, p. 131-137.

Gourgaud, Nicole : « La dynamique du pouvoir dans *Bariona, ou le fils du tonnerre* », *Kwartalnik Neofiloloczycny*, vol. 33, 1986, p. 189-205.

Sur *Les Mouches*

Leiris, Michel : compte rendu paru dans *Les Lettres françaises* clandestines en 1943, repris dans : *Brisées*. Mercure de France, 1966, p. 74-78.

Girard, René : « À propos de Jean-Paul Sartre : rupture et création littéraire » dans Poulet, Georges (éd.) : *Les Chemins actuels de la critique*. Plon, 1967, p. 393-423. (Porte aussi sur *Les Séquestrés d'Altona*.)

Galster, Ingrid : *Le Théâtre de Jean-Paul Sartre devant ses premiers critiques*. Tübingen : Gunter Narr ; Paris : Jean-Michel Place, 1986, 394 p. (Porte aussi sur *Huis clos*.)

Sur *Huis clos*

Issacharoff, Michael : « L'espace et le temps dans *Huis clos* », *Magazine littéraire*, n° 103-104, septembre 1975, p. 22-27.

Issacharoff, Michael : *Discourse as performance*. Stanford : Stanford University Press, 1989. [Comprend deux chapitres sur Sartre : « The Visible and the Invisible : *Huis clos* », p. 68-75. « Sequestration and Reference : *Les Séquestrés d'Altona* », p. 76-81. Avec d'autres références à Sartre. L'ouvrage est la traduction, avec des révisions, de *Le Spectacle du discours*, José Corti, 1985. (Sur *Huis clos* et *Les Séquestrés*, p. 68-81.)

Pauly, Rebecca M. : « *Huis clos*, *Les Mots* et *La Nausée* », *The French Review*, vol. 60, 1987, p. 626-634.

Comédie-Française, numéro spécial 1985, mai 1990.

Sur *Morts sans sépulture*

Roberto, Eugène : *La Gorgone dans* Morts sans sépulture *de Sartre*. Ottawa : Presses de l'Université d'Ottawa, 1987, 168 p.

Sur *Les Mains sales*

Bagot, Françoise & Kail, Michel : *Jean-Paul Sartre : « Les Mains sales »*. P.U.F., coll. Études littéraires, 1985. 128 p.

Redfern, W. D. : *Jean-Paul Sartre : « Les Mains sales »*. London : Methuen, 1985. Voir Introduction, p. 3-46.

Reed, Paul : *Jean-Paul Sartre : « Les Mains sales »*. Glasgow : University of Glasgow French and German Publications, 1988, 59 p.

Sur *Le Diable et le Bon Dieu*

Ricœur, Paul : « Réflexions sur *Le Diable et le Bon Dieu* », *Esprit*, vol. 19, 1951, p. 711-719.

Mauriac, François : « Sartre l'athée providentiel », *Le Figaro*, 26 juin 1951.

Sur *Kean*

Ubersfeld, Anne : « Structures du théâtre d'Alexandre Dumas père », *La Nouvelle Critique*, n° spécial « Linguistique et littérature », 1968.

Sur *Nekrassov*

Barthes, Roland : « *Nekrassov* juge de sa critique, *Théâtre populaire*, n° 14, juillet-août 1955, p. 67-72. Repris dans : Lecarme, J., éd. *Les Critiques de notre temps et Sartre*, Garnier, 1973, p. 91-93.

Bensimon, Marc : « *Nekrassov* ou l'antithéâtre », *The French Review*, vol. 31, 1957, p. 18-26.

Issacharoff, Michael : « *Nekrassov* ou le discours de la farce », *Études sartriennes*, II-III, 1986, p. 105-117.

Sur *Les Séquestrés d'Altona*

Dort, Bernard : « *Les Séquestrés d'Altona* nous concernent tous », *Théâtre populaire*, n° 36, 1959, p. 1-13. Voir aussi p. 129-135 dans son volume *Théâtre public*, Seuil, 1967.

Pucciani, Oreste F. : « *Les Séquestrés d'Altona* of Jean-Paul Sartre », *Tulane Drama Review*, vol. 5, 1961, p. 19-33. Repris dans Kern, Edith (ed.) : *Sartre. A Collection of Critical Essays*. Englewood Cliffs, NJ : Prentice Hall, 1962, p. 92-103.

Contat, Michel : *Explication des* Séquestrés d'Altona *de Jean-Paul Sartre*. Minard, Archives des Lettres modernes, 1968, 87 p.

Roubine, Jean-Jacques : « Sartre e il " Cinema-nel-teatro " : l'esempio dei " Séquestrés d'Altona " » in Teroni, Sandra et Vannini, Andrea, eds. : *Sartre e Beauvoir al Cinema*. Firenze : Ed. La Bottega del Cinema, 1989, p. 63-74.

Sur *Les Troyennes*

Dirat, M. : « Euripide traduit par Sartre : étude d'une version des *Troyennes* », *Bulletin de la Société toulousaine d'Études classiques*, n° 158, mars 1966.

Szogyi, Alex : « Sartre and the Greeks », in Langlois, Walter (ed.) : *The Persistent Voice*, Essays in Honor of Henri M. Peyre, New York : New York University Press, Genève : Droz, 1971, p. 159-172.

N.B. La première édition du présent ouvrage a été traduite en anglais par Frank Jellinek sous le titre *Sartre on Theater*, New York : Pantheon Books, 1976, et en espagnol sous le titre *Un teatro de situaciones*, Buenos Aires : Losada.

INDEX DES NOMS ET DES ŒUVRES

ACHARD (Marcel), 164.
ACQUART (André), 258.
ADAMOV (Arthur), 82, 83, 183, 184, 352, 425-426.
Admirable Crichlon (L'), 105, 134.
Affaire Henri Martin (L'), 86.
ALAIN (Émile Chartier, dit), 114.
ALAZRAKI (Benito), 181.
Alceste, 178.
ALDRICH (Robert), 94.
ALLEC (Henri), 409, 412.
Amants de Galice (Les), 53, 54.
Aminadab, 28.
Andromaque, 248.
ANNET-BADEL, 284.
ANOUILH (Jean), 50, 57-60, 65, 68.
Antigone (Anouilh), 50, 57-60, 65, 68.
Antigone (Sophocle), 20, 44, 104, 148-151, 164, 171, 382, 417.

ARISTOPHANE, 339.
ARISTOTE, 91, 133.
ARMORY, 279.
ARNOUX (Alexandre), 51.
ARON (Robert), 311.
ARTAUD (Antonin), 187-189, 192-194, 202-203, 205, 209.
ASTRUC (Alexandre), 182.
AUDRY (Colette), 259, 426.
Avare (L'), 378.
AYMÉ (Marcel), 85, 338, 341.

BADEL (Alan), 336.
Bajazet, 32, 90, 91.
BALACHOVA (Tania), 282.
Balcon (Le), 190-191.
BARBEZAT (Marc), 284.
BARBEZAT (Olga), 284.
Bariona, 63-64, 68, 242, 257-258, 263, 265, 266.
BARRAULT (Jean-Louis), 22, 25, 27, 45, 49, 51, 52, 138, 142, 164, 202, 313, 323, 358.

BARRIE (James M.), 112.
BARTHES (Roland), 87.
BASTIN (Julia), 326.
BATAILLE (Georges), 187.
BATAILLE (Henry), 33, 40, 44, 51.
BATAILLE (Nicolas), 210.
BATY (Gaston), 66, 86.
BECQUE (Henri), 248.
BERLINGUER (Enrico), 312.

Caprices de Marianne (Les), 245.
CHEVALIER (Maurice), 240.
COHEN-SOLAL (Annie), 258.
CRAVENNE (Marcel), 73.
Créanciers (Les), 70, 71.

DICKENS (Charles), 71.
DOMINIQUE (Olga), 241, 258.
DRANEM, 240, 258.

ELKAÏM-SARTRE (Arlette), 16, 325.
Étrange Intermède (L'), 247.

Faust, 245.
Faux-Monnayeurs (Les), 72.
FREUD (Sigmund), 175-178, 181.
FUNÈS (Louis de), 338.

GALANTIÈRE (Lewis), 68.
Galileo Galilei, 88, 106-107, 145, 153, 355, 357.
GALLIMARD (Gaston), 270.
GALSTER (Ingrid), 258.
GARDNER (Ava), 370.
GAROT (Jean-Claude), 183, 426.
GARRICK (David), 332.
GASSMANN (Vittorio), 336.
GATTI (Armand), 426.
GAULLE (Charles de), 181, 386.
GAUTIER (Jean-Jacques), 115, 306.
GELBER (Jack), 164.
GÉLIN (Daniel), 312.
GÉMIER (Firmin), 29, 51, 112, 199.
GENET (Jean), 95-96, 165-166, 168-169, 173, 183, 185-187, 188, 190-192 205, 316, 324, 425.
GIDE (André), 42, 72, 408, 411-412.
GILBERT (Dennis A.), 16.
GILDER (Rosamond), 57.
GIRAUDOUX (Jean), 279.
GIROUD (Françoise), 99.
GORKI (Maxime), 209.
GOUHIER (Henri), 22-23, 50.
GRAHAM (Billy), 84
Grand'Peur et Misère du IIIe Reich, 351.
GRENIER (Roger), 317.
GUITRY (Lucien), 328.
GUITRY (Sacha), 330.

HAEDRICH (Marcel), 317.
Hamlet, 23, 212-215, 217-218, 306, 377.
HAMSUN (Knut), 52, 209.
HAUSER (Franck), 336.
HEDDA (Gabler), 70.
HEGEL (G. W. F.), 14, 96,

Index des noms et des œuvres

104, 148, 159, 164, 296, 362.
HEIDEGGER (Martin), 203.
Hernani, 328, 336.
HERSCH (Jeanne), 411.
HIRSCH (Robert), 232.
HITLER (Adolf), 107, 168.
HORACE, 163.
HUGO (Victor), 329.
Huis clos, 22, 50, 67, 69, 281-284, 319, 362-363, 404-408.
HUIZINGA (Johan), 323.
HUSTON (John), 175, 181.
HUXLEY (Aldous), 125.

IBSEN (Henryk), 111.
Idiot de la famille (L'), 15, 211-226.
Imaginaire (L'), 98.
IONESCO (Eugène), 82, 83, 140, 164, 183, 204, 205, 415.
ITKINE (Sylvain), 284.

JASPERS (Karl), 397, 411.
J'aurai un bel enterrement, 13.
JEAN-GABRIEL BORKMAN, 70.
JOLLIVET (Simone), 241.
JONSON (Ben), 51.
JOUHANDEAU (Marcel), 324.
JOUHAUD (général), 181.
JOUVET (Louis), 98.
JOYCE (James), 35.
Jules César, 250-251, 253.

KAFKA (Franz), 28, 37-38, 51 100, 367.

KANTERS (Robert), 99.
KARSCH (Walter), 274.
KÄSTNER (E.), 164.
KAUFMANN (Charles), 181.
Kean, 69, 178, 327-336.
KEAN (Edmund), 213, 216-219, 222, 327, 328, 331-336.
KIERKEGAARD (Sören), 20.
KOSAKIEWICZ (Olga), 258.
KOSAKIEWICZ (Wanda), 284.
KUROSAWA (Akira), 424.

LA BRUYÈRE, 62.
LACAN (Jacques), 203, 352.
LANSON (Gustave), 258.
LANZMANN (Claude), 99.
LAUBREAUX (Alain), 279.
LAZAREFF (Pierre), 337.
LEBEL (Jean-Jacques), 195, 209.
LEBESQUE (Morvan), 425.
LEBOVICI (Serge), 119, 163.
Leçon (La), 204.
Légende de la vérité (La), 13.
LÉGER (Fernand), 83.
LEIRIS (Michel), 280.
LEMAÎTRE (Frédérick), 327, 328, 334.
LENIER (Christiane), 281, 284.
LÉNINE, 292.
LOGUE (Christopher), 171-172.
LOPE DE VEGA, 52, 53.
Lorenzaccio, 312.
LOTRINGER (Sylvère), 16, 113.
LUGUET (André), 292.

Lusset (M.), 274.
Luther (Martin), 393-394.

Macbeth, 51.
Magre (Judith), 258.
Mains sales (Les), 69, 103, 290-312, 315, 317, 320, 421.
Maison de poupée (La), 111.
Malentendu (Le), 33, 65.
Malina (Judith), 164.
Mallarmé (Stéphane), 185.
Malraux (André), 324, 411.
Manceaux (Michèle), 236.
Maos en France (Les), 236.
Marcel (Gabriel), 312.
Marie-Olivier (pseud. de Wanda Kosakiewicz), 164, 292.
Marivaux, 78.
Marlowe (Christopher), 81.
Martin (Claude), 76, 272, 411.
Martin (Henri), 76, 79-80, 86.
Martine, 209.
Marx (Karl), 58, 159, 160, 177, 274, 277-278, 347, 366.
Masson de Tourbet (Mme), 334.
Mastroianni (Marcello), 312.
Matusow, 339.
Mauriac (François), 319.
Médecin de son honneur (Le), 53-54.

Mégère apprivoisée (La), 29, 66.
Ménandre, 414.
Mercure (Jean), 420, 421, 423.
Mère (La), 209.
Mère Courage, 87, 88, 111, 156, 355, 359, 377.
Merleau-Ponty (Maurice), 299.
Michel (Georges), 426.
Miller (Arthur), 85, 87, 174.
Minac (Pierre), 51.
Mitrani (Michel), 281.
Mnouchkine (Ariane), 113.
Moatti (Jacqueline), 417.
Molière, 36, 39, 110, 330, 378.
Montand (Yves), 85, 87.
Montgomery (Robert), 50-51.
Montherlant (Henri de), 45, 51.
« Morale », 314, 325.
Moro (Aldo), 312.
Mort de Danton (La), 76.
Morts sans sépulture, 67, 69, 96, 102, 182, 285-286, 367.
Mosjoukine (Ivan), 328.
Mottet (Alain), 258.
Mots (Les), 12.
Mouches (Les), 69, 182, 267-280, 285, 390, 411.
Musset (Alfred de), 306, 312.
Mystères de l'amour (Les), 209.

Index des noms et des œuvres 435

Nausée (La), 269, 270, 279.
Nègres (Les), 166, 185-186.
Nekrassov, 11, 69, 74, 76, 86, 182, 279, 337-345, 346, 366-367.
NIETZSCHE (Friedrich), 374.
NIZAN (Paul), 240.
NORDLING (consul), 311.
NORRIS (Frank), 98.

O'BRIEN (Justin), 69.
OFFENBACH (Jacques), 416.
OLLIVIER (Albert), 52.
O'NEILL (Eugène), 51.
Opéra de quat'sous (L'), 86, 88, 108.
Orage, 41, 51.
Othello, 332.

PABST (G. W.), 108.
PAGLIERO (Marcel), 182.
PAGNOL (Marcel), 337.
Paolo Paoli, 352.
PAPATAKIS (Nico), 426.
Paravents (Les), 165-166, 181.
PARMENTIER (Léon), 419.
Partage de Midi, 209.
Patate, 137.
PÉJU (Marcel), 313-317.
PEREIRE (Fanny), 51.
PÉRIER (François), 292, 320.
PÉTAIN (Philippe), 275, 280.
Petite Hutte (La), 105.
PETRI (Elio), 312.
Phèdre, 91, 380.
PIE IX, 264.

PINGAUD (Bernard), 413, 420.
Ping-Pong (Le), 83.
PIRANDELLO (Luigi), 13, 148, 343.
PISCATOR (Erwin), 69, 423.
PITOËFF (Georges), 50, 245.
PITOËFF (Ludmilla), 245.
PLANCHON (Roger), 411.
PLATON, 110.
Printemps 71 (Le), 411.
Procès (Le), 367.
PROUST (Marcel), 377.
PURNAL (Roland), 280.
Putain respectueuse (La), 69, 163, 182, 285, 287-289, 352, 404.

Quatre Cents Coups (Les), 358.
Qu'est-ce que la littérature ?, 14.
Question (La), 412.
QUINCEY (Thomas de), 164.

RACETTE (Francine), 258.
RACINE (Jean), 32, 42, 46, 54, 62, 75, 78, 89, 90, 200, 264, 380.
Racines, 181.
Rapaces, 94.
Rashomon, 420.
REGGIANI (Serge), 10, 164.
Reine morte (La), 37.
REINHARDT (Wolfgang), 181.
RENAN (Ernest), 419.
RENAUD (Madeleine), 94.
REY (Evelyne), 164.

Rhinocéros, 139.
Richard III, 333.
RICOU (Georges), 280.
RODIN (Auguste), 13.
RODITI (Édouard), 274.
ROMAINS (Jules), 51.
Roméo et Juliette, 49.
ROSTAND (Maurice), 280.
ROULEAU (Raymond), 85, 87, 284.
ROUSSIN (André), 112.
RYBALKA (Maya), 113.

SAINT JEAN DE LA CROIX, 323.
SAINT-JUST, 290, 291.
SAINT THOMAS, 58.
SALACROU (Armand), 22, 33, 48, 49, 51.
SALAN (général), 181.
SARDOU (Victorien), 20.
Saül, 42.
SAUREL (Renée), 331.
SAVONAROLE, 323.
SCHILLER (Friedrich), 402.
SCHLUMBERGER (Jean), 40-41, 51.
SCRIBE (Eugène), 20.
Séquestrés d'Altona (Les), 10, 69, 99, 111, 112, 164-172, 178, 179, 182, 295, 309, 346-412.
SERREAU (Geneviève), 209.
SERREAU (Jean-Marie), 86, 411.
SEYLAZ (Jean-Luc), 16.
SHAKESPEARE (William), 36, 39, 43, 75, 105, 201, 212, 214, 330, 334, 360, 362.
SIGNORET (Simone), 87

SINCLAIR (Georges), 317.
SINDING (Terje), 70.
SIRINELLI (J.-F.), 258.
Situations I, 14.
Soledad, 426.
Solness le constructeur, 70.
Songe (Le), 209.
SOPHOCLE, 19, 20, 89, 150, 164, 171, 291, 329, 382, 413.
Sorcières de Salem (Les), 85, 87.
Soulier de satin (Le), 322.
STALINE (Joseph), 168.
STANISLAVSKI, 218.
STEINIGER (professeur), 274, 276.
STENDHAL, 45.
STONE (Peter), 69.
STONE (Robert V.), 325.
Strange Interlude (L'Étrange Intermède), 34, 51, 247.
STREHLER (Giorgio), 423, 424.
STRINDBERG (August), 51, 71, 209.
STROHEIM (Erich von), 94.
SYLVIA (Gaby), 281, 282, 284.

Tambours dans la nuit, 164.
TARADASH (Daniel), 69.
Tartuffe, 110, 330.
TCHEKHOV (Anton), 209.
Tête des autres (La), 338, 341.
Tête d'or, 138.
Théâtre et son double (Le), 187, 210.

Index des noms et des œuvres

THÉAULON (M. E. G.), 335.
THEUNISSENT (M.), 274.
THOREZ (Maurice), 297.
Topaze, 337, 338.
Tous contre tous, 82.
Troyennes (Les), 69, 413-419.
TRUFFAUT (François), 411.
TYNAN (Kenneth), 165-181.

US, 195, 209.

VAILLAND (Roger), 148, 425.
Vaticiner sans pouvoir, 13.
VERSTRAETEN (Pierre), 325, 427.
VIANSSON-PONTÉ (Pierre), 411.
Victor ou les Enfants au pouvoir, 209.
Vie en rose (La), 33, 51.
Vie est un songe (La), 31, 51, 53.
VILAR (Jean), 22, 38-42, 51, 75, 76, 86, 197-198, 209, 322.
VINAVER (Michel), 361.

VITOLD (Michel), 102, 281, 282, 284.
VITRAC (Roger), 209.
VOLKOV (I.), 336.
Volpone, 25, 51.
VOLTAIRE, 19, 78, 110.

WEIGEL (Hélène), 111.
WEISENBORN (Günther), 274.
WEISS (Peter), 183.
WELLES (Orson), 379.
WERLER (Georges), 343.
WILDE (Oscar), 232.
WILDER (Thornton), 69.
WILLIAMS (Tennessee), 174.
WILSON (Georges), 258.
WOLAS (Eva), 69.
WRIGHT (Richard), 287.
WRIGHT (Robert), 69.

ZAND (Nicole), 426.
ZELLER (général), 181.
ZIMMERMANN (W. D.), 274.
ZOLA (Émile), 72.
ZONINA (Lena), 16.
ZUCKMEYER (Carl), 164.

INTRODUCTION par M. Contat et M. Rybalka   9

I. TEXTES, CONFÉRENCES ET ENTRETIENS SUR LE THÉÂTRE

Pour un théâtre de situations	19
Le style dramatique	22
Dullin et l'Espagne	53
Forger des mythes	57
Strindberg notre « créancier »	70
Théâtre populaire et théâtre bourgeois	74
Brecht et les classiques	88
Théâtre et cinéma	93
L'auteur, l'œuvre et le public	99
Théâtre épique et théâtre dramatique	113
Entretien avec Kenneth Tynan	165
Mythe et réalité du théâtre	183
L'acteur	211
L'acteur comique	227
Entretien avec Bernard Dort	237

II. TEXTES ET INTERVIEWS SUR LES PIÈCES

Bariona, ou le fils du tonnerre	263

Les Mouches	267
Huis clos	281
Morts sans sépulture	285
La Putain respectueuse	287
Les Mains sales	290
Le Diable et le Bon Dieu	313
Kean	327
Nekrassov	337
Les Séquestrés d'Altona	346
Les Troyennes	413
L'Engrenage	420

Textes non repris dans ce volume
(bibliographie) — 425

Bibliographie sélective — 427

Index des noms et des œuvres — 431

DU MÊME AUTEUR

Aux Éditions Gallimard

Romans

LA NAUSÉE.

LES CHEMINS DE LA LIBERTÉ, I : L'ÂGE DE RAISON.

LES CHEMINS DE LA LIBERTÉ, II : LE SURSIS.

LES CHEMINS DE LA LIBERTÉ, III : LA MORT DANS L'ÂME.

ŒUVRES ROMANESQUES (Bibliothèque de la Pléiade).

Nouvelles

LE MUR *(Le mur — La chambre — Érostrate — Intimité — L'enfance d'un chef).*

Théâtre

THÉÂTRE, *I : Les mouches — Huis clos — Morts sans sépulture — La putain respectueuse.*

LES MAINS SALES.

LE DIABLE ET LE BON DIEU.

KEAN, d'après Alexandre Dumas.

NEKRASSOV.

LES SÉQUESTRÉS D'ALTONA.

LES TROYENNES, d'après Euripide.

Littérature

SITUATIONS, I, II, III, IV, V, VI, VII, VIII, IX, X.

BAUDELAIRE.

CRITIQUES LITTÉRAIRES.

QU'EST-CE QUE LA LITTÉRATURE ?

SAINT-GENET, COMÉDIEN ET MARTYR (Les Œuvres complètes de Jean Genet, tome I).

LES MOTS.

LES ÉCRITS DE SARTRE, de Michel Contat et Michel Rybalka.

L'IDIOT DE LA FAMILLE, *Gustave Flaubert de 1821 à 1857*, I, II et III *(nouvelle édition revue et augmentée)*.

PLAIDOYER POUR LES INTELLECTUELS.

UN THÉÂTRE DE SITUATIONS.

LES CARNETS DE LA DRÔLE DE GUERRE (novembre 1939-mars 1940).

LETTRES AU CASTOR et à quelques autres :
  I. 1926-1939.
  II. 1940-1963.

LE SCÉNARIO FREUD.

MALLARMÉ, *la lucidité et sa face d'ombre*.

ÉCRITS DE JEUNESSE.

LA REINE ALBEMARLE OU LE DERNIER TOURISTE.

Philosophie

L'IMAGINAIRE, *Psychologie phénoménologique de l'imagination*.

L'ÊTRE ET LE NÉANT, *Essai d'ontologie phénoménologique*.

CAHIERS POUR UNE MORALE.

CRITIQUE DE LA RAISON DIALECTIQUE (*précédé de*

QUESTIONS DE MÉTHODE), I : *Théorie des ensembles pratiques.*

CRITIQUE DE LA RAISON DIALECTIQUE, II : *L'intelligibilité de l'Histoire.*

QUESTIONS DE MÉTHODE (collection « Tel »).

VÉRITÉ ET EXISTENCE.

SITUATIONS PHILOSOPHIQUES (collection « Tel »).

Essais politiques

RÉFLEXIONS SUR LA QUESTION JUIVE.

ENTRETIENS SUR LA POLITIQUE, avec David Rousset et Gérard Rosenthal.

L'AFFAIRE HENRI MARTIN, textes commentés par Jean-Paul Sartre.

ON A RAISON DE SE RÉVOLTER, avec Philippe Gavi et Pierre Victor.

Scénario

SARTRE, *un film réalisé par Alexandre Astruc et Michel Contat.*

Entretiens

Entretiens avec Simone de Beauvoir, *in* LA CÉRÉMONIE DES ADIEUX de Simone de Beauvoir.

Iconographie

SARTRE, IMAGES D'UNE VIE, album préparé par L. Sendyk-Siegel, commentaire de Simone de Beauvoir.

*Impression Bussière
à Saint-Amand (Cher),
le 25 avril 2005.
Dépôt légal : avril 2005.
1er dépôt légal dans la collection : avril 1992.
Numéro d'imprimeur : 051864/1.*
ISBN 2-07-032691-8./Imprimé en France.

137878